ARBRES ET ARBUSTES

Arbres et arbustes

Texte de Václav Větvička
Illustrations de Vlasta Matoušová

LA NATURE À LIVRE OUVERT

GRÜND

Deuxième tirage 1985
Adaptation française de Georges Slavíček
Auteur des dessins : Jan Mašek
Arrangement graphique par František Prokeš

ISBN 2-7000-1517-7
Dépôt légal : septembre 1984
Imprimé en Tchécoslovaquie par TSNP, Martin
3/13/08/53-02

Table

Arbres et arbustes — oeuvres architecturales de la nature

Dès le premier contact, les essences ligneuses et surtout les arbres captent notre intérêt par leurs tiges, leur tronc, leur houppier et leurs branches, en somme, par l'ensemble de leurs parties aériennes. Leur beauté majestueuse, leur richesse ornementale est souvent telle que l'homme doit se rendre à l'évidence : leur architecture dépasse la sienne.

Enfin, combien d'oeuvres conçues et érigées par l'homme pourraient-elles rivaliser, tant du point de vue fonctionnel qu'esthétique, avec les arbres ?

C'est donc l'aspect extérieur de l'espèce dans son ensemble qui captive en premier lieu notre attention. La construction du houppier de chaque espèce répond à des règles héréditaires très strictes, bien que les influences écologiques extérieures puissent causer de graves changements dans la forme finale de l'espèce individuelle. On constate alors que la tige (terme qui désigne ici l'ensemble des parties aériennes, qui lie les organes nutritifs, les racines et les feuilles) est la partie la plus malléable et aussi la plus changeante du corps végétal.

Les essences ligneuses sont des végétaux ayant des tiges et des racines lignifiées. Elles vivent longtemps, de plusieurs années à plusieurs décennies, produisent souvent des fruits, et leurs troncs sont en général ramifiés en plusieurs branches. Suivant leur mode de croissance, on peut les classer en plusieurs types :

– Arbre (*arbor*) : essence ligneuse dont le tronc (*truncus*) est entièrement lignifié et dépourvu de branches dans sa partie basse. Il se ramifie en haut en formant un houppier (*corona*). La hauteur habituelle des espèces sert également de critère de classement. Les espèces qui poussent jusqu'à sept mètres de hauteur sont considérées comme de petits arbres, celles qui atteignent de sept à quinze mètres comme des arbres bas, celles de quinze à vingt-cinq mètres comme des arbres moyens et celles de vingt-cinq à cinquante mètres comme des arbres hauts. Enfin, les arbres qui dépassent cinquante mètres sont considérés comme de très grands arbres.

– Liane ligneuse (*liana*) : essence ligneuse ayant une tige entièrement lignifiée mais souple, qui ne dispose pas de suffisamment de force propre pour pousser seule vers le haut sans l'aide d'un support ou d'un tuteur. Alors, elle s'accroche à ses supports soit par des sarments (comme, par exemple, le pied de vigne) soit par l'adhérence de ses racines adventives (comme, par exemple, le lierre). Elle peut aussi prendre appui sur un végétal voisin à l'aide de petites branches latérales de soutien ou d'épines à crochet (comme certaines roses). Les lianes épiphytes grimpent en hauteur en tournant autour de leur tuteur (comme le Chèvrefeuille grimpant).

– Arbrisseau (*frutex*) : essence ligneuse dont les tiges entièrement lignifiées se ramifient dès la base (par exemple, le Prunellier). Les différentes formes de

Les types de croissance des essences ligneuses les plus fréquents : a – arbuste; b – liane ligneuse ; c – arbre.

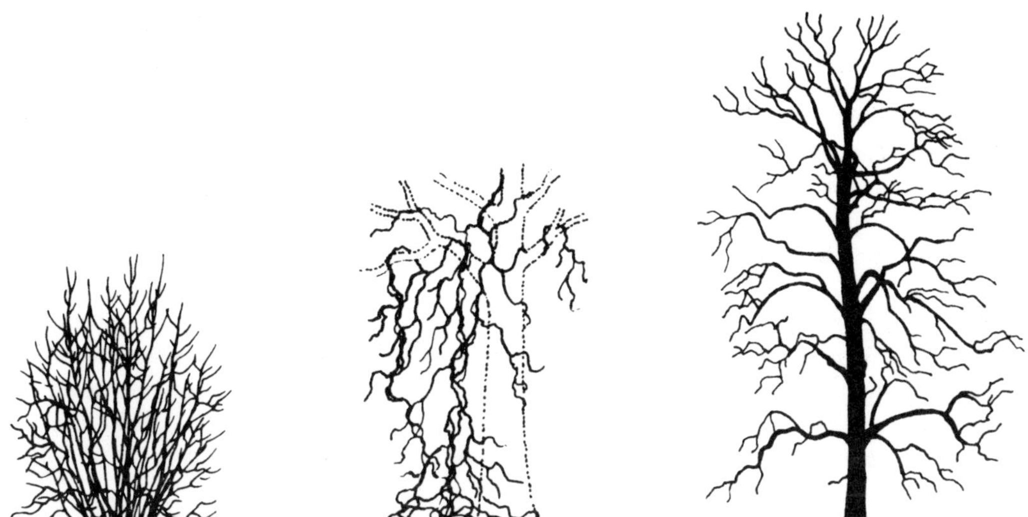

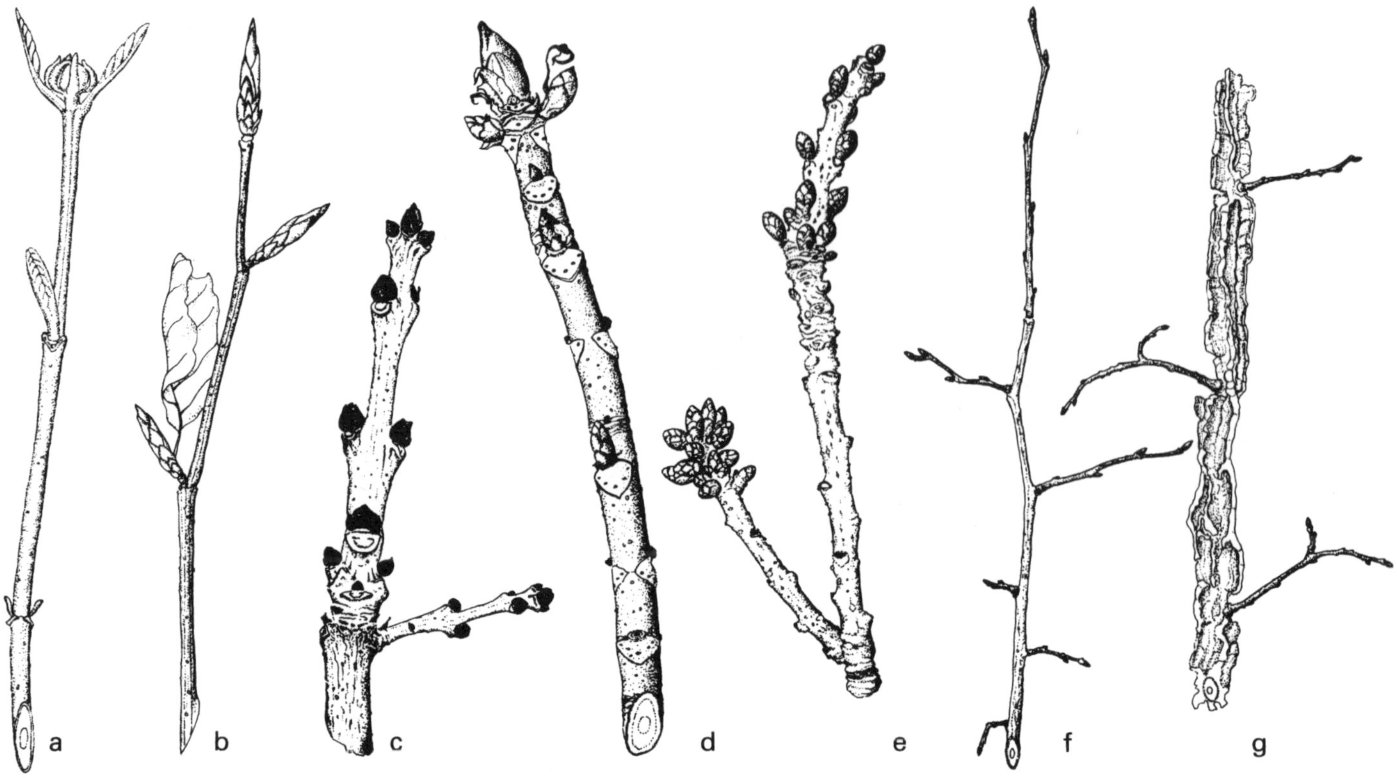

Même pendant l'hiver, on peut différencier les essences ligneuses suivant la structure caractéristique de leurs bourgeons : a – les bourgeons nus de *Viburnum lantana* ; b – les bourgeons alternes du Hêtre, couverts d'écailles ; c – les bourgeons compacts et opposés, noirs et satinés du Frêne ; d – les grands bourgeons opposés du Marronnier d'Inde avec des cicatrices bien apparentes, laissées par les feuilles ; e – les bourgeons alternes des Chênes groupés aux extrémités des rameaux ; f – jeune branche de l'Orme lisse avec des bourgeons alternes ; g – une branche plus ancienne de l'Orme lisse avec des bandes de liège.

ramifications engendrent des arbrisseaux de type différent : par exemple à tige unique, à plusieurs tiges ou buissonnants.

– Sous-arbrisseau (*hemixyla*) : plante dont seules les parties basses des tiges se lignifient, les parties supérieures qui assurent le floraison restant herbacées : c'est le cas de la Pivoine *Paeonia arborescens*.

La ramification est une propriété naturelle des tiges des essences ligneuses : c'est par ce moyen qu'elles utilisent au mieux l'espace et qu'elles peuvent exposer au soleil l'ensemble de leur feuillage.

Les branches poussent à partir des bourgeons de la tige-mère. Les bourgeons sont des excroissances saillantes qui portent en puissance les futures tiges et feuilles. Ils sont protégés contre les intempéries par des écailles protectrices. Les bourgeons des essences ligneuses poussent exceptionnellement à nu comme ceux de la Viorne ou à demi-nu comme ceux du Sureau. Ils se trouvent à l'extrémité des tiges (bourgeons terminaux) ou latéralement sur la tige, dans l'aisselle des feuilles (bourgeons latéraux ou bourgeons d'aisselle). Les essences ligneuses angiospermes portent un bourgeon d'aisselle presque derrière chaque feuille, tandis que les essences gymnospermes (conifères) en portent dans l'aisselle de peu de feuilles.

Les bourgeons jouent un rôle important dans les essences ligneuses : ils ont une fonction de protection, et sont la base même des tiges nouvelles. A partir de leur emplacement sur la tige-mère, l'on peut prévoir la manière dont les branches se développeront. En hiver, ils permettent de déterminer l'espèce, surtout lorsque les arbres ont perdu leur feuillage, du fait de leurs caractères propres suivant la famille ou l'espèce. En général, ils occupent sur la tige l'une des trois positions suivantes : en alternance, en contre-plan ou contre-position, ou en verticille.

Outre ces bourgeons, des bourgeons adventifs ou des bourgeons de remplacement peuvent se former sur la plante. Chez les essences ligneuses, des bourgeons « dormants » peuvent se réveiller dans le cas d'une blessure de l'arbre : ils forment alors des pousses très caractéristiques. Les bourgeons dormants peuvent atteindre jusqu'à cent ans chez les essences ligneuses à longue durée de vie comme les Chênes ou les Hêtres.

Mais, tous les bourgeons ne donnent pas naissance à de nouvelles tiges ou de nouvelles branches. Ceux qui n'ont pas poussé peuvent se transformer en bourgeons dormants.

La majeure partie des essences ligneuses possède, principalement, deux formes de branches : leur nombre et leur emplacement respectif déterminent l'architecture du houppier :

– Les branches d'allongement ou macroblastes sont des pousses longues qui croissent longtemps ; leurs articulations sont très longues et les bourgeons latéraux s'y trouvent placés à une grande distance les uns des autres. Ils poussent habituellement à partir des bourgeons terminaux et très rarement à partir des bourgeons latéraux. Ces branches sont à la base de la formation du houppier chez presque toutes les jeunes essences ligneuses et quelques essences ligneuses adultes : c'est le cas du *Sarothamnus scoparius* et de quelques variétés de saules.

– Les petites branches raccourcies, branches d'une croissance limitée ou brachyblastes ont des articulations très courtes : elles mesurent souvent quelques dixièmes de millimètres. Leur surface est très rugueuse (chez le Ginkgo, par exemple). Les aspérités sont provoquées par les cicatrices provenant de la perte des écailles protectrices et des feuilles. Ces branches ne portent souvent qu'un bourgeon terminal, à partir duquel pousse une articulation très courte. Les brachyblastes vivent plusieurs années, de dix à quinze ans, moins longtemps toutefois que les macroblastes. Souvent, les brachyblastes ne sont destinées qu'à une fonction spéciale : chez les Mélèzes, les Cèdres et les Pins, elles portent les faisceaux d'aiguilles ; chez les Pommiers, les Poiriers et autres rosacées elles sont les seules qui portent les fleurs. Chez quelques autres essences ligneuses, comme le Prunellier, les épines partant de la tige sont des brachyblastes transformées.

L'ensemble des pousses se ramifie, en général, de deux manières : soit le bourgeon terminal prolonge la tige-mère formant ainsi la tige principale. Sur elle poussent, à partir des bourgeons latéraux, des tiges latérales plus faibles qui ne dépassent pas la tige principale ni ne la prolongent. Cette forme de ramification, dite uviforme, est commune pour toutes les essences résineuses à houppier pyramidal ou conique. Soit les tiges secondaires sont plus fortes et plus longues que la tige-mère, comme chez les *Aesculus,* par exemple. Ce genre de ramification, que l'on appelle ramification cimaise, possède plusieurs variantes. Parfois, la tige secondaire s'accroît tellement qu'elle prend la place de la tige-mère, la repoussant de côté. Le résultat final se présente comme un houppier à tige unique, mais le tronc ou la tige-mère est, en réalité, formé de tiges successives superposées. Ce genre de ramification est appelé sympodium. Du premier coup d'oeil, nous voyons que ces types de ramification se différencient suivant la position de leurs feuilles et de leurs tiges latérales. Tandis que chez le houppier à tige unique les tiges latérales poussent dans les aisselles des feuilles, dans l'autre cas les tiges « latérales » qui sont, en réalité, des tiges-mères repoussées, poussent en contre-plan de la feuille. Ce type de ramification des branches est caractéristique par exemple pour les Tilleuls, les Ormes et les Charmes.

La ramification des troncs et la relation entre les

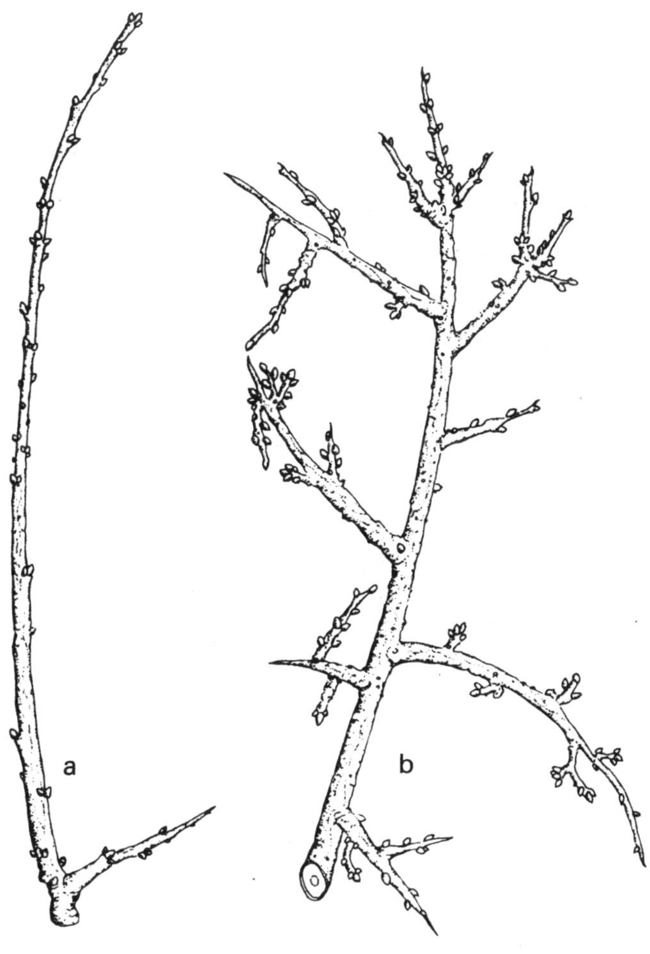

La petite branche de prolongement, le macroblaste long (a) et la petite branche raccourcie à croissance limitée, le brachyblaste (b).

différentes petites branches, l'angle des branches et l'épaisseur des branches inférieures ou supérieures déterminent l'allure définitive et la texture de l'essence ligneuse et de son houppier. Par ailleurs, l'essence ligneuse s'efforce toujours de capter, même dans le cas d'un houppier superposé, le maximum de lumière.

La forme définitive du houppier est déterminée non seulement par les propriétés anatomiques et morphologiques de la plante mais aussi par l'influence des facteurs extérieurs et, avant tout, par la lumière et le vent. Les végétaux terrestres et surtout les résineux aiment en général la lumière. Les différentes conditions de luminosité apportent différentes déformations des houppiers « idéaux ». Nous pouvons citer pour exemple les houppiers penchés unilatéralement d'un côté chez les feuillus situés en bordure de forêt ou au-dessus d'une étendue d'eau, chaque végétal réagissant en outre à la lumière réfléchie par la surface de l'eau. La couronne de nombreux résineux forme une surface voûtée et arrondie. C'est la réaction du végétal pendant sa croissance à la lumière du soleil : il tente de créer les meilleures conditions afin d'en profiter le plus possible. Quand plusieurs essences ligneuses poussent en petit groupe, elles réagissent ensemble à la lumière et forment une surface arrondie ou héliodynamique, comme s'il s'agissait d'un végétal unique. L'effet de la lumière du soleil change suivant la latitude : plus la distance par rapport à l'équateur s'allonge, plus la surface voûtée des houppiers devient convexe. Elle se penche toujours vers le soleil, vers le sud dans l'hémisphère Nord et vers le nord dans l'hémisphère Sud.

Les déformations du houppier idéal sont provoquées, outre par la différence de luminosité, par les vents (surtout quand ils soufflent dans une direction déterminée comme en bord de mer ou en haute montagne où l'on observe la formation de couronnes « flottantes »), ou par l'ombre que portent des constructions ou d'autres arbres. L'angle d'inclinaison de la terre, de même que sa structure, c'est-à-dire le degré suivant lequel elle réfléchit les rayons du soleil peuvent être d'autres causes de déformation.

La plupart des déformations évoquées ne concernent que les résineux qui poussent isolément. Dès que les essences ligneuses poussent en formation compacte, elles réagissent avant tout à la concurrence des essences ligneuses environnantes.

Nous ne parlons de couronne ou de houppier que dans le cas d'un arbre. Dans le cas des arbrisseaux, qui ne possèdent pas de couronne, nous parlerons d'habitus. Le houppier d'un arbre est formé d'un ensemble de branches qui poussent à partir du tronc, et il se compose :

– des branches structurelles ou branches d'ossature qui jouent un rôle déterminant dans l'ossature du houppier. Il s'agit de branches assez grandes, assez fortes qui prolongent, en général, les pousses à fonction végétative.

– des branches de remplissage, pousses de prolongement moins fortes ou brachyblastes raccourcies qui garnissent le houppier. Elles remplissent des fonctions tant végétatives que génératives, et occupent presque toute la place sur la surface extérieure du houppier.

Les différentes sortes d'essences ligneuses portent des houppiers de densité variable, caractéristiques selon chaque espèce. Cette densité peut être très

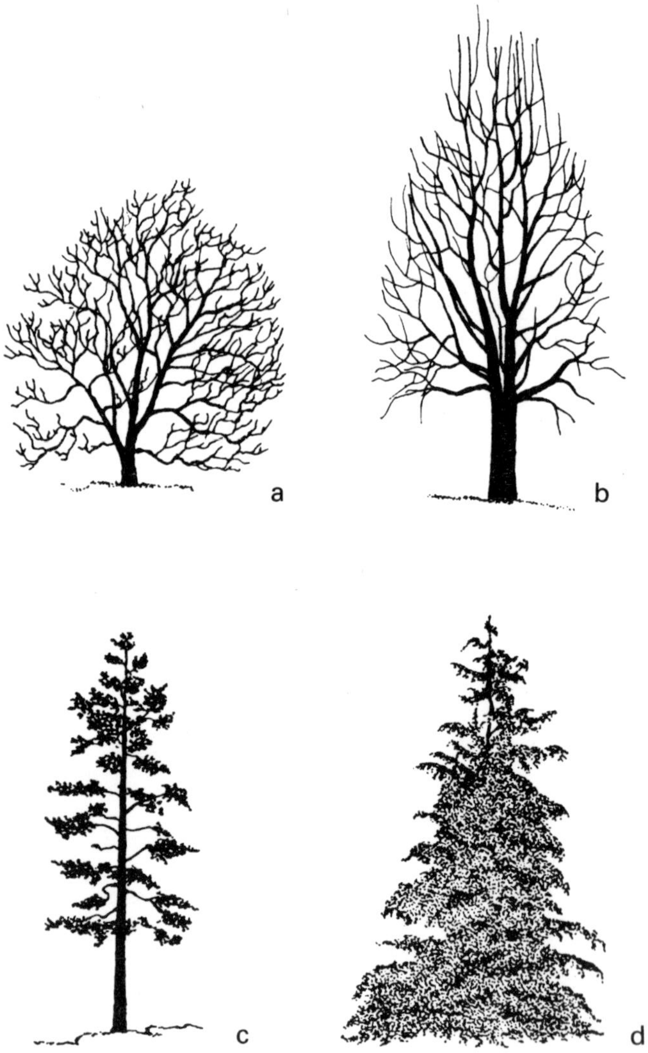

L'épaisseur et le type des houppiers des arbres ;
a – houppier porté bas ;
b – houppier porté haut ;
c – houppier éclairci ;
d – houppier épais.

Les formes des cimes des essences ligneuses peuvent être comparées aux formes géométriques : a – pyramidale (conoïde) ; b – en broche étroite ; c – ellipsoïdale ; d – ovoïde ; e – sphérique ; f – paraploïdale ; g – irrégulière.

faible, même avec les feuilles, chez les Gleditschias par exemple ou, au contraire, très dense et devenir, pendant l'été quand le feuillage est le plus développé, presque impénétrable pour les rayons du soleil (chez le Hêtre ou le Tilleul). Si la hauteur du tronc dépasse celle du houppier, nous parlons d'un houppier haut placé (superposé) et si le tronc est plus court que le houppier, nous parlons d'un houppier bas. Cette caractéristique n'est pas particulièrement liée au genre de l'essence ligneuse, mais plutôt aux influences extérieures : si elle pousse seule ou si elle fait partie d'un ensemble (chez les Pins ou chez les Hêtres).

On définit la forme du houppier en utilisant des termes de géométrie : conique, pyramidal, cylindrique, en brochette, ovoïde, ellipsoïdal ou sphérique. Dans certains cas, on a recours à des dénominations plus spécifiques : paraploïdal pour celui du Pin, pleureur pour le *Salix × sepulcralis,* flottant sous l'influence du vent, à étages séparés ou combinés dont la forme évoque plusieurs petits houppiers superposés, comme chez le Tremble, ou encore irrégulier comme chez certains vieux Chênes.

De la même manière, l'habitus des arbrisseaux peut être ovoïde, sphérique, pendant, étendu, aligné, attaché, gerbé ou revêtir d'autres formes irrégulières.

Pour les essences ligneuses de la zone tempérée (évoquées, pour la plupart, dans cet ouvrage), la construction du houppier n'est pas très compliquée, bien que les différentes espèces se distinguent au premier coup d'oeil.

L'architecture et la construction des houppiers des essences ligneuses atteignent leur plus grand dévelop-

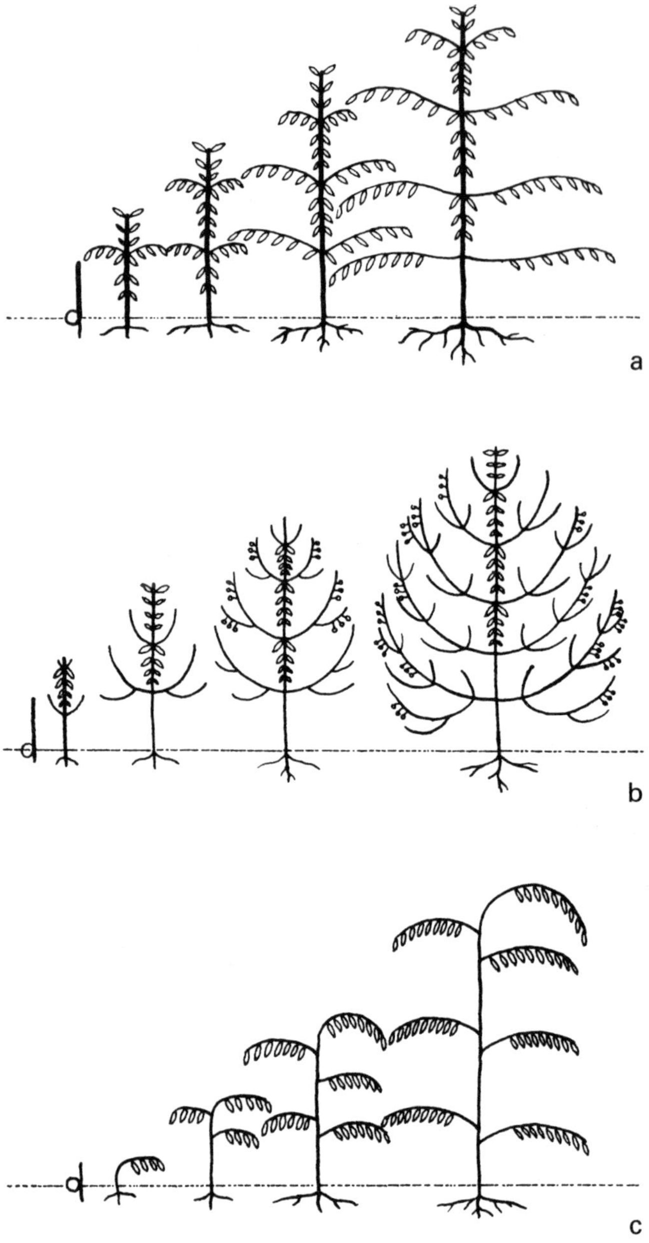

L'architecture des essences ligneuses selon le système de Hallé, Oldemann et Tomlinson :
a – modèle de Massart ;
b – modèle de Rauh ;
c – modèle de Troll.

pement dans les zones tropicales. Les critères de base de leur système de classification sont très simples :

Les pousses sont-elles ramifiées, comme chez les essences ligneuses pluriaxiales, ou non ramifiées, comme chez les essences monoaxiales ? S'agit-il d'une essence à tige unique ou d'un sympodium ? L'essence ligneuse croît-elle par périodes suivant un certain rythme, la croissance étant interrompue par les périodes de repos, ou d'une manière ininterrompue ? Ses branches continuent-elles à se ramifier ? Quelle est la position des fleurs ou de la floraison : terminale ou latérale ? Il faut toujours prendre en considération le fait qu'aucune de ces caractéristiques n'est isolée mais qu'elle apparaît combinée avec les autres. Ainsi est née l'échelle des modèles architecturaux des essences ligneuses. Ces modèles portent le nom de ceux qui les ont établis : modèle de Cook, modèle de Prévost par exemple. Bien que cette classification très récente, qui n'a été publiée qu'en 1978, concerne surtout les essences ligneuses de la zone tropicale, certaines essences ligneuses de la zone tempérée peuvent s'y rattacher. Par exemple, toute une série d'essences résineuses (*Araucaria excelsea,* les Sapins, les Ifs) correspondent au modèle de Massart, tandis que l'*Araucaria araucana* et la plupart des pins, y compris le Pin forestier, de même que les Érables, les Chênes, les Frênes, correspondent au modèle de Rauh. Il en va de même d'autres espèces à feuilles, comme les Hêtres, les Tilleuls, les Ormes, qui répondent au modèle de Troll, tandis que nombre d'arbrisseaux, tel le Sureau, croissent selon le modèle de Champagnat.

Les racines, presque cachées à l'oeil humain, sont un organe très important des essences ligneuses. Elles dépendent de certains facteurs : subissant aussi les influences de l'environnement, elles sont beaucoup plus déformées que la partie aérienne par les conditions extérieures. L'ensemble des racines, ou appareil radiculaire, fixe le végétal en terre et y puise les solutions nutritives. Suivant les différentes essences ligneuses et leur appareil radiculaire, on rencontre deux types d'enracinement : dans l'enracinement profond, la racine principale ou pivot pénètre à la verticale profondément à l'intérieur de la terre (sa longueur peut alors égaler la hauteur de la partie aérienne de l'espèce, ce qui est le cas du Chêne printanier). Ou bien, dans l'enracinement peu profond, les racines latérales pénètrent horizontalement juste sous la surface de la terre, ce qui est le cas des Épicéas.

Les arbres à enracinement profond ne se déracinent pas sous les effets du vent, mais ils peuvent se casser, tandis que les arbres à enracinement peu profond peuvent être déracinés. Selon leurs critères morphologiques, les systèmes d'enracinement sont de trois types différents. Dans le premier cas, la racine principale verticale est la plus développée ; elle est, en général, assez forte et se dirige pratiquement à la verticale le plus profondément possible en terre. Dans le deuxième cas, un plus grand nombre de racines d'égales dimensions se dirigent vers le bas soit

L'organisation des systèmes de racines possède aussi ses règles :
a — système de racines à racine principale unique en pieu ;
b — système de racines à plusieurs racines fortes et obliques, sans aucune racine principale (système radiculaire cordiforme) ;
c — système de racines où les racines principales se développent parallèlement à la surface du sol et ne sont pas très profondes.

verticalement soit en biais, et l'on ne distingue aucune racine principale proprement dite : il s'agit d'un système d'enracinement dit cardioïdal. Enfin, dans le dernier cas, plusieurs racines latérales d'égale vigueur se dirigent parallèlement à la surface de la terre, dans des couches très peu profondes : ce sont des racines latérales principales. Ici, peu de racines et de radicelles pénètrent plus profondément en terre. Les deux premiers types, à racines profondes, sont solides ; le troisième, très peu profond, est peu stable.

Mais les racines peuvent aussi s'éloigner du système d'enracinement classique : c'est le cas des racines adventives, de celles qui poussent latéralement à la base du tronc, obliquement, en direction des terres marécageuses, comme chez l'Aulne ; c'est aussi le cas des racines-échasses des Mangroves. De même, les crampons aériens (*radix alligans*) sont des racines adventives qui fixent des lianes à leur surface d'appui.

Un groupe distinct est formé par les racines aériennes (pneumatophores) qui, poussant à l'air libre, assurent un apport d'oxygène aux parties enterrées : c'est le cas du Cyprès chauve (*Taxodium distichum*).

Chez certaines essences ligneuses, l'appareil radiculaire entre en symbiose avec le mycélium d'un champignon ou avec certains micro-organismes. On désigne cette cohabitation sous le nom de mycorhize. Elle est connue chez les bouleaux, les chênes, les frênes, les pins, chez les bruyères, ainsi que chez toute une série d'arbrisseaux. Les champignons et les racines des végétaux supérieurs vivent en symbiose étroite, ce qui est profitable pour les deux organismes. Selon les types morphologiques, les mycorhizes se subdivisent en mycorhizes ectotrophes — les filaments des champignons se trouvent à l'extérieur des racines sur lesquelles ils forment une épaisse enveloppe protectrice — et en mycorhizes endotrophes — les filaments des champignons se trouvent, cette fois, à l'intérieur de la plante-hôte. Les essences ligneuses connaissent surtout le premier type de symbiose. Cette liaison peut être détectée au premier coup d'oeil : dans la forêt, on sait que certaines sortes de champignons ne poussent que sous certains arbres. La coexistence entre le champignon et l'essence ligneuse n'est pas seulement utile aux deux espèces, mais aussi à l'humanité : on peut constater, en effet, que partout où les influences de la civilisation ont fait reculer les champignons, la surface boisée diminue.

Pour des raisons techniques, les différents systèmes d'enracinement des essences ligneuses ne sont pas aussi bien explorés que leurs parties aériennes, ce qui n'empêche pas de trouver suffisamment de types caractéristiques pour les différents genres et pour les différentes espèces.

Certaines essences ligneuses, notamment les arbrisseaux, forment habituellement des ensembles qui se propagent à partir d'une espèce individuelle, les parties souterraines et aériennes s'agençant selon une organisation classique. Elles se propagent d'une manière très dynamique : à partir des bourgeons adventifs, elles créent de nouvelles pousses aériennes vergées que l'on ne peut différencier, par leur aspect extérieur, de la première espèce qui a grandi à partir d'une graine. Les ensembles ainsi créés occupent généralement une surface plus étendue. De l'extérieur, ils peuvent ressembler à un ensemble formé par plusieurs espèces, bien qu'il s'agisse en réalité d'une seule plante individuelle. On désigne ces ensembles sous le terme de polycormones : appartiennent à ces formations la Rose galloise ou la Rose frisée.

Par quoi les essences ligneuses se différencient-elles des autres végétaux ?

Selon une vieille encyclopédie savante, le terme d'essences ligneuses (*lignosae, lignidae, holoxylae*), – « ces végétaux dont l'ensemble des tiges se lignifie et persiste » – recouvre d'abord les arbres et arbrisseaux, mais aussi des sous-arbrisseaux et des lianes ligneuses. Elles se subdivisent, selon des critères multiples, en feuillus, résineux, essences fruitières, essences forestières, ou, suivant les zones géographiques où elles se trouvent, d'après la hauteur à laquelle elles poussent, par exemple. La discipline scientifique qui traite de ces végétaux lignifiés se nomme la dendrologie, science des essences ligneuses.

Dans un sens plus restreint, nous considérons comme essence ligneuse tous les végétaux qui comportent une tige lignifiée durable avec des bourgeons de reproduction sur les pousses lignifiées situées au-dessus de la terre : les bourgeons reproducteurs, se trouvant à une hauteur d'au moins vingt-cinq centimètres au-dessus du sol, sont entièrement exposés aux intempéries pendant les périodes de repos végétal. En haute montagne ou dans le Grand Nord, on trouve certaines exceptions : *Salix reticulata* atteint à peine dix centimètres de haut.

Ce sens restreint n'englobe pas les sous-arbrisseaux dont seules les parties basses des pousses se lignifient tandis que les parties hautes qui supportent la floraison restent herbacées. Les petits arbustes, ces plantes basses et persistantes qui poussent souvent en plaques compactes avec beaucoup de branchages à pousses lignifiées, comme les bruyères, les airelles ou les myrtilles forment également une catégorie à part. Bien que, du point de vue anatomique, ils correspondent à la définition des essences ligneuses, ils présentent néanmoins beaucoup de caractéristiques spéciales, ce qui nous a conduit à ne pas les traiter dans cet ouvrage.

Afin de mieux expliquer des termes tels que l'essence ligneuse, le bois, la lignification, il faut considérer les étapes antérieures à l'évolution des espèces. Il faut remonter jusqu'au début du cambrien, il y a environ quatre cent vingts millions d'années, quand se sont produits de grands changements climatiques. A cette époque, les premières plantes terrestres commencent à apparaître : quittèrent-elles le milieu aquatique pour venir se fixer sur la terre ferme ? Nous désignons ces plantes sous le terme de psilophytes. Elles se sont développées très rapidement dès le début pour donner naissance à des formes nouvelles et à de nouvelles branches d'évolution. La branche la plus progressive des végétaux poussant sur la terre ferme commença à se différencier en racines, tiges et feuilles et à créer un système de vaisseaux. Ainsi sont apparues des plantes riches en vaisseaux, les plantes vasculaires. Ces végétaux ont en commun, dans leurs cellules, la présence de chlorophylle et de caroténoïdes qui assurent la photosynthèse, le même système de multiplication et la même construction de leurs faisceaux de vaisseaux. Le corps de la plante est couvert par une cuticule comportant des trous d'air qui permettent l'échange des gaz.

Les plantes vasculaires sont des organismes pluricellulaires avec des cellules bien différenciées, tant par la forme que par la fonction. En règle générale, les ensembles cellulaires se différencient suivant leurs fonctions en divers tissus distincts. Les tissus sont des ensembles de cellules rapprochées entre lesquelles des échanges se produisent. Le terme même de tissu nous vient du tout début de l'anatomie des plantes. A cette époque, on a considéré comme les parties les plus importantes de la cellule les parois cellulaires qui apparaissaient au microscope comme une sorte de filet de tissu ou de fer. Chez les plantes supérieures, les différents tissus s'assemblent pour former des unités supérieures, que l'on peut classer en deux groupes : les tissus à cellules jointives dits méristèmes et les tissus durables.

Les tissus à cellules jointives ont dans la vie d'une plante une fonction essentielle et irremplaçable. Leur présence assure la croissance illimitée de la plupart des plantes pluricellulaires pendant toute la durée de leur vie. Ces plantes se composent de cellules qui ont gardé leur divisibilité. Chacune de ces cellules s'appelle la cellule initiale. Quand elle se trouve au sommet de la plante, il s'agit d'une cellule initiale unique désignée sous le nom de cellule terminale. A partir d'elle, se distribuent les cellules-segments qui forment à leur tour les méristèmes terminaux. Ces derniers sont logés au sommet des organes et sur leurs faces latérales. Ainsi, par la segmentation des cellules terminales, se crée le méristème primaire, à partir duquel se forment et se différencient successivement les tissus durables. Sous l'extrémité de la tige, le méristème primaire se différencie encore en trois :

– le méristème de surface, dermatogène à couche unique à partir duquel se forme l'épiderme ;

– le périblène, placé étroitement sous le premier, qui se compose de plusieurs couches, et à partir duquel se forme l'écorce primaire ;

– le pleuron ou méristème intérieur cylindrique, qui se diversifie en fibres porteuses et en moelle.

Les feuilles présentent un cas spécial de l'emplacement du méristème dans le corps d'une plante. Elles se forment très près du sommet, en tant que petites aspérités qui naissent de la séparation de l'écorce. Ensuite, seulement le dermatogène se divise. Le fond de la feuille se compose d'un tissu méristémique. Toutefois, la transformation en cellules durables commence à partir de la pointe de la feuille pour se terminer à sa base d'où elle disparaît. C'est pour cette raison que les feuilles n'ont, à la différence des tiges et des racines, qu'une croissance limitée.

Parmi les tissus durables, nous pouvons encore distinguer, selon leurs emplacements et leurs fonctions, trois ensembles de base :

– les tissus d'épiderme ou de protection ;

– les tissus porteurs : les faisceaux et, dans les tiges à croissance secondaire, le bois et le liber qui se forment grâce à l'activité du cambium ;

– les tissus de base, c'est-à-dire tous les autres qui remplissent l'intérieur des organes.

Les tissus de protection ne se limitent pas à couvrir l'ensemble du corps de la plante, mais ils protègent aussi tous les autres tissus des influences extérieures et ils servent d'intermédiaire entre le corps de la plante et l'environnement extérieur. Le premier tissu de protection est l'épiderme (*epidermis*), formé le plus souvent par une couche unique de cellules aplaties, liées très étroitement entre elles, sans espace intercellulaire. L'épiderme qui couvre les parties aériennes de la plante possède habituellement des pellicules extérieures hypertrophiées en cellulose, qui sont imprégnées de cutine et couvertes par une mince couche de cutine, la cuticule. Ce dispositif protège le corps de la plante contre les déperditions d'eau. Souvent, les pellicules cellulaires sont encore imprégnées ou recouvertes de cires formant à la surface de l'épiderme de fines membranes comme la pruine des fruits, les aiguilles des résineux, ou autres. Les bourgeons d'hiver de nombreux arbres ajoutent encore sur l'épiderme une couche de résine. Les cires et les résines remplissent surtout une fonction de protection pour les plantes.

Pourtant, si l'ensemble du corps de la plante était hermétiquement clos, les plantes ne seraient pas en mesure de remplir leur fonction essentielle de photosynthèse. Ainsi, afin de garantir un échange de gaz suffisant entre l'atmosphère et les espaces intercellulaires, l'épiderme des plantes possède plusieurs paires de cellules réniformes, séparées par une fente. L'ensemble de ce dispositif s'appelle le stomate. Les stomates assurent les échanges gazeux des plantes supérieures en permettant la respiration, la photosynthèse et la transpiration. Ce dispositif assure l'existence des plantes sur la terre ferme. Le nombre de stomates et leur emplacement sont différents et typiques pour chaque plante, et selon le milieu où elle se trouve : sec ou humide. On trouve environ cent à trois cents stomates par mètre carré. Les cellules réniformes réagissent aux influences de l'extérieur soit en ouvrant soit en fermant la fente du stomate.

La surface extérieure de nombreuses plantes est souvent couverte par des formations de poils. Ces formations se créent à partir d'une seule cellule de l'épiderme (les trichomes), ou de plusieurs (l'émergence). Le plus souvent, ces poils remplissent des fonctions de couverture et de protection. Mais il en est, par exemple sur les graines, qui permettent la propagation des plantes, comme pour les graines des peupliers et des saules.

Dans la vie de bon nombre de plantes survient une période où même les cellules du tissu durable recommencent à se diviser pour se changer en cellules jointives. Ainsi, peut se créer dans un organisme déjà définitif un nouveau méristème, le méristème secondaire. Citons-en pour exemple le tissu qui forme le liège, le phellogène par lequel une écorce secondaire se forme sur les tiges des essences ligneuses.

Toutes les essences ligneuses vivent plusieurs années. Toutes les parties de leur organisme qui supportent le changement entre les périodes de croissance intensive et de repos végétatif possèdent une couche secondaire de tissu de protection, une écorce secondaire, le peridermis. Le phellogène travaille soit dans deux directions : il produit le liège vers l'extérieur et, vers l'intérieur, une écorce verte, le phelloderme, soit dans une seule direction et il ne produit alors que du liège. Mais, dans les deux cas, l'ensemble entier s'appelle écorce secondaire.

Lors de la croissance secondaire de la tige, le liège reprend, après la détérioration de l'épiderme, des fonctions de couverture et de protection. Il se compose de cellules en plaques sans espaces intercellulaires. Les membranes des cellules du liège comportent plusieurs couches, et la couche intérieure, la lamelle, est habituellement lignifiée et couverte étroitement de deux côtés par des couches tubéreuses absolument hermétiques tant pour l'air que pour l'eau. Cet état amène, après un temps assez court, le dépérissement des cellules du tissu du liège qui restent vides, remplies uniquement d'air. Outre l'air, les cellules mortes du liège contiennent d'autres matières comme les tannins ou les résines. Le contenu des cellules influe souvent sur la teinte d'ensemble de l'écorce secondaire. Par exemple, la blancheur des écorces de bouleau est causée par la bétuline qui remplit les cellules sous la forme d'une matière blanche, finement granuleuse.

Le liège se crée chez les essences ligneuses de la zone tempérée à la fin de l'été, mais le tissu qui le forme, le phellogène, apparaît déjà en juin et en juillet. La formation du liège dans les jeunes branches se manifeste le plus souvent par le brunissement des pousses nouvelles encore vertes. De même que le liège reprend progressivement les fonctions de tissu de protection, parallèlement, l'écorce primaire dépérit elle aussi et finit par se détacher du tronc. Cependant, si l'ensemble de la surface durable des essences ligneuses était hermétiquement enfermé dans les couches de liège, bon nombre de fonctions essentielles pour la vie des plantes seraient bientôt bloquées. Ainsi, comme les autres couches de l'épiderme possèdent des fentes, le liège comporte des formations lenticulaires, les lenticelles : elles sont remplies de tissus qui empêchent la pénétration des corps étrangers à l'intérieur de la plante, tout en permettant les échanges de gaz. Les lenticelles ont leur dynamique annuelle propre. A l'automne, elles sont refermées par une mince pellicule en liège qui se rompt au printemps, dès que les lenticelles reprennent leur croissance. Les lenticelles sont souvent caractéristiques suivant les essences ligneuses. Habituellement, elles dépassent la couche de liège environnante sous forme de petites aspérités, ou elles créent des dessins sur la surface de l'écorce, comme sur le Bouleau.

Néanmoins, le liège ne sert pas de tissu de couverture à toutes les essences ligneuses leur vie durant. Au contraire, les essences ligneuses comme le Hêtre, chez lesquelles le phellogène remplace le liège qui tombe en petites écailles dès la croissance du tronc, constituent une exception. Il s'agit en général d'essences ligneuses à écorce lisse.

Dans le cas des autres essences ligneuses, surtout chez les arbres, le premier phellogène limite au bout d'un certain temps son activité pour l'arrêter ensuite complètement. Mais, en même temps, on assiste à la formation d'une nouvelle couche de phellogène plus profonde, qui produit de nouvelles couches de liège. Cette coïncidence du dépérissement et de la nouvelle création du phellogène se répète périodiquement car, le liège étant imperméable, l'ensemble des couches extérieures dépérit rapidement. Cette superposition des couches, formée par le dépérissement des tissus primaires et secondaires, souvent très épaisse, se trouve à l'extérieur de la couche de liège et on la désigne sous le terme d'écorce externe ou rhytidome.

De même que le tronc épaissit, le rhytidome s'élargit. Mais, comme il s'agit d'un tissu mort, il réagit à la croissance du tronc en se craquelant et en se fendillant. Ces craquelures, ainsi que la perte de couches anciennes du rhytidome caractérisent certaines espèces d'arbres.

Les troncs vieillis de la plupart des essences ligneuses ont une teinte brune, que l'on peut expliquer par la présence de dérivés de tannins dans les couches du rhytidome.

L'écorce et le liège ne sont pas seulement des termes anatomiques des plantes, mais aussi des termes techniques. Dans l'ensemble, le terme d'écorce englobe, du point de vue technique, l'ensemble des tissus que l'on peut séparer du bois. Il comprend l'écorce primaire et secondaire, mais également le liber. Le liège désigne aussi la matière première que l'on obtient à partir du Chêne-liège méditerranéen (*Quercus suber*) ou d'autres Chênes de cette région.

La moelle blanche du Sureau noir constitue un bon exemple de moelle molle.

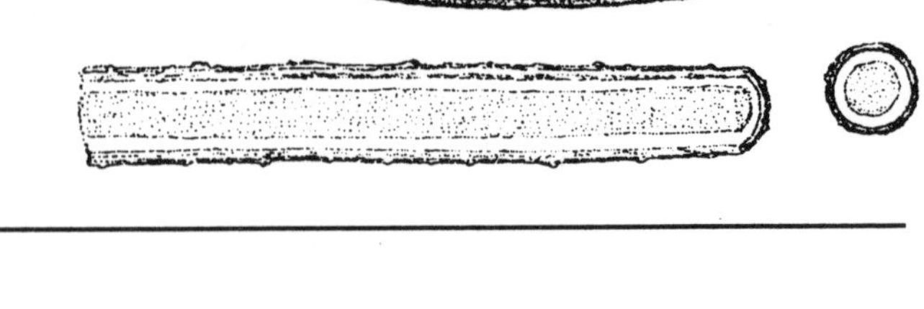

Veines et réticules :
a – formation de la trachée à partir d'une colonne de cellules ;
b – trachéides avec des parois renforcées de manière sphérique ou en spirale ;
c – réticule formé à partir des cellules vivantes avec des parois perforées.

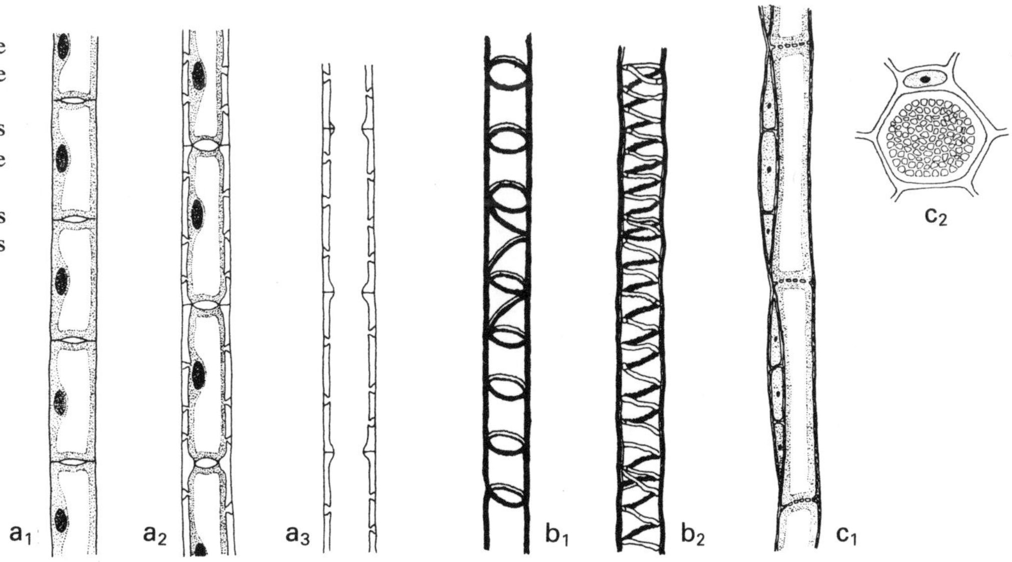

Les tissus de base remplissent le corps de la plante entre les tissus porteurs et les tissus de protection. Outre leur fonction de remplissage, ils peuvent jouer d'autres rôles. Ils permettent la photosynthèse, peuvent constituer également les tissus de réserve (par exemple dans les racines) ou servir de réservoirs d'eau dans certains cas. Ces tissus de base forment aussi, dans les tiges, organes cylindriques du corps de la plante, des tissus localement différenciés, comme l'écorce parenchymaire, les fibres médullaires et la moelle. L'écorce parenchymaire se trouve entre les tissus de protection et les tissus porteurs, tandis que les rayons des fibres médullaires partent du centre de la tige, vers la circonférence : ils séparent les faisceaux de la moelle qui se trouve dans la partie centrale du tronc. Dans le langage populaire, on désigne souvent la moelle comme l'âme de l'arbre. Et l'on pense à la moelle blanche et tendre du Sureau.

Dans l'espace entre les cellules et les tissus, se forment souvent des ensembles d'espaces intercellulaires, comme les canaux résineux des essences résineuses par exemple. Quand l'espace intercellulaire se crée à partir de l'affaissement de l'ensemble d'un tissu mort, on observe souvent la formation d'une tige creuse : c'est le cas des Forsythias.

Le tissu le plus significatif des plantes vasculaires est le faisceau de vaisseaux, tissu porteur qui traverse les différents organes et distribue dans l'ensemble de la plante de l'eau et des solutions de matières anorganiques, ainsi que les produits résultants de la photosynthèse. Les tissus porteurs distribuent des solutions à l'intérieur des végétaux sur des distances relativement grandes, principalement dans deux directions. L'eau contenant des solutions de matières inorganiques monte à partir des racines vers le haut, en direction des feuilles d'où elle s'évapore (c'est le courant transpiratoire) et, en sens inverse, à partir des feuilles, les solutions qui sont le produit de la photosynthèse descendent vers les organes de stockage et les racines (c'est le courant d'assimilation). Ce flux se réalise à l'intérieur de cellules allongées dont les parois intérieures sont très obliques, ou même complètement diluées. A la fin, ces cellules forment des petits canaux compacts qui traversent l'ensemble du corps de la plante. Le faisceau de ces canaux contient les vaisseaux et le parenchyme de bois. Les vaisseaux sont des cellules mortes allongées et vides, avec des parois lignifiées et renforcées d'une certaine manière. Nous distinguons les vaisseaux selon le fait qu'ils conservent ou non les parois en trachées et en trachéïdes. Les trachées sont des tubes assez longs qui se sont formés à partir des cellules placées en série les unes derrière les autres ; leurs parois intérieures se sont dissoutes soit complètement soit en grande partie et leur contenu cellulaire a disparu. Les trachées dominent chez les essences ligneuses à feuilles qui sont souvent complètement dépourvues de trachéides (voir les Frênes et les Platanes). Les trachéides, par contre, conservent l'ensemble des parois obliques. Ces vaisseaux sont caractéristiques de l'ensemble des essences ligneuses résineuses.

La longueur et l'épaisseur des vaisseaux varient. On a trouvé chez les frênes des vaisseaux allant de la racine jusqu'à la couronne ; chez les chênes, on a mesuré des vaisseaux atteignant près de quatre mètres dont le diamètre était de 0,25 millimètres. Les parois de ces vaisseaux sont d'épaisseur inégale et renforcées soit en cercle, soit en spirale, soit en grille. Ces renforcements se lignifient, les autres parties des membranes cellulaires restant en cellulose et permettant l'interpénétration des solutions à partir des vaisseaux vers les cellules et en sens inverse. Même dans le cas où les parois des cellules s'épaississent entièrement, il reste encore, dans les parois, des alvéoles et des points non épaissis qui permettent la circulation des solutions dans les deux sens. La fonction principale des vaisseaux consiste cependant à véhiculer l'eau et les solutions de matières inorganiques (courant transpiratoire), tandis que le renforcement du corps de la plante reste une fonction secondaire.

La partie en liber des faisceaux se compose d'un tamis molléculaire et de cellules parenchymes et sclérenchymes. Le tamis est formé de cellules vivantes, de forme allongée, dont les parois sont percées de nombreuses ouvertures. Elles se présentent ainsi sous la forme d'un tamis. Les cellules qui constituent le tamis gardent sur leurs parois la pellicule cytoplasmique, bien que leurs noyaux disparaissent très tôt. L'intérieur des cellules est rempli par une grande vacuole centrale contenant les matières protéiformes et les glucides. Les parois des cellules qui forment le tamis ne se lignifient pas. Les tamis transportent surtout les matières organiques et elles ne fonctionnent parfois que pendant une seule période de croissance. A la fin de cette période, le tamis est obstrué par une matière spéciale. Ainsi, au début du printemps suivant, il dépérit, comprimé sous la pression des tissus environnants, pour être remplacé par un tamis neuf et vivant.

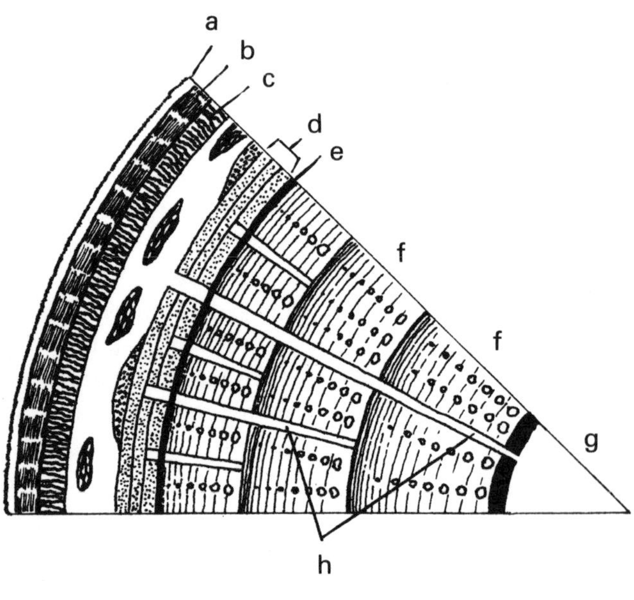

Coupe transversale d'un tronc de Tilleul âgé de 3 ans : a — derme ; b — liège ; c — écorce primaire ; d — liber ; e — cambium ; f — bois de la première jusqu'à la troisième année ; g — moelle ; h — rayons médullaires.

Les tamis et les vaisseaux sont, en règle générale, accompagnés d'un parenchyme conducteur, tissu formé de cellules vivantes qui permettent le transport des différentes solutions sur des distances plus courtes.

Chez les dicotylédones d'essence ligneuse, les faisceaux sont organisés dans la tige. Lors de la coupe transversale du corps, ils apparaissent organisés en cercle. Entre eux, nous voyons les rayons des fibres médullaires et au milieu du tronc apparaît la moelle. Les faisceaux passent de la feuille à la tige juste au point d'attache des feuilles. Ils traversent ensuite obliquement les différentes couches de l'écorce pour prendre enfin leur place, en cercle intérieur, entre les autres faisceaux. D'abord, ils passent parallèlement, puis ils s'unissent entre eux en formant une bifurcation, ou une ramification en fourchette. Ainsi se crée tout un réseau interdépendant de faisceaux.

Les tiges des essences ligneuses ne croissent pas seulement en longueur, mais elles prennent aussi de l'épaisseur. Nous avons déjà décrit la croissance secondaire des couches de couverture et de protection qui forment l'écorce secondaire. Sa formation est assurée par le phellogène qui produit le liège. Les houppiers des arbres qui ne cessent de se développer ont besoin d'un apport constant en matières nutritives, ainsi que d'un renforcement mécanique. Dans la zone tempérée, chez la plupart des essences ligneuses, le réseau de tissus porteurs ne tient que de trois à cinq ans, et, plus ils vieillissent, moins bien ils distribuent les solutions transportées. Ils doivent donc être constamment remplacés par des éléments nouveaux. Le tissu secondaire divisible qui se charge de cette fonction pendant la durée de vie d'une plante vivace s'appelle le cambium.

Le cambium forme, sur la coupe transversale de la tige, un cercle continu et fermé : il passe entre la partie lignifiée et la partie en liber des faisceaux et traverse la moelle. Il produit des tissus neufs dans deux directions, vers l'extérieur et vers l'intérieur de la tige. Il génère du bois sur sa face interne et du liber sur sa face externe. En traversant la moelle, le cambium produit le parenchyme, lâche et riche en air.

Sous les latitudes où le temps change périodiquement selon les saisons, le cambium fonctionne également en suivant ce rythme. Dans la zone tempérée, il ne travaille que du début du printemps à l'automne.

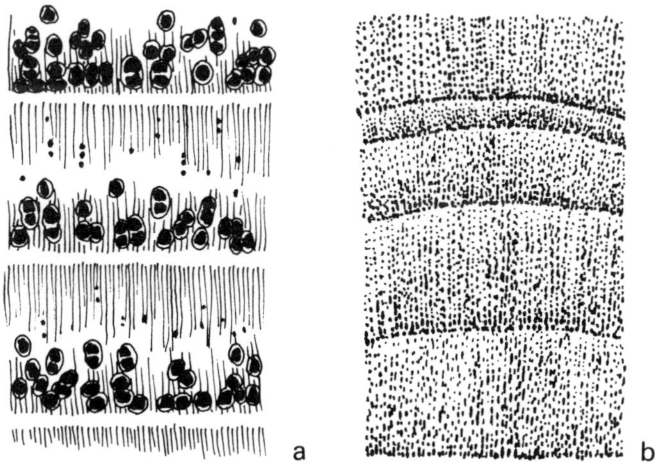

La porosité du bois constitue un bon indice de différenciation :
a – exemple de bois poreux en rond (le Frêne) ;
b – exemple de bois à porosité diffuse (l'Aulne).

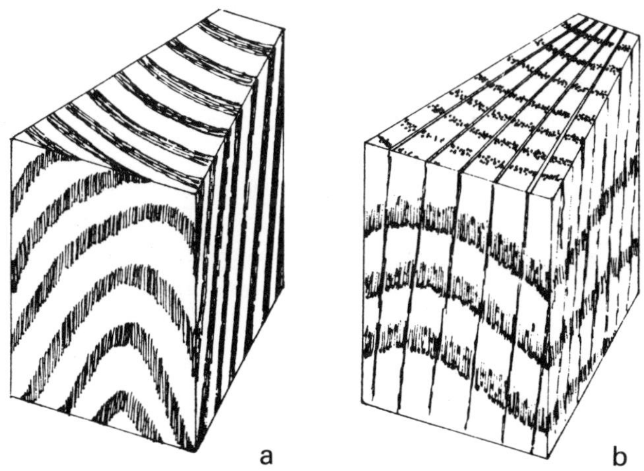

L'organisation du bois chez les conifères et chez les feuillus :
a – l'organisation du bois d'Épicéa ;
b – l'organisation du bois de Chêne.

Nous pouvons observer l'activité périodique du cambium sur une coupe transversale d'essence ligneuse : on voit alors les couches d'accroissement annuelles.

La caractéristique principale des essences ligneuses est la création du bois. L'anatomie du bois est assez compliquée et les différences qui président à sa formation permettent aux spécialistes de déterminer avec une grande précision son origine déjà à partir de très petits échantillons. Sous le terme général de bois, nous désignons l'ensemble de la matière qui est créée par le cambium vers le centre du tronc.

Sur la coupe transversale d'une tige, nous pouvons habituellement observer une moelle peu significative au milieu : souvent, elle ne dépasse guère un millimètre ; seulement chez le Sureau, elle peut atteindre environ dix millimètres. La moelle est entourée d'une fine couche de bois primaire, puis d'une couche épaisse de bois secondaire ancien dont les vaisseaux ne fonctionnent déjà plus. Cet ensemble s'appelle le noyau. Le noyau est souvent d'une teinte plus foncée, colorée par le produit des matières tannantes qui y sont stockées. La couche extérieure plus claire s'appelle l'aubier. On appelle bois à noyau ceux où l'on peut différencier le bois du noyau et de l'aubier, les autres comme le Hêtre, s'appellent splints. Associé aux fibres et aux cellules ligneuses, l'ensemble des trachées et des trachéides déjà évoquées forme le bois.

Chez les essences ligneuses, le liber secondaire se forme de la même manière que le bois secondaire. Il se compose d'un réticule, de cellules d'accompagnement, de parenchyme de liber et, enfin, de liber dur qui est composé des fibres sclérenchymatiques en partie lignifiées. La couche de liber secondaire est très faible par rapport à la couche de bois. Ceci provient du fait que le cambium produit beaucoup moins de liber que de bois. Les réticules du liber secondaire ne fonctionnent en moyenne que deux ans (quatre chez les tilleuls). Ensuite ils dépérissent et les autres tissus les écrasent. Aussi, la différenciation annuelle des couches de liber n'est-elle pas aussi significative que

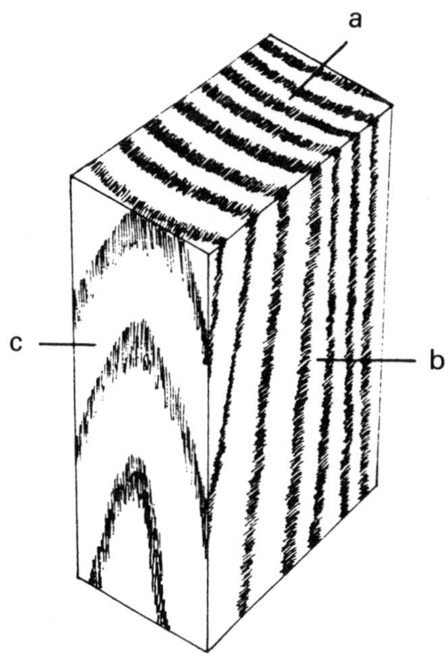

Coupes de bois : a – transversale ; b – réflexive (en miroir) ; c – tangentielle (en madrure).

chez le bois et les accroissements annuels ne sont pas apparents. Le cambium produit le liber encore longtemps après le début de l'hiver, tant que les conditions météorologiques le permettent.

Les fibres sclérenchymatiques du liber ont une certaine valeur économique parce qu'elles participent à la production du liber technique. En Europe, on utilise le liber du Tilleul, mais le liber du jardinier vient d'une palme de la famille des Raphia.

L'épaississement secondaire qui se produit également lors de la croissance des racines est assuré par le cambium de la racine. Les fonctions principales des racines, en dehors de leurs fonctions physiologiques, consistent à stabiliser, à fixer, et à renforcer l'arbre qui pèse souvent plusieurs tonnes, dans le sol. Le système radiculaire de certains arbres, bien que caché à nos yeux, peut atteindre les mêmes dimensions que les couronnes visibles très loin.

La construction anatomique du corps, surtout de sa partie ligneuse est donc une qualité typique, commune aux essences ligneuses, mais elle n'est pas le privilège d'un groupe spécifique, à l'exception des résineux et nous trouvons les essences ligneuses à feuilles dans plusieurs séries de plantes dicotylédones.

De la vie de l'arbre

Les essences ligneuses sont en général volumineuses, en particulier les arbres. Ils détiennent de nombreux records : ils comptent parmi les plus gros organismes vivants de notre monde. Les Eucalyptus d'Australie mesurent plusieurs dizaines de mètres, les Séquoias d'Amérique et les arbres de la même famille dépassent souvent cent mètres de hauteur. Par rapport à ces espèces, les essences ligneuses d'Europe ont l'air de « petits arbres ». Les arbres se différencient également des autres espèces par leur durée de vie. Il y a tellement de centenaires qu'on ne peut pas les énumérer tous. Ceux qui vivent jusqu'à cinq cents ans sont déjà moins nombreux. En Europe, ce sont en général, les chênes. Mais il existe des arbres qui vivent encore beaucoup plus longtemps. Pendant de longues années, on a pensé que c'étaient les Séquoias qui vivaient le plus longtemps. Ils peuvent devenir deux fois millénaires ! Ces arbres qui sont encore debout auraient « vu » la naissance du Christ, les débuts de l'ère chrétienne et la fin de l'Empire romain si ces événements avaient eu lieu sur le continent américain. Mais, malgré cela, ils ne sont pas les plus âgés. Le record est détenu par *Pinus aristata,* un arbre très discret, qui pousse dans les régions sèches des États-Unis. On a évalué son âge qui peut atteindre de 4000 à 4700 ans !

La vie de chaque arbre commence par l'union d'une cellule mâle avec une cellule femelle qui donne l'embryon de la graine et du fruit. Mais, pour y arriver, il faut que la génération précédente ait atteint la floraison. Celle-ci représente une manifestation très importante de la vie des végétaux supérieurs et elle apporte toujours des connaissances nouvelles en matière d'exploration biologique. La science qui traite ce sujet s'appelle la biologie de la floraison. On commence à s'apercevoir que la classification traditionnelle des essences ligneuses en anémophiles et entomophiles ne suffit plus, de même que la division entre les essences ligneuses à floraison dioïque et à floraison monoïque ne suffit plus. Lors d'une exploration un peu plus poussée, nous constatons l'apparition d'exceptions nouvelles, le caractère de la floraison change non seulement suivant les conditions extérieures, mais aussi suivant l'âge des arbres. Nous pouvons citer par exemple les fleurs de l'érable qui sont généralement considérées comme dioïques, bien que l'on ait trouvé des fleurs avec des étamines rabougries, femelles par fonction et des fleurs avec un pistil peu développé, donc mâles. De même, dans l'inflorescence des chatons des saules, on a trouvé des fleurs mâles parmi les fleurs femelles et *vice versa,* notamment chez le Saule gris, *Salix cinerea.* Les Pins ne forment souvent, dans les premières années de leur floraison, que les fleurs femelles, tandis que les fleurs mâles ne commencent à apparaître que plus tard.

La formation des fleurs est étroitement liée à l'âge de l'arbre et à sa maturité, à l'influence des conditions extérieures et à la condition propre à chaque arbre au moment aù il se prépare à fleurir. En général, il est établi qu'un climat sec et chaud juste avant l'été, au mois de juin, favorise l'établissement des fleurs pour l'année suivante. Ceci est surtout valable pour les arbres fruitiers et pour ceux qui ne fleurissent pas régulièrement tous les ans, comme le Hêtre.

Beaucoup d'arbres appartiennent aux essences ligneuses anémophiles. Cela signifie une surproduction de pollen qui est profitable pour les arbres. Par exemple, les pins conifères produisent jusqu'à quatre fois plus de pollen que ce qu'ils auraient dû. Les essences ligneuses anémophiles fleurissent très tôt au printemps, bien avant l'apparition des feuilles, ainsi le vent qui transporte le pollen peut pénétrer plus facilement dans les couronnes des arbres, même dans une forêt compacte. Les cônes femelles des essences ligneuses conifères se trouvent dans les parties supérieures de la couronne et les cônes mâles plutôt vers le bas, ce qui permet aux nuages de pollen déplacés par le vent de peigner véritablement l'arbre et de féconder ainsi les fleurs femelles. Mais, à elle seule, la surproduction de pollen ne suffit pas à assurer la formation des graines. Celle-ci dépend encore de nombreux autres facteurs extérieurs, comme le gel. La germination du pollen peut même être limitée par un orage de printemps avec son champ électrique.

Chez quelque essences ligneuses (chez les Pins par exemple) un temps relativement long s'écoule entre la pollinisation et la fécondation. L'évolution de l'embryon se termine après une période de plus d'un an et les cônes ne mûrissent qu'au bout de deux ou trois ans. L'évolution des graines dépend également d'une longue sécheresse en été qui peut être la cause d'une chute précoce.

Bon nombre d'essences ligneuses ne fleurissent pas tous les ans, et l'intervalle entre les périodes de floraison peut être plus ou moins long. Parmi celles qui fleurissent et produisent chaque année, on trouve, entre autres, le Bouleau, le Charme, le Cormier. Les années à graines surviennent tous les trois ou quatre ans chez les Pins, les Sapins et chez les Épicéas. Chez le Chêne, la pause dure de cinq à six ans ; chez les Hêtres, elle peut aller de six à huit ans. Ces indications ne sont évidemment pas valables dans l'absolu. Il existe toujours beaucoup d'exceptions. Mais elles sont importantes pour tous ceux qui s'occupent des forêts ou qui ont la responsabilité de produire des jeunes plantes pour les forêts et pour les jardins d'agrément. Au cours de ces dernières années, au moment où la pollution globale de notre planète ne fait que s'accroître, nous observons que la pause entre deux périodes de production des graines chez les arbres augmente elle aussi. Dans les zones les plus exposées, les arbres ne produisent plus depuis plus de dix ans.

Pour la création des espèces, pour la formation d'une population et pour la conservation de l'espèce en un endroit donné, le nombre de graines compte également aussi. La production de graines, chez certaines essences ligneuses sylvestres, calculée pour un hectare est très intéressante. Elle nous renseigne sur l'effort d'engorgement que la nature doit fournir afin de conserver une chance de perpétuer l'espèce. Une population de pins a produit, sur un hectare, plus de deux millions de graines, de même qu'une population d'épicéas, pendant que les mélèzes en produisaient de 5 à 10 millions et les bouleaux 103 millions, et les chênes, en revanche, 230 000 seulement. Ces données qui nous viennent d'Europe de l'Est et d'Asie représentent évidemment des estimations globales de limites maximales, mais elles sont malgré tout intéressantes.

Même lorsque la graine arrive à maturité et se sépare de l'arbre, le processus n'est pas encore enclenché. La vie nouvelle ne peut germer que dans des conditions favorables. Le pouvoir germinatif d'une graine dépend avant tout de sa maturité. Certaines graines sont capables de germer tout de suite après leur maturité (le Peuplier, le Saule, l'Orme), tandis que d'autres ont encore besoin d'une certaine période de repos végétatif dans de bonnes conditions pour pouvoir commencer à germer. Cette période de repos végétatif, causée souvent par la présence de substances inhibitives, est une mesure défensive qui assure le début de la germination dans les conditions les plus favorables pour le végétal qui germe. Chez les bouleaux, les premières graines précoces germent immédiatement, tandis que celles plus tardives « se reposent » environ six mois et attendent, pour germer, les conditions favorables de l'année suivante. D'autres essences ligneuses produisent des germes qui peuvent rester en période de repos végétatif pendant plus d'un an : les graines de l'If, si elles ne sont pas semées immédiatement après leur maturité, ne germent qu'après une période qui peut durer de deux à quatre ans.

Les essences ligneuses se maintiennent et se propagent dans la nature le plus souvent par multiplication sexuée. Mais, dans certains cas, on peut observer une propagation, plutôt qu'une reproduction, par la voie végétative. Par exemple, en Europe centrale, les populations de la rose de mai se propagent souvent au long des voies d'eau, parce que les inondations périodiques arrachent des blocs entiers de végétation qu'elles déposent plus loin dans des endroits plus calmes. On peut raprocher ce cas de la propagation végétative des essences ligneuses dans les couloirs d'avalanche en haute montagne. Chez les autres essences ligneuses, on peut voir des branches courbées jusqu'à terre, ainsi que leurs pousses, qui commencent à s'enraciner (*Juniperus horizontalis*) ou, chez les saules, des branches cassées vivantes.

La petite plante qui a à peine germé, porte déjà en elle les signes caractéristiques de son appartenance. Les essences ligneuses à feuilles sont des végétaux dicotylédones. Ainsi, voit-on apparaître sur la graine qui germe, en premier lieu, les deux feuilles de la matrice et, ensuite seulement, la formation des vraies feuilles. Les premières feuilles de certaines essences ligneuses sont souvent très différentes des feuilles plus tardives. Chez les essences ligneuses à feuilles complexes, les premières feuilles sont parfois simples et non encore séparées : c'est le cas de la rose. Les résineux ont parfois un plus grand nombre de feuilles primaires très regroupées ; les minces aiguilles caractérisent la période juvénile des conifères, même chez ceux dont les feuilles définitives sont plutôt écaillées (*Thuja*).

Le jeune arbre qui pousse dans des conditions normales se distingue par une poussée intensive vers le haut. La croissance de certaines espèces dans leur prime jeunesse est souvent très caractéristique pour chaque espèce, tant par leur aspect extérieur que par leur rapidité. Pendant les dix premières années de leur vie, les Bouleaux et les Aulnes sont les arbres qui, en Europe, poussent le plus rapidement. Les Frênes, les Tilleuls, les Chênes, les Mélèzes et les Pins poussent plus lentement, tandis que les Hêtres, les Épicéas et les Sapins poussent très lentement. Parmi les essences ligneuses européennes, l'If est, dans sa jeunesse, l'arbre qui se développe le plus lentement : au bout de dix ans, il ne dépasse guère 75 centimètres, tandis que, pendant la même période, le Sapin atteint 95 centimètres, l'Épicéa 100 centimètres, le Hêtre 180 centimètres, le Chêne 270 centimètres, l'Érable 280 centimètres, le Frêne 285 centimètres, le Pin 300 centimètres, le Mélèze 340 centimètres, le Tilleul 350 centimètres et l'Aulne 400 centimètres. La croissance en hauteur ne dépend pas seulement du type de l'essence ligneuse : elle change non seulement pendant toute la vie, mais également au cours d'une année. Les essences ligneuses se classent suivant leur dynamique de croissance au cours d'une année en essences ligneuses à croissance périodique et à croissance ininterrompue. Mais les conditions sont rarement réunies pour permettre une croissance du deuxième type. Nous en trouvons des exemples dans la forêt tropicale humide. Les essences ligneuses à croissance périodique poussent de la manière la plus intensive pendant les mois de mai et de juin. Pendant cette période, quelques essences sont capables de grandir de 1 à 3 cm par jour. C'est aussi pendant cette période qu'elles pompent la plus grande quantité d'eau. Mais cette période de croissance intensive n'est pas très longue : elle dure, en général, de deux à trois semaines. La plus grande partie des nouvelles pousses se forme également à ce moment-là. Les essences ligneuses de la zone tempérée, connaissent, pour la plupart, une période annuelle de croissance à une seule dominante : par exemple, les Hêtres, les Frênes, les Épicéas et les Sapins poussent « d'un seul coup ». La longueur des accroissements quotidiens dépend directement de l'intensité et la durée totale de la période d'accroissement. Les essences ligneuses à forte augmentation quotidienne croissent pendant une période plus courte. Celles qui grandissent plus longtemps, peuvent croître pendant au maximum trois mois. La période moyenne de croissance chez les essences ligneuses de la zone tempérée va de trente à quarante jours, ou de cinquante à soixante jours si l'on compte à partir du réveil des bourgeons. Le plus grand apport de matière nouvelle se fait pendant les heures du jour (66 %), le reste pendant la nuit (34 %).

Chez quelques essences ligneuses, après la période printanière de croissance intensive, survient une courte période d'accalmie, puis la croissance reprend en juillet. A cette période apparaissent les pousses d'été, dites de la Saint-Jean, qui sont habituellement moins longues que les pousses de printemps.

Ce type de croissance des arbres que nous venons de décrire est lié aux conditions climatiques de la zone tempérée. Sa principale caractéristique est la périodicité qui dépend de l'évolution météorologique et de la latitude. A ces conditions est aussi étroitement liée la période de repos végétatif qui dure plus ou moins longtemps, suivant les essences ligneuses. Cette période est fixée génétiquement et elle se manifeste d'une manière très significative chez les essences ligneuses que l'on fait pousser sous d'autres latitudes. Même dans des conditions très différentes, les espèces gardent leurs biorythmes annuels. Citons le cas du Robinier qui vient d'Amérique du Nord et qui est maintenant cultivé en Europe : il est presque le dernier, parmi les essences ligneuses cultivées, à bourgeonner. Parfois, il suffit par contre de reproduire certaines conditions climatiques, en mettant par exemple, au mois d'août, certaines plantes ou au moins certaines de leurs parties dans une période de repos végétatif apparent. Dans ce cas, on voit, avec étonnement, des Marronniers d'Inde et des *Weigela florida* fleurir au début de l'automne. En général, on parle, lors de cette floraison d'automne, de refleurissement.

Les essences ligneuses ne se développent pas seulement en hauteur, elles s'épaississent aussi. Nous avons déjà traité du fondement anatomique de l'épaississement. Cependant, il se produit, dans le volume de la tige, des changements qui ont d'autres causes que la croissance et la séparation des tissus. Le volume des branches et du tronc change pendant la journée. Il change aussi suivant les conditions météorologiques. Bien que ce ne soient pas des changements aussi grands que ceux occasionnés par la croissance, et qu'ils ne soient pas aussi durables, ils n'en existent pas moins. Chaque tronc a, le matin, avant le lever du soleil, la plus grande circonférence. Il rétrécit par la suite, à cause de sa transpiration. Mais, il suffit d'une petite averse, les tissus de couverture aspirent de l'eau, s'enflent et le volume du tronc est à nouveau différent. La circonférence du tronc se rétrécit également en hiver, quelquefois même d'une manière très significative, comme chez l'Aulne (2,5 %). Le rétrécissement lors des grands gels peut même conduire jusqu'à la formation de fêlures de gel. Les mêmes fêlures peuvent être provoquées en été par de fortes vagues de chaleur.

Si les tiges aériennes de l'arbre poussent très rapidement, les jeunes racines se développent également très vite. La dynamique de la croissance des racines représente, d'une certaine manière, le facteur déterminant pour la croissance de l'essence ligneuse dans son ensemble. Pour preuve, comparons les trois essences ligneuses parmi les plus importantes de nos forêts européennes : le Sapin, l'Épicéa et le Pin. Le plus vivace et le plus adaptable est, bien évidemment, le Pin. La comparaison de ces essences ligneuses peut nous expliquer bien des choses : le système radiculaire des Épicéas est deux fois plus long que celui des Sapins et celui des Pins est six fois plus long que celui des Épicéas. On sait que les Bouleaux sont capables de pousser n'importe où, dans la moindre fente, même dans un mur ou derrière une cheminée. Ils y sont aidés par un système radiculaire fantastique. Les racines d'un jeune bouleau d'un an mesurent déjà en tout 150 cm ! La croissance des racines est aussi périodique, mais elle dépend moins des conditions climatiques que les parties aériennes des essences ligneuses. Les racines peuvent croître même lorsque le sol atteint des températures relativement basses, de 5 à 6 degrés environ. La température maximale à laquelle les racines poussent encore est de 32 degrés. Dans les pays où la terre ne gèle pas très en profondeur, on a constaté que les racines restent actives pendant toute l'année et elles poussent même en hiver bien que plus lentement.

Les essences ligneuses sont des organismes avec une durée de vie très longue. Pour cette raison, elles n'accèdent pas à la maturité aussi vite que les végétaux qui vivent moins longtemps. L'arrivée à la maturité et à l'âge de la reproduction diffère selon les espèces. Les essences ligneuses à croissance rapide dans leur jeunesse (Bouleaux, Aulnes, Trembles) commencent à fleurir et à produire très tôt, mais certains Épicéas et certains Mélèzes commencent aussi à produire dès l'âge de dix à vingt ans ; les Érables, les Tilleuls et les Charmes produisent entre vingt et trente ans et les espèces à croissance plus lente à trente ou quarante ans seulement. Parmi les essences ligneuses européennes qui ont une importance pour la forêt, ce sont les Hêtres et les Sapins qui arrivent le plus tard à maturité : il leur faut attendre d'avoir cinquante ans.

Celui qui cultive des plantes d'appartement sait bien que s'il expose un Clivia à une période sèche prolongée, il se met bientôt à fleurir, tandis que s'il l'arrose normalement, il peut vivre sans fleurir même pendant quelques années. La même chose peut se produire chez certaines essences ligneuses : des influences exceptionnelles ou l'état de santé peuvent influer non seulement sur le début de la période productive, mais aussi sur la fréquence des années de production et sur le nombre de fleurs produites.

Les arbres vivent très longtemps et, du point de vue biologique, leur croissance n'est jamais terminée. En théorie, ils auraient pu vivre « indéfiniment » comme nous le prouvent les très vieux clones, cultures d'arbres fruitiers dont les tissus sont maintenus d'une manière artificielle pendant des siècles et même des millénaires. Pourtant, ils sont mortels eux aussi. L'arbre subit aussi le vieillissement et le dépérissement. Et, s'il est vrai que la plupart des arbres finissent sous la hache ou la scie, ils n'échappent pourtant pas, à la mort naturelle ou aux maladies diverses. Les causes de dépérissement les plus fréquentes sont le pourrissement des noyaux et l'affaiblissement général du tronc qui finissent par amener un effondrement mécanique, l'altération de la statique, le déracinement ou la fracture d'un tronc peu stable sous l'effet d'un coup de vent. La pourriture des racines qui terminent leur vie en général beaucoup plus tôt que les parties lignifiées de la partie aérienne est encore une cause fréquente de dépérissement. La dépérissement de grandes parties du système radiculaire se manifeste, d'une façon secondaire, par le dessèchement d'une ou de plusieurs parties de la couronne ou de quelques branches. Si quelques branches se cassent, la statique de l'arbre est détériorée, ce qui provoque de nouvelles ruptures et effondrements et ouvre la voie à une invasion de maladies cryptogamiques. La pourriture et le dessèchement représentent les causes les plus fréquentes de dépérissement des arbres. Mais leur influence dépend directement de la santé et de la forme de l'arbre, ainsi que de son âge. Elles se propagent plus volontiers au début du vieillissement de l'arbre. Cette période arrive quand la croissance de l'arbre a atteint son apogée et quand elle commence peu à peu à se ralentir. Il est étonnant que cela se produise déjà pendant le premier dixième de la durée de vie de l'arbre. Même les arbres qui vivent plusieurs siècles terminent leur période de croissance intensive, déjà pendant le premier siècle de leur existence. Cependant, tant que les différentes parties de l'arbre, de l'arbrisseau, du sous-arbrisseau ou de la plante ne sont pas en équilibre fonctionnel, il est prématuré de parler de vieillissement de l'espèce.

Les arbres ne sont évidemment pas épargnés par les maladies qui peuvent conduire à un dépérissement prématuré de l'individu. Quelques-unes de ces maladies présentent même de telles caractéristiques qu'elles peuvent mettre en danger l'existence d'une espèce donnée sur un continent entier : c'est actuellement le cas avec la graphiose des ormes qui a déjà anéanti en Europe des populations entières d'ormes et qui risque de les anéantir totalement, si l'on ne prend pas immédiatement des mesures paneuropéennes.

Les essences ligneuses ne vieillissent pas seulement en tant qu'individu mais leur évolution en tant que taxon, compris comme une branche phylogénétique, a son début, son sommet et son repli. Comme preuve, nous pouvons voir les derniers vestiges qui témoignent d'une flore ancienne (*Ginkgo, Metasequoia*) ou d'autres encore comme le Sapin blanc qui sont en train de disparaître sous nos yeux et dont on cherche, au cours de discussions interminables, les causes du dépérissement.

Témoin vivant du temps

Beaucoup de poètes ont chanté les arbres comme des symboles de stabilité, de fidélité, d'endurance et de force. Les arbres sont devenus des objets de culte et ils font ainsi partie des emblèmes nationaux et des blasons. L'homme ne s'arrête pas souvent sous leur couronne grandiose, sauf pour se reposer un instant, mais il reste étonné devant leur majesté. Pourtant, il est loin de savoir que le tronc recèle en lui un véritable calendrier vivant, la plus vieille chronique où le temps et l'arbre ont consigné ensemble – comme des appareils de haute précision – des données qui servent encore aujourd'hui pour l'exploration de l'espace cosmique.

Ces données sont inscrites dans les différentes couches de croissance de l'arbre et elles augmentent d'année en année. Cette qualité est caractéristique surtout pour les arbres de la zone tempérée et elle résulte de l'activité des tissus rénovateurs, le cambium. L'activité du cambium est périodique. Au printemps, c'est surtout la formation du bois qui se compose de cellules à membranes minces et fines et de cellules plus grosses. Avec le temps, la formation du bois faiblit, les cellules du bois sont de plus en plus petites, mais leurs membranes épaississent et, avant la fin de l'été, en août, la production de bois cesse complètement. Proportionnellement, quand la production de bois diminue, la formation de liber augmente : le liber permet l'acheminement des matières issues du processus d'assimilation dans les feuilles. Il est actif jusqu'à la fin de la période de végétation chez les résineux. Au printemps suivant, le cambium recommence à produire des cellules à parois minces et ainsi se forme la séparation très nettement perceptible entre la nouvelle couche et le bois de l'année précédente. Ces frontières nettes, que l'on voit très distinctement sur une coupe transversale, s'appellent couches d'accroissement annuel.

La croissance de l'arbre est d'abord influencée par son environnement, par les changements successifs de température, la fréquence des pluies et par beaucoup d'autres facteurs que la science moderne est encore en train de découvrir. Malgré cela, le rapport étroit entre les influences météorologiques et la formation des couches annuelles de croissance est connu depuis fort longtemps. Léonard de Vinci en parlait déjà. Plusieurs siècles plus tard, en Suède, Linné remarqua que les chênes formaient des couches de croissance annuelle larges pendant les années chaudes et étroites pendant les années plus froides. Les arbres sont ainsi nos plus anciens observatoires météorologiques et les faits ainsi constatés représentent les plus anciennes données dendroclimatiques.

La dendroclimatologie observe l'influence des facteurs variables de la météorologie, déduit les variations passées en fonction de la croissance des arbres de la forêt, et prédit les variations futures. Cette science a réveillé la curiosité des astronomes. Un astronome tchèque, Bečvář, en collaboration avec un météorologue tchèque également, Hanzlík, ont été parmi les premiers à publier une étude traitant de l'influence de l'activité solaire sur la croissance des arbres. Cette discipline scientifique a connu un essor considérable, surtout dans la deuxième moitié du XXe siècle. Suivant la lecture des couches de croissance annuelle, on est parvenu à établir un calendrier des années sèches jusqu'à l'an 2000 pour la région de la Volga. En Amérique du Nord, on a dressé des cartes des anomalies de la croissance sur des périodes de dix ans en les comparant aux anomalies climatiques des périodes correspondantes. Selon la reconstruction des périodes du passé par la météorologie, suivant sa périodicité et en liaison avec l'activité solaire, nous pouvons préjuger de l'évolution climatique de l'hémisphère Nord de cette planète.

Ce processus d'apprentissage des connaissances n'est nullement facile, il nécessite que l'on compare une grande quantité d'échantillons de bois avec des microscopes spéciaux. L'on doit, en outre, tenir compte des nombreux facteurs qui influencent la formation des couches de croissance annuelle. Pour cela, il faut examiner bon nombre d'échantillons de bois provenant de la même région. C'est seulement après avoir éliminé toutes les irrégularités comme la formation de fausses couches de croissance annuelle après un été sec ou l'absence éventuelle d'une couche de croissance annuelle, que l'on peut établir une courbe standard de la formation des couches de croissance annuelle pour une période donnée. Pour établir cette courbe, on utilise les coupes transversales des troncs, mais aussi des morceaux de bois déjà travaillé, surtout des poutres de constructions anciennes. Les morceaux de bois de constructions dont on connaît la date du début des travaux ont le plus de valeur à cet égard. Dans plusieurs cas, on est parvenu à mettre au point une courbe de croissance pour une région et pour une époque données suivant la formation des couches de croissance annuelle, seulement après ce travail « archéologique » minutieux. Avec cette courbe, on compare les morceaux de bois trouvés plus tard, et on les « date » avec une très grande précision. La courbe standard la plus ancienne que l'on soit parvenu à réaliser concerne le Pin qui pousse dans le Sud-Ouest du continent américain. Elle couvre une période qui va du sixième millénaire jusqu'à nos jours sans interruption. En Europe, les courbes les plus anciennes qui existent sont établies par l'école de Huber à Munich pour les Chênes de l'Allemagne du Sud-Ouest qui dépassent le IXe siècle de notre ère. Pour les Pins et les Épicéas des régions septentrionales de la partie européenne de l'Union soviétique, elles remontent également jusqu'à cette époque. Ces données permettent surtout aux archéologues et aux historiens de l'art de mieux dater leurs découvertes qui comportent des restes de bois. Le père de cette discipline scientifique est le professeur A. E. Douglas, professeur d'astronomie à l'Université de Tuscon en Arizona. Au début du siècle, il étudia les périodes dites intervalles de onze ans des taches solaires et leur influence sur la météorologie. En liaison avec ces travaux, il s'intéressa aux couches annuelles de croissance de *Pinus ponderosa* dans les régions sèches de l'Arizona et il réussit à prouver la similitude entre les différents passages des troncs de bois des anciennes constructions indiennes et les coupes du même bois contemporain. On put ainsi dater, à partir des arbres dont on connaissait l'âge, les anciennes constructions indiennes. La nouvelle méthode a connu un succès très rapide et elle a donné naissance à une nouvelle science, la dendrochronologie. Le premier laboratoire qui analyse les couches de croissance annuelle est le *Tree Research Laboratory* de l'Université de Tuscon en Arizona. Pour propager cette nouvelle méthode, elle a créé une société savante, la *Tree-Ring Society,* qui édite une publication spécialisée, le *Tree-Ring Research Bulletin.*

La dernière application de la dendrochronologie est la dendroécologie qui étudie, entre autres, les influences néfastes de la civilisation sur la formation des couches de croissance annuelle. Les couches de croissance annuelle prouvent l'influence des émissions de poussières dans l'atmosphère et les dommages ainsi causés aux plantes de la forêt.

Aucun arbre n'est seul

On voit en certains endroits, tel un soldat isolé, un arbre se dresser seul. Il s'agit d'un endroit tellement désolé qu'il empêche l'évolution naturelle d'une population d'arbres, ou bien cet arbre est le survivant d'une population déjà éteinte depuis longtemps, ou encore il a été planté dans cet endroit isolé à dessein, pour une occasion spéciale, comme les croix et les chapelles que l'on trouve dans les champs, les frontières entre les cultures et les champs, les carrefours. Les arbres qui marquent une limite ou une frontière

La forêt pluviale tropicale (a) se distingue d'une manière singulière de la forêt mixte (b) de la zone boréale tempérée aussi bien par sa densité que par l'utilisation de son espace.

représentent en Europe un cas très fréquent. Ils bénéficient alors non seulement d'une grande considération de la part de la population, mais ils constituent également des points marquants du paysage.

La surproduction abondante de graines permet d'affirmer qu'il est rare de voir pousser, dans un endroit donné, un seul petit arbre. Lors de la reproduction naturelle, en règle générale, on voit pousser ensemble, pendant un certain temps, plusieurs jeunes plantes. C'est un peu plus tard seulement que les conditions et la concurrence naturelles permettent la formation d'un taillis. Ce taillis se développe selon une dynamique donnée et, quand l'ensemble des facteurs atteint un équilibre dynamique, l'homéostase, le taillis se stabilise et peut survivre même très longtemps dans un endroit déterminé. Ses différentes parties peuvent même se renouveler suivant une certaine périodicité. Ainsi, le tapis naturel de la végétation est-il le résultat d'une évolution très longue et la forêt est, en général, considérée comme la plus haute expression de la vie végétale organisée.

Mais, de même que quelques touffes d'herbe ne constituent pas encore un pré, un quelconque groupe d'arbres ne forme pas nécessairement une forêt. Les ensembles de plantes qui vivent dans un endroit donné ne se sont pas formés au hasard. Les combinaisons de plantes sont caractéristiques de certaines epèces. Ces ensembles qui se retrouvent dans la nature se nomment communautés de végétaux ou phytocénoses : la phytocénose ayant la structure intérieure la plus compliquée est la forêt.

Les arbres différencient donc la forêt de toutes les autres communautés végétales mais, pour cela, il faut qu'un certain nombre d'autres conditions soit également rempli. Les arbres libres poussent aussi en dehors de la forêt, dans les savanes, dans les toundras et ailleurs. La condition de la formation d'une forêt est la croissance d'une grande quantité d'arbres au même endroit. Par ailleurs, la surface doit être assez grande pour que l'on puisse constater l'influence du milieu. Il faut aussi une certaine densité d'arbres sur une surface déterminée, ainsi qu'une liaison entre les houppiers de ces arbres.

La densité d'arbres dans une forêt est très relative. Elle ne change pas seulement par rapport au type de forêt, mais aussi par rapport à son âge. Pour une culture d'épicéas, par exemple, on plante 10 000 pousses afin de pouvoir obtenir 800 arbres à exploiter lorsqu'ils arrivent à l'âge de la coupe. Un autre trait caractéristique différencie les formations de la forêt des autres formations végétales : la phytocénose de la

b

forêt est formée de plusieurs étages. Une couverture végétale au sol et des arbres représentent l'exemple le plus simple de la vie en étage dans la forêt. Et, plus il y a d'étages dans une forêt, « meilleure » elle est et mieux elle exploite son espace. Les plus développées sont les phytocénoses des forêts tropicales qui possèdent plusieurs étages. En général, nous parlons d'une « meilleure » forêt lorsqu'elle utilise au mieux son espace. C'est la raison pour laquelle on estime meilleures les forêts mélangées constituées de plusieurs espèces d'âge différent.

Mais on ne peut trouver un climat forestier, c'est-à-dire un endroit propice pour qu'une forêt puisse se développer, n'importe où. Bien que l'Europe centrale ait un climat propice à la formation de forêts (sans l'influence de la culture, son territoire en serait aujourd'hui couvert en majeure partie), il n'en va pas de même pour les pays situés à 10 ° seulement au nord, ni pour les pays situés à la même latitude à l'intérieur du continent américain et encore moins pour les pays se trouvant à la même latitude dans l'hémisphère Sud. Bien que la forêt représente le milieu naturel le plus favorable à la croissance des essences ligneuses, elle ne constitue pas un type unique, une formation exclusive des essences ligneuses qui se soit formée d'elle-même sur notre planète.

Quand nous nous représentons les différentes formations sur une carte du monde, nous pouvons observer des zones de végétation et dégager quelques règles sur leur emplacement. Les différents types de végétation se présentent par zones. En Europe, on peut dénombrer, de la Méditerranée à la Scandinavie, les zones de végétation suivantes : la forêt méditerranéenne à feuilles dures, la forêt feuillue décidue, la forêt boréale de résineux et, enfin, la toundra. Nous pouvons observer le même caractère zonal en Afrique tropicale où il dépend également de la latitude géographique : de l'Équateur vers le Sahara, nous voyons la forêt *sempervirens,* la forêt qui perd ses feuilles vertes partiellement suivant la pluie, la forêt de savane et, enfin, la forêt de la savane semi-désertique.

Cette végétation zonale est un peu perturbée dans les régions côtières par les océans qui exercent de moins en moins leur influence vers l'intérieur du continent. Ainsi, sur une ligne allant d'est en ouest, aux environs du 50e parallèle, de l'Europe de l'Ouest jusqu'à l'Asie centrale, on peut observer des changements de formation : la forêt feuillue *sempervirens,* la savane et la zone semi-désertique.

Les latitudes géographiques influencent le caractère zonal de la végétation sur des espaces très larges. Au niveau local, ces mêmes zones sont influencées par leur hauteur par rapport au niveau de la mer. La couverture végétale ne se caractérise pas seulement par ces zones géographiques, il existe également une

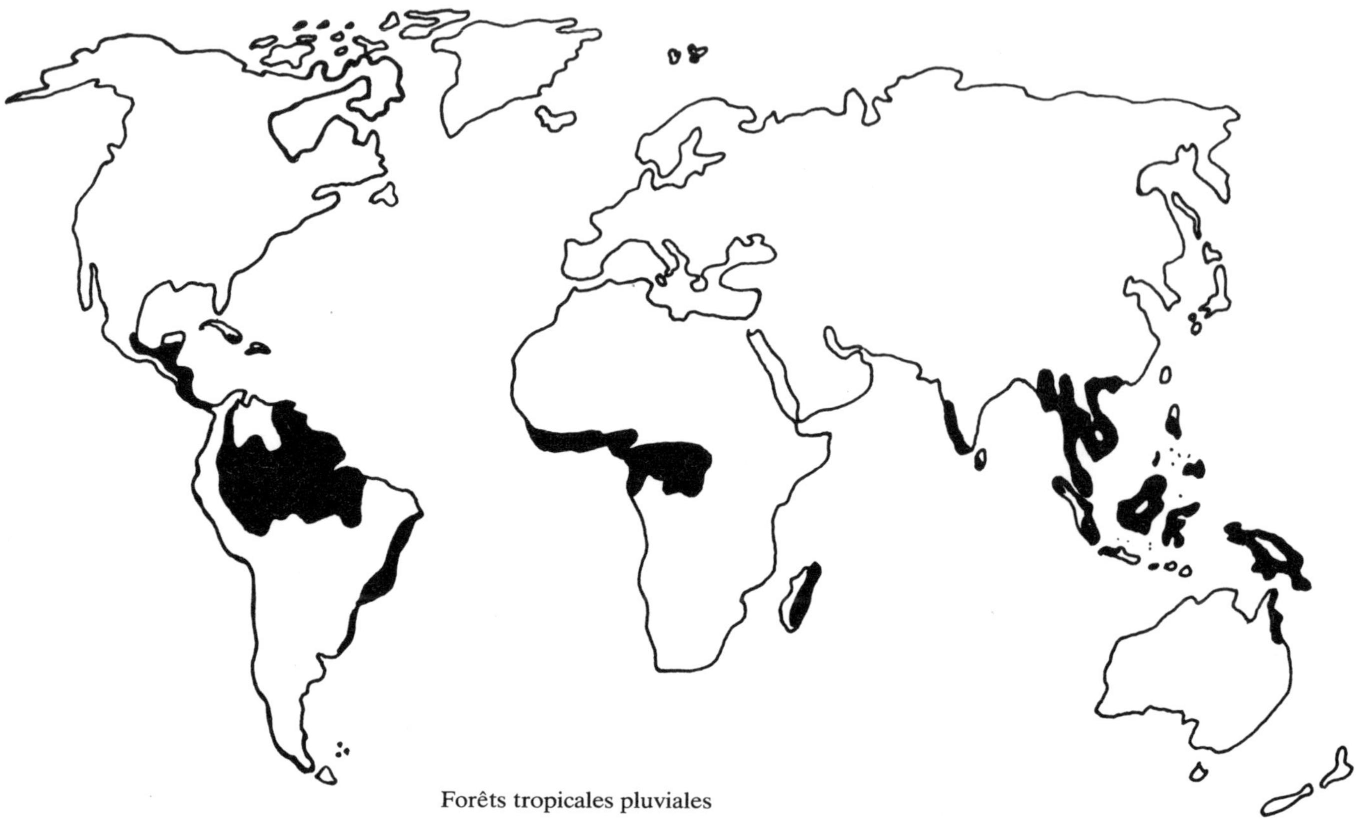

Forêts tropicales pluviales

différenciation verticale qui présente des qualités analogues. Les zones les plus hautes sont très semblables aux zones les plus septentrionales.

La composition des forêts, leur architecture, leur structure changent alors en raison de leur position géographique, et de la configuration de la surface terrestre, mais aussi selon la qualité du sol, de la roche de base et les conditions climatiques. Suivant ces critères complexes, on peut distinguer différents types de forêts d'après quelques types de base :

Forêts non décidues	Forêts décidues
Forêts tropicales pluviales Forêts de lauriers *sempervirens* Forêts xérophiles à feuilles dures	
	Forêts de mousson perdant leurs feuilles pendant la période sèche Forêts décidues de la zone tempérée
Forêts de résineux	

Les forêts s'étendent jusqu'aux toundras au nord et dans les zones où les pluies se raréfient, avec les steppes et les déserts.

Les forêts tropicales (forêts vierges) poussent dans la zone tropicale propre, zone de pluies abondantes régulièrement espacées tout au long de l'année, sans périodes de sécheresse prononcée ni grandes variations de la température. La forêt tropicale pluviale est, du point de vue écologique, le plus haut degré de la biocénose. Dans son sein vivent de 40 à 50 % de l'ensemble des plantes et des animaux existant sur la terre, bien que sa surface ne dépasse guère 6 % de la surface terrestre. Malheureusement, maintenant, à la fin du XXe siècle, la forêt tropicale pluviale *sempervirens* se trouve en grand danger. La coupe du bois, ainsi qu'une exploitation outrancière de la forêt tropicale pluviale aux Philippines, en Malaisie et en Afrique de l'Ouest est d'une telle rapidité que ce type de forêt disparaîtra probablement de ces zones à la fin des années 80. Les forêts du même type en Amérique centrale et en Indonésie ne survivront guère plus longtemps : si l'on maintient le rythme d'exploitation actuel, on compte qu'elles disparaîtront à l'aube des années 90. Même le changement de la zone amazonienne en zone cultivée devrait survenir d'ici la fin de ce millénaire. Ainsi, dans la seule zone tropicale de l'Amérique du Sud, environ 10 000 espèces de plantes et d'animaux se trouvent en danger.

Ce sort, tristement prévisible pour la forêt tropicale

pluviale, risque en outre d'amener le dépérissement de nombreuses espèces parmi les essences ligneuses. Du point de vue de l'exploitation économique, la forêt tropicale ne représente pas la meilleure variété de forêt. La grande diversité des espèces qu'elle abrite, leur différence d'âge et l'inégalité de leurs troncs, ainsi que bien d'autres avantages biologiques rendent, en vérité, son exploitation plus difficile.

Les forêts de lauriers *sempervirens,* ainsi que les forêts xérophiles à feuilles dures se différencient très nettement des forêts tropicales. Ce groupe englobe un grand nombre de forêts assez différentes. La plus observée peut-être est la forêt méditerranéenne « sèche ». Elle s'est formée sous l'influence millénaire de l'homme, surtout dans les régions côtières de la Méditerranée. Nous y trouvons parmi les essences ligneuses hautes, à part les Lauriers et les Oliviers, des Chênes à feuilles persistantes, des Cyprès et des Genévriers et, dans certaines zones également, les *Pinus pinea* et *Pinus pinaster.* La plupart de ces formations sont formées par des végétaux xérophiles qui aiment un climat chaud et sec. Ces plantes se caractérisent par des feuilles fermes et durables, *sempervirens.* Souvent de forme étroite, elles sont couvertes d'une couche de cire et de résine qui réduit l'évaporation ou bien, de couleur très claire, elles réfléchissent la lumière. Aussi, la taille de ces arbres est-elle en général assez réduite, leur tronc adoptant des formes tortueuses qui ne sont pas seulement causées par la configuration du terrain mais par d'autres facteurs également, comme le pacage des chèvres par exemple. La production de biomase n'est pas très élevée dans ce type de forêts, mais elles jouent un autre rôle également très important en empêchant une dévastation du paysage et une érosion du sol. En certains endroits, elles se transforment en taillis de végétation basse et d'arbrisseaux, très difficiles d'accès. Ce sont des végétations de remplacement formées après la disparition des forêts dévastées qui les ont précédées : on les appelle des garrigues.

Bien que certaines zones de la Méditerranée puissent être considérées comme extrêmement sèches (Athènes ne reçoit que 384 mm de pluie par an pour une température moyenne de +17,4 °C), on ne peut pas considérer les conditions climatiques comme le seul facteur qui empêche le développement de la forêt dans cette zone. La plupart des spécialistes en botanique considèrent que, sans l'intervention humaine, les bords de la Méditerranée seraient restés couverts de forêts assez denses, bien que de moindre importance que celles de la zone tempérée : le type dominant de végétation que l'on y rencontrerait serait

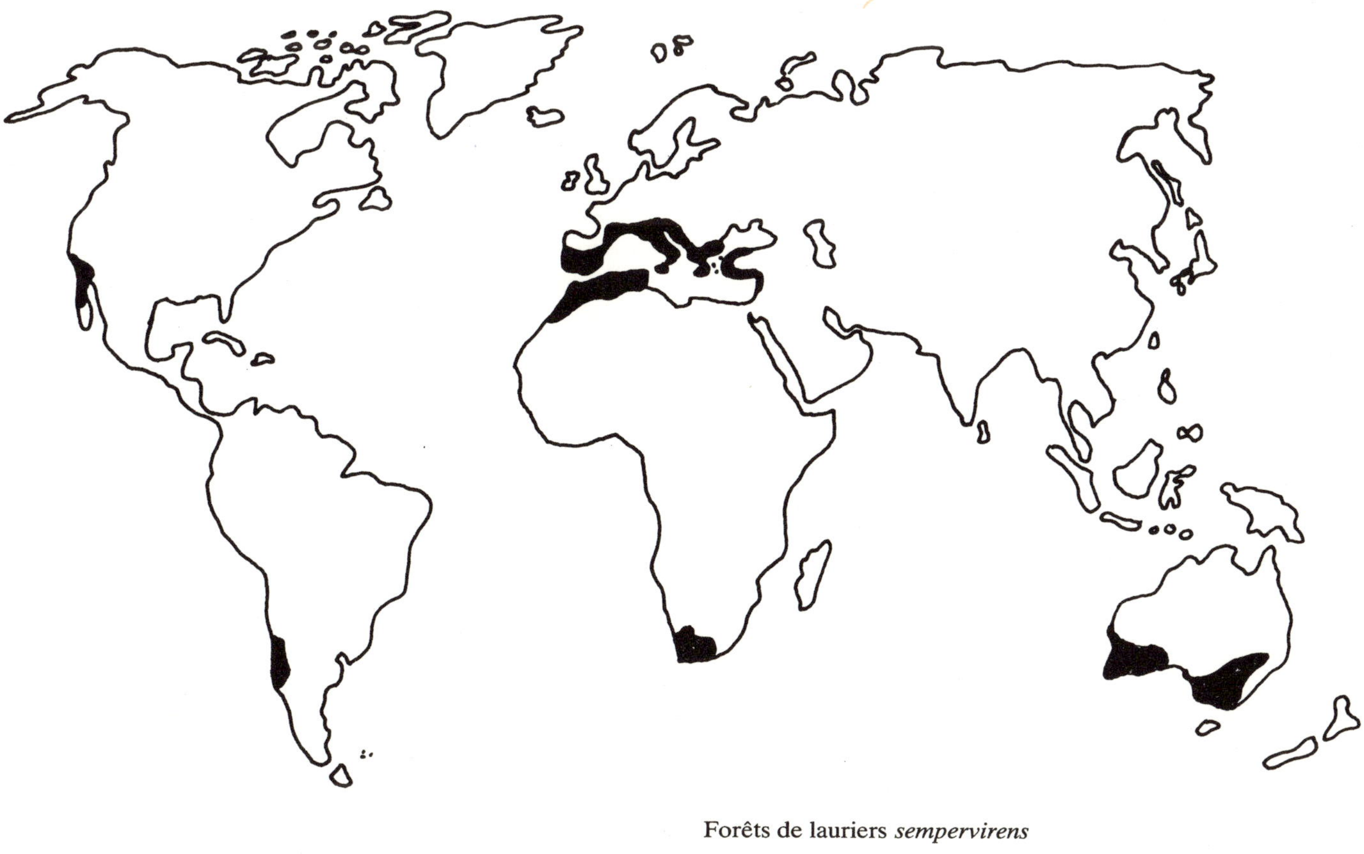

Forêts de lauriers *sempervirens*

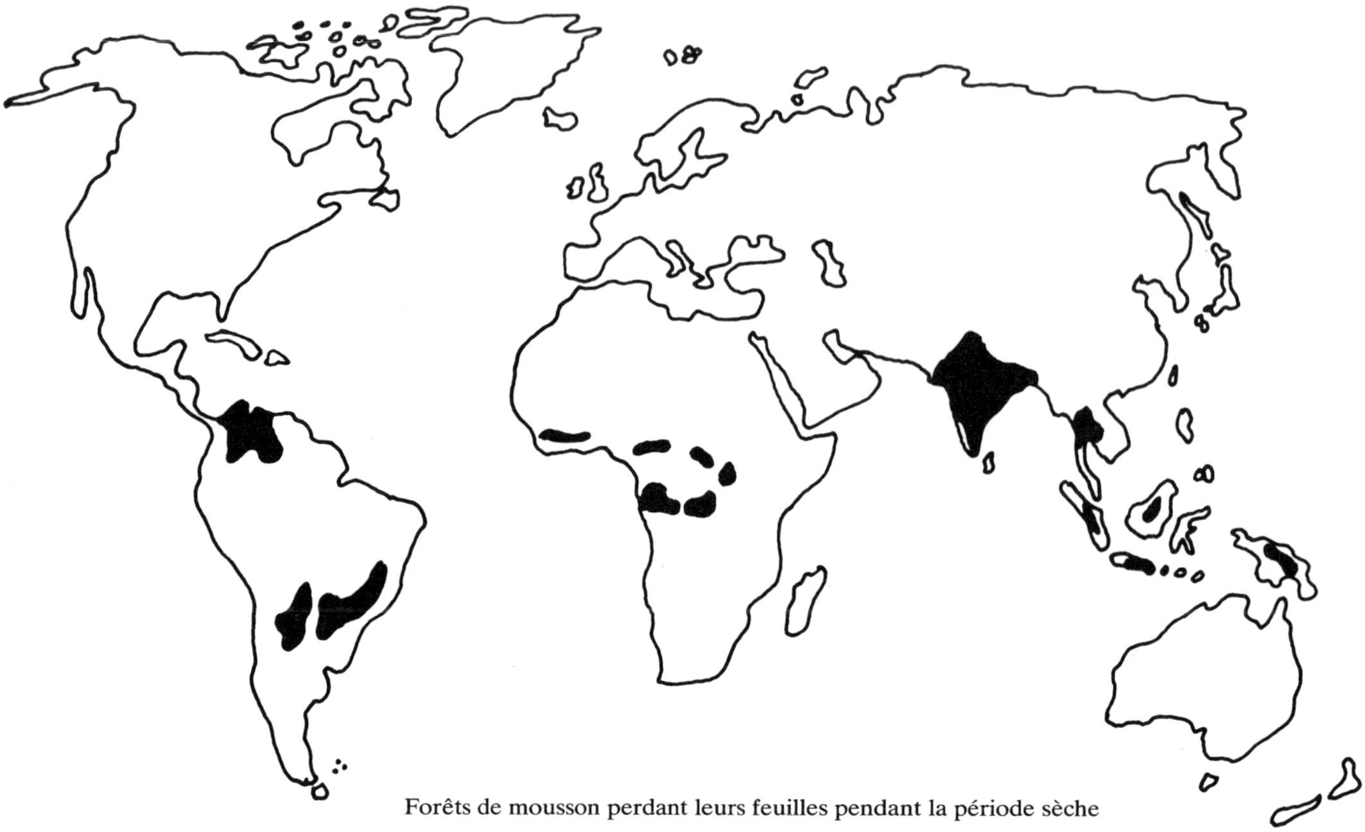

Forêts de mousson perdant leurs feuilles pendant la période sèche

une forêt pas trop haute *sempervirens,* avec une surface des feuilles réduite et des troncs à écorce forte et compacte qui empêcheraient une évaporation trop importante. Ce genre de forêt aurait pu être lié d'une manière plus ou moins étroite avec les arbrisseaux et les arbustes, allant jusqu'à former une garrigue primaire. Cependant, la population forestière la plus haute de ces forêts n'aurait pas dépassé 20 m et encore, seulement sur les terres les plus profondes. La meilleure période pour l'expansion de ces forêts était la période humide du quaternaire, entre le dixième et le deuxième millénaire de notre ère. Mais, pendant cette période, dans la région méditerranéenne, l'âge du bronze se développait déjà, des états à forte densité de population se formaient et les géobiocénoses commençaient alors à refluer. Ce reflux s'est poursuivi jusqu'à nos jours. Suivant les sources disponibles, les fragments de forêts hautes ne se sont conservés qu'en certains endroits : sur l'île de Mljet près des côtes dalmates, sur l'île d'Eubée, sur la presqu'île de Chalcidique en mer Égée, ainsi qu'en certains endroits difficilement accessibles de Corse et, enfin, au Maroc, dans le Moyen-Atlas.

Les changements climatiques, qui se répètent périodiquement, ont conduit à l'évolution des forêts décidues. Mais la cause du repos végétatif n'est pas seulement l'hiver, comme en Europe. Dans les zones chaudes subtropicales et tropicales, un autre type de forêt s'est fait jour qui, lors des changements entre la saison sèche et la saison des pluies, se repose et change ses feuilles. Ce type de forêt reste vert même en hiver, à la différence des forêts de la zone tempérée, vertes en été seulement. La période pluvieuse et venteuse ne survient en Europe que pendant l'hiver. Dans ce type de forêts, nous ne trouvons pas seulement des espèces décidues, mais aussi d'autres espèces qui gardent leurs feuilles pendant la période sèche également. Les plus connues parmi ces forêts se trouvent en Asie du Sud-Est.

La plupart des essences ligneuses que l'on trouvera dans cet ouvrage se développent dans les zones géographiques qui se caractérisent par un décalage entre un été chaud et pluvieux et un hiver froid et enneigé.

Les représentants typiques des essences ligneuses de la forêt tempérée sont des arbres à feuilles vert vif, mais molles et minces, tombant à la fin de la saison chaude. Au début de la nouvelle saison chaude, ces arbres créent des nouvelles feuilles. Ainsi les arbres renouvellent régulièrement chaque année leur feuillage. La tombée des feuilles est rendue possible par une couche spéciale de séparation située à la base de la tige de chaque feuille, qui est formée de cellules à membranes minces. Cette couche se constitue un peu avant la tombée des feuilles mais, chez quelques espèces à feuilles déjà pliées, lors de leur bourgeonnement. A l'emplacement de la couche de séparation, les faisceaux sont très peu renforcés et les couches de tissus mécaniques réduites. Lorsque la température baisse en automne, la matière intercellulaire de la couche de séparation devient muqueuse et les cellules de son tissu se détachent : la feuille ne tient que par les faisceaux qui se détachent lors d'un coup de vent ou sous l'effet de la pluie et elle tombe. Chez ce type d'essences ligneuses, des matières de croissance, les auxines, sont présentes dans le corps de la plante, préparent et influencent la tombée des feuilles. Les feuilles changent également de couleur avant de se détacher. La disparition de la chlorophylle par désintégration des chloroplastes dans les cellules du tissu des feuilles donne aux feuilles, dès l'automne, leur belle teinte rouge ou jaune. Le contenu humide des feuilles se colore alors sous l'effet des gouttes de carotène et de xantophyle qui proviennent de la désintégration des plastides.

L'évolution des essences ligneuses qui se défeuillent est donc surtout influencée par les conditions climatiques. La période d'hiver coïncide, dans la zone tempérée, avec la période sèche. En Europe centrale, le mois de février est le mois le plus sec de toute l'année. Et même si les feuilles relativement minces et faibles supporteraient bien les basses températures, les plantes souffriraient de la sécheresse physiologique puisqu'il leur serait impossible de se procurer de l'eau à partir de la terre gelée, tandis que la transpiration et l'évaporation continueraient à se produire à partir des feuilles pendant la journée, même en hiver. Cette sécheresse physiologique est souvent la cause du dépérissement de certaines plantes cultivées, surtout des bruyères qui, gardant des feuilles tout l'hiver, souffrent lors des journées d'hiver ensoleillées d'un manque d'eau, bien que se trouvent dans leur environnement des plaques de neige en train de fondre. C'est pourquoi l'on couvre certaines plantes avec des ramilles de résineux : non pour les protéger du froid mais, paradoxalement, du soleil d'hiver ! La neige agit comme un autre facteur qui influence l'évolution des essences ligneuses décidues. Pendant les hivers riches en averses neigeuses, dans les zones tempérées d'Europe et d'Amérique du Nord, les houppiers majestueux des feuillus souffriraient de la neige qui se déposerait sur les branches provoquant leur rupture. C'est pourquoi la plupart des forêts septentrionales est constituée de résineux, notamment d'Épicéas. Les

Forêts décidues de la zone tempérée

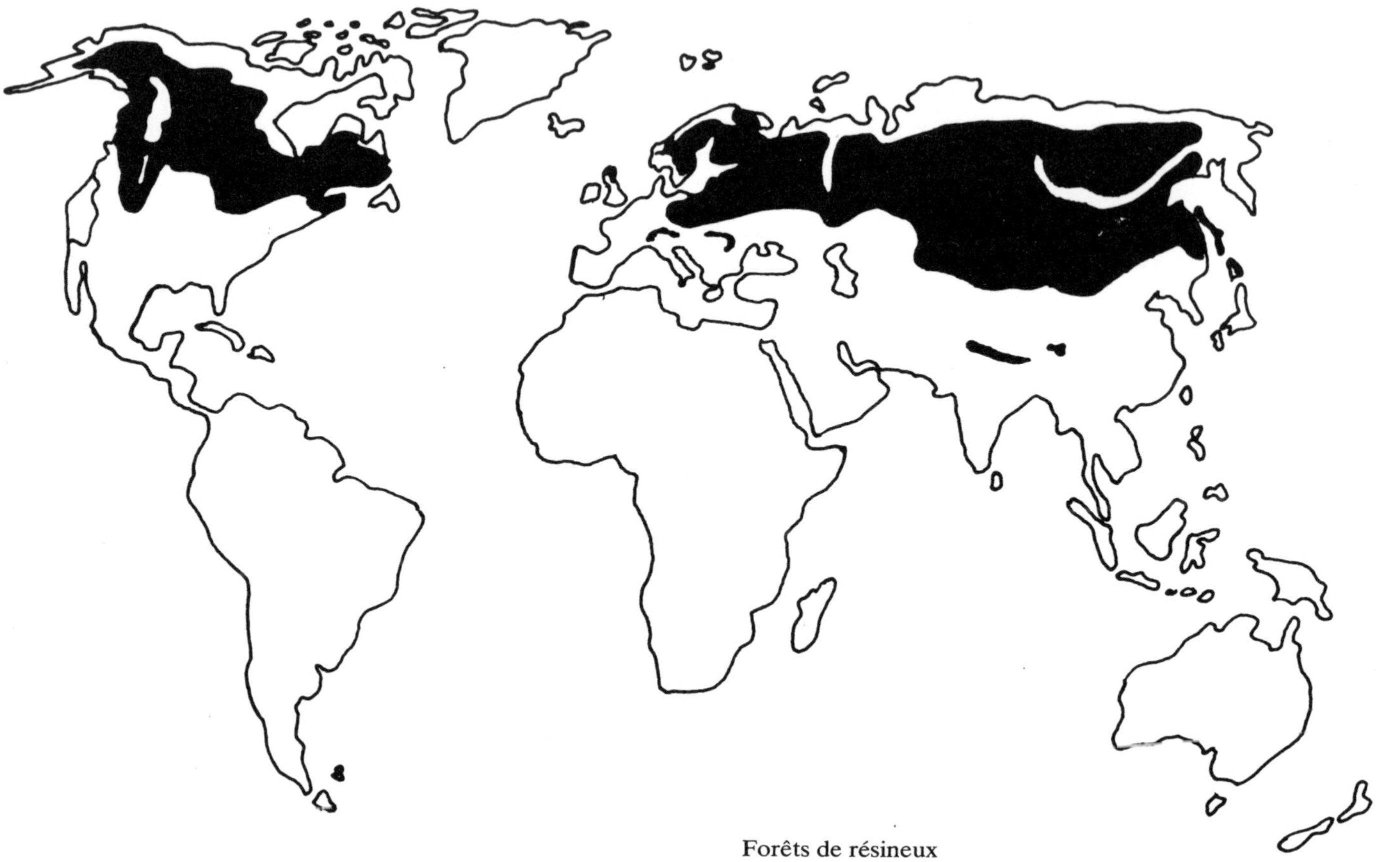

Forêts de résineux

masses de neige glissent le long de leurs branches sans causer de dommages à l'arbre. Les forêts d'arbres décidus de la zone tempérée existent, dans leur forme véritable, sur les continents de l'hémisphère Nord seulement, parce que dans les zones correspondantes de l'hémisphère Sud, nous ne trouvons que la partie la plus étroite de l'Amérique du Sud où l'influence des deux océans provoque la formation de forêts d'un autre type et donne une autre forme de végétation, Par contre, le même type de couverture végétale s'est formé sur la côte Est de l'Australie, sur une bande relativement étroite, située du nord au sud entre 30° de latitude Sud et autour de 150° de longitude Est.

La forêt d'arbres décidus de la zone tempérée représente une formation végétale qui s'adapte parfaitement au changement des saisons entre l'hiver et l'été. Cette formation apparaît sur les parties des continents qui sont les plus rapprochées des océans. Sa frontière nord en Europe se trouve sur une ligne située entre 50° et 60° de latitude Nord, bien que près de l'Atlantique elle s'étende encore un peu plus au nord. En Amérique du Nord, la situation est beaucoup plus compliquée du fait des grands massifs montagneux qui, se trouvant dans le sens des méridiens (montagnes Rocheuses), empêchent l'influence du climat océanique de pénétrer vers l'intérieur des terres. La plupart des forêts de ce type, sur le continent américain, se situent surtout dans sa partie orientale, tandis qu'en Asie, le centre de ces forêts se trouve au nord du fleuve Yang-tseu-Kiang, en Chine, en Corée, au sud du fleuve Amour, ainsi qu'au Japon.

Les différentes formations de forêts avec des feuillus décidus qui se défeuillent périodiquement, sont très éloignées les unes des autres et cette isolation relative trouve son expression surtout dans leur composition. Dans la zone tempérée, la formation du corps de l'ensemble des essences ligneuses sylvestres est, bien sûr, similaire sur de nombreux points. Dans la plupart des cas, leurs bourgeons sont protégés par des écailles résineuses et couvertes de poils et la plupart des espèces sont anémophiles. La composition des feuilles est, contrairement à la variété de celles des forêts tropicales, assez uniforme, bien qu'elle compte en son sein des essences ligneuses comportant aussi bien des feuilles simples que des feuilles composées. La forêt décidue de la zone tempérée est typiquement une forêt à étages, mais le nombre d'étages n'est pas très élevé : il évolue entre deux et souvent, quatre. Le sous-bois arbustif ne se forme pas du tout ou bien il se concentre aux abords des forêts. Un grand nombre d'essences ligneuses de ce type de forêt forment les cultures dites propres. On peut en citer pour exemple les forêts de Hêtres des Carpates, ou bien l'ossature n'est formée que par quelques essences ligneuses principales, Chênes ou Charmes, les autres essences ligneuses étant minoritaires. Les forêts de feuillus typiquement européens se concentrent dans les vallées avec des Aulnes, des Chênes et des Charmes mélangés ; on trouve aussi des forêts d'Érables et de Tilleuls, ou de Hêtres et de Chênes. En Amérique du Nord, on trouve plutôt des mélanges d'Érables et de Hêtres, des forêts d'Érables et de Tilleuls, des chêneraies avec des Hickorys (noyers très résistants), et des châtaigneraies avec des Chênes. Chaque type de forêt possède ses caractéristiques propres, en rapport avec son environnement et la composition des espèces qui forment ses différents étages. Souvent, elles ont une faune semblable, à l'exception de quelques espèces d'animaux bien définies.

Les forêts de résineux se trouvent tout naturellement dans les zones climatiques froides où l'hiver est long et où la couverture neigeuse reste très longtemps, ou encore sur les hauteurs plus élevées des zones plus méridionales. Ces forêts couvrent une région très vaste de l'hémisphère Nord. De grandes parties de l'Europe, de l'Asie et de l'Amérique du Nord sont couvertes par des bois de résineux, surtout en Alaska et au Canada et, au sud, de nombreux massifs montagneux (montagnes Rocheuses, Alpes, Carpates et même grandes montagnes des tropiques).

La forme réduite des organes d'assimilation, des feuilles-aiguilles des conifères est très caractéristique chez les résineux. Ces organes sont, en général, petits. D'une forme simple, ils adhèrent soit directement, soit ils n'ont qu'un pétiole très court en forme d'aiguille ou d'écaille. La forme étroite des aiguilles et leur rigidité révèlent l'adaptation des conifères aux climats secs. A l'époque de leur formation, le climat devait se rapprocher du climat tropical, comme nous le prouve la permanence de la couleur verte chez leurs feuilles-aiguilles, ainsi que la durée de maturation de leurs graines. La composition des aiguilles et leur position sur de petites branches constituent des traits caractéristiques chez les différentes familles des espèces de résineux. Les aiguilles de la famille des *Sciadopitys* est très particulière, mais même les aiguilles des pins de la famille *Picea* ne sont pas sans intérêt. Elles se présentent habituellement sous forme de tétraèdre. Elles possèdent des orifices soit sur les quatre faces, soit sur la partie orientée vers la terre seulement. Ceci est lié à l'orientation des aiguilles du pin : pendant leur évolution, elles tournent de 180° autour de l'axe longitudinal. Ainsi, leur face inférieure munie d'orifices était à l'origine la face supérieure, tandis que la face supérieure était à l'origine la face inférieure.

Les aiguilles possèdent un appareil de photosynthèse moins productif que les feuilles plates. Mais la moindre activité de photosynthèse des conifères est compensée par deux agents importants :

– Pendant l'année, la durée de la photosynthèse active est plus longue de trois à quatre mois que chez les feuillus, l'activité de la photosynthèse n'étant interrompue que pendant la période de gel la plus rigoureuse.

– La surface de contact des aiguilles avec la lumière qui arrive est sensiblement plus grande que chez les feuillus. Selon Tiren, un hectare de forêt de Hêtres possède une surface de feuilles de 7,5 hectares, tandis qu'un hectare de forêt de Sapins possède 12,8 hectares d'aiguilles !

Ainsi, du fait que « leur temps de travail », ainsi que « leur surface de travail », sont supérieurs à ceux des feuillus, les conifères arrivent à compenser le handicap d'une moindre activité de photosynthèse et le résultat final est sensiblement égal. Sur une période d'un siècle, la formation de matière organique sur un hectare de forêt d'épicéas, ou de hêtres, ou encore de sapins est presque identique. Les essences ligneuses à aiguilles savent mieux gérer leurs réserves d'eau et leur évaporation est moindre que chez les feuillus. Cela, bien sûr, vient de la forme de leurs organes d'assimilation, les aiguilles.

Les arbres d'une forêt de conifères comportent des troncs très hauts, pas très épais, souvent sans ramifications, et ils atteignent en général de très grandes hauteurs. La masse produite par ce genre de forêts est la plus importante sur terre. Elle surpasse même la production d'essences ligneuses de la forêt tropicale. Les ensembles de pins et de sapins, hauts environ de 50 à 70 m, produisent habituellement 1000 mètres cubes de bois à l'hectare, et les forêts de Douglas en Amérique donnent environ 3000 mètres cubes de bois à l'hectare.

Les forêts de résineux forment souvent des recrûs très propres, surtout dans des conditions difficiles, tandis que, dans de meilleures conditions, les peuplements de résineux sont pénétrés par d'autres essences ligneuses. Il est exceptionnel que des recrûs de résineux soient formés par plus que cinq espèces d'essences ligneuses, tandis que la pénétration de conifères dans les forêts de feuillus décidus de la zone tempérée est bien mieux réussie. Aussi, le sous-bois des forêts de résineux n'est-il pas très riche en général. Souvent, il se limite à des populations d'arbrisseaux ou de plantes de la famille des bruyères ou à des colonies d'empétracées. Bien que les forêts de résineux ne soient pas très variées dans leurs espèces, leur valeur tant biologique qu'esthétique est très grande. La forêt la plus belle n'est autre, peut-être, que la taïga sibérienne qui couvre une surface d'environ 5 millions de km carrés où dominent des Mélèzes, des Pins sylvestres et *Pinus cembra,* des Épicéas avec des espèces minoritaires comme les Bouleaux, les Peupliers, les Sorbiers et les Merisiers sauvages.

Toutefois, la forêt de résineux ne présente pas partout le caractère de la taïga du nord ou de la montagne. Le littoral ouest de l'Amérique du Nord, de l'Alaska jusqu'au centre de la Californie, dans une zone assez étroite dont l'humidité de l'air est élevée du fait de l'océan Pacifique et dont les températures varient peu, nous montre le peuplement d'une forêt pluviale de résineux dans la zone tempérée. Formée surtout de résineux, elle est pourtant très différente de la forêt de résineux du type nordique. Une très grande pluviosité, pouvant atteindre par endroits 3800 millimètres par an, et une fréquente formation de brouillards, permettent l'existence de toute une série de végétaux, surtout des épiphytes, sur les troncs d'arbres. Les essences ligneuses les plus caractéristiques de ces formations sont le Douglas, le Sapin géant, le Thuya et le Tsuga. En allant vers le sud, s'y ajoutent les séquoias *sempervirens* et vers le nord les *Picea sitchensis.*

Les bois de pins, les forêts de résineux des plaines du sud-ouest du littoral, qui rappellent plutôt par leurs habitus les forêts de feuillus de la zone tempérée que les forêts typiques de résineux sont l'une des curiosités du continent nord-américain. Souvent exclusivement formées par une espèce d'épicéa *Pinus australis,* ces forêts présentent le caractère durable d'un paysage cultivé et ouvert où les fréquents incendies de sous-bois ne permettent pas la pénétration des essences ligneuses feuillues.

Mais la ligne de partage entre les différentes formations n'est pas très stricte. Les passages de l'une à l'autre sont souples : différents éléments de deux formations différentes s'interpénètrent, ou le contact entre deux formations provoque la création d'un espace intermédiaire qui contient toute une série d'espèces des deux formations outre les espèces tout à fait typiques de cette région. L'espace intermédiaire contient une plus grande densité d'espèces individuelles. Ce phénomène, souvent désigné comme phénomène du bord de la forêt, est donc surtout visible dans une région de culture en bordure de forêt. En Amérique du Nord, on observe, entre les forêts de feuillus décidus et les forêts nordiques de résineux, la formation d'une zone de transition qui comprend, au nord, des feuillus mêlés de *Pinus strobus* et de *Tsuga canadensis.*

Néanmoins, en bien des endroits, la forêt se termine : non pas la ligne où la forêt s'arrête dans le sens économique, mais celle qui marque vraiment la limite derrière laquelle certaines circonstances empêchent la formation et l'évolution véritable de la forêt continue. Ces frontières naturelles sont, en fait, doubles : d'un côté se trouve la frontière supérieure de la forêt dans les montagnes (frontière alpine) et, de l'autre, la frontière du nord (frontière polaire). Dans une certaine mesure, la situation de ces deux frontières est similaire : les conditions extérieures y sont dures. Dans les deux cas, il ne s'agit pas, à proprement parler, d'une ligne dans le vrai sens du terme, mais plutôt d'une zone plus ou moins large. Les deux zones frontalières ont des points communs : moindre densité et moindre hauteur des arbres. Si, dans une vallée de montagne, un épicéa mesure 30 m, son frère du même âge, poussant à 1400 m dans cette zone-frontière, ne mesure plus que 2 m. Ainsi, plus la hauteur augmente, plus les végétaux ralentissent leur croissance et plus le bois devient dense. C'est aussi la raison pour laquelle les arbres qui poussent près de la limite supérieure de la forêt produisent un bois épais et régulier, avec des couches de croissance annuelle très fines. Ce bois est très approprié à la fabrication des instruments de musique (bois de résonance).

Dès que la forêt perd de sa hauteur, dès que les houppiers de ses arbres ne forment plus une couverture compacte, elle perd ses attributs de base et se termine. Cela ne signifie pas cependant que des arbres individuels ne peuvent pas pénétrer plus haut. C'est encore bien au-dessus de la limite de la forêt que se situe cette ligne imaginaire infranchissable même par des arbres individuels : la frontière supérieure des arbres.

Cette limite supérieure n'est pas influencée uniquement par la température et par l'altitude, mais aussi par la présence des champs longtemps couverts de neige, par les vents forts et persistants, par les terrains rocheux et escarpés, avec un relief difficile d'accès, et par l'activité humaine qui fait reculer cette limite. L'activité humaine est à l'origine du déboisement : il y a déjà plusieurs siècles, l'homme déboisa de vastes surfaces placées en haute altitude, ce qui a réduit les limites de la forêt d'une manière tellement considérable que son retour n'est plus possible.

Sur la définition de la limite nord de la forêt influent non seulement les conditions climatiques particulièrement dures, mais aussi la présence de terres boueuses et tourbeuses. La frontière nord de la forêt suit en général le tracé du cercle polaire septentrional avec des variations locales. C'est en Sibérie qu'elle pénètre le plus au nord et sa limite méridionale se situe près de Terre-Neuve. Elle oscille ainsi sur une zone qui dépasse 200 km. On a constaté une similitude très significative de cette ligne limite avec le tracé de la ligne de l'isotherme du mois de juillet, qui est de +10 °C.

La limite de la forêt n'est peuplée que par quelques essences ligneuses. Celles qui la dépassent et arrivent jusqu'à l'endroit où ne croissent que des individus isolés sont encore plus limitées. Dans les Sudètes, par exemple, cette essence ligneuse qui peuple les frontières supérieures est l'Épicéa commun. Dans les Alpes, c'est le Mélèze et l'Arolle, *Pinus cembra.* En certains endroits, c'est le Pin sylvestre qui arrive à la franchir. Dans les Balkans, il s'agit des pins à l'écorce blanche et, plus exceptionnellement, de *Pinus peuce.* Dans les massifs montagneux situés plus au sud, poussent sur la limite supérieure de la forêt des espèces telles que le Sapin de Grèce ou encore le Sapin du Caucase. Dans d'autres montagnes d'Europe (Vosges et Carpates), on trouve le Hêtre forestier qui dépasse la frontière supérieure.

Les Pins et les Épicéas pénètrent le plus avant dans la frontière polaire. En Amérique, on trouve le plus souvent l'Épicéa blanc et *Picea sitchensis,* en Europe du Nord, l'Épicéa commun et le Pin forestier, en Asie l'Épicéa de Sibérie, le Pin d'Ajanie et le Mélèze de Sibérie. La limite polaire est aussi, en général, peuplée de bouleaux aussi bien en Europe, qu'en Asie ou en Amérique du Nord, ce qui n'est pas le cas pour la limite supérieure. Au nord de l'Europe, aux environs du 68° degré de latitude Nord, le bouleau remplace progressivement les forêts de pins pour, ensuite, céder la place à des végétations d'arbustes assez tordus, hauts d'environ 5 m. Ces populations d'arbustes sont encore, par endroits, accompagnées de saules, d'aulnes et de trembles.

Bien sûr, les essences ligneuses ne poussent pas au sein des forêts seulement. Partout où les conditions extérieures ont empêché la formation de la forêt, forme la plus organisée de la phytocénose, on voit apparaître diverses formations d'arbustes ou des populations d'herbes, parsemées d'essences ligneuses éparpillées. Il s'agit, par exemple des savanes tropicales avec leurs acacias et leurs baobabs, des caoutchoucs et des palmiers ; des déserts chauds de Californie avec leurs petits arbrisseaux, ou encore des déserts froids de l'État de Washington. Dans les régions à climat tempéré ayant un été sec et un hiver humide comme la Californie ou l'Australie du Sud, les couvertures végétales se forment également à partir de petits arbres et d'arbrisseaux à feuilles dures et persistantes. Dans la même catégorie entrent également les populations de remplacement de la région méditerranéenne, les garrigues. Les populations de résineux rabougris constituent une formation spéciale qui n'est pas encore une forêt. Il s'agit des Pins et des Genévriers du bassin du Colorado : le pays a le caractère d'un parc, les différentes essences ligneuses poussant assez loin les unes des autres et laissant entre elles assez de place pour la végétation herbacée.

Les essences ligneuses ont également trouvé sur notre planète de grandes possibilités de développement et assez de place pour survivre. Mais, aujourd'hui, il ne reste guère d'endroits qui ne soient pas influencés par l'homme. Nous le constatons notamment dans les formations de forêt feuillue décidue qui, dans la zone tempérée, a perdu plus de 75 % de sa surface antérieure : elle a été remplacée par les habitations humaines ; par la steppe de culture ou par les forêts de culture. Néanmoins, même le paysage dont la forêt a disparu héberge encore de nombreuses espèces d'essences ligneuses sans lesquelles nous ne pouvons même pas imaginer notre environnement habituel.

Le relief naturel descendant du paysage a été travaillé depuis longtemps. On y a implanté tout un réseau de communications et on y a gardé le lit des rivières et des fleuves. En tous ces endroits poussent des végétaux, notamment des arbrisseaux. Ce tapis vert dispersé joue dans le paysage cultivé un grand rôle parce qu'il représente pour des milliers d'animaux un milieu de vie de remplacement. La forêt ou les broussailles ne constituent pas seulement un ensemble d'essences ligneuses, mais un système très élaboré de donneurs et de receveurs d'énergie, ainsi que le lieu de vie d'un grand nombre de végétaux et d'animaux. Les populations d'essences ligneuses créent un milieu idéal de vie pour l'existence des organismes vivant sur la terre ferme. Un seul arbre d'Europe centrale représente une unité très complexe et il abrite la vie de bon nombre d'autres organismes. Ses racines, entourées du mycélium de divers champignons, forment des mycorhizes. Entre ses racines, lapins, blaireaux ou renards peuvent vivre. Sur son écorce, dans ses pousses, entre ses aiguilles et à l'intérieur de son tronc vivent des insectes à des phases différentes de leur évolution. Ils détériorent évidemment l'organisme qui les héberge, mais, tant que leur colonie ne croît pas d'une manière démesurée, ils font partie de l'ensemble de la biocénose. Dans les cavités des arbres, vivent également de petits mammifères comme les écureuils, les gastéropodes, ou les chauves-souris, et le houppier abrite des nids d'oiseaux. Si l'atmosphère n'est pas trop polluée par les émissions de déchets industriels, le même arbre peut encore accueillir des lichens sur son écorce ou, si elle est humide, une espèce d'algue verte de la famille des chlorelles. Dans certains cas extrêmes, quand des parties creuses de l'arbre retiennent un peu de bois pourri ou encore de l'humus, on peut même voir pousser d'autres espèces de végétaux supérieurs ; en outre, les parties du tronc, aussi bien celles qui dépérissent que celles qui sont vivantes, sont entourées par les fibres de champignons destructeurs du bois. De plus, les forêts d'Europe et d'Amérique du Nord constituent le domicile d'espèces d'organismes qui ne sont pas liés seulement à une espèce mais à l'ensemble de la formation de la forêt. Ce sont, avant tout, plusieurs espèces d'oiseaux, ensuite les mammifères petits et grands, les reptiles, les amphibiens, ainsi qu'une grande quantité d'invertébrés. La couche la plus variée est, sans conteste, la faune qui évolue au sol. Là, le nombre d'espèces dépasse des centaines et le nombre d'individus des millions.

Au service de l'homme

Le proverbe qui affirme que le bois accompagne l'homme dès son berceau jusqu'à sa mise en bière, sans le quitter tout au long de sa vie, n'a rien perdu de son actualité même après l'apparition des matières plastiques. Au contraire, passée la première période de séduction par ce qui est nouveau, l'homme revient de plus en plus vers les matières traditionnelles et surtout vers le bois.

La forêt a servi à l'homme en tant que premier lieu de vie, premier refuge, c'est la première source où il trouva les matières dont il tira sa subsistance. Jusqu'à la période des bouleversements néolithiques, l'homme a vécu en équilibre avec la forêt. Mais, dès qu'il eut labouré le premier sillon, la forêt n'a cessé d'en pâtir, bien que cette révolution se soit produite en Europe justement pendant la période optimale pour l'évolution de la forêt feuillue. Malgré cela, dès l'aurore de l'histoire, les formations sylvestres ont couvert encore la plupart des paysages européens. La forêt située au nord des Alpes a été atteinte beaucoup plus tard que la région méditerranéenne qui était habitée depuis longtemps déjà.

Les périodes cruciales qui ont beaucoup influencé l'étendue et la qualité des forêts européennes se situent lors des grandes vagues de la colonisation humaine. Ces vagues qui allaient d'ouest en est, débutèrent au XIIe siècle. Ainsi, les forêts de la région méditerranéenne et des zones limitrophes, qui fournirent le bois nécessaire à la construction des habitations et des bateaux, et au chauffage, commencèrent à reculer sous la pression des nouveaux arrivants qui obtinrent de la sorte de la terre à labourer, mais aussi les matières premières nécessaires à l'évolution de l'activité minière naissante et au fonctionnement des premières forges. Les forêts reculèrent les unes après les autres pour se maintenir, après la seconde grande vague de déboisement aux XVIIe et XVIIIe siècles, dans les endroits impropres à l'exploitation agricole. Les forêts naturelles d'Amérique du Nord disparaissent d'une manière beaucoup plus soudaine et plus énergique. Sur ce continent, on a déboisé, au cours des quatre derniers siècles, environ 540 millions d'hectares de forêt. Une intervention aussi rapide et aussi étendue a apporté des changements non seulement dans le climat local, mais elle a surtout provoqué une importante érosion par l'eau et par les vents de la terre.

Jusqu'à la fin de la première moitié du XIXe siècle, on a laissé le soin du renouvellement de la forêt à la nature elle-même. La forêt se renouvelait d'elle-même, par les graines qui arrivaient à maturité sur place. Dès la deuxième moitié du siècle dernier, l'on put observer un reboisement voulu et planifié. Bien que cette intervention soit, au fond, positive, elle a aussi créé de nombreux facteurs négatifs pour les forêts européennes. Les graines de la forêt furent ramassées là où on les trouvait et vendues où on les demandait. Ainsi, le semis cessa-t-il d'être homogène, et a-t-on fini par semer des graines d'origines différentes dans les conditions et aux endroits qui n'étaient pas toujours les plus favorables. A la place des forêts naturelles, on a donc semé des cultures artificielles. Ces ligni-cultures se composaient le plus souvent d'une seule espèce d'essence ligneuse. Ce procédé avait, bien sûr, apporté en soi beaucoup d'avantages techniques (les cultures du même âge étaient plus faciles à soigner et à exploiter) et même, pour les premières générations, il représentait un succès économique, mais il entraînait la dégradation des sols et entraînait d'autres dangers qui guettent les monocultures, notamment les grandes invasions de parasites.

Les responsables de la culture des forêts se trouvent actuellement confrontés à des tâches redoutables. Ils doivent maintenir la surface actuelle des forêts et tenter de la renouveler de manière qu'elle se rapproche le plus possible de sa formule naturelle. Ils ne doivent pas oublier que la forêt n'est pas une usine à bois, mais qu'elle remplit par ailleurs beaucoup d'autres fonctions souvent irremplaçables, notamment dans les domaines hydrologiques et de défense des sols. On ne compare pas inutilement les forêts aux champignons. Les forêts pompent l'eau aussi rapidement que des champignons et elles ne la distribuent que petit à petit. Malheureusement, on ne constate souvent cette vérité que dans ses conséquences négatives, au moment, où une forêt disparaît dans une certaine zone, par exemple, sous l'influence des émissions industrielles nuisibles.

Parmi toutes les formes de couverture végétale de la terre, la forêt est non seulement la plus répandue, mais surtout celle qui possède la plus grande valeur. Selon la FAO, la surface totale des forêts couvrait en 1974 environ 30 % de l'étendue de la terre ferme, soit 4 milliards d'hectares dont l'ensemble des réserves de bois représente 350 milliards de mètres cubes. En 1977, en matière d'exploitation de bois de résineux l'Union Soviétique arrivait en tête avec 319 millions de mètres cubes, puis les États-Unis avec 258,7 millions de mètres cubes, enfin venait le Canada avec 133,8 millions de mètres cubes. Mentionnons encore la Suède avec 41,7 millions de mètres cubes et la Finlande avec 26,3 millions de mètres cubes. Pendant ce temps, l'Indonésie exploitait 140,8 millions de mètres cubes de bois feuillu, le Brésil 130,7 millions de mètres cubes et l'Inde, enfin, 128,6 millions de mètres cubes. L'ensemble des réserves de matière organique de la forêt représente environ 82 % de la quantité totale que possède notre planète, soit environ 1960 milliards de tonnes. L'accroissement annuel est estimé à 100 milliards de tonnes. Dans ce nombre, on compte l'ensemble de la production végétale d'essences ligneuses y compris les résines et les sucres. On estime que l'homme fabrique, à partir de la masse organique produite par la forêt, au moins 20 000 produits différents. De plus, les forêts en tant que producteur de la masse organique représentent en même temps une source d'énergie nouvelle pour les besoins de l'humanité.

Le bois représente la matière la plus importante produite par les essences ligneuses. Le critère le plus souvent utilisé pour mesurer la qualité et l'utilité du bois est sa résistance, sa dureté. On la mesure, en général, par sa résistance à la pression et on l'exprime en mégapascal MPa. Les bois les plus durs qui supportent une pression de plus de 150 MPa sont les bois exotiques, qui proviennent souvent des tropiques et des régions subtropicales. Dans le commerce, on les désigne habituellement comme bois de « fer ».

Dans une deuxième catégorie, les bois exceptionnellement durs, qui supportent une pression allant de 100 à 150 MPa, comprennent par exemple le Charme américain de Virginie, classé également dans les bois de « fer » et, en Europe, le Buis, le Cornouiller, le Troène et certains Chênes. Les essences ligneuses à bois dur (de 65 à 100 MPa) sont très nombreuses. Parmi les plus connus on peut citer l'If, le Chêne, le Noyer, l'Érable, le Hêtre, le Charme, le Sorbier et toute une série d'essences ligneuses fruitières dont le Poirier, le Pommier, le Prunier et le Cerisier. Les bois à résistance moyenne supportent une pression de 50 à 65 MPa. Ce sont, par exemple, le Marronnier, le Platane, l'Orme et le Noisetier. Les essences ligneuses molles sont les Aulnes, les Bouleaux, les Osiers blancs, les Merisiers, mais également quelques essences ligneuses conifères comme le Mélèze, le Sapin de Douglas, ou le Pin. Elles supportent une pression de 36 à 50 MPa, tandis que les essences ligneuses à bois très mou peuvent être détériorées dès que la pression dépasse 35 MPa, ce qui est le cas des Saules, des Peupliers et des Tilleuls.

L'homme utilise le bois en tant que matière naturelle classique dans l'ensemble de ses activités depuis la construction jusqu'aux créations artistiques. Le bois est aussi une matière première qui permet d'en fabriquer beaucoup d'autres. Dans la masse du bois, plus précisément dans sa partie sèche, se trouvent presque 99 % de matières organiques combustibles et seulement 1 % de cendres. Les relations exactes entre les matières organiques du bois dépendent de plusieurs facteurs relatifs au genre du bois, à son âge, aux conditions de sa croissance, etc. En général, il est vrai que plus le bois contient de cellulose, moins il a de lignine et *vice versa*. Tandis que le sapin contient environ 57 % de cellulose et 27 % de lignine, la proportion pour le chêne est de 40 % de cellulose pour 35 % de lignine. Le bois contient encore des amidons, des sucres, des graisses, des essences naturelles, des résines, des matières azotiques et des substances colorantes.

La matière la plus importante pour l'exploitation industrielle du bois est la cellulose qui se trouve surtout dans les parties jeunes des essences ligneuses. La cellulose de bois reste, jusqu'à présent, la matière la plus importante pour la fabrication du papier ; c'est aussi l'industrie papetière qui en est la plus grande consommatrice. La cellulose est également un produit de base à partir duquel nous fabriquons d'autres produits comme la soie artificielle et quelques fibres, le Celluloïd, la poudre explosive sans fumée, les laques de nitrocellulose, les émaux, la Cellophane, etc. Par d'autres procédés chimiques, nous obtenons, à partir du bois, de l'acétone, de l'acide citrique et aussi de la nourriture pour animaux. La vieille méthode de distillation du bois à sec nous procure encore mieux, avec la technologie moderne, le charbon de bois, le vinaigre de bois, le goudron et le gaz de bois. Par extraction, nous obtenons encore à partir du bois des matières tannantes, des résines et des substances colorantes.

Le bois de différents arbres contient aussi des substances nuisibles pour l'organisme humain : le bois « empoisonné » pour l'homme, parmi les essences ligneuses européennes, par exemple, l'If. Les ouvriers américains ont souffert de difficultés de la vessie quand ils travaillaient le Genévrier de Virginie. Cette essence ligneuse contient une substance toxique, le sabinole, qui pénètre dans l'organisme par inhalation lorsqu'on coupe ce bois.

Mais le bois n'est pas la seule matière que les essences ligneuses proposent à l'homme. Les tissus secondaires de protection, notamment le liège, servent à l'homme depuis très longtemps. A partir de ces matières, il prépare non seulement des bouchons, mais aussi le vrai linoléum et, à partir des déchets de liège, il presse des plaques isolantes.

Quelques essences ligneuses feuillues contiennent dans leurs racines un pourcentage très élevé de sucres liquides. La recherche de sucre, à partir des bouleaux en train de bourgeonner, était la pratique la plus répandue en Russie. Pour ce faire, on enfonçait, pas très profondément, un tube dans le tronc de l'arbre, ou on y tranchait une petite cavité. Avec le jus obtenu, on préparait le plus souvent, un « thé ». Et le jus de bouleau reste jusqu'à ce jour une boisson très populaire en Union Soviétique. Le sucre de l'Érable canadien si connu s'obtient d'une manière analogue, par une entaille du tronc de l'Érable américain. On fait cuire le liquide ainsi obtenu, et on l'épaissit, afin d'obtenir un liquide sirupeux qui sert pour sucrer. Le jus contient de 2,5 à 5 % de sucres et l'on peut en obtenir jusqu'à 20 ou 25 litres à partir d'un seul arbre. Les immigrants ont découvert cette pratique en observant les tribus d'Indiens Algonquins qui ont désigné dans leur langue le mois de la cueillette du jus comme le mois de l'Érable dans leur calendrier. Les jus sucrés sont fréquents chez plusieurs espèces d'érables. On les extrait d'une manière industrielle dans trois républiques soviétiques autonomes : en Bachkirie, chez les Tchouvaches et chez les Tatars.

Les Ormes possèdent également des jus sucrés mais ces jus se composent surtout de manite et on ne les utilisait comme édulcorant que localement (la manne).

De la même manière, on obtient aussi les résines à partir des arbres vivants. Le plus souvent, on les extrait des conifères, surtout des pins, en faisant une entaille en forme de V sur la partie basse du tronc de l'arbre. Le même système est appliqué aux hévéas lors de la collecte du latex naturel. Les coulées de résine sont recueillies dans des récipients préparés à l'avance. A partir des résines ainsi recueillies, on prépare le plus souvent de la térébenthine et de l'arcanson ou colophane.

Les cultures de Noyers, de Sorbiers, de Groseilliers et de Cassis sont aussi très anciennes. Dans la région de la zone tempérée, on utilisait surtout ceux de la famille des pruniers. Ce genre de gomme n'était pas seulement employé pour imiter la gomme arabique recueillie à partir du tronc blessé des acacias.

D'autre part, la manne obtenue à partir de la résine du frêne était, jadis, un médicament utilisé surtout par les pédiatres. Elle avait un goût sucré et des propriétés laxatives. Le Frêne n'était pourtant pas la seule essence ligneuse qui fournissait des médicaments naturels. Parmi les essences ligneuses de la zone tempérée, il y en avait beaucoup d'autres. Les fruits de l'Églantier donnent non seulement du sucre, mais ils fournissent aussi de la vitamine C.

Les fleurs et les fruits du sureau contiennent des substances azotées non alcaloïdes comme des cyanhydrides qui, administrées à petites doses, facilitent la digestion.

La plupart des tissus des essences ligneuses contiennent des substances aromatiques utilisées par la médecine. L'écorce de plusieurs saules, tels le Saule blanc, le Saule fragile, le Saule pourpre et le Saule arborescent contiennent des matières monophénolées très efficaces contre les rhumatismes et les refroidissements. On utilise surtout l'écorce séchée des jeunes branches de ces arbres. Les fleurs de tilleuls, en Europe, et les feuilles d'aubépine contiennent d'autres substances phénolées, les flavonols. Les écorces de quelques autres arbres et arbustes contiennent différentes quinones. Le juglon se trouve dans les feuilles du Noyer d'Italie, les anthraquinones dans l'écorce de la Bourdaine et les dérivés d'anthracite dans les fruits du Nerprun. Ces substances représentent des laxatifs très puissants.

Les tissus des essences ligneuses comportent souvent beaucoup de matières tannantes. Leur capacité de coaguler les albumines est le fondement même de leur effet bactéricide. La médecine classique, aussi bien que la médecine populaire, utilisent les matières tannantes non seulement en dermatologie, mais aussi comme médicaments internes. Dans la zone tempérée, on recherche ces matières le plus souvent dans l'écorce des chênes et dans les feuilles de l'hamamélis, mais on peut aussi les obtenir à partir des feuilles de noyer, de ronce et de framboisier.

Beaucoup d'essences ligneuses renferment aussi des essences naturelles et différents produits de ces essences. Les essences naturelles sont des liquides huileux, insolubles dans l'eau mais solubles, par contre, dans les graisses et dans les solvants organiques. Elles forment le même groupe avec les résines. Avec les résines, elles naissent dans les cellules en parallèle, côte à côte, comme des matières réactives ou moins réactives. Les résines, après plusieurs transformations, se forment à partir des matières réactives et les matières moins réactives donnent naissance aux essences naturelles liquides. Ensemble, elles forment les baumes : l'essence de térébenthine et l'arcanson en sont un exemple. Les essences naturelles sont souvent le résultat d'une synthèse de nombreux composants difficilement séparables. On les utilise non seulement en pharmacie mais aussi en cosmétologie où elles concurrencent toujours avec succès les différentes matières synthétiques. Leur solubilité dans les graisses leur permet de pénétrer très facilement dans l'épiderme où elles agissent en tant qu'excitants et désinfectants. Par voie orale, elles excitent les reins et exercent une action diurétique. Les essences ligneuses les plus riches en essences naturelles se trouvent surtout dans les familles de conifères et de lauracées. La fameuse feuille de laurier bien connue dans les cuisines comporte jusqu'à 3 % d'essences naturelles ; le baume de térébenthine, isolé à partir de plusieurs espèces de pins, renferme même jusqu'à 20 % d'essences naturelles et 70 % de résines. Le baume du Canada, qu'on peut obtenir non seulement à partir du Sapin baumier mais aussi à partir du Sapin de Fraser, comporte environ 25 % d'essences naturelles et 70 % de résines et de leurs dérivés. On l'utilise surtout en optique et en technologie microscopique. Les jeunes bourgeons du Pin sylvestre nous fournissent aussi les essences naturelles que l'on utilise pour les bains médicaux lors du traitement de maladies rhumatismales.

Parmi les essences ligneuses dont les tissus recèlent des saponines, le bouleau compte comme l'un des plus importants. Ses feuilles exercent une action diurétique. On les utilise souvent dans le traitement des maladies des voies urinaires.

Certaines essences ligneuses servent également en tant que source de nourriture pour l'homme. Parmi les essences ligneuses de la zone tempérée, il s'agit surtout des essences ligneuses fruitières. Ce sont celles que l'homme cultive depuis très longtemps déjà. Quelques espèces, d'ailleurs, n'existent qu'en tant que végétaux cultivés et on ne les connaît pas sous leur forme sauvage. Le centre d'origine de la plupart des arbres fruitiers est une zone relativement large, située entre les montagnes du Caucase d'une part et de la Syrie et de l'Asie Mineure d'autre part. De là, ils se sont propagés à l'époque hellénique et sous l'Empire romain, d'abord vers l'ouest et ensuite vers le nord. L'arbre fruitier le plus ancien d'Europe est probablement le Pommier. On a trouvé déjà dans les vestiges des constructions ovales de l'ère néolitique des petites pommes carbonisées et une espèce de pommes séchées. La culture des Poiriers date presque de la même époque, suivie de peu par les cultures de Cerisiers, de Griottiers, d'Abricotiers et de Pêchers. Les cultures ne Noyers, de Sorbiers, de Groseilliers et de Cassis sont aussi très anciennes. Dans la région méditerranéenne, on cultive, en outre, d'autres espèces d'essences ligneuses utilitaires, comme le Figuier, l'Olivier et la Vigne. Les cultures de Mûriers et d'Élégnacées sont également très anciennes, bien qu'aujourd'hui, elles deviennent marginales et que ces espèces reviennent à l'état sauvage.

Cependant, les essences ligneuses qui croissent librement dans la nature fournissent des fruits utilisables. A part les églantiers, nous pouvons mentionner les framboises, les mûres, les noisettes et, de l'autre côté de l'océan, les airelles canadiennes (*Vaccinium corymbosum*).

L'histoire de l'humanité est étroitement liée avec la culture des essences ligneuses. Quelques-unes de ces essences ligneuses sont même pour l'homme d'un intérêt vital. La première étape de la domestication des végétaux se caractérisait tout au début plutôt par la transplantation des espèces, à la différence de l'introduction directe que nous connaissons aujourd'hui. Les gens ont naturellement essayé tout d'abord de cultiver les espèces de végétaux qui vivaient dans leur environnement immédiat. Et ce mode de culture qui ne modifie pas le milieu naturel de la plante se nomme transplantation. Par contre, nous parlons d'introduction lorsqu'on implante un végétal en dehors de son habitat d'origine, dans un milieu nouveau. Souvent, nous réussissons mais, parfois, les conditions nouvelles sont tellement différentes de celles de son milieu naturel que la plante n'arrive pas à s'y adapter. Le processus d'adaptation aux nouvelles conditions de vie s'appelle aussi l'acclimatation. On juge du degré de réussite du processus d'acclimatation d'après les réactions ultérieures de la plante. Souvent elle ne croît pas, ne fait que végéter, puis elle dépérit. Nous parlons de degré d'acclimatation supérieur lorsque la plante commence à fleurir dans son nouveau milieu, et maximum quand elle donne des fruits et que ses graines sont capables de germer. Enfin, le degré d'acclimatation optimal est atteint lorsque l'essence ligneuse arrive à se reproduire dans son nouveau milieu, pendant plusieurs générations.

Le degré de réussite du processus d'acclimatation a été, pour la plupart des espèces d'essences ligneuses traditionnellement cultivées, supérieur. Les essences ligneuses fruitières, le Noyer et la Vigne peuvent servir de preuve de la réussite de ce processus. Une nouvelle étape d'introduction d'essences ligneuses culmina pendant la période des civilisations anciennes de la région méditerranéenne. Mais, avec le déclin de l'Empire romain, une rupture se produisit. Pratiquement jusqu'à la fin du Moyen Age, nous manquons d'informations concernant un quelconque accroissement des essences ligneuses cultivées. Mais ce fait n'est valable que pour l'Europe qui nous sert de référence. Au Japon et en Chine, on cultivait à cette époque et depuis longtemps déjà beaucoup d'essences ligneuses d'agrément parmi lesquelles de nombreuses espèces étaient rapportées de pays différents. L'ancienneté de l'art du jardinage japonais en soi-même en témoigne.

Les grands voyages d'exploration outre-mer, la découverte du Nouveau Monde, ainsi que le développement général de la société européenne ont, bien sûr, contribué au réveil et au nouvel essor de la culture des plantes et du jardinage en général. Ce furent d'abord différentes Hautes Écoles et Universités qui, en collaboration avec les ministères, fondèrent les jardins botaniques. Puis, plus tard, elles furent imitées par la noblesse. Les résidences des seigneurs, les villes et les différentes sociétés de jardinage ont puissamment contribué au réveil puis à l'essor de l'intérêt pour la culture des plantes utilitaires, et exotiques. Mais, les conditions climatiques d'Europe occidentale n'ont permis le succès que pour une culture de végétaux originaires de la zone tempérée de l'hémisphère Nord qui forment, jusqu'à nos jours, la plupart des populations des jardins cultivés.

Les premières sources qui font état d'introductions nouvelles d'essences ligneuses étrangères ne datent que du XVIe siècle, si nous omettons la première vague d'implantations de l'époque antique, déjà mentionnée. Une quarantaine d'années après la découverte de l'Amérique, on a importé en Europe la première essence ligneuse conifère étrangère, le Faux-Cyprès. Selon certaines sources, c'est J. Cartier qui l'apporta en 1534 du Canada en France. Selon la tradition, cette plante comptait parmi les remèdes favoris des marins qui, lors des longs voyages en mer, craignaient le scorbut : ils donnèrent même à cet arbre le nom d'Arbre de vie (*Arbor vitae*). Mais l'utilisation de ces faux-cyprès contre le scorbut restait assez problématique. En effet, cette plante contient, en outre, du thuyone toxique qui excite la peau, provoque des nausées et détériore les reins. Cette association étrange avec l'arbre de vie trouve peut-être son origine dans le fait que la forme de ses branches et la texture du feuillage différaient à cette époque des houppiers des essences ligneuses connues jusque-là en Europe. Mais l'introduction de cette nouvelle espèce d'essence ligneuse d'outre-mer resta pendant longtemps un cas isolé, à une exception près, difficile à vérifier, l'introduction du Pin de Weymouth en France, aux environs de l'année 1550.

Au cours du XVIe siècle, les jardins européens enrichissaient l'assortiment des espèces cultivées surtout par l'apport d'essences ligneuses originaires du sud de l'Europe ou du Moyen-Orient et de l'Asie Mineure. Depuis 1560, on cultive *Philadelphus coronarius* et le Cytise (*Laburnum anagyroides*) et, à partir de 1570, le Baguenaudier (*Colutea arborescens*) et *Jasminum fruticans.* Le Marronnier d'Inde, jadis introuvable ailleurs que sur un petit territoire des Balkans, se cultive dans les jardins d'Europe depuis 1576, de même que *Prunus laurocerasus. Corylus colurna* arrive en 1582, *Ribes alpinum* en 1588, *Amelanchier ovalis* et le Faux-pistachier ou Staphylier (*Staphylea pinnata*) en 1596.

A la fin du siècle, aux environs de l'année 1600, apparaissent en Europe les Hibiscus (*Hibiscus syriacus*) et enfin, en 1638, le Cèdre du Liban. C'est seulement à partir du XVIIe siècle, que les plantes introduites d'outre-mer, surtout de l'Amérique du Nord, commencent à être majoritaires. Le premier végétal importé d'Amérique au XVIIe siècle fut le Robinier faux-acacia (*Robinia pseudoacacia*), la première fois en 1603 et la deuxième fois en 1636. Parmi les essences ligneuses plus connues, on importa en Europe, au cours de la première moitié du XVIIe siècle entre autres : le Sumac (*Rhus glabra*) en 1620, la Vigne vierge (*Parthenocissus quinquefolia*) en 1622, l'Amélanchier (*Amelanchier canadensis*) en 1623, le Sumac vénéneux (*Rhus typhina*), le Caryer (*Carya ovata*) et *Padus serotina* en 1629, le Noyer (*Juglans cinerea*) en 1633, *Rubus odoratus* en 1635, le Micocoulier (*Celtis occidentalis*) en 1636, le Cyprès chauve (*Taxodium distichum*), la Bignone (*Campsis radicans*), *Cercis canadensis* et les Platanes (*Platanus occidentalis*) en 1640. Ces essences ligneuses n'étaient que les précurseurs d'importations futures qui allaient venir en général du continent américain.

Au cours du XVIIe siècle, l'importation en provenance de l'Asie était presque inexistante. C'est seulement au début du XVIIIe siècle que commencèrent à arriver en Europe les premières essences ligneuses asiatiques. Une partie venait de Sibérie, d'Asie centrale et du Caucase. *Cornus alba* est arrivé en 1741, *Lonicera tatarica* et l'Arbre de Karaganda (*Caragana arborescens*) en 1752, *Sorbaria sorbifolia* en 1759, le Charme de Zelka (*Zelkova carpinifolia*) en 1760 et enfin *Pterocarya fraxinifolia* en 1782.

L'introduction des essences ligneuses de l'Extrême-Orient commença par des essences ligneuses d'origine chinoise bien que la première d'entre elles, le *Ginkgo biloba,* soit venue en Europe par le Japon en 1730. D'autres essences ligneuses d'origine chinoise ont suivi, comme le Sophora (*Sophora japonica*) en 1747, le mûrier à papier (*Broussonetia papyrifera*) en 1750, *Thuja orientalis* en 1752, *Koelreuteria paniculata* en 1763, *Torreya nucifera* en 1764, le Genévrier chinois (*Juniperus chinensis*) en 1767, l'Ailanthe (*Ailanthus altissima*) en 1784 et, enfin, le Magnolia (*Magnolia denudata*) en 1789.

Le tableau suivant présente l'introduction successive du nombre d'espèces exotiques en provenance d'Asie et d'Amérique, de la fin du XVIe siècle jusqu'au début du XXe siècle :

Année	Amérique du Nord		Asie	
	par 20 ans	par siècle	par 20 ans	par siècle
jusqu'à 1600		1		7
1620 1640 1660 1680 1700	2 14 5 2 16	39	 1 — — 2	3
1720 1740 1760 1780 1800	3 32 15 5 14	69	— 2 10 5 7	24
1820 1840 1860 1880 1900	14 24 21 11 4	74	10 17 42 55 26	150
après 1900	3	3	39	39

Naturellement, ce tableau ne peut pas contenir l'ensemble des essences ligneuses importées. Il se contente de mentionner les espèces les plus importantes cultivées jusqu'à nos jours. Il nous renseigne toutefois sur les vagues d'introduction successives. La vague américaine, bien qu'assez équilibrée, culmina à la fin de la première moitié du XVIIIe siècle, tandis que la plupart des essences ligneuses d'Asie orientale ne sont arrivées que pendant la deuxième moitié du XIXe siècle. Ces introductions de nouvelles espèces furent surtout rendues possibles grâce aux grandes expéditions d'exploration dont les plus importantes ont sûrement été celles de Wilson, entre 1900 et 1910.

Les premiers végétaux furent sûrement ramassés un peu au hasard par des curieux. Mais bientôt les premiers missionnaires, les médecins et, plus tard aussi, les botanistes et les jardiniers se mirent à l'ouvrage. La collecte devint volontaire et systématique. Le but était avant tout d'enrichir les jardins européens et, plus tard, de rechercher aussi des essences ligneuses pour repeupler les forêts européennes. De nombreux explorateurs travaillaient directement pour les entreprises d'horticulture célèbres, comme Vilmorin en France, Veitch en Angleterre, Lawson en Écosse et beaucoup d'autres encore, des sociétés américaines comme *Arnold Arboretum* ou la *Royal Horticultural Society* en Angleterre.

Les essences ligneuses qui ornent aujourd'hui les jardins tant publics que privés n'y auraient jamais poussé sans des hommes comme (entre parenthèses se trouvent les genres et espèces d'essences ligneuses dénommées d'après celui qui les a découvertes) :

Sir Joseph Banks (1743–1820), botaniste anglais qui prit part à la première expédition de Cook (les Pins de Banks, *Banksia* et *Pinus banksiana*).

John Bartram (1699–1777), premier botaniste américain, fondateur du premier jardin botanique américain à Philadelphie. Il collectionna surtout les essences ligneuses des montagnes américaines.

Henry Compton, évêque de Londres dans les années 1675–1713, qui rassembla dans son propre jardin à Fulham environ 400 espèces d'essences ligneuses importées.

J. Cunningham, médecin anglais qui travailla vers 1700 en Chine. On lui doit le *Cryptomeria* et le *Cunninghamia.*

P. A. David (1826–1900), missionnaire français qui découvrit, entre autres, *Pinus armandia.* Il travailla en Chine et les espèces de *Buddleia davidii* et *Rosa davidii* rendent hommage à son nom.

J. M. Delavay (1834–1895), missionnaire français à qui on doit la découverte de plusieurs conifères en Chine. En son hommage, un membre de la famille des sapins porte le nom d'*Abies delavayi.*

D. Douglas (1798–1834), jardinier qui collectionna les nouveautés pour la *Royal Horticultural Society* en Amérique du Nord. Il apporta plusieurs espèces de conifères nord-américains, tels le Sapin géant (*Abies grandis*) et *Pinus ponderosa, Pseudotsuga menziesii* ou *Pseudotsuga douglasii.*

G. Engelmann (1809–1884), médecin et botaniste qui travailla en Amérique du Nord. Il contribua à la taxologie de nombreuses espèces nouvelles de conifères (*Picea engelmannii*).

P. P. Farges, a découvert plusieurs espèces de plantes ligneuses en Chine, au cours de la 2e moitié du XIXe siècle. *Decaisnea fargesii* perpétue son nom.

G. Forrest (1873–1932), Anglais qui importa de Chine un bon nombre de conifères.

John Fraser (1752–1811), Anglais qui découvrit et collectionna des essences ligneuses, travaillait depuis 1780 en Amérique du Nord. En une vingtaine d'années, il réalisa 12 expéditions. Un magnolia et un sapin portent son nom, *Magnolia fraseri* et *Abies fraseri.*

P. Hugo alias P. Hugh Scallen, missionnaire en Chine. Une rosacée porte son nom, *Rosa hugonis.*

D'Incarville (1706–1757), missionnaire français en Chine, qui apporta entre autres un thuya, *Thuja orientalis (Incarvillea).*

J. Jeffrey, membre en 1850 d'une expédition sur le littoral de l'océan Pacifique d'où il envoya en Angleterre beaucoup de germes d'essences ligneuses américaines. Une espèce de pin porte son nom (*Pinus jeffreyi*).

E. Kaempfer (1651–1716), médecin hollandais qui séjourna pendant une courte période au Japon et décrivit de nombreuses plantes de ce pays. Un mélèze porte son nom : *Larix kaempferi.*
W. Kerr qui séjourna au début du XIXe siècle en Chine, d'où il introduisit les essences ligneuses feuillues et conifères (*Kerria japonica*).
T. Lobb, collectionneur de la société anglaise Veitch, partit en Asie tropicale à la fin de la première moitié du XIXe siècle. Il envoyait en Angleterre des plantes du jardin botanique de Java.
W. Lobb (1809–1863), a entrepris quatre voyages en Amérique et collectionnait pour la société Veitch à Exeter. C'est lui qui envoya les premières graines d'*Araucaria araucana* d'Amérique du Sud et qui apporta d'Amérique du Nord des spécimens vivants de séquoias majestueux.
K. I. Maximovitch (1827–1891), botaniste russe, qui explora la région du fleuve Amour et le Japon. Un épicéa et un bouleau portent son nom : *Picea maximowiczii* et *Betula maximowiczii.*
Ch. Maries (1851–1902), collectionneur pour la société anglaise Veitch, notamment en Chine et au Japon. Un sapin porte son nom : *Abies mariesii.*
A. Menzies (1754–1842), médecin anglais qui contourna l'Amérique du Sud avec une flottille anglaise et chercha de nouvelles espèces sur les bords de l'océan Pacifique de l'Amérique du Nord. Il découvrit beaucoup de nouvelles essences ligneuses, comme *Sequoia sempervirens.* Le Sapin douglas porte aussi son nom : *Pseudotsuga menziesii.*
W. Murray, explorateur écossais de la société Lawson et fils d'Edimbourg. Il apporta entre autres le Cyprès de Lawson (*Chamaecyparis lawsoniana*). Un pin porte son nom : *Pinus murrayana.*
John Parkinson (1567–1650), pharmacien londonien au service du roi Jacques Ier. Il propagea l'introduction des essences ligneuses américaines en Europe.
Ch. Parry (1823–1890), explorateur anglais en Amérique du Nord, qui est à l'origine de la découverte du pin d'Amérique, *Pinus aristata* et d'autres espèces.
William Purdon (1880–1921), Anglais qui explora l'Asie orientale et la Chine pour le compte de la société Veitch et pour *Arnold Arboretum.* Il rapporta une viorne (*Viburnum farreri*).
Jean Robin (1550–1629), botaniste, explorateur et jardinier des rois Henri III et Louis XIII. Il apporta en Europe les premiers robiniers. Ce genre d'essence ligneuse porte son nom : *Robinia.*
Ch. S. Sargent (1841–1927), dendrologue américain qui découvrit, pour les besoins de la botanique, plusieurs collections. Il séjourna pendant une courte période au Japon et il fit connaître et importer un mélèze : *Larix occidentalis.* Un hortensia arborescent porte son nom : *Hydrangea sargentiana* dénommé aussi *Hydrangea aspera* ssp. *sargentiana.*
P. F. von Siebold (1796–1866), médecin allemand qui travailla au Japon dans les années vingt du XIXe siècle, pour le compte de la Compagnie hollandaise de l'Inde Occidentale. Il collabora à l'ouvrage *Flora japonica* et créa de grandes pépinières à Leiden, aux Pays-Bas, spécialisées en essences ligneuses japonaises. L'un des tsugas perpétue son nom – *Tsuga sieboldii.*
C. P. Thunberg (1743–1822), médecin suédois, élève de Linné, qui travailla pour le compte de la Compagnie hollandaise de l'Inde Occidentale. Il traita de manière très complexe la flore japonaise et découvrit toute une série d'essences ligneuses. Un pin et une Berbéridacée perpétuent son nom : *Pinus thunbergii* et *Berberis thunbergii.*
J. Torrey (1743–1822), botaniste américain, confondateur de la floristique américaine. Un genre de végétaux porte son nom : les torreyas.
John Tradescant senior (+ en 1652) et John Tradescant junior (+ en 1662) vécurent au XVIIe siècle. Le père explora le Proche-Orient, le fils, la Virginie, en Amérique du Nord, d'où il rapporta un Noyer (*Juglans cinerea*), un Érable (*Acer rubrum*) et un Micocoulier (*Celtis occidentalis*). Un genre de Commélinacées, les *Tradescantia,* rend hommage à leur nom.
J. C. Veitch (1839–1870), frère du propriétaire de la société du même nom, explora en 1860 le Japon d'où il rapporta tout un ensemble d'essences ligneuses. Il découvrit, sur les pentes du Fuji-Yama, le Sapin de Veitch – *Abies veitchii.*
E. H. Wilson (1867–1930), Américain qui travailla aussi bien pour le compte de la société Veitch que pour l'*Arnold Arboretum* aux États-Unis. C'est l'un des explorateurs les plus chanceux qui ait travaillé en Chine. Le résultat de ses explorations fut commenté et publié par le professeur Ch. S. Sargent. L'Épicéa de Wilson (*Picea wilsonii*) nous rappelle son nom.

Ces explorateurs n'étaient naturellement pas les seuls. Il y en eut avant et après eux encore beaucoup d'autres connus ou inconnus.

La dernière grande découverte en dendrologie fut celle de l'espèce vivante d'un grand arbre de Chine, *Metasequoia glyptostroboides,* en 1941, en Chine (T. Kan, T. Wang). Cette découverte rendit possible une implantation, en 1948, presque simultanée de cette espèce dans plusieurs jardins botaniques du monde. L'espoir qu'on puisse encore découvrir dans la zone tempérée de nouvelles espèces d'essences ligneuses inconnues est pratiquement inexistant.

Quant aux déviations, il y en aura toujours. Mais, malgré cela, on ne cultive pas encore tout ce qui peut germer et pousser dans la zone tempérée de l'hémisphère Nord. Plusieurs espèces n'y sont même pas encore introduites. L'Asie centrale soviétique et les pays limitrophes, surtout la Chine, présentent de ce point de vue une grande source de ces apports toujours possibles.

Les plantes qui se partagent la planète, résultent d'un long processus d'évolution de la nature. Les jardins publics, qui permettent à l'homme du XXe siècle vivant dans un paysage urbanisé et civilisé, d'avoir la sensation d'un contact avec le milieu naturel, n'ont vu le jour que grâce à l'effort de nombreux explorateurs et collectionneurs, grâce à leurs mécènes et à d'autres investisseurs. L'homme, depuis toujours, aspire à avoir près de chez lui au moins un petit morceau de la nature pleine de couleurs, de parfums, de beauté. Les jardins sont un peu l'expression de ce désir. Nous n'avons que des informations fragmentaires sur les jardins du Moyen Age. Mais il semble que l'architecture des jardins était plutôt centrée sur les sensations spirituelles et sur l'utilisation de petits détails du milieu naturel, tel l'effet de couleurs obtenu par la culture des fleurs. Les plans de jardins étaient plutôt mécaniques, sans grande recherche plastique. On disposait aussi d'un nombre limité de plantes.

Il subsiste également peu de jardins de l'époque de la Renaissance, tels qu'ils étaient à l'origine. Cependant, les jardins de la Renaissance ont changé dans le style global. C'étaient déjà des oeuvres d'architecture complexe qui utilisaient les ensembles dynamiques des éléments naturels. Ils recherchaient et respectaient surtout l'harmonie entre le lieu d'habitation et la composition du jardin. Ces jardins de la Renaissance n'étaient plus le privilège exclusif de la noblesse : les villes prospères commençaient déjà à fonder leurs propres parcs et jardins publics. La composition des essences ligneuses de cette époque se fondait encore sur les essences ligneuses domestiques, mais elle était déjà influencée en plusieurs endroits par les essences ligneuses nouvellement introduites.

Le jardin classique était avant tout conçu comme un lieu de représentation. Le jardin devint également, en ce temps-là, une partie bien intégrée à la construction de la résidence, tant pour les châteaux, que pour les résidences urbaines ou les cloîtres. Le motif principal du jardin classique se fonde sur l'axe strictement subordonné à l'architecture et à la puissance de la construction principale : le palais devient l'aboutissement de l'axe principal du jardin. Le centre de gravité du palais repose sur la façade frontale face au jardin qui reprend la fonction de l'ancienne cour d'honneur. Le palais devient une illustration de l'espace du jardin conçu comme une cour où l'intérieur n'est qu'un parterre résolument régulier, entouré d'une clôture verte de plantes hautes. Quant au choix d'essences ligneuses pour la composition de ces jardins, les principaux critères n'étaient pas tant les caractéristiques individuelles des espèces, que leur adaptabilité et, surtout, leur adaptation à la coupe. Les jardins classiques utilisaient souvent les essences ligneuses européennes, les Tilleuls et les Charmes, taillés même sur des hauteurs de plusieurs mètres (comme au palais de Schönbrunn à Vienne) ou encore les essences ligneuses à feuilles persistantes comme l'If ou le Buis qui ne forment pas seulement des bordures, mais aussi le dessin principal de l'intérieur, souvent en prenant des formes non naturelles, créées artificiellement, cônes, boules ou prismes. L'Épicéa commun y trouva aussi sa place, bien que des blocs de ces espèces fussent taillés d'une manière bien curieuse. On coupait ses branches à l'aide de sabres et de longues épées, à partir d'échafaudages montés sur des plates-formes de chariots de ferme.

Le jardin classique apporta dans l'architecture et dans la composition des espaces verts quelques éléments qui ont atteint leur plein épanouissement dans les parcs aménagés selon le relief naturel de l'endroit : de longues clairières qui utilisent non seulement des configurations du terrain mais aussi les surfaces de l'eau. Cependant, l'apport principal du jardin classique fut la fusion du jardin avec le milieu naturel environnant. Cette interpénétration n'est qu'exceptionnellement forcée : le plus souvent, elle se réalise peu à peu, le jardin se fond tout d'un coup dans la nature par ses longues allées, parfois même par l'intermédiaire de petites constructions d'agrément, placées parfois à l'extérieur du jardin.

Le jardin classique à la française se caractérise par les formes géométriques et harmonieuses de la végétation, l'accent étant mid sur l'utilisation de plans d'eau tranquilles et la présence de statues imitées de l'Antiquité. Par contre, le jardin classique à l'italienne souligne beaucoup plus souvent les accidents du terrain. Il s'impose dans le paysage par des passages raffinés et il utilise l'eau en mouvement en construisant des cascades et des fontaines. Les jardins de Lichtenstein en Moravie du Sud (200 hectares à Lednice, en Tchécoslovaquie) restent typiques pour leur harmonie et leur accord avec la nature qui les environne, bien qu'ils puissent aussi être rattachés à la période romantique. Ils sont les précurseurs de grands ensembles de parcs paysagers, des parcs du type anglais.

Ce jardin anglais, qui commence à apparaître dès la deuxième moitié du XVIIIe siècle, transforme d'abord le jardin classique pour atteindre son apogée au XIXe siècle. Il exprime pleinement la tendance du retour à la nature et le raprochement le plus étroit avec l'environnement naturel immédiat. La composition abandonne la formation de parterres réguliers liés à l'architecture des maisons. Elle se lance dans l'espace naturel afin d'essayer, selon les idées de l'époque, de l'utiliser au mieux ou de le retoucher.

Les règles de conception du jardin irrégulier ou, mieux, du parc anglais du XIXe siècle se fondent sur la tradition anglaise. Ces règles influencent l'Europe presque dans son ensemble, enrichies dans chaque pays par les éléments locaux. Les nouvelles découvertes de la révolution industrielle en cours et beaucoup d'autres faits de civilisation de l'époque poussent la pensée générale vers le rationalisme mais, en contrepartie, on voit apparaître un ardent désir d'évasion dans la nature, comme en témoigne si bien l'engouement pour la peinture paysagiste du temps.

Ainsi, nous voyons émerger au cours du XIXe siècle, une liaison très étroite entre la peinture paysagiste et l'architecture florale du jardin, qui a si profondément influencé, d'une manière très positive, les fondateurs de nombreux parcs européens qui subsistent encore aujourd'hui. Les deux parcs les plus intéressants sur le continent européen aujourd'hui se trouvent, le premier à Muskau, près de Cottbus, en R. D. A. et le deuxième à Průhonice, près de Prague, en Tchécoslovaquie. Le premier fut fondé pour le compte du prince von Pückler-Muskau dans les années 1815–1845 et le second par le comte A. E. Silva-Tarouca, en 1885. (Les essences ligneuses du parc de Průhonice ont servi pour la plupart des illustrations de cet ouvrage.)

Les créateurs de ces deux parcs naturels ont eu par rapport à leurs prédécesseurs un grand avantage : à cette époque, l'Europe possédait déjà la plupart des essences ligneuses introduites d'Asie et d'Amérique et on créa et cultiva beaucoup d'espèces de plantes du jardin, souvent très attrayantes pour leurs couleurs pendant toute l'année. De plus, les connaissances détaillées de la dendrologie devenaient non seulement une mode, mais une nécessité. Les promoteurs de ces jardins ont souvent employé les meilleurs dendrologues de l'époque ou ils étaient au moins liés d'amitié avec eux. Souvent, ils sont eux-mêmes devenus des dendrologues de renom dont les ouvrages spécialisés servent encore aujourd'hui de manuels de base pour la dendrologie, comme le livre d'E. A. Silva-Tarouca et de C. Schneider : *Unsere Freilandnadelhölzer,* Vienne, 1923. Ces jardins cessent d'être une oeuvre d'art exclusive ; ils sont moins encore l'expression d'un luxe particulier, pour devenir des réserves naturelles d'arbres, dirigées d'une manière scientifique. Ils renferment jusqu'à nos jours d'immenses valeurs documentaires et didactiques. Aujourd'hui, les architectes des jardins peuvent y puiser non seulement l'inspiration, mais aussi le matériel végétal concret.

Descriptions illustrées

Ginkgoales
Ginkgoaceae

Ginkgo

Ginkgo biloba L.

Le Ginkgo forme le dernier maillon d'une longue chaîne d'évolution des *Ginkgoales* qui débuta peut-être déjà au dévonien, mais sans nul doute au permien pour atteindre son apogée au trias et au jurassique. Après, il y eut une rupture et, aujourd'hui, il ne reste qu'une seule espèce vivante de la classe des Ginkioinées, le *Ginkgo biloba.* Il est considéré comme le plus ancien « fossile » vivant sur la terre. Il fait partie de la couverture végétale de la terre depuis plus de 200 millions d'années. Encore pendant l'ère tertiaire, le Ginkgo couvrait l'ensemble de l'hémisphère Nord assez largement jusqu'au Groenland. Dans les temps plus récents, on ne le trouve dans la nature à l'état « sauvage » que dans une région au Sud-Est de la Chine. C'est une très vieille plante de culture d'Extrême-Orient où elle faisait jadis l'objet d'un culte. Elle était cultivée à proximité des habitations, près de monastères. L'arbre individuel peut atteindre jusqu'à 2000 ans d'âge. L'Europe importa les premiers Ginkgos entre 1717 et 1730, l'Angleterre en 1758 et les États-Unis en 1784. Depuis cette époque, il est cultivé dans beaucoup de jardins, non seulement botaniques.

Ses feuilles flabelliformes ont une nervation dichotone. Le Ginkgo est une essence ligneuse dioïque à feuillage décidu : on n'en trouve qu'exceptionnellement des espèces monoïques. Le *Ginkgo biloba* fleurit en juin ; sur les pieds mâles ; chaque chaton est une fleur de 4 cm de long environ qui pousse sur les rameaux, les pieds femelles étant des pédoncules ovulifères, avec les ovules diposés par deux, qui poussent sur les mésoblastes. Habituellement un seul ovule arrive à maturité. Les graines sont rondes, longues généralement de 3 cm.

Cet arbre à houppier pyramidal atteint 40 m de hauteur : mais on cultive aussi des espèces plus petites avec des houppiers taillés en forme d'ombrelle. Cet arbre, d'une grande valeur esthétique, représente une curiosité botanique.

fruits

silhouette de *G. biloba* ' Pragense '

silhouette de *G. biloba*

If commun

Taxus baccata L.

Taxacées
Taxaceae

Les Taxacées représentent une branche évolutive des essences ligneuses conifères qui s'est différenciée très tôt des autres groupes. L'apogée de leur évolution se situe dans l'ère tertiaire et notre époque n'en connaît que des restes bien appauvris. Le genre *Taxus* comprend huit espèces et, là encore, il ne s'agit peut-être que des variations géographiques d'une race collective survivante de l'ère tertiaire. L'If commun vit en Europe au nord jusqu'à la Norvège, au sud jusqu'à l'Afrique du Nord, à l'est jusqu'en Asie Mineure, en Syrie et au Caucase. Son rhytidome de couleur rougeâtre se tégule par bandes comme chez les platanes. Ses feuilles disposées en rangées doubles sur les rameaux vivent environ huit ans, puis elles tombent. L'If commun est dioïque. Les fleurs mâles de forme sphérique poussent individuellement dans l'aisselle des aiguilles. Les fleurs femelles sont des ovules individuels soutenus par une ou même plusieurs formations de feuilles. La coupole de soutien sous l'ovule se transforme au cours du processus de maturation de la graine en arille d'une couleur rouge très prononcée. Cet arille est le trait caractéristique qui différencie l'if des autres conifères. C'est la seule partie de cette essence ligneuse qui ne soit pas vénéneuse. Ses substances toxiques sont des alcaloïdes qui contiennent de la taxine, matière qui dérange l'appareil digestif, stoppe la respiration et arrête le coeur. Une décoction préparée avec seulement 50 grammes d'aiguilles est mortelle ! Dans le passé, on eut recours à l'if au cours des procédés abortifs. Aujourd'hui, cette espèce est, en de nombreux endroits, protégée par la loi. Cet arbre jouit d'une grande longévité : on dit qu'il peut vivre 3000 ans, en tout cas, certainement 2000. Pas très haut, il atteint le plus souvent de 10 à 12 m, et parfois 20 avec un tronc cannelé, et un houppier à rameaux larges ; les boutures sont arbustives.

Taxacées
Taxaceae

Torreya de Californie

Torreya californica TORR.

Les Torreya sont des essences ligneuses affiliées aux Taxacées auxquelles elles ressemblent. Ce sont des arbres toujours verts, qui n'atteignent souvent, hors de leur aire de diffusion, qu'une croissance arbustive. Ils sont assez vulnérables aux basses températures, aussi ne peut-on les cultiver que dans les endroits protégés des zones plus chaudes. La plupart des genres connus commencèrent à être cultivés vers la moitié du XIXe siècle (1851 pour le Torreya de Californie). *Torreya nucifera* du Japon, de la même famille, fut introduit en culture plus tôt, bien avant 1764.

Les feuilles (aiguilles) du Torreya sont en général regroupées en une forme hélicoïdale mais, sur les branchages latéraux, elles sont disposées en deux rangées, de façon très linéaire. Elles persistent trois ou quatre ans sur l'arbre. Longues de 12 à 60 mm, elles sont rigides, fermes et pointues. Elles possèdent des faisceaux sous lesquels se trouve la trachée à résine. Quand on les écrase elles dégagent une odeur fortement aromatique. Les fleurs mâles poussent individuellement dans l'aisselle des feuilles, les cônes femelles ont le sommet rabougri. Les graines mûres sont habituellement entourées d'un arille qui fait corps dans sa partie basse avec le tissu de fondement. Le Torreya de Californie fleurit de mars à mai. La forme de ses graines l'a fait appeler en Grande-Bretagne „le muscat de Californie", bien qu'ils n'aient ensemble rien de commun.

Le Torreya de Californie est commun dans les régions occidentales des Etats-Unis. Il vit au bord des rivières dans le fond des vallées, mais il peut aussi monter jusqu'à 1500 m. Il résiste moins bien en Europe que *Torreya nucifera,* le Torreya à noix, originaire du centre et de l'Est du Japon. Ses fruits comestibles produisent des effets laxatifs et vermifuges.

Le Torreya de Californie atteint jusqu'à 20 m de hauteur. Le Torreya du Japon, plus haut encore, peut atteindre 25 m. Ces essences ligneuses, cultivées exceptionnellement, sont pourtant très décoratives.

face inférieure de la petite branche de *T. nucifera*

graines de *T. nucifera*

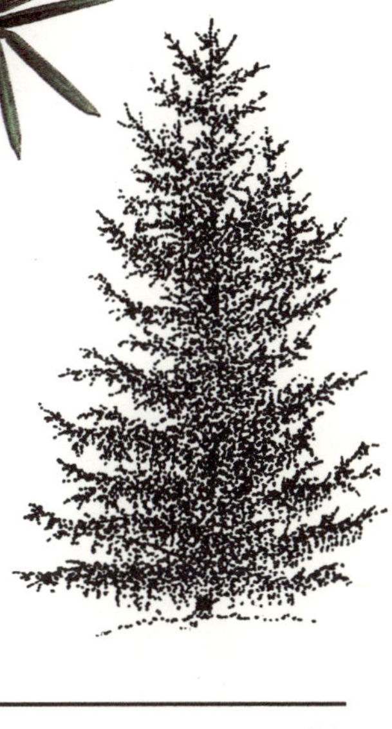

Araucaria

Araucariacées
Araucariaceae

Araucaria araucana (MOLINA) K. KOCH

pomme de pin en maturation

ramule fruitière d'*A. heterophylla*

vieux spécimen faisant partie d'un peuplement continu dans son aire d'origine en Amérique du Sud

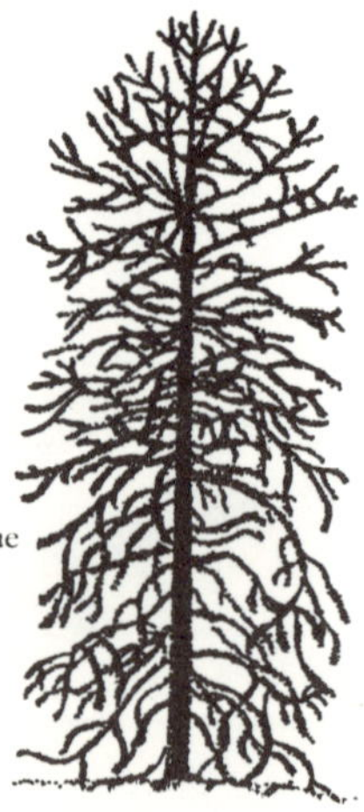

jeune exemplaire dans un jardin botanique

Le genre *Araucaria* représente dans le cadre des autres conifères un groupe indépendant et isolé. Son aire de propagation d'origine était très étendue. On connaît ses empreintes de l'époque crétacée même en Europe. Ce n'est que pendant la période tertiaire qu'il resta confiné dans l'hémisphère Sud. Aujourd'hui, il vit en Amérique du Sud, en Australie, en Nouvelle-Calédonie, aux îles Vanuatu (ex Nouvelles-Hébrides) et dans le Norfolk. C'est un arbre assez majestueux avec des aiguilles toujours vertes. Ses cônes ovales sont grands et sans tiges. A la maturité, ils se désarticulent.

L'Araucaria (*Araucaria araucana*) supporte le mieux le climat des jardins européens, bien que sa patrie d'origine se situe au Chili et dans l'Ouest de l'Argentine, où il forme des forêts à galeries qui bordent les rivières, mais qui peuvent aussi s'implanter sur les Cordillères maritimes jusqu'à 1600 m. Cet arbre est cultivé depuis 1795. L'Araucaria est un arbre haut avec des branches habituellement verticillées d'une manière régulière. Sur les branches, poussent des feuilles très rigides et pointues, presque épineuses (aiguilles). Les arbres sont en général dioïques. La floraison mâle se forme sur les brachyblastes, elle peut être longue de presque 15 cm et produire une grande quantité de fleurs organisées en spirale. Les cônes femelles sont grands et globuleux avec beaucoup de feuilles de soutien. Les graines individuelles se nichent dans l'aisselle des écailles. Elles contiennent de l'amidon et sont comestibles.

En Europe, on cultive souvent l'arbre du bonheur, *Araucaria heterophylla,* une plante ornementale d'appartement ou de jardin originaire de l'île de Norfolk.

Dans leur patrie d'origine, ces arbres peuvent ateindre de 30 à 60 m de hauteur et ceux de *A. heterophylla* jusqu'à 65 m. Ces essences ligneuses résistent très mal aux basses températures.

Pinacées
Pinaceae

Sapin de Veitch

Abies veitchii LINDL.

Le Japon est le foyer de quelques beaux sapins. L'un d'eux a été découvert en 1860 pour le reste du monde par John G. Veitch sur les pentes du célèbre Fuji-Yama. Ce sapin fut vraisemblablement introduit en Europe en 1845. Au Japon, il occupe des espaces montagneux, surtout sur l'île de Honshu. Cette essence ligneuse domine les forêts sur les hauteurs entre 1300 et 2300 m où elle se mélange à d'autres conifères. Son bois sert surtout à la fabrication de la cellulose.

Le Sapin de Veitch est un arbre avec des branches courtes, organisées en verticilles typiques. Son rhytidome de couleur gris-blanc clair est, chez les espèces isolées, en général caché par un épais système de branches très ramifiées. Ses jeunes rameaux sont aussi bien gris que bruns ou verts, imperceptiblement couverts de poils. Ses bourgeons de forme sphérique, prennent une teinte rouge violacé si on les plonge dans la résine glacée. Les aiguilles poussent sur les branches d'une manière très dense en forme de V assez ouvert. Elles sont larges en général de 2 mm et peuvent mesurer jusqu'à 25 mm de long ; elles se terminent à l'extrémité en amblygone. Leur face supérieure lustrée est d'une couleur vert foncé, et leur face inférieure blanche. Les cônes du Sapin de Veitch sont cylindriques, larges d'environ 3 cm et d'une longueur de 5 à 7 cm. D'abord presque violets, ils deviennent par la suite d'un gris sale. Leurs écailles, petites et denses, sont compactes. Les écailles de soutien sont de même longueur que celles des graines ou elles dépassent de très peu. Les graines portent des ailes courbées de même longueur qu'elles. Ce sapin vit sur une terre d'humus à humidité égale, mais il admet des exceptions. Il se reproduit très bien à partir de graines cueillies dans les cônes juste avant leur éclatement. Le Sapin de Veitch est un arbre très décoratif, aussi bien en solitaire qu'en groupe. A sa maturité, il atteint environ 25 m, avec un houppier pyramidal. C'est le plus petit des sapins du Japon.

Sapin Nikko

Abies homolepis SIEB. et ZUCC.

Pinacées
Pinaceae

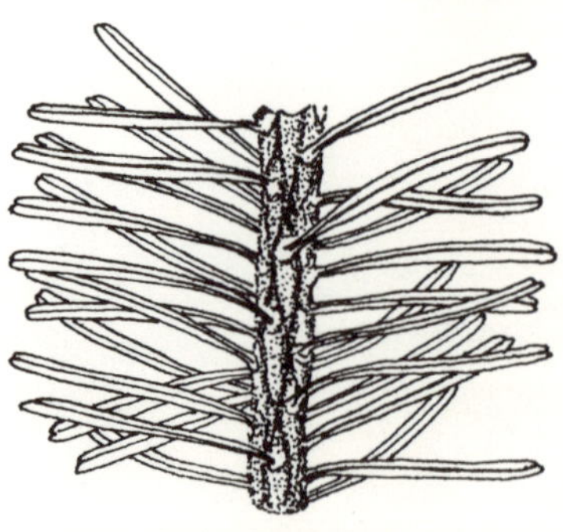

partie d'une jeune branche
avec son écorce ridée

Le Sapin Nikko est parfois désigné comme l'arbre national du Japon. Son aire de diffusion naturelle se situe dans les montagnes du centre du Japon, entre le 36° et le 38° degré de latitude Nord sur des hauteurs de 650 à 2000 mètres. Il forme le plus souvent des forêts mixtes avec le Mélèze du Japon et le Hêtre japonais. En basse altitude, il se mêle encore à *Abies firma,* tandis qu'en haute altitude il côtoie le Sapin de Veitch. Sa première introduction en Europe date de 1854. Il s'adapta très bien en Europe centrale et en Europe occidentale. Il croît d'une manière régulière et résiste très bien aux gelées.

Cet arbre au tronc élancé est régulièrement ramifié : ses branches s'élancent en général en biais vers le haut. Dans sa jeunesse, il forme ainsi un houppier conoïde absolument régulier, et, plus tard, entre quatre-vingts et cent ans, le sommet de ce houppier s'aplatit d'une manière très significative. Ses jeunes branches qui comportent un cannelage profond le différencient des autres sapins, dont les jeunes branches, pour la plupart, sont lisses. Ses bourgeons résineux sont ovales, en forme de cylindre obtus. Les aiguilles latérales, en général plus longues, mesurent jusqu'à 3 cm, tandis que les aiguilles centrales n'atteignent que 1 à 2 cm. Leur extrémité est oblique ; la face supérieure d'un vert foncé est lustrée, tandis que la face inférieure est marquée par deux bandes blanches bien apparentes. Ses cônes cylindriques sont rétrécis vers le haut et ont 3 × 10 cm de longueur. Jeunes, ils sont d'un violet pourpre, plus âgés ils deviennent bruns. Les écailles reproductives sont compactes ; les écailles de soutien cachées sont plus courtes. Les graines de couleur rougeâtre portent des ailes aussi longues qu'elles.

Cet arbre majestueux peut atteindre 40 m de haut. D'une haute valeur esthétique, il est jusqu'à présent très résistant. Après le Sapin du Colorado (*Abies concolor*), il est le plus joli des sapins.

Sapin d'Espagne

Abies pinsapo BOISS.

L'aire de diffusion naturelle du Sapin d'Espagne est très restreinte. C'est une essence ligneuse très répandue de la pointe sud de la péninsule ibérique. Il forme à l'ouest de Malaga, de 1100 à 2000 m d'altitude, de petites forêts ou des populations mêlées avec des chênes et des pins. Malgré cela, c'est une essence ligneuse très résistante qui supporte bien le froid, ce qui lui donne une place même dans les parcs situés beaucoup plus au nord. Les premières graines ont été envoyées en France par Boissier qui le découvrit en 1837. Deux ans plus tard, il était cultivé en Suède et en 1845 à Sychrov en Bohême. Aujourd'hui, il pousse aussi dans le sud de la Norvège et de la Suède. Mais il ne prospère que dans des endroits où le sol et l'air sont suffisamment humides. La terre doit être bien drainée.

Le Sapin d'Espagne est très facile à reconnaître par la disposition caractéristique de ses aiguilles qui s'écartent des rameaux dans tous les sens, formant un angle de presque 90°. Ces aiguilles sont très rigides et piquantes à l'extrémité, la forme obtuse restant l'exception. Elles sont en général d'un gris-vert cendré avec des bandes apparentes un peu plus claires. La face supérieure de l'aiguille est légèrement voûtée. Les canaux de résine sont logés un peu plus profondément dans le parenchyme mais, chez les arbres jeunes et sur les branches basses, ces mêmes canaux adhèrent au tissu extérieur.

Les cônes d'un brun – pourpre sont larges de 3 à 5 cm et peuvent atteindre 15 cm de long. Ses bractées reproductrices sont triangulaires et arrondies en haut ; ses écailles de soutien, plus petites, sont cachées. Les graines, longues d'environ 7 cm, possèdent une aile claire à membrure.

L'arbre peut atteindre 25 m de haut. Son houppier très large et épais avec des branches régulières est de forme pyramidale. On ne le cultive jusqu'à présent que comme curiosité, bien qu'il mérite une propagation plus vaste.

Sapin de Grèce

Abies cephalonica LOUD.

Pinacées
Pinaceae

Le Sapin de Grèce couvrait presque l'ensemble des montagnes de Grèce, surtout dans leur partie méridionale, sur la presqu'île du Péloponèse. Au nord, son aire de croissance naturelle s'étendait jusqu'au lac d'Ochrid. Les peuplements les plus connus se trouvent sur l'île de Céphalonie qui lui a donné son nom. Jadis, ces sapins y ont formé une large forêt d'environ 20 km de diamètre. Aujourd'hui, elle ne subsiste que par endroits. Habituellement, de 800 à 1700 m d'altitude, le Sapin de Grèce forme des peuplements mixtes avec des Hêtres, des Pins noirs, des Marronniers et des Érables. Les premières espèces qui furent cultivées hors de leur aire d'origine arrivèrent en 1824 en Angleterre. Bientôt, ce sapin a conquis une grande diffusion grâce à sa croissance régulière avec des branches abondantes et un houppier régulier. Malheureusement, il résiste moins bien au froid que le Sapin pectiné (*Abies alba*), bien que les gelées tardives ne l'abîment pas trop, parce qu'il bourgeonne plus tardivement. Mais le recul des sapins, général en Europe, vient de l'atteindre aussi.

Les aiguilles du Sapin de Grèce, disposées sur les branches en écouvillon, se dirigent vers l'avant. Pouvant mesurer jusqu'à 28 cm, elles ont une pointe acérée. Leur face supérieure est vert foncé tandis que l'envers est parcouru de deux bandes blanches. Les cônes mâles sont comme chez la plupart des sapins d'un violet-pourpre, les pommes sont cylindriques, larges de 5 cm et longues de 20 cm. Elles sont brunes et couvertes de résine. Leurs bractées reproductrices sont ondoyantes et couvertes d'écailles de protection qui les dépassent et les retournent vers l'arrière. Ce sapin fleurit d'avril à mai, ses pommes éclatent en septembre. Les graines, d'une longueur de 7 mm, possèdent une aile d'environ 15 mm.

Dans la nature, il peut atteindre une trentaine de mètres de hauteur et son tronc est très large. En culture, en Angleterre, il pousse jusqu'à 35 m, le tronc pouvant mesurer 500 cm de circonférence. Ses branches épaisses poussent à l'horizontale.

Pinacées
Pinaceae

Sapin du Caucase

Abies nordmanniana (STEVEN) SPACH.

Les sapins vivant en Europe et sur les territoires limitrophes en Afrique du Nord, au Proche-Orient et au Caucase forment pour la plupart des peuplements isolés. C'est le Sapin du Caucase qui vit le plus à l'est. Il croît dans les montagnes du littoral de l'est de la mer Noire, de Colchide jusqu'au Caucase et en quelques endroits d'Asie Mineure. Cette espèce fait partie de forêts très étendues avec l'Epicéa d'Orient et le Hêtre oriental. Il fut introduit en Europe occidentale dès sa découverte, en Angleterre dans les années 1810–1848, en Bohême à Sychrov en 1845, peut-être même plus tôt. Seneta le mentionne en Pologne déjà en 1806. Il fut d'abord cultivé individuellement ; plus tard, on entreprit sa culture en recrû, et on l'introduisit également dans les peuplements des forêts en tant que substitut du Sapin argenté en déclin.

Les bourgeons du Sapin du Caucase sont ovales, protégés par des écailles sans résine. Ses aiguilles sont disposées en bas en brosse, en haut elles tendent légèrement vers l'avant, quelquefois en double rangée apparente. La face supérieure des aiguilles est d'un vert foncé brillant, l'envers est marqué par deux bandes blanches. Les aiguilles très denses mesurent jusqu'à 3 cm de long et 2,5 mm de large. Leur sommet est tronqué et émarginé. Elles sont molles. Les cônes mâles sont rougeâtres, ils pollinisent en mai. Les pommes ont à leur maturité une forme cylindrique. Elles peuvent atteindre jusqu'à 15 cm. Ces pommes brun foncé répandent beaucoup de résine. Les bractées sont cunéiformes ; les écailles de soutien les dépassent et leurs pointes se dirigent vers le sol. Elles éclatent en novembre. Le Sapin du Caucase peut être facilement croisé avec d'autres sapins d'Europe. C'est un arbre à tronc élancé et à houppier pyramidal mince. Il atteint de 50 à 60 m de haut. Le diamètre de son tronc va de 150 à 450 cm. C'est une essence ligneuse utilisable en des endroits menacés par des émissions nuisibles.

Sapin pectiné, Sapin blanc

Abies alba MILL.

Pinacées
Pinaceae

L'aire de diffusion naturelle du Sapin pectiné est la plus large parmi les sapins d'Europe. A l'origine, c'était une essence ligneuse d'une longévité considérable qui pouvait vivre de quatre à cinq cents ans et produisait une masse considérable de bois. Ces spécimens de 60 m de haut pouvaient donner jusqu'à une soixantaine de mètres cubes de bois. Mais, aujourd'hui, il est presque impossible de rencontrer un sapin de cette taille. Les premières mentions concernant le recul du sapin datent du début du XIXe siècle, mais une aggravation très rapide s'est produite au cours des vingt-cinq dernières années. Les causes de ce déclin sont multiples, il ne s'agit pas d'un seul parasite comme pour le dépérissement des ormes. Heureusement, en dehors de son aire de diffusion naturelle, il prospère bien dans les cultures expérimentales dans le Nord-Ouest de l'Europe et sur le littoral de la Baltique.

Le Sapin pectiné a une écorce gris clair, longtemps lisse, qui ne s'écaille que tardivement, sur les troncs imposants. Les jeunes rameaux sont gris-brun, glauques, les bourgeons sont rarement résineux. Les aiguilles sont disposées sur les branches en brosse ; elles tendent vers l'extérieur et vers le haut. Elles sont obtuses et émarginées au sommet ; elles atteignent de 15 à 30 cm de longueur, les aiguilles supérieures étant un peu plus courtes que celles du bas. La face supérieure est d'un gris foncé, l'envers étant marqué par deux bandes blanches. Elles sont pectinées, sur un fond ovale. Le cône mâle est jaune, les pommes poussent verticalement sur les branches auxquelles elles sont attachées par un court pétiole. A leur maturité, elles atteignent 16 cm de long. Les graines portent une aile qui fait le double de leur longueur.

Cette essence ligneuse, très importante pour les forêts européennes, forme de grands arbres de 30 à 60 m de haut à tronc droit et élancé. Leur houppier pyramidal étroit devient plus obtus au sommet avec le temps.

Pinacées
Pinaceae

Sapin baumier

Abies balsamea (L.) MILL.

Le Sapin baumier peuple actuellement une grande partie du Canada et pousse partiellement aux États-Unis. Son aire de diffusion naturelle est peut-être la plus étendue de tous les sapins. Il aime les terres humides, tourbeuses mais sans eau stagnante, et il pousse de 0 à 1500 m d'altitude. Dans la forêt, il se mêle avec des pins (*Picea glauca* et *P. mariana*), des Thuyas (*Thuja occidentalis*), des Érables à sucre (*Acer saccharum*) et avec des Bouleaux (*Betula papyrifera*). Toutefois, le milieu humide entraîne souvent la putréfaction de son bois, ce qui fait qu'il dépasse rarement cent cinquante ans. Son introduction en Europe fut très précoce : il arriva en Angleterre vers 1697. Dans les autres pays d'Europe, on le cultive depuis le XIXe siècle. Sa culture produit le baume du Canada, qui contient 70% de résine et 25% d'essences naturelles. On l'obtient en piquant les canaux de l'arbre avec des piques creuses qui recueillent le liquide qui s'écoule ensuite dans des pots à anse.

L'écorce du Sapin baumier est gris clair avec des ampoules de résine. Chez les jeunes arbres, elle est lisse, plus tard elle s'écaille. Ses bourgeons, petits et brillants, sont rougeâtres, noyés dans la résine. Ses rameaux sont cendrés et duveteux. Ses aiguilles supérieures sont perpendiculaires, celles du bas sont disposées en brosse, arrondies au sommet et fortement échancrées. Elles mesurent de 15 à 25 mm de long. Leur face supérieure est vert foncé, tandis que l'envers est marqué par deux minces bandes blanches. Après le broyage, elles dégagent une forte odeur d'essences naturelles. Les chatons mâles sont soit jaunes soit rougeâtres. Les cônes, d'une longueur de 4 à 7 cm, vont d'abord du violet poupre au violet verdâtre, plus tard ils brunissent. Les graines possèdent une longue aile avec une membrure fine. Le Sapin baumier est un arbre à tronc mince avec un houppier conoïde pointu, atteignant 15 à 25 m de haut. Cette essence ligneuse croît sur les larges étendues des terres arides de l'Amérique du Nord.

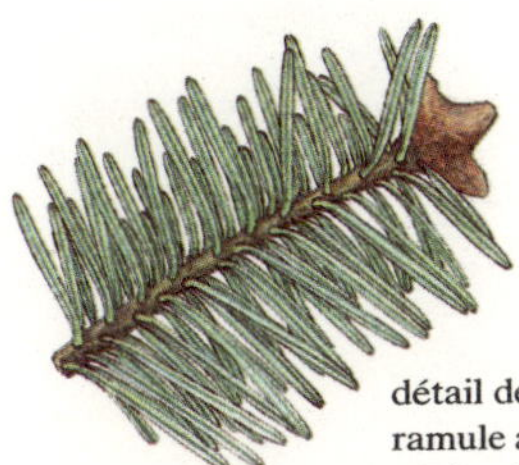

détail de la face inférieure d'une ramule avec ses bourgeons arrosés par la résine

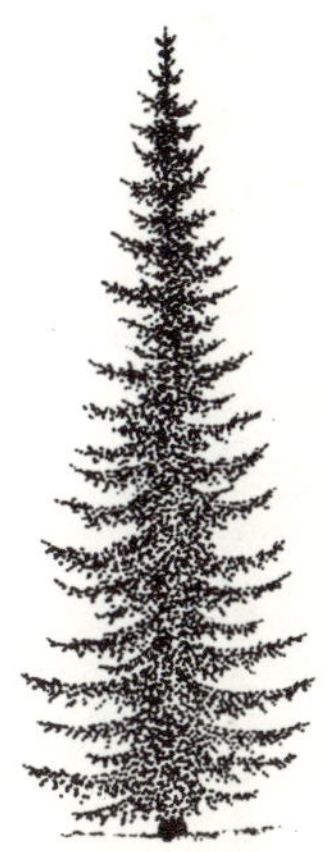

Sapin géant

Abies grandis LINDL.

Pinacées
Pinaceae

Le Sapin géant est vraisemblablement l'espèce la plus imposante parmi les sapins. Son aire de diffusion d'origine, se situe dans les vallées et les montagnes de l'Amérique du Nord. Du Nord de la Californie jusqu'à Vancouver, il couvre des altitudes allant de 0 à 2100 m. Les plus grosses espèces vivent justement sur le littoral de l'océan. Ce sapin atteint de 30 à 100 m de haut. Son houppier conoïde est assez creux, ses branches poussent en coude. Il forme rarement des peuplements homogènes, plus souvent il vit en forêt mixte surtout avec d'autres conifères. On l'a introduit en Angleterre en 1831.

Le Sapin géant croît très rapidement, c'est peut-être la raison pour laquelle son bois ne compte pas parmi les bois de qualité. Il ne vit pas non plus très longtemps, de deux cents à deux cent cinquante ans. L'écorce du tronc est, dès son jeune âge, assez résineuse, pleine d'ampoules. Plus tard, elle devient brun foncé et entaillée. Les jeunes branches sont vert olive, d'abord duveteuses et pelées par la suite. Les bourgeons sont ovoïdes, résineux et vitreux. Les aiguilles sont toujours organisées en double brosse, elles sont plates et longues, celles du bas étant toujours plus longues que celles du haut. Elles sont vert clair, brillantes, les deux bandes blanches qui marquent l'envers sont d'un blanc mat assez pâle. Après le broyage, elles dégagent une odeur agréable. Les cônes sont cylindriques, rétrécis vers le sommet, d'abord de couleur verte, bruns à la maturité, d'une longueur de 5 à 10 cm. Les bractées larges d'environ 3 cm cachent des écailles de soutien plus petites. Les cônes éclatent déjà en octobre. Les graines peuvent atteindre 9 mm de long et leurs ailes le double. Le Sapin géant est une essence ligneuse exploitée dans de nombreux pays, y compris en Europe centrale. Cette essence ligneuse à croissance rapide produit une importante masse de bois. Sa valeur est non seulement économique, mais également ornementale.

Pinacées
Pinaceae

Sapin du Colorado

Abies concolor (GORD.) ENGELM.

Le Sapin du Colorado, ce magnifique spécimen, fut introduit assez tardivement en culture européenne. Pourtant, il conquit rapidement une place importante non seulement comme le sapin le plus cultivé en collection mais aussi en tant qu'élément important de la composition florale des parcs et jardins. Ce sapin, bien que son aire de diffusion naturelle se situe dans les régions chaudes du Sud-Ouest des États-Unis, est bien capable de résister dans les régions situées beaucoup plus au nord. Bien sûr, il vient des régions montagneuses, à 3000 m d'altitude. Il supporte presque la même sécheresse que le Sapin commun d'Europe et, jusqu'à présent, il est même plus résistant en milieu urbain que les autres conifères. Dans sa jeunesse, il croît très rapidement, plus tard moins vite, mais toujours d'une manière très régulière. C'est une essence ligneuse très plastique du point de vue écologique, et c'est pourquoi on peut la trouver en Europe, de la Baltique jusqu'aux bords de la mer Noire ou de la Méditerranée.

Le rhytidome gris-brun clair des jeunes arbres est lisse et, avec l'âge, il devient rugueux et écaillé. Les branches s'écartent du tronc d'une manière bien équilibrée et les jeunes pousses sont gris-jaune. Les bourgeons sphériques sont résineux. Les aiguilles s'organisent irrégulièrement sur les rameaux : en général, elles sont courbées en demi-cercle et tendent vers le haut. Elles sont très longues (jusqu'à 6 cm) de couleur embruinée gris-bleu.

Les cônes, longs de 7 à 12 cm, ovales et cylindriques, rétrécissent vers les deux extrémités. D'abord, ils sont vert-pourpre ou de coloris différents allant du vert au violet ; plus tard, ils deviennent gris-brun. Les bractées, larges de 2,5 cm, cachent les écailles de soutien. Les cônes n'éclatent qu'à la fin d'octobre et en novembre. Les graines d'une longueur d'environ 13 mm ont une aile oblique. Le Sapin du Colorado est un arbre dont le houppier conoïde descend souvent jusqu'au sol. C'est une essence ligneuse d'une très grande valeur pour les compositions du jardin. Elle est aussi très résistante.

floraison mâle en formation

Sapin noble

Abies procera REHD.

Pinacées
Pinaceae

Au cours de son expédition d'exploration en 1825 à travers ce qui est devenu aujourd'hui l'Etat de l'Oregon, David Douglas découvrit, dans le massif montagneux des Cascades, non loin de la rivière Columbia, un sapin si beau et si majestueux qu'il lui donna comme nom de famille *Pinus nobilis*. Aujourd'hui, on l'appelle aussi Sapin bleu ou Sapin de l'Oregon. Son aire de diffusion naturelle s'étend outre l'Oregon, sur une bande étroite entre les Etats de Washington et de la Caroline du Nord avec des pointes jusqu'à la Colombie britannique. Dans les massifs montagneux des Siskia et des Cascades, il forme des peuplements mixtes avec le Thuya géant (*Thuja plicata*), le Tsuga de Mertens (*Tsuga heterophylla*), *Pinus monticola* et avec d'autres essences ligneuses, couvrant des altitudes de 600 à 2600 m. On l'importa en Angleterre en 1830. Dans la nature, il peut vivre jusqu'à six cents ans.

L'écorce du Sapin noble est, surtout chez les exemplaires âgés, rouge-brun et sillonneuse. Ses bourgeons ovoïdes, peu résineux et peu voyants, se cachent dans les aiguilles. Ses aiguilles pointues et embruinées sont de couleur bleu-vert, pour la plupart cerclées vers le haut. A la différence du Sapin du Colorado, les aiguilles sont moins longues et, avant de pointer vers le haut, elles suivent d'abord la direction du rameau. Elles sont très denses et irrégulières.

Les chatons mâles sont plutôt rougeâtres. Les cônes, cylindriques et longilignes, comptent parmi les plus gros chez les sapins (de 14 à 25 cm de long et jusqu'à 8 cm de large). Verts d'abord, ils deviennent ensuite brun-pourpre. Leurs écailles de soutien sont assez remarquables, car elles dépassent les bractées en se retournant vers l'arrière. Les graines, d'une longueur de 12 cm environ, ont des ailes crénelées. L'arbre peut atteindre jusqu'à 80 m de haut. Son tronc est élancé. Son houppier, conoïde au début, devient plat avec l'âge. C'est une essence ligneuse d'une haute valeur esthétique que l'on essaie parfois de cultiver (notamment en Angleterre) en forêt.

Pinacées
Pinaceae

Douglas vert

Pseudotsuga menziesii (MIRB.) FRANCO

L'aire de diffusion naturelle du Douglas vert s'étend des rivages du Pacifique jusqu'au massif montagneux des Cascades et des montagnes Rocheuses, autrement dit du 50° degré de latitude Nord des rives de la rivière Skeena jusqu'au Sacramento en Californie. Ce sapin, parfois appelé « le roi des forêts de la Côte Pacifique » aux États-Unis, est devenu une importante essence ligneuse, introduite également dans les forêts européennes. Il fut découvert en 1792 par l'expédition du capitaine Vancouver. Les premières graines furent introduites en Europe en 1827. En 1867, on établit un ordre indépendant *Pseudotsuga* Carr. : le genre a reçu son nom (Sapin de Douglas, *Pseudotsuga douglassii*) en hommage au botaniste écossais P. Douglas. Aujourd'hui, on utilise le nom *Pseudotsuga menziesii,* d'après le nom de A. Menzies, membre de l'expédition du capitaine Vancouver, qui l'a découvert.

Le genre des *Pseudotsuga* est aujourd'hui représenté par trois genres dans l'Ouest de l'Amérique du Nord et par cinq dans l'Est de l'Asie. Il s'agit d'un genre très ancien, apparenté aux genres des mélèzes (*Larix*) et des pins (*Pinus*), qui remonte au début de l'ère tertiaire.

Le Douglas vert est le conifère américain le plus important du point de vue économique. Son écorce externe gris-vert, résineuse au début, devient avec l'âge très sillonneuse. Ses aiguilles plates sont molles, d'une longueur de 15 à 35 cm, distribuées vers les côtés. Elles rétrécissent vers la base. Elles sont vert foncé, rarement bleu-vert. La couleur des aiguilles sert de critère principal de distinction entre deux variétés. Le Sapin de Douglas du littoral est vert clair, celui des montagnes bleu-vert. Dans les montagnes, il monte jusqu'à 3000 m. Il peut vivre jusqu'à mille ans. C'est un arbre robuste, à croissance rapide, qui peut atteindre jusqu'à 60 m de hauteur.

ramule de *P. menziesii* var. *glauca* avec un cône

floraison mâle en formation

Tsuga du Canada

Tsuga canadensis (L.) CARR.

Pinacées
Pinaceae

Les Tsugas sont des conifères semper virens au tronc élancé profondément sillo- neux et à l'écorce de couleur cannelle. Leurs branches poussent à partir du tronc d'une manière irrégulière, presque à l'horizontale, parfois pendantes. Les chatons mâles poussent individuellement dans les aisselles des branches de l'année précédente. De forme sphérique ou cylindrique, ils ont des pétioles très courts. Les chatons femelles poussent aux extrémités des rameaux de l'année précédente : individuels et très menus, ils poussent verticalement. A leur maturité, ils n'éclatent pas, mais restent suspendus. Les écailles de soutien sont plus petites que les bractées. Les cônes et les graines mûrissent à l'automne de la première année, mais ils restent encore sur l'arbre l'année suivante ou, au moins, jusqu'au printemps. Les graines ont des ailes et une petite alvéole de résine. Une dizaine de variétés de Tsuga vivent dans l'Est de l'Asie et en Amérique du Nord. Pendant le tertiaire, le Tsuga vivait aussi en Europe, notamment en Pologne et dans les Carpates.

Le Tsuga du Canada a des aiguilles vert foncé, sans trachées sur la face supérieure. Elles sont assez larges à la base et rétrécissent vers le sommet. L'envers porte une double bande blanche formée par les trachées. Les bourgeons ovoïdes sont pointus au sommet.

Le Tsuga du Canada est commun dans les États de l'Est des États-Unis, dans une zone allant du Sud-Est canadien jusqu'en Caroline et en Alabama, et vers l'Ouest jusqu'aux montagnes Rocheuses. Il croît dans les forêts mixtes jusqu'à 750 m d'altitude, de préférence sur des terres froides et humides. Ses premières graines sont arrivées en Angleterre dès 1736, mais l'introduction générale dans les forêts européennes ne date que du XIXe siècle. Le bois du Tsuga est mou mais solide. Son écorce, riche en tannins, était utilisée pour le tannage. Dans sa patrie, on exploite son bois ; en Europe, on ne s'en sert que pour l'ornementation. L'arbre atteint 30 m de haut : son houppier est large et conoïde, avec de longues branches en surplomb. C'est une bonne essence ligneuse solitaire pour les parcs.

Pinacées
Pinaceae

Épicéa commun

Picea abies (L.) KARST.

L'Épicéa commun est probablement l'essence ligneuse la plus importante en Europe du point de vue économique. Ce genre se caractérise par une morphologie très changeante, comme toutes les essences dont l'aire de diffusion naturelle est très étendue. Son aire d'origine est l'Europe du Nord et l'Europe centrale, où il forme en altitude des peuplements très vastes. En Laponie et dans le Nord de l'Union Soviétique, il atteint presque la limite supérieure des forêts. Les peuplements forestiers d'épicéas ne croissent pas seulement dans les montagnes ; on les trouve également en des endroits où le sol contient une forte concentration d'eaux souterraines, ou encore à des altitudes moindres où ils forment des forêts de culture. Dans ce cas, ils subissent non seulement les influences négatives du climat, mais aussi les ravages causés par de nombreux parasites et, comme toute monoculture, tous les effets néfastes de la civilisation.

Les Épicéas sont des arbres semper virens avec une écorce écaillée et avec des branches disposées en verticilles. Les branches portent des coussins d'aiguilles très caractéristiques, séparés par des raies. Les aiguilles poussent d'une manière hélicoïdale. De profil, elles sont quadrangulaires avec des trachées sur les quatre faces. Les bourgeons étroits en forme de cône sont non résineux avec des écailles serrées. Les chatons mâles sont rouge-pourpre, longs d'environ 2,5 cm ; les cônes femelles poussent aux extrémités des pousses de l'année précédente pour former ensuite des pommes cylindriques aux écailles dures, d'une longueur pouvant atteindre 16 cm. Les jeunes pommes ont une coloration de fond brun clair, qui vire au brun foncé à leur maturité. Les graines sont brun foncé, pointues vers le bas ; elles possèdent une aile trois fois plus longue qu'elles. Les Épicéas sont des arbres puissants, hauts de 50 m, avec un houppier pyramidal étroit. C'est une essence ligneuse d'une haute valeur économique.

période juvénile de l'évolution du cône d'Épicéa

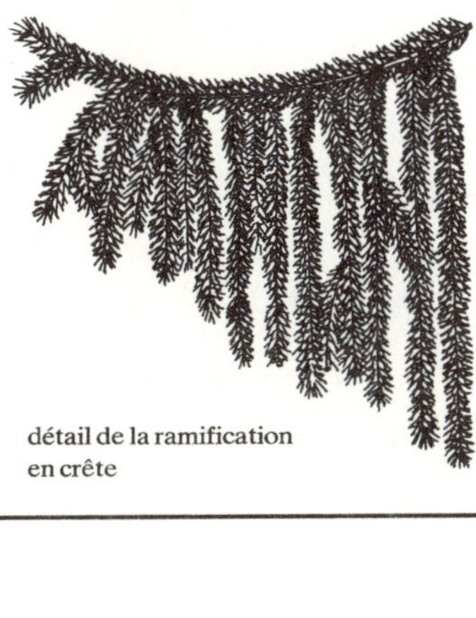

détail de la ramification en crête

silhouette de l'Épicéa à ramification en crête

silhouette de l'Épicéa à ramification en plaque

Épicéa d'Orient

Pinacées
Pinaceae

Picea orientalis (L.) LINK.

L'Épicéa d'Orient est une essence ligneuse typique du massif du Caucase où il couvre environ 500 000 hectares. On peut le trouver jusqu'à 2100 m d'altitude. On le trouve aussi sur la chaîne Pontique et en certains endroits au sud du littoral de la mer Noire à des altitudes avoisinant 1300 m. Il accompagne souvent le Sapin du Caucase et forme, avec lui, des peuplements mixtes de même qu'avec le Charme et le Hêtre d'Europe. Mais il supporte mieux les sols secs, où il croît avec le Pin forestier. Partout, l'arbre atteint une bonne hauteur, jusqu'à 50 m.

Malgré une certaine puissance, l'Épicéa d'Orient est une essence ligneuse assez élancée, à l'écorce brune et écailleuse, qui devient grisâtre avec l'âge. Les rameaux sont rougeâtres, brillants et très poilus. Les bourgeons, ovoïdes et pointus, sont non résineux et de couleur poupre. Son trait caractéristique réside en ses aiguilles courtes (de 4 à 10 mm), raides et au sommet obtus. De profil, elles sont quadrangulaires et plates. Elles poussent en spirales très denses dans le sens des rameaux, qu'elles couvrent presque. Les cônes, bruns, cylindriques et hélicoïdaux, ne sont pas très longs : de 5 à 10 cm seulement.

Cette espèce a été introduite en Europe occidentale relativement tôt : on le connaît en Angleterre depuis 1770 et, d'après des documents de l'époque, on sait qu'il a été cultivé en Pologne (à Cracovie) depuis 1808 et en Bohême depuis 1813. C'est, après *P. pungens* et *P. omorika,* l'arbre le plus cultivé dans les parcs européens. On l'a également utilisé, surtout pendant la deuxième moitié du XXe siècle, dans des peuplements forestiers des zones menacées par le développement industriel.

C'est un arbre haut de 30 à 50 m, à la cime conoïde et mince. Cette essence ligneuse a une grande valeur esthétique que l'on apprécie autant pour les parcs que pour le peuplement forestier.

Pinacées
Pinaceae

Épicéa noir

Picea mariana (MILL.) B.S.P.

L'Amérique du Nord n'est pas très riche en espèces d'épicéas, mais les trois espèces qui y vivent (en grande partie d'une manière transcontinentale et dans les zones de l'est) sont bien colorées : le rouge est l'Épicéa rougeâtre (*P. rubens*), celui qui tire sur le bleu est l'Épicéa glauque ; enfin, le noir est représenté par l'Épicéa noir. Ces désignations se rapportent à la couleur de l'écorce ou du bois de ces espèces.

L'Épicéa noir couvre presque tout le Canada. Il s'étend jusqu'en Alaska et dans la zone des Grands Lacs : vers le Sud, il suit le pourtour du massif des Appalaches jusqu'au Nord de la Virginie. La plupart du temps, l'Épicéa noir ne forme que des arbres de petite taille ; mais on connaît dans l'île du Prince Edouard des spécimens qui atteignent 60 m de hauteur. C'est une essence ligneuse qui se développe dans les zones tempérées froides : elle s'adapte aux sols humides, tourbeux et paludéens.

L'Epicéa noir aurait été introduit en Angleterre (à Fulham) en 1700. C'est un arbre à croissance très lente : dans les zones très septentrionales, il se développe très peu (à l'âge de cent cinquante ans, il n'atteint que 20 m de haut). Son écorce rouge-brun est écailleuse ; ses bourgeons ovoïdes sont rouge clair et non résineux. Ses jeunes rameaux, d'abord rouge-brun, foncent ensuite et se couvrent de poils. Ses aiguilles de couleur bleu-vert mat sont quadrangulaires, longues de 6 à 18 mm et leurs extrémités sont pointues ou à angle obtus. Ses rameaux, même broyés, ne dégagent presque pas d'odeur et ne possèdent pas de coussins d'aiguilles lignifiées. Ses cônes sont petits, ovoïdes et longs de 3,5 cm à peine. D'abord pourpre foncé, ils prennent ensuite une teinte gris-brun. Les graines de cet épicéa, longues d'environ 3 mm, possèdent une aile de 6 à 9 mm. On l'utilise pour la fabrication de la pâte à papier.

C'est un arbre à croissance lente, avec une cime pyramidale, atteignant des hauteurs de 18 à 30 m. Ses branches poussent à l'horizontale. Il a une valeur de collection et résiste bien aux basses températures, ainsi qu'à l'humidité.

Épicéa glauque

Picea glauca (MOENCH) VOSS

Pinacées
Pinaceae

L'Épicéa glauque représente l'une des plus importantes essences ligneuses d'Amérique du Nord non seulement pour la qualité de son bois mais aussi pour ses réserves de masse ligneuse. Il s'étend sur l'ensemble du Canada, de l'Alaska jusqu'au Labrador, et plus loin au sud-est dans les États du Montana, du Minnesota et de New York. Il couvre ainsi une vaste région comprise entre le 45° et le 70° degré de latitude Nord. L'amplitude de sa distribution est également large, de 0 jusqu'à 1600 m, partout sur des sols suffisamment humides, mais non bourbeux ni inondés. Il forme des peuplements homogènes ou il se mêle aux autres espèces. Son beau bois blanc est souvent résonnant, et on l'utilise pour la fabrication d'instruments de musique. Mais la plus grande partie de sa masse ligneuse est utilisée de manière industrielle pour la fabrication de meubles, d'emballages et surtout de la pâte à papier.

L'Épicéa glauque a une écorce gris-brun légèrement écailleuse, les jeunes rameaux sont gris-blanc. Ses courts bourgeons ovoïdes sont écaillés au sommet ; ses aiguilles, d'une longueur de 10 à 25 mm, sont bleu-gris, pointues et souvent courbées. Si on les broie, elles dégagent une odeur forte. Ses cônes, longs d'environ 5 cm, sont cylindriques avec des bractées souples et « ailées » peu denses. Les jeunes, d'une couleur verte deviennent brun clair à leur maturité.

La première introduction en Europe date de la fin du XVIIe siècle, mais sa culture plus intensive dans les parcs européens ne date que du XIXe siècle. Sa forme rabougrie dite ' Conica ' est la plus prisée : d'une hauteur d'un mètre, avec un branchage très dense, elle ne manque plus, aujourd'hui, dans aucun alpinum. Il s'agit d'une forme pathologique, reproduite d'une manière végétative, trouvée dans la nature près du Lac Laggan, à Alberta au Canada, en 1904.

L'arbre normal, avec un houppier pyramidal très dense, d'une hauteur de 15 à 30 m, représente une essence ligneuse économiquement très importante pour le Canada.

Pinacées
Pinaceae

Épicéa du Colorado

Picea pungens ENGELM.

L'Épicéa du Colorado, appelé aussi Épicéa bleu, est peut-être le genre d'épicéa le plus cultivé dans les parcs et les jardins d'Europe. Pourtant, il n'a été découvert au Colorado, en pleine nature, qu'en 1862. Les premières graines ont été envoyées en Europe dès l'année suivante mais, malheureusement, elles étaient mélangées avec les graines d'un épicéa très semblable, l'Épicéa d'Engelmann. Tous deux ont des aiguilles gris cendré, mais on peut les différencier assez facilement. Les aiguilles de l'Épicéa d'Engelmann ne sont pas aussi piquantes et elles sont plus serrées vers les rameaux qui sont clairs. Ses bourgeons sont résineux. L'Épicéa du Colorado est une essence ligneuse de montagne qui croît entre 2000 et 3000 m d'altitude, dans les peuplements mêlés avec le Sapin du Colorado (*Abies concolor*), *Pinus ponderosa* et le Sapin de Douglas (*Pseudotsuga menziesii*). C'est une essence ligneuse extrêmement adaptable, très tolérante pour les sols. Elle résiste à l'atmosphère polluée, pas aussi bien cependant qu'on l'espérait lorsqu'on l'a cultivée massivement pour remplacer d'autres espèces dans certains massifs montagneux de l'Europe, qui étaient touchés par les émissions de déchets.

L'organisation des branches de l'Épicéa du Colorado est bien régulière ; son tronc a une écorce gris-brun sillonneuse. Ses rameaux sont jaune-brun. Ses bourgeons non résineux, ronds et obtus, bourgeonnent plus tard que chez les autres genres d'épicéas. Les jeunes aiguilles bleu clair sont molles, tandis que les aiguilles plus âgées sont très rigides, piquantes, quadrangulaires, courbées et disposées de tous les côtés. Leur couleur est très changeante : certaines espèces cultivées tirent même sur le bleu argenté. Les cônes longilignes, d'une longueur de 5 à 10 cm, sont d'abord verts et deviennent gris-beige à leur maturité ; ils restent sur l'arbre jusqu'à l'année suivante. Les bractées sont molles, souples et comme ondulées au sommet.

Les branches de cet arbre de 30 (−50) m de haut sont denses et courtes. Cette essence ligneuse conifère reste très prisée dans toutes ses variantes.

Épicéa de Sitka

Pinacées
Pinaceae

Picea sitchensis (BONG.) CARR.

Les aires de diffusion des épicéas sont beaucoup plus étroites dans l'Ouest que dans l'Est de l'Amérique du Nord. L'Épicéa de Sitka, baptisé d'après l'île de Sitka située près de la côte ouest des États-Unis, croît dans une région large de 100 km à peine, entre l'Alaska et la Californie ; il suit donc les bords du Pacifique et subit son influence climatique. Il monte des bords de l'Océan jusqu'à des hauteurs de 900 m et forme des peuplements mixtes avec bon nombre d'autres essences ligneuses, comme le Thuya géant, le Cèdre de l'Alaska et le Sapin géant. C'est une essence ligneuse à long cycle de vie qui peut vivre jusqu'à huit cents ans. On l'a introduite en Europe en 1831. Elle se plaît dans les endroits humides ; en Europe on l'a parfois utilisée comme essence de substitution pour les reboisements. Les forestiers allemands, surtout, l'ont plantée dans les régions de la Baltique. L'Épicéa de Sitka se plaît particulièrement sur les îles britanniques où on l'a utilisé, de concert avec le Sapin de Douglas, pour reboiser les versants des massifs montagneux déboisés en Écosse.

L'Épicéa de Sitka est un arbre avec un houppier très large, formé de branches horizontales, qui ne restent toutefois durablement sur le tronc que si l'arbre est solitaire. Ses rameaux sont dénudés, jaunâtres et profondément sillonnés. Ses aiguilles, longues de 15 à 25 cm, sont remarquablement serrées et très pointues. Sur la face inférieure elles comportent 5 à 6 rangées de stomates argentés, tandis que l'envers est vert et brillant. La face supérieure des aiguilles tend vers la branche, leur face latérale tendant vers l'extérieur. Les cônes, longs de 6 à 10 cm, sont d'abord jaune verdâtre, puis beiges. Les bractées au sommet creux sont minces et mobiles. Les graines, longues de 2 à 3 mm, ont une aile remarquablement longue (12 mm).

Cet arbre à cime pyramidale a une base très large. Il mesure de 60 à 90 m, et reste le plus haut de tous les épicéas. Cette essence ligneuse, valable pour les jardins, peut être exploitée économiquement.

Pinacées
Pinaceae

Épicéa Omorika

Picea omorika (PANČIĆ) PURKYNĚ

Cette espèce compte parmi les plus belles essences ligneuses. On l'appelle aussi Sapin de Serbie. L'Europe est la patrie de deux genres d'épicéas: l'Épicéa commun dont l'aire de diffusion naturelle couvre presque l'ensemble du continent, et l'Épicéa Omorika qui ne vit que sur les terres calcaires des cours moyen et supérieur de la rivière Drina qui baigne la Bosnie-Herzégovine, en Yougoslavie. Peut-être y fut-il trouvé en 1875 par le professeur Pančic qui a envoyé ses graines dans les jardins botaniques d'Europe. Il ne vit que sur les versants nord et nord-est, mêlé à d'autres arbres. Les botanistes le considèrent comme un héritage du tertiaire, puisqu'on dispose de fossiles de cette espèce datant du tertiaire pratiquement sur l'ensemble du territoire européen. Il est apparenté avec les épicéas nord-américains (l'Épicéa de Sitka et l'Épicéa de Brewer), et avec quelques épicéas d'Asie.

L'Épicéa Omorika est un arbre élancé et mince dont les branches courtes sont presque horizontales. Son écorce s'écaille en plaques circulaires. Il porte des bourgeons ovoïdes, non résineux et brun foncé ; le bourgeon terminal a de longues écailles en forme d'alène. Ses aiguilles sont remarquablement aplaties. Leur face inférieure comporte deux bandes blanches, la face supérieure étant foncée, d'un vert brillant. Les aiguilles sont denses, tombantes, légèrement en brosse vers le bas. Les chatons mâles sont rouge clair, les chatons femelles pourpres. Les jeunes cônes violet foncé ou bleuâtres deviennent brun clair à maturité. Ils mesurent jusqu'à 6 cm de long, et leurs bords sont sinueusement édentés. Les graines possèdent une aile longue de 8 mm. Son bois réputé excellent était depuis longtemps et jusqu'au Moyen Age très recherché pour la fabrication des mâts et des charpentes de bateaux.

C'est un arbre à cime remarquable, étroite et élancée, haut de 30 à 50 m. Il représente l'une des essences ligneuses les plus recherchées au cours de ces dernières années pour l'ornementation de parcs.

Épicéa de Brewer

Pinacées
Pinaceae

Picea breweriana S. WATS.

De même que l'espèce Omorika en Europe, l'Épicéa de Brewer ne vit que dans un territoire réduit en Amérique du Nord : on le trouve en quelques endroits isolés des Monts Siskiyou, près des sources de la rivière Illinois, dans le Nord de la californie. Il a été découvert aux environs de 1863 par le botaniste californien W. H. Brewer. En 1897, il fut planté pour la première fois en Angleterre, au jardin de Kew où il donna les premières graines en 1920.

La cime de l'Épicéa de Brewer possède une structure très caractéristique : ses larges branches fondamentales, verticillées, se ramifient en petites branches supérieures molles et flasques, qui pendent en brosse des branches principales. Certaines, qui forment très peu de bourgeons latéraux, peuvent mesurer jusqu'à 25 cm. Les jeunes rameaux duveteux sont rouge-brun : les bourgeons sont conoïdes. Les aiguilles, dont la longueur peut atteindre 35 mm, sont en général droites et rigides, de forme légèrement aplatie. Vues d'en haut, elles sont vert foncé, légèrement convexes ; leur envers est marqué de bandes blanches. Les cônes sont étroits (ils peuvent atteindre jusqu'à 12 cm de longueur mais n'ont que 2 à 3 cm de largeur). Verts, teintés de violet tout d'abord, ils prennent ensuite une coloration brun vif. Ils restent largement ouverts par temps sec.

Le bois de cet épicéa compte parmi les plus lourds ; il est brun clair et brillant. Mais sa rareté absolue empêche son exploitation économique.

Son aspect « pleureur » n'est pas unique, une croissance analogue est connue non seulement chez l'Épicéa commun, mais aussi chez les épicéas himalayens *P. spinulosa* et *P. smithiana.*

L'arbre avec son houppier très caractéristique atteint de 30 à 40 m de hauteur. C'est une essence ligneuse unique d'une grande valeur de collection qui mérite une propagation plus poussée.

Pinacées
Pinaceae

Mélèze d'Europe

Larix decidua L.

Les Mélèzes forment au sein des Pinacées un groupe indépendant. C'est une sous-famille évolutive très ancienne formée de trois genres : le Mélèze (*Larix*), le Cèdre (*Cedrus*) et le Faux-Mélèze (*Pseudolarix*). Ces essences ligneuses ont aussi bien des auxiblastes que des brachyblastes. Les deux portent des aiguilles mais, sur les brachyblastes, elles forment des touffes caractéristiques. Les Mélèzes sont des essences ligneuses conifères à feuilles caduques, leurs aiguilles plates et hachurées comportent deux canaux baumiers latéraux. Les jeunes aiguilles sont molles, vertes et luisantes, elles jaunissent à l'automne avant de tomber. Les chatons mâles poussent séparément aux extrémités des forts rameaux latéraux. Les chatons femelles se dressent aux extrémités des brachyblastes sur une couronne d'aiguilles. Les bractées avec deux ovules poussent dans l'aisselle des écailles de soutien, colorées habituellement en rouge. Les cônes à pétiole très court ont des formes très changeantes suivant les régions géographiques. Ils mûrissent en automne ou au printemps de l'année suivante, et ils perdurent très longtemps encore sur l'arbre même après l'éclatement et la tombée des graines. Les graines triangulaires ont une longue aile membraneuse. Le Mélèze d'Europe vit entre 1000 et 2500 m d'altitude, dans les systèmes montagneux des Alpes et des Carpates, mais il apparaît aussi ailleurs dans les plaines. Le caractère variable du mélèze et ses différentes exigences écologiques ont conduit forestiers et botanistes à le subdiviser en plusieurs variétés.

Le Mélèze d'Europe est une essence ligneuse de grande valeur, non seulement pour son bois avec son dessin rouge caractéristique, mais aussi pour sa valeur ornementale. On le cultive depuis des siècles ailleurs que dans sa zone d'origine. En Angleterre, il a été introduit avant 1629.

Avec l'âge, cet arbre devient irrégulièrement verticille. Il a une cime large et mesure presque 35 m de haut. C'est aussi une essence ligneuse importante du point de vue économique.

Mélèze du Japon

Pinacées
Pinaceae

Larix kaempferi SARG.

silhouette d'un arbre jeune

L'un des plus jolis mélèzes, le Mélèze du Japon vivait à l'origine avec d'autres épicéas, tsugas et bouleaux et avec le Sapin de Veitch sur les versants du massif montagneux volcanique de l'île Honshu, au Japon. Son altitude optimum se situe entre 1300 et 2500 m. De là, il a été vraisemblablement importé en Angleterre en 1861. Les archives des anciennes résidences en Pologne et en Bohême signalent que sa première introduction en Europe est peut-être plus précoce : en 1816 en Pologne et en 1845 en Bohême.

Le Mélèze du Japon est un conifère à feuilles caduques avec des branches horizontales droites. L'écorce, d'un brun un peu rougeâtre, est profondément sillonnée. Les rameaux sont d'un brun rougeâtre ou orange, tandis que chez le Mélèze d'Europe ils sont plus minces, jaunâtres et pendants. Ses aiguilles, vert bleuté, peuvent mesurer jusqu'à 3,5 cm. Dans les touffes, il y en a parfois 40 à 50 et elles jaunissent à l'automne. Les chatons mâles sont ovales ; les chatons femelles, longs d'environ 8 mm, ont des écailles de soutien vert bronze dont le contour est pourpre. Les cônes ont une largeur égale à leur longueur (environ 1,5 à 3 cm). Les bractées légèrement velues sont arrondies et leurs bords se retournent vers l'intérieur. A la maturité, les cônes s'ouvrent très largement. Le Mélèze du Japon fut souvent introduit non seulement dans les parcs d'Europe, mais aussi dans les forêts, à cause de son bois de qualité, de sa croissance rapide et de sa résistance au froid. Il croît maintenant dans les forêts d'Europe où son origine exotique se remarque surtout par la couleur bleuâtre de ses aiguilles. Au Japon, il est très prisé, surtout comme essence ligneuse cultivée en pots pour faire les fameux bonsaï. L'hybride du Mélèze du Japon avec le Mélèze d'Europe, *L.* × *eurolepis*, créé vers 1900, est considéré comme une essence ligneuse résistante de l'avenir.

Le Mélèze du Japon, haut de 35 m, a une cime conoïde, qui s'élargit beaucoup avec l'âge, avec des ramifications horizontales. Cette essence ligneuse très importante du point de vue économique a aussi une très grande valeur architecturale.

Pinacées
Pinaceae

Cèdre du Liban

Cedrus libani LOUD.

Le Cèdre du Liban, l'arbre biblique, autrefois très utilisé, reste l'emblème de son pays d'origine, le Liban. Cette essence ligneuse peuplait autrefois la montagne libanaise. Aujourd'hui, il n'en reste que des reliquats près du Bscherre. On estime que ces cèdres y vivent depuis deux ou trois mille ans, mais cette estimation nous paraît très exagérée. Cependant, la circonférence de quelques-uns de ces arbres atteint jusqu'à 12 m. On le trouve encore dans la nature dans les monts Taurus et Antitaurus, où il croît entre 1300 et 2000 m d'altitude, souvent déjà à l'étage subalpin avec la couverture neigeuse de plusieurs mois et avec des points de gel dépassant moins 30 °C. Il est donc assez résistant aux hivers en Europe. La première espèce aurait été introduite en Angleterre en 1638 ou, selon d'autres sources, en 1670 ou 1680. Toutefois, c'était l'unique cèdre connu de Ch. Linné.

Les cèdres ont des aiguilles persistantes comportant deux canaux résineux latéraux. Elles forment des touffes par 30 ou 40 ; elles sont rigides et pointues, longues de 15 à 30 cm. L'écorce des arbres âgés est fissurée, brun-gris. Les graines de pollen des chatons mâles comportent deux alvéoles aérées. Entre la pollinisation et la fécondation, s'écoule environ un an et demi. Les cônes d'une forme caractéristique arrivent à maturation seulement entre la deuxième et la troisième année. Dressés sur les rameaux, ils sont tonnelés, un peu serrés au sommet, non éclatants. Les graines sont triangulaires et possèdent une aile membraneuse longue de 25 mm. Le bois du Cèdre du Liban compte parmi les plus précieux. Le mot grec *kedros* désignait le bois des résineux en général ; aujourd'hui on l'utilise, dans le domaine commercial, pour désigner aussi le bois des autres arbres et non plus seulement celui du cèdre.

Son large houppier conoïde devient paraploïdal avec l'âge. Le Cèdre du Liban mesure de 20 à 40 m de haut et son faîte se courbe de côté en biais. C'est une essence ligneuse de valeur historique, partiellement résistante lorsqu'elle est cultivée en Europe centrale et occidentale.

Arolle, Pin cembro

Pinus cembra L.

Pinacées
Pinaceae

les graines

Les pins sont des conifères avec deux sortes de rameaux : les auxiblastes à croissance continue qui ne portent que des phyllomènes écaillés, membraneux et non verts, et les brachyblastes, rameaux plus courts, qui terminent leur croissance dès la première année et qui possèdent au sommet un nombre fixe d'aiguilles durables.

L'aire de diffusion naturelle de l'Arolle, appelé aussi Pin cembro, est particulièrement étendue, si l'on réalise que l'Arolle d'Europe et l'Arolle de la forêt sibérienne ne représentent qu'une seule espèce. Parfois on sépare le Pin de Sibérie (*Pinus sibirica*) de sa variété européenne pour le considérer comme un genre indépendant. Mais les différences sont minimes, seulement dans la grandeur et la forme des cônes. L'Arolle d'Europe représente l'essence ligneuse principale des Alpes moyennes, il croît jusqu'à 1600 ou 2250 m d'altitude, exceptionnellement jusqu'à 2500 m, seul ou mêlé avec le mélèze. Il prospère le mieux sur les sols argileux. Il vit aussi, mais d'une façon plus isolée, dans le massif des Carpates, dans les Tatras, et dans les Alpes de Transylvanie. Le Pin de Sibérie représente la principale essence ligneuse de la taïga sibérienne ; il croît dans une zone qui va de la partie européenne de l'Union soviétique jusqu'au cours supérieur du fleuve Aldan près de la montagne du même nom et, au sud, jusqu'à la Mongolie.

Les principaux traits qui permettent de distinguer le Pin cembro sont d'abord ses aiguilles vert foncé, denses et rigides, en touffes par cinq, et ses rameaux feutrés d'un jaune rouille. Les cônes (5 × 8 cm) se dressent sur les rameaux. Ils n'arrivent à la maturité qu'au cours de la troisième année. Les graines, qui n'ont pas d'ailes, sont comestibles. La dénomination *cembra* tire son origine du vieux nom italien de l'arolle. On le cultive, en dehors de son aire d'origine, en Europe depuis 1652 et en Angleterre depuis 1746.

C'est un arbre à cime ovoïde conique, haut de 25 à 40 m.

Pinacées
Pinaceae

Pin de Macédoine

Pinus peuce GRISEB.

Les essences ligneuses du genre *Pinus* ont une organisation des aiguilles assez caractéristique. Elles poussent sur les brachyblastes soit par cinq soit par deux ou trois, à l'exception de *P. monophylla* qui porte des aiguilles solitaires.

Ce pin a été découvert en 1839 par Grisebach. Ses graines sont arrivées à Kornik en Pologne en 1858 et en Allemagne à Erfurt en 1863. Depuis cette date, il est cultivé dans les jardins botaniques et les parcs d'Europe. Il est très répandu en Bulgarie (Rhodope, Rila, Pirin), dans le Monténégro, en Yougoslavie du sud et en Albanie, où il croît en général mêlé avec les épicéas, les sapins et d'autres pins forestiers de 800 à 2300 m d'altitude.

Les aiguilles du Pin de Macédoine, qui peuvent mesurer jusqu'à 10 cm, poussent en touffes par cinq. Très pointues, elles sont vert-gris. Les rameaux sont verts, pelés. Les cônes se forment au sommet des rameaux soit individuellement soit en groupe par trois ou quatre. Ils ont un pétiole court, mais peuvent être écartés ou pendants. De forme ovoïde cylindrique, ils mesurent 3 à 4 cm de large et peuvent atteindre 15 cm de long. Brun clair, ils rappellent les cônes du Pin Weymouth, mais en plus large. Les bractées à rainures longitudinales sont plus épaisses sous la pointe. Les graines ont une aile longue de 1,5 cm.

L'habitus du Pin de Macédoine est semblable à l'arolle, mais il diffère par la forme, la dimension des cônes, et par ses rameaux nus. Il est apparenté avec le Pin pleureur (*P. griffithii*), ainsi qu'avec le Pin de Weymouth (*P. strobus*).

Cet arbre pas très haut (entre 10 et 25 m), à cime élancée, est presque cylindrique dans la nature et ses branches vont jusqu'au sol. C'est une essence ligneuse très valable pour l'architecture d'un jardin.

Pin pleureur

Pinacées
Pinaceae

Pinus griffithii Mc Clelland

Dans les très hautes altitudes de l'Himalaya, entre 2000 et 4000 m, de l'Afghanistan jusqu'au Népal, pousse le Pin pleureur qui représente, après le Cèdre de l'Himalaya (*Cedrus deodara*), l'arbre le plus haut de l'Himalaya. Il forme des populations mixtes avec ce dernier ainsi qu'avec les conifères *Abies pindrow* et *Picea smithiana,* éventuellement avec le Bouleau de l'Himalaya (*Betula utilis*). Cette espèce a été introduite dans les jardins d'Europe en 1823. Son bois est très prisé non seulement en menuiserie, mais aussi dans la construction. Sa résine est également précieuse, on en distille la térébenthine. Son aspect extérieur le prédispose à une utilisation plus large dans l'arrangement des jardins. Toutefois, jusqu'à présent, on ne l'a pas souvent cultivé en tant qu'essence d'ornement des parcs.

L'écorce du Pin pleureur est dans sa jeunesse lisse et polie, elle ne se craquelle et ne se détache en plaques que plus tard. Les jeunes arbres ont une croissance rapide ; leur système de branche verticille est régulier. Les bourgeons sont ovoïdes et longilignes, résineux et blancs. Les rameaux bleu-vert sont nus, couverts d'une mince pellicule de cire. Les aiguilles par groupes de cinq sont d'abord dressées puis pendantes. Bleu-vert, elles peuvent mesurer jusqu'à 18 cm de long et perdurent sur l'arbre pendant trois ou quatre ans.

Les chatons mâles sont roses. Les cônes poussent soit individuellement soit en groupe jusqu'à cinq. De forme cylindrique et incurvée, larges d'environ 3 cm et longs de 27 cm, ils sont attachés par un long pétiole. Ils sont habituellement très résineux et collants. Ils arrivent à maturité en deux ans ; pendant la deuxième année, les groupes de cônes rappellent encore des régimes de bananes vertes. Les bractées se terminent par un bouclier brun foncé. Les graines brunes ont des rebords tranchants et une aile coupée en biais.

C'est un arbre haut qui mesure jusqu'à 50 m, à cime large et pyramidale. On le considère comme une essence ligneuse d'avenir pour l'architecture et la composition des jardins.

Pinacées
Pinaceae

Pin du Lord, Pin de Weymouth

Pinus strobus L.

Le Pin de Weymouth est originaire de l'Est de l'Amérique du Nord. La limite Nord de son aire de diffusion naturelle est formée par le 50° parallèle Terre-Neuve jusqu'à la province du Manitoba, à l'Ouest il pousse jusque dans le Minnesota, l'Iowa, l'Illinois et, au Sud, jusqu'en Géorgie du Nord. Une de ses variantes vit aussi au Guatemala et au Mexique. On l'a introduit en Europe relativement tôt, vers 1705, et il est devenu une essence ligneuse que l'on trouve couramment dans les parcs. Parfois, on l'exploite aussi comme essence ligneuse forestière pour améliorer les sols argileux, pauvres et tourbeux, quelquefois même bien au-delà du 50° parallèle. Il ne gèle pas même autour de Léningrad. Du point de vue écologique, il est assez plastique, peut-être même résiste-t-il au climat des villes. Mais il souffre de nombreuses maladies, dont la plus grave est la rouille de Weymouth (*Paridermium strobi*), ce qui relativise son exploitation. Malgré cela, son bois est recherché, bien qu'il soit relativement peu dur. On l'utilise surtout en menuiserie.

L'écorce gris-vert des jeunes arbres est entièrement lisse, elle se craquelle plus tard chez les arbres âgés. Les plus jeunes rameaux sont singulièrement fins, flexibles, d'abord duveteux, ensuite nus. Les petits faisceaux d'aiguilles, groupés par cinq, sont longs de 5 à 15 cm, mous au toucher, bleu-vert, et souvent pendants. Les cônes se forment au sommet des branches par un, deux ou trois sur de longs pétioles. Ils sont étroits, longs de 10 à 15 cm, et pendants. Ils répandent de la résine. Les cônes d'un brun sale à la maturité restent parfois sur l'arbre même après la tombée des graines ailées.

Le Pin de Weymouth est un arbre robuste à cime d'abord pyramidale puis large, presque paraploïdale, avec des verticilles de branches bien apparents. Il atteint une taille de 50 m. Cette essence ligneuse, importante en Amérique du Nord, est souvent cultivée dans les parcs.

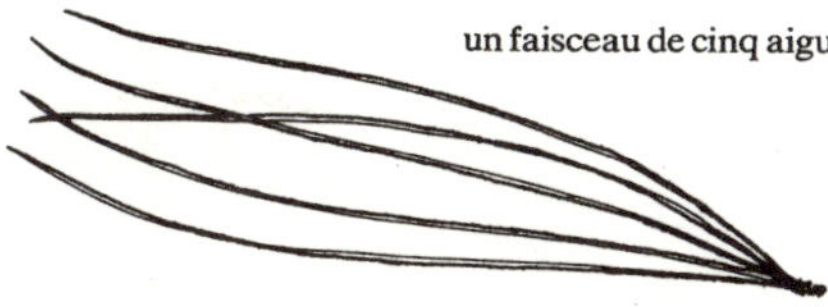

un faisceau de cinq aiguilles

Pinus aristata ENGELM.

Pinacées
Pinaceae

Cette espèce est une essence ligneuse intéressante. Ce pin est originaire des hautes altitudes des montagnes Rocheuses, où il croît à plus de 2400 m, à la limite supérieure de la forêt. Il vit également dans les monts San Francisco dans le Nord de l'Arizona, en général sur un sol sec, aride et presque stérile, où il résiste aussi bien à la chaleur qu'aux gelées excessives. On l'a trouvé également en 1945 dans le massif des White Mountains en Arizona. Les spécimens qu'on y a découverts n'étaient pas très hauts (de 4 à 9 m à peine), mais avec des circonférences respectables de 120 cm. On a calculé que l'âge de trois exemplaires remontait à 4700 ans. Ce sont donc les arbres vivants les plus âgés sur terre. *P. aristata* a une croissance extraordinairement lente : l'apport annuel sur la coupe d'arbres âgés d'une trentaine d'années ne mesurait que quelques dixièmes de millimètres ! C'est un arbre, ou plutôt un arbuste, avec un système de feuillage caractéristique : ses aiguilles poussent en faisceaux par cinq, elles sont longues de 2 à 4 cm, vert foncé, pointues, à bords pleins qui portent sur leur face inférieure des petites graines de résine. Leur disposition sur les rameaux (elles sont denses et attenantes) rappelle un peu une queue de renard, d'où leur nom local de *Foxtail Pines*. L'espèce apparentée, le Pin en queue de renard (*Pinus balfouriana*), ne possède pas de graines de résine sur les aiguilles.

Ce pin a reçu le nom d'*aristata* à cause des pommes qui ont les plaques des bractées convexes avec une épine apparente, longue d'environ 8 mm. Le premier *P. aristata* de culture fut planté à Arnold Arboretum aux États-Unis, en Europe il n'est cultivé que depuis 1863. Selon D. K. Bailey, les peuplements de cette espèce, qui se trouvent à Utah, au Nevada et en Californie, sont si différents de *P. aristata* qu'ils devraient former une espèce indépendante, *P. longaeva*.

C'est un arbre à croissance arbustive, qui atteint de 5 à 15 m de haut, avec un tronc souvent tordu ou couché. Cette essence ligneuse digne d'intérêt convient même aux petits jardins.

un arbre jeune

un arbre plus âgé

Pinacées
Pinaceae

Pin sylvestre

Pinus sylvestris L.

Le Pin sylvestre est probablement sans concurrents parmi les conifères quant à l'étendue de son aire de diffusion. Il pousse d'une façon transcontinentale de l'Écosse jusqu'aux bords du fleuve Amour et sur le littoral de la mer d'Okhotsk, au nord, en Norvège, il dépasse d'environ 300 km le cercle polaire. Au sud, il touche les Pyrénées, les Apennins et les Balkans jusqu'en Asie Mineure d'où il continue en contournant la mer Noire à travers le Caucase par l'Asie centrale jusqu'à la ville de Tcheliabinsk. Il passe ensuite au nord des monts Altaï en Mongolie jusqu'au cours inférieur de la rivière Boureïa. Sa représentation est tout aussi variée dans les différentes altitudes, y compris en haute montagne. Une étendue aussi large suppose des conditions écologiques très variées, que le Pin sylvestre a parfaitement assimilées en formant plusieurs variétés géographiques et écologiques se différenciant aussi bien par leur hauteur que par leur caractère ou la couleur de leurs aiguilles et par la forme des cônes ou par bien d'autres détails. C'est une essence ligneuse forestière très importante pour l'exploitation, qui croît dans des peuplements homogènes ou mêlés. Son bois est d'excellente qualité ; ses couches d'accroissement annuelles sont bien dessinées.

L'écorce des jeunes arbres et des jeunes branches, d'une couleur ocre caractéristique, est luisante et s'écorche en écailles qui rappellent du papier. L'écorce des vieux troncs est gris-brun à l'extérieur, craquelée, rouge-brun sur la coupe. Les aiguilles vert bleuâtre poussent par deux, elles sont rigides, un peu tordues, longues de 2 à 4 cm, pointues et aux bords dentelés ; elles persistent sur l'arbre environ trois ans. Les chatons mâles sont ovoïdes, jaunes, parfois rougeâtres ; les cônes soit individuels soit par deux ou trois, peuvent être pétiolés ou presque sessiles, d'une forme ovoïdo-conoïde. Les graines ont une aile rouge-brun.

Ce sont des arbres hauts de 25 à 45 m, en général avec un tronc plus qu'à moitié nu et une cime arquée bien aérée. C'est une essence ligneuse européenne parmi les plus importantes.

période juvénile de l'évolution du cône

Pin de montagne

Pinacées
Pinaceae

Pinus mugo TURRA

inflorescence mâle de *Pinus mugo*

Pin à crochets

Pinus mugo

Pinus mugo regroupe un ensemble de pins, mais présente une grande diversité dans les traits caractéristiques. En gros, on peut diviser cette espèce en deux variétés : le Pin nain des montagnes (*Pinus mugo* var. *mughus*) et le Pin à crochets (*Pinus mugo* var. *uncinata*).

Le Pin nain des montagnes est une essence ligneuse des montagnes d'Europe centrale. Il croît à l'étage subalpin et alpin des Alpes de l'est, dans le Jura, dans les monts de Bohême, dans les Sudètes et dans l'ensemble de la courbe des Carpates jusqu'aux Alpes transylvaniennes. Il atteint aussi la Yougoslavie. Il forme des peuplements caractéristiques, très denses et arbustifs. Il est très résistant à la rigueur des climats de montagne. Ses aiguilles, accolées par deux, portent de longues graines. Ses bourgeons sont résineux. Ses cônes sont symétriques, ovoïdes, presque sphériques. La partie supérieure de la plaque des bractées est cambrée, la partie inférieure concave, le bouclier est rentré sous le centre. Il croît, en général, dans une basse formation arbustive.

Le Pin à crochets (*P. mugo* var. *uncinata*) a des cônes dissymétriques. Sur la partie éclairée, les plaques sont un peu plus ascendantes, tout au moins sur leur base, ou bien prolongées en forme de cône. Leur bouclier quadrangulaire est recourbé vers le bas. Cette espèce possède en général une tige unique avec un houppier pyramidal étroit. Elle croît dans les Pyrénées espagnoles, dans les Alpes tyroliennes, et sur les tourbes du Nord et du Sud de la Bohême.

Pinus mugo est cultivé depuis 1779, l'autre variété seulement depuis le début du XIXe siècle. Les deux variétés, et plus particulièrement le Pin nain des montagnes comptent parmi les essences ligneuses décoratives de jardin. Cultivées dans de meilleures conditions que celles de la haute montagne, elles poussent plus abondamment, ce qui nuit à leur aspect extérieur. Les deux variantes se croisent avec le Pin sylvestre.

Pinacées
Pinaceae

Pin noir

Pinus nigra ARNOLD

Le Pin noir englobe un vaste ensemble de sous-espèces qui vivent surtout dans le sud de l'Europe. Ses limites, au nord, sont l'Autriche et les Carpates du sud, à l'est l'Asie Mineure et la presqu'île de Crimée, à l'ouest, il pénètre en Espagne et en France. On le cultive presque partout en Europe. C'est une importante essence ligneuse de remplacement, surtout pour les zones sèches et pour les régions menacées par l'activité industrielle. Dans les cultures, il apparaît depuis 1759.

Le Pin noir a une écorce caractéristique gris-noir. Les bourgeons ovoïdes sont peu résineux. Les rameaux nus sont de couleur brun orangé. Les aiguilles, longues de 5 à 19 cm, vont par deux ; le plus souvent de couleur vert foncé, elles sont rigides ent parfois courbées. Les propriétés anatomiques des aiguilles sont très changeantes, elles sont devenues même un instrument de différenciation des sous-espèces. Les cônes sont habituellement brun foncé, luisants et presque adhérents. Les plaques des bractées sont légèrement carénées, et le bouclier a une courte épine. Le bois des Pins noirs, résineux bien qu'assez noueux, est très prisé et on l'exploite dans le sud de l'Europe. Il croît très lentement, on ne l'abat que lorsqu'il a dépassé cent cinquante ans.

La plus fournie parmi les sous-espèces du Pin noir est celle qui croît en Autriche, en Italie centrale, en Yougoslavie et en Grèce (*P. nigra* ssp. *nigra*). Dans le sud de la France et en Espagne, on rencontre une sous-espèce du pin noir, ssp. *salzmannii,* avec des aiguilles qui ne piquent pas. En Corse, en Sicile et en Calabre, on trouve le Pin Laricio à aiguilles épaisses. En Dalmatie, croît la sous-espèce ssp. *dalmatica* et, dans les Balkans et en Crimée, on rencontre la sous-espèce ssp. *pallasiana.*

Ce sont des arbres assez majestueux, qui peuvent atteindre de 20 à 40 ou 50 m de haut. Cette essence ligneuse est très importante tant du point de vue économique que pour la culture des jardins.

petit faisceau de deux aiguilles

Pin jaune de l'Ouest

Pinus ponderosa DOUGL. ex LAWS.

Pinacées
Pinaceae

P. ponderosa: jeune arbre

cône de *P. jeffreyi* (18 cm)

P. jeffreyi: jeune arbre

Cette espèce est très répandue dans les régions occidentales de l'Amérique du Nord, de la Colombie britannique jusqu'au Mexique et, à l'est, jusqu'à une ligne passant entre le Dakota du sud et le Texas. Dans les cultures européennes, il apparut la première fois en 1826 en Angleterre. C'est un arbre majestueux, bien implanté dans son aire d'origine, où il forme des populations homogènes comme c'est le cas sur les versants occidentaux de la Sierra Nevada. Entre 1300 et 2000 m d'altitude, il domine, avec le Sapin du Colorado, la végétation forestière. C'est un arbre haut à tronc élancé qui vit souvent jusqu'à trois cents ans, parfois même jusqu'à cinq cents. Cette essence ligneuse économiquement importante, donne un bois relativement dur, assez ferme et résineux.

L'écorce de *P. ponderosa* sur les troncs imposants est rouge cannelle. Très épaisse (jusqu'à 10 cm), elle se fissure aussi bien en long qu'en large. Ses aiguilles poussent le plus souvent par trois et persistent environ trois ans. Longues de 12 à 25 cm, vert foncé, elles sont courbées avec des bords dentelés. A la maturité, les cônes atteignent jusqu'à 15 cm de long, ils sont de couleur brun jaunâtre. Le bouclier des bractées possède une forte épine courbée. Les graines, qui mesurent 1 cm de long, possèdent une aile longue de 2 à 3 cm.

Dans la zone située entre la Californie et l'Oregon, croît également, entre 2000 et 3000 m d'altitude, une espèce proche, le Pin de Jeffrey (*Pinus jeffreyi*) d'allure très semblable. Mais ses rameaux possèdent une mince pellicule cireuse et, si on les brise, ils dégagent une odeur d'essence citronnée, tandis que les rameaux de *P. ponderosa* sentent la térébenthine. Les structures chimiques des résines comptent parmi les principaux critères de différenciation grâce à la taxonomie chimique.

Ce sont de grands arbres, dont la taille peut atteindre de 50 à 70 m, avec une cime très haute. Ils représentent une essence ligneuse d'une grande importance économique en Amérique occidentale, ainsi qu'une haute valeur esthétique pour les grands parcs.

Pinacées
Pinaceae

Pin maritime

Pinus pinaster SOLAND. apud AIT.

Le Pin maritime est un grand arbre à écorce fissurée, épaisse, brun-rouge, qui porte de grands bourgeons non résineux de 35 mm. Ses aiguilles poussent par deux, elles sont longues de 10 à 25 cm, rigides, piquantes, d'un vert frais. Les cônes poussent par groupes de 2 à 4, ils sont de forme ovoïdo-conique, remarquablement longs : de 9 à 18, voire même 22 cm, pour 8 cm de largeur. Leurs plaques sont rhomboïdes avec une quille tranchante et un bouclier bien apparent à pointe crochue. Le Pin maritime est très répandu sur le littoral ouest de la Méditerranée et dans la partie sud des rivages européens de l'océan Atlantique, de la France jusqu'au Portugal. Cultivé, même en Angleterre, il est utilisé non seulement pour le reboisement et la fixation des terres de dunes, mais surtout pour l'exploitation de son bois et de ses résines.

C'est surtout l'aspect extérieur des deux essences ligneuses qui captive l'attention de ceux qui viennent visiter le bassin méditerranéen : les Cyprès et les Pins parasols (*Pinus pinea*), avec leur cime en forme de parapluie. A l'origine, le Pin parasol était très répandu dans les zones du littoral de l'Espagne, de la France, de l'Italie, des Balkans, de l'Asie Mineure, de l'est de la mer Noire et des côtes du Proche-Orient. Malheureusement, on ne peut plus aujourd'hui déterminer avec précision la zone d'origine et la zone de culture, parce qu'il s'agit d'une essence ligneuse plantée depuis les temps les plus anciens. Le Pin parasol, appelé aussi Pin pignon, n'était pas cultivé seulement pour son bois, mais aussi pour ses fruits ; ces graines dures renferment une amande comestible, le pignon, utilisée en pâtisserie. Ses graines ont été peut-être la raison de son introduction dans les régions plus septentrionales.

Le Pin maritime (*P. pinaster*) forme des arbres hauts d'une trentaine de mètres à cime aplatie, tandis que le Pin pignon (*P. pinea*) atteint une hauteur de 25 m. Ce sont des essences ligneuses remarquables et importantes dans leur zone d'origine ; ailleurs, elles sont peu résistantes.

Pinus rigida MILL.

Pinacées
Pinaceae

Il est très répandu dans le Nord-Est de l'Amérique du Nord, du Nouveau-Brunswick jusqu'à la Géorgie. A l'ouest, la limite de sa diffusion naturelle est formée par une ligne allant du nord du lac Ontario par l'Ohio, le Kentucky, le Tennessee et l'Alabama, jusqu'en Floride. C'est une espèce écologiquement assez adaptable ; il croît aussi bien sur les sols secs et sablonneux où il forme des forêts très étendues que sur les sols humides et tourbeux. Il fournit un bois lourd et résineux (pour cette raison on l'appelle Pitch Pine) surtout sur les sols secs d'où il tire son nom ; tandis que le bois coupé sur les sols tourbeux est léger et peu dur : on l'appelle alors *Sap Pine*. Le bois du pin a présenté un intérêt considérable : on l'utilisait aussi bien pour la fabrication des traverses de voies ferrées que pour la préparation du charbon de bois, et comme combustible. Son introduction en Angleterre date des années 1743–1750, et, dans les autres pays d'Europe, du XIXe siècle.

Cette espèce présente un trait caractéristique : sur les vieux spécimens, on peut observer les rameaux tordus et les aiguilles agglomérées et, sur les troncs mêmes, ont voit pousser des touffes d'excroissances qui rappellent des touffes d'herbe. Ses bourgeons sont très pointus et résineux. Ses aiguilles poussent par trois et ne persistent sur l'arbre que deux ans ; d'une longueur de 8 cm, elles sont soit claires soit vert jaunâtre, courbées, presque tordues. Les cônes poussent individuellement ou par groupes latéraux de trois à cinq. Longs de 3 à 9 cm, ils sont ovoïdo-coniques réguliers. La plaque des bractées est rhomboïde à quille tranchante et son bouclier se termine par une petite épine. Les graines sont ailées.

C'est un arbre plutôt petit (de 15 à 30 m), à cime irrégulière. Cette essence ligneuse, importante du point de vue économique dans l'est de l'Amérique du Nord, ne revêt dans les jardins qu'une valeur de collection.

P. rigida se caractérise par la formation des aiguilles et des courts ramules directement à partir du tronc

Pinacées
Pinaceae

Pin de Banks

Pinus banksiana LAMB.

Les chercheurs d'or et les pionniers ont souvent campé dans les grandes forêts de pins du Grand Nord du Canada. Ces forêts leur ont fourni du bois en abondance. Le seul pin qui tolérait les conditions climatiques locales très dures était le Pin de Banks. Son aire de diffusion transcontinentale va de la vallée de la rivière Mackenzie et des bords du Grand lac de l'Ours jusqu'à la Nouvelle-Écosse. Il s'étend donc sur plus de 20 degrés de latitude. Souvent, il croît sur des terres sablonneuses, des roches nues et des pentes rocheuses en basse altitude ne dépassant pas 400 m. C'est aussi le premier arbre qui occupe les terres dévastées par les incendies.

Le Pin de Banks vit relativement peu longtemps, une centaine d'années, exceptionnellement deux cent cinquante ans. Son bois fragile pourrit rapidement en milieu humide. Par son aspect extérieur, il rappelle un peu le Pin sylvestre mais, à la différence de celui-ci, ses branches sont irrégulières, parce que le Pin de Banks forme parfois plus d'un verticille par an. Les cônes surtout présentent une très nette différence : chez le Pin de Banks, ils poussent en général par deux. Grands de 3 à 5 cm, ils sont soit dressés, soit ils s'écartent, mais ils sont souvent remarquablement tordus. Ils persistent sur l'arbre plusieurs années et leur couleur brunâtre initiale tourne au gris, puis gris délavé. Leurs bractées se composent de plaques luisantes, rhomboïdes et plates ; le bouclier ne comporte pas d'épine. Ses aiguilles poussent par deux. Ce genre de pin résiste non seulement au froid mais aussi à la sécheresse ; il a été utilisé de manière expérimentale pour le reboisement des terres arides et des vieux terrils. Dans les jardins, il est cultivé depuis environ 1783.

Cet arbre plutôt petit, mesure de 8 à 25 m de haut, et sa croissance est irrégulière. C'est une essence ligneuse pionnière.

un rameau avec l'inflorescence mâle

Sciadopitys verticillata SIEB. et ZUCC.

Taxodiacées
Taxodiaceae

Sciadopitys verticillata représente un conifère très intéressant. A l'origine, il envahissait les forêts des massifs montagneux dans les îles Honshu et Shikok, au Japon. Le premier endroit où il a été cultivé en dehors de son aire d'origine est l'île de Java. Le premier exemplaire fut introduit en Angleterre en 1853, mais il a dépéri rapidement. Nous trouvons un texte daté de 1859 le concernant en Bohême. Dans les années 60, on a importé ses graines plusieurs fois en Europe. Mais sa culture reste problématique, car il tolère mal les rigueurs de l'hiver.

Le genre *Sciadopitys verticillata* diffère beaucoup des autres conifères. Ses « feuilles » forment des ensembles que l'on définit diversement : soit on les considère comme des doubles aiguilles unies, parce qu'elles présentent à la coupe deux vaisseaux et quatre canons de baume, soit on y voit de petits rameaux à croissance limitée devenus des feuilles ; l'on observe parfois que la « feuille » se ramifie en fourche au sommet pour former un nouveau verticille de « feuilles ». La face supérieure des aiguilles, luisante, représente, du point de vue morphologique, la face inférieure des aiguilles individuelles. *S. verticillata* est une essence ligneuse monoïque. Les chatons mâles sont denses, pommés ; les chatons femelles sont individuels. Les cônes, dressés et tendus, sont ovoïdes, obtus, gris-brun, longs de 7 à 10 cm. Ils mûrissent au cours de la deuxième année, et persistent sur l'arbre. Les graines, longues d'environ 1 cm, sont entourées d'une aile membraneuse.

Cet arbre semper virens, avec un tronc puissant, peut mesurer jusqu'à 40 m de haut. Il constitue une curiosité qui a une grande valeur de collection.

Taxodiacées
Taxodiaceae

Metasequoia glyptostroboides

Hu et Cheng

Cette espèce représente un fossile vivant parmi les conifères. On le classait habituellement parmi les Séquoias (*Sequoia*) ou parmi les Taxodiacées (*Taxodium*). Ce n'est qu'en 1941 que le Japonais S. Miki a constitué le genre indépendant des *Metasequoias* : mais il est resté persuadé que ce genre ne comprenait que des espèces disparues depuis longtemps. Toutefois, la même année, T. Kahn a découvert, dans la province chinoise de Sseutch'ouan, des arbres vivants qui présentaient toutes les caractéristiques du *Metasequoia* fossile. En 1948, l'expédition de E. D. Merrill et Chaney a pu collecter dans cette région (plus précisément, dans une population d'un millier d'individus, dans la vallée de Shui Sa) des graines qu'elle a envoyées dans les jardins botaniques du monde entier. Les exemplaires obtenus à partir de ces germes dans le parc de Průhonice (Tchécoslovaquie) mesuraient 12 m en 1984 et le diamètre de leurs troncs était de 35 cm.

C'est un arbre à feuillage caduc, dont l'écorce s'étiole en plaques très minces. Ses rameaux sont de deux sortes : les longs, à croissance illimitée, situés aux extrémités des branches et au sommet du tronc, et les mésoblastes, à croissance limitée, qui se situent dans les aisselles des auxiblastes poussant en contre-plan. Ces derniers peuvent atteindre une longueur de 8 cm. Les aiguilles sont décidues, soit droites, soit courbées en serpe, longues de 10 à 35 mm. L'endroit est bleuâtre, l'envers étant vert-gris cendré. Elles sont aussi placées en contre-plan. Les cônes, longs de 18 à 25 mm, sont formés par environ 25 écailles en contre-plan croisées. Derrière chaque écaille, il y a de 5 à 8 graines à aile double. *Metasequoia* est une essence ligneuse qui aime les sols humides, d'où sa dénomination locale en « sapin des eaux ».

Cet arbre, haut de 35 m qui peut même atteindre 50 m, à cime pyramidale presque arrondie, représente une curiosité botanique et constitue une essence ligneuse d'avenir dans la culture des parcs.

l'arbre avec son feuillage (en été)

l'arbre sans son feuillage (en hiver)

Cyprès chauve

Taxodiacées
Taxodiaceae

Taxodium distichum RICH.

inflorescence mâle
en formation

vieil arbre
avec son feuillage avec des
pneumatophores

jeune spécimen
sans son feuillage
(en hiver)

Le Cyprès chauve est une essence ligneuse très caractéristique des forêts qui se forment sur les substrats tourbeux, inondés et difficiles d'accès surtout dans le Sud des États-Unis, sur le pourtour du Golfe du Mexique. Mais il croît également près des rivières au nord du Delaware jusqu'en Floride. Cette espèce forme des peuplements propres, homogènes, presque monotones. Elle s'est bien adaptée aux inondations prolongées par la création d'excroissances droites, les pneumatophores, hauts souvent de presque 1 m, qui dépassent toujours le niveau du sol tourbeux ou de l'eau. Bien qu'il s'agisse d'une essence ligneuse hygrophile, son bois résiste aux attaques des champignons : il est très durable, bien que peu dur. Il ne se réduit pas en séchant et est très approprié pour les constructions hydrauliques où il dure très longtemps. *T. distichum* vit de cinq à six cents ans, avec des exceptions qui remontent à 3000 ans. Dans le sud-est des États-Unis, cette essence ligneuse représente une valeur d'exploitation. C'est aussi l'une des espèces qui ont été introduites très tôt en Europe, déjà en 1640. Elles supportent très bien les rigueurs de l'hiver européen.

Les jeunes arbres ont une ramification profonde, les vieux spécimens ne sont ramifiés que dans le tiers supérieur. L'écorce des troncs est craquelée et elle s'écaille. Les rameaux sur les jeunes branches sont d'abord verts, ensuite bruns, et ils abritent des bourgeons ; les rameaux inférieurs ne sont pas très longs, 10 cm à peine, ils sont dépourvus de bourgeons et deviennent caducs en automne, de même que les feuilles. Les aiguilles sont molles et plates. D'un vert clair uni sur les deux faces, elles poussent par deux. Les aiguilles écailleuses sont disposées sur les rameaux persistants en forme d'hélices. Les cônes sont sphériques, longs de 2,5 à 3 cm et formés de 10 à 12 bractées. Les graines sont disposées par deux derrière chaque écaille.

Cet arbre à feuillage caduc, de 40 à 50 m de haut, à la cime d'abord étroite et pyramidale ensuite paraploïdale et sphérique est une essence ligneuse exploitée dans le Sud-Est des États-Unis.

Taxodiacées
Taxodiaceae

Séquoia à feuilles d'if

Sequoia sempervirens (LAMB.) ENDL.

Les essences ligneuses du genre *Sequoia* vivent depuis toujours seulement dans l'hémisphère Nord. Ils ont atteint leur apogée pendant le Crétacé et, depuis, leur nombre ne fait que diminuer. Aujourd'hui, ne subsistent que deux espèces : le Séquoia à feuilles d'if (*Sequoia sempervirens*) et le Séquoia géant ou Wellingtonia (*Sequoiadendron giganteum*). Le Séquoia à feuilles d'if est originaire d'une région relativement petite en Californie qui forme une bande étroite le long du littoral du Pacifique. Il croît jusqu'à 900 m d'altitude, sur les sols en pente, peu profonds, et sur les terres alluviales profondes des rivières. Il forme souvent des populations mixtes avec le Sapin de Douglas, le Sapin de Sitka, le Sapin géant et le Cyprès de Lawson, mais rarement des peuplements homogènes. En Europe, on le cultive depuis environ 1840. Il résiste peu à la rigueur de l'hiver continental et gèle souvent. On peut néanmoins voir de beaux arbres en Rhénanie, au Danemark (à Laaland), en Irlande, en Cornouailles et dans l'Invernesshire en Angleterre.

Les Séquoias à feuilles d'if sont des arbres toujours verts, dont l'écorce rouge-brun se détache en fibres et en écailles. Ils ont des feuilles qui diffèrent en alternance : sur les pousses principales, elles sont écailleuses, en position hélicoïdale ; sur les rameaux latéraux en double. Elles sont hachurées et ressemblent aux aiguilles du Cyprès chauve. Sur la face intérieure, elles portent deux bandes blanches formées par les trachées. Ce sont des plantes monoïques avec des cônes ovoïdes courts et bruns, longs d'environ 2 cm, composés de 12 à 20 écailles. Ils arrivent à maturité pendant la première année. Les graines ont deux ailes spongieuses. Le bois du Séquoia a une très grande valeur. C'est une essence ligneuse d'une grande importance économique. Le Séquoia vit très longtemps (plus de six à huit cents ans). De plus, il a une très grande capacité de régénérescence et il est très résistant aux incendies de taillis.

C'est un arbre très haut qui peut mesurer jusqu'à 110 m, et dont le tronc peut atteindre des circonférences impressionnantes allant jusqu'à 25 m.

Séquoia géant, Wellingtonia

Taxodiacées
Taxodiaceae

Sequoiadendron giganteum (LINDL.) BUCHH.

Jusqu'à ce qu'on ait découvert l'âge de *Pinus aristata,* le Séquoia géant était considéré comme l'arbre vivant le plus âgé au monde. Pour mettre en valeur sa taille, on a souvent utilisé les photos d'une automobile passant au milieu de sa base imposante ou encore un grand salon de musique avec 40 personnes et un piano. Le Séquoia géant, *big tree* américain, est un arbre de montagne. Les restes de ses peuplements ne subsistent aujourd'hui qu'au centre de la Californie, sur les versants du massif de la Sierra Nevada. Il y croît dans des altitudes avoisinant 1400 à 2400 m, en des endroits humides avec une grande pluviosité, et à l'endroit où la couche neigeuse persiste assez longtemps pendant l'hiver. Le peuplement Calaveras, où il a été découvert en 1841, se situe dans la zone la plus septentrionale de son aire de diffusion d'origine. Les premières graines ont été envoyées en Écosse en 1852 et en Angleterre en 1853. Aujourd'hui, il croît dans plusieurs parcs d'Europe où les arbres les plus anciens ont environ cent ans. Dans la nature, il vit de quatre cents à mille cinq cents ans. Les assertions qui avancent l'âge de quatre mille ans demeurent discutables.

Les Séquoias géants ont des troncs très hauts, la base de leur cime s'élargissant d'une manière caractéristique. Leur écorce rouge-brun est d'une épaisseur remarquable pouvant atteindre jusqu'à 60 cm, profondément sillonneuse. Elle est très molle, on peut la déformer par simple pression de la main ; elle s'écaille en fines écailles. Les branches sont organisées en alternance. Les jeunes rameaux sont d'abord bleu-vert, puis rouge-brun. Les aiguilles poussent sur les rameaux en triples rangées d'une manière hélicoïdale. Longues de 8 mm, elles sont pointues et adhèrent aux branches. Les cônes, d'une forme typique ovoïdo-sphérique, peuvent mesurer jusqu'à 8 cm. Leurs bractées lignifiées sont très dures. Derrière chaque écaille, se forment cinq graines ayant chacune deux minces ailes.

Ce sont des arbres très hauts qui mesurent de 90 à 145 m, dont la cime d'abord étroite et pyramidale, devient avec l'âge ovoïde et obtuse, presque irrégulière.

Taxodiacées
Taxodiaceae

Cryptomeria japonica (L. f.) D. Don

Cette espèce est originaire du Japon et de la Chine. Au Japon, son aire d'origine s'étend sur l'île de Kyūshū et au nord de l'île de Honshū, où elle forme des peuplements homogènes en basse altitude, de 200 à 400 m, où des forêts mixtes (avec, par exemple, *Chamaecyparis obtusa* ou *Thujopsis dolabrata*). En Chine, elle est très répandue dans les provinces de Fujian et Zhejiang. Cette essence ligneuse compte, à côté des épicéas, parmi les essences les plus cultivées dans les jardins chinois et japonais et elle est souvent cultivée autour des anciens palais et des lieux de culte. *Cryptomeria japonica* est cultivé depuis des siècles, ce qui a bien sûr influencé sa position actuelle dans la nature. Les Cryptomerias originaires du Japon et de la Chine sont souvent divisés en deux variétés. La variété japonaise, *japonica,* est cultivée dans le jardin botanique de Kew depuis 1842, tandis que la variété chinoise, *sinensis,* fut introduite par la *Royal Horticultural Society* en 1844.

C'est une essence ligneuse toujours verte, à branches verticillées, avec une écorce compressible qui se détache par bandes. Ses aiguilles poussent en écouvillon, formant en apparence cinq rangées verticales. Elles sont légèrement courbées. Les chatons mâles oblongs forment de courts épis à l'extrémité des petites branches. Les chatons femelles poussent également au sommet des branches courtes, mais individuellement. Les cônes sont sphériques, ils mûrissent dès la première année et persistent sur l'arbre après le relâchement des graines. Le cône est formé d'une trentaine de bractées lignifiées avec des excroissances rigides et pointues sur le bord supérieur. Bien qu'il s'agisse d'une essence ligneuse assez peu résistante, on peut la cultiver en Europe, dans des endroits protégés, où elle arrive même à produire des graines viables. Ce sont des arbres assez majestueux dont la taille atteint de 30 à 50 m, avec un tronc fort et une cime pyramidale et dense. L'espèce a une valeur de collection.

Thujopsis dolabrata (L. f.) SIEB. et ZUCC.

Cupressacées
Cupressaceae

Bien qu'il reste difficile de différencier les nombreuses espèces et même les nombreux genres de la sous-famille des Thuyacées, *Thujopsis dolabrata* du Japon représente une exception remarquable. La construction de ses feuilles est bien caractéristique : elles sont écailleuses, rigides, placées en contre-plan, dessus vert foncé et luisantes, avec un dessin blanc clair en dessous formé par les taches blanchâtres des trachées. Ses rameaux sont très aplatis ; ses branches sont disposées à l'horizontale. Les cônes mâles foncés sont terminaux, de même que les chatons femelles, formés de 8 à 10 bractées dont les plus hautes et les plus basses sont improductives. Les cônes sont presque sphériques, formés de 8 bractées lignifiées avec une bosse courbée. Les graines sont ailées.

Cette espèce est originaire du Japon où elle est présente en deux variantes : la variété hondai se présente comme un arbre qui vit au nord et au centre de l'île de Honshū, où il forme des forêts unies. La variété dolabrata est plus petite, plutôt arbustive, et elle vit surtout au sud de l'île de Honshū. Cette dernière est aussi plus cultivée que la première. La première plante vivante de cette espèce fut introduite en Hollande à Leiden en 1853, mais seules les plantes introduites plus tard, en 1859 et 1861, ont survécu. *Thujopsis dolabrata* est une plante ornementale, qui se développe au maximum sur les sols humides et nutritifs. Il résiste aux basses températures, mais supporte moins bien le climat des villes. En Europe, il se multiplie surtout de manière végétative, à partir des pousses coupées, mais il forme rarement une tige unique que l'on peut, cependant, obtenir en donnant la préférence à une seule pousse.

C'est soit un arbre à cime pyramidale, qui peut atteindre une trentaine de mètres de haut, soit un arbuste touffu.

Cupressacées
Cupressaceae

Faux-Cyprès, Thuya d'Occident

Thuja occidentalis L.

Le Thuya d'Occident représente vraisemblablement l'essence ligneuse d'Amérique du Nord la plus répandue dans les parcs, les jardins et les cimetières d'Europe. Sa propagation si importante est sans doute le résultat de son introduction précoce en Europe. C'est une des premières essences ligneuses importées du Nouveau Monde en Europe (probablement en 1536 en France). A l'origine, il était répandu seulement dans l'est de l'Amérique du Nord, en Nouvelle-Écosse et au Manitoba jusqu'au massif des Appalaches, en Virginie, en Caroline du Nord et dans l'Illinois. C'est une essence ligneuse hygrophile, qui croît sur les terres bourbeuses et alluvionnaires, soit dans des populations homogènes, soit mêlée avec des frênes, des érables, des épicéas noirs, des sapins baumiers et des bouleaux jaunes. Pour sa culture en Europe, il ne faut pas oublier sa préférence pour les substrats humides. L'espèce *Thuja occidentalis* est assez changeante, on cultive plusieurs formes horticoles qui se différencient tant par leur taille que par leur couleur et leur système de feuillage.

Le Thuya d'Occident se différencie des autres essences ligneuses surtout par ses cônes : à la maturité, ils s'ouvrent par lé sommet. Les graines ont deux rebords étroits et pelliculaires. L'écorce du Thuya d'Occident est rouge-brun et elle s'écaille en longues bandes. Les rameaux sont plats, vert plus foncé sur le dessus, vert clair sur le dessous, mats et sans texture. Ses feuilles sont écailleuses, acuiformes au stade juvénile, sur la branche principale, elles sont assez espacées, assez rapprochées sur les branches latérales, portant souvent des glandes résineuses bien visibles. Les cônes sont allongés, longs d'environ 8 mm, brun clair ; ils ont 8 à 10 bractées. Son bois est très apprécié. Il ne réduit pas et on l'utilise pour la construction navale et pour la construction hydraulique en général. C'est un arbre aussi bien à tige unique qu'à tiges multiples, avec une cime ovoïde et des branches étendues, qui peuvent mesurer 20 m de haut.

Thuya géant, Thuya de Lobb

Thuja plicata D. Don

Cupressacées
Cupressaceae

Il est très répandu en Alaska et dans l'île de Sitka, en Colombie britannique, ainsi que dans l'Oregon et l'Etat de Washington jusqu'en Californie (entre le 60e et le 40e parallèle). A l'Ést, il va jusqu'au Nord du Montana et de l'Idaho, où il se mêle souvent avec le Sapin de Douglas. Ces deux espèces constituent les essences ligneuses les plus exploitées dans l'Ouest des États-Unis. Son bois est clair et sec, assez aromatique, facile à travailler et assez durable. Les populations de Thuya géant ont dû subir de grands assauts d'exploitation au début du siècle ; ce bois représentait en effet, une source presque unique de matière première pour la fabrication de poteaux télégraphiques et des traverses de voies ferrées. Il croît sur les sols humides, souvent près des marais, jusqu'à des altitudes avoisinant 2100 m dans les montagnes Rocheuses.

L'écorce du Thuya géant, rouge-brun, couleur cannelle, s'écaille en longues bandes. Ses branches horizontales sont relativement petites, surtout par rapport à la hauteur de l'arbre. Ses rameaux sont presque ovales, fournis en feuilles écailleuses en contre-plan croisé. Sur les branches principales, elles sont plus pointues que sur les branches latérales. Les feuilles sont, sur le dessus, luisantes, vert foncé, comme vernies et, sur l'envers, mates avec une texture blanche bien apparente. Après le broyage, elles dégagent une odeur agréable de résine. Ses cônes sont semblables à ceux du Thuya d'Occident, mais plus grands. Brun clair, longs d'environ 12 mm, ils arrivent à maturité dès le printemps de la première année. Les graines sont serrées, bordées de deux ailes étroites.

Le Thuya géant fut introduit en Europe au cours des années 1853–1854.

C'est un arbre assez robuste avec un système de branches plissé, à cime pyramidale et étroite, qui atteint jusqu'à 60 m de hauteur. Cette essence ligneuse, importante du point de vue économique, a aussi une valeur ornementale.

vieil arbre vivant au sein d'un peuplement continu dans son aire de distribution d'origine en Amérique du Nord

jeune exemplaire

Thuya d'Orient

Thuja orientalis L.

On classe parfois le Thuya d'Orient dans un genre indépendant, le *Biota,* parce qu'à la différence du Thuya d'origine, ses cônes sont plus charnus et ses graines dépourvues d'ailes. Ses rameaux sont, en général, verticaux, et d'une couleur presque uniforme. L'écorce est mince, rouge-brun, et s'écaille en bandes sur les troncs plus âgés. Ses feuilles écailleuses sont les plus petites parmi les thuyas : elles sont étroites, très pointues, et n'ont aucune pellicule cireuse. Sur les branches latérales, elles adhèrent très étroitement ; sur les branches principales, elles se terminent par une pointe écartée. Ses cônes sont ovoïdes, longs de 1,5 à 2,5 cm : d'abord bien pulpeux, d'une couleur bleuâtre, ils se dessèchent par la suite. Généralement, ils sont formés par 6 fortes bractées, dont chacune se termine par une épine crochue. Derrière chaque écaille il y a deux graines.

Le Thuya d'Orient est très répandu en Chine et sur la presqu'île de Corée. Il a été introduit en Europe (à Leiden, aux Pays-Bas) en 1690, mais sa culture massive ne date que du milieu du XIXe siècle. En Orient, par contre, cette essence ligneuse est cultivée depuis des temps très anciens, surtout dans les jardins japonais. En Europe, il est très prisé pour la composition des jardins à l'Est de la Méditerranée et dans les pays riverains de la mer Noire. Il est moins résistant en Europe de l'Ouest et du Nord, où il est souvent remplacé par le Thuya d'Occident. Son bois est rigide et odoriférant, mais son exploitation est peu rentable, à cause de la minceur de ses troncs. C'est un arbre de taillis ou plutôt de taille arbustive, possédant un ou plusieurs petits troncs, haut de 5 à 10 m. En Angleterre, il atteint jusqu'à 15 m.

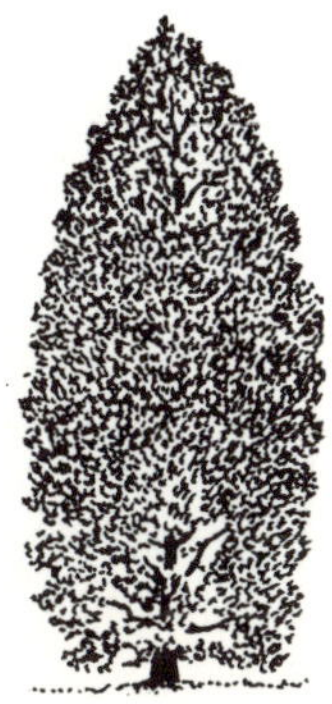

Cèdre de Californie

Libocedrus decurrens TORR.

Cupressacées
Cupressaceae

Cette essence ligneuse élancée qui ressemble au cèdre si bien que, dans le langage courant, elle porte son nom, non seulement en français mais aussi en allemand – des *Fluszeder,* et en anglais – *Incense cedar,* n'a en réalité rien de commun avec celui-ci, de même que le Pin cembro et ses fruits. *Libocedrus decurrens* est originaire de l'Ouest des États-Unis, des massifs montagneux de la Californie et de l'Oregon, et en partie aussi du Nevada et de la partie mexicaine de la presqu'île californienne. Il croît sur les sols humides aussi bien au fond des vallées que jusqu'à 2700 m d'altitude, souvent mêlé avec le Sapin du Colorado. Son bois est utilisé comme matière première pour la fabrication de crayons (d'où la désignation de ce bois comme « bois de cèdre du type *Incense cedar* », ou seulement bois *incense*), à la place du Genévrier de *Virginie* déjà rare *(Eastern red cedar),* utilisé jadis sous la dénomination de « bois rouge de cèdre ». *L. decurrens* diffère des autres espèces du genre par ses graines qui ont deux ailes différentes, la plus longue étant beaucoup plus allongée. Les cônes, qui ressemblent à ceux des thuyas, ne portent que deux bractées fertiles, les autres restant stériles. Les cônes longs d'environ 2 cm sont pendants, et leurs écailles portent, sous le sommet, une petite épine. Les rameaux ne sont larges que de 2 mm ; ils sont vert foncé et plats. Les feuilles, couvertes d'écailles, sont adhérentes, elles s'écartent seulement un peu au sommet et deviennent plus pointues. Après le broyage, leur odeur rappelle celle de la Sabine. Le Cèdre de Californie n'est cultivé que depuis la deuxième moitié du XIXe siècle (en Angleterre depuis 1853). C'est une essence ligneuse d'une très grande valeur pour les cultures de jardin, avec un habitus remarquable qui rappelle les cyprès majestueux de la Méditerranée. Il supporte des gelées allant jusqu'à −30 °C.

C'est un arbre élancé qui dresse sa belle pyramide jusqu'à 45 m de haut.

Cupressacées
Cupressaceae

Cyprès commun

Cupressus sempervirens L.

Le Cyprès commun est l'une des essences ligneuses les plus connues de la Méditerranée. C'est le symbole éternel de cette région d'où il est parti dans presque tous les pays chauds du monde. C'est une essence ligneuse d'une grande longévité qui vit plus longtemps que les civilisations où elle a germé : certaines sources mentionnent des individus âgés de presque deux mille ans.

On considère comme sa zone d'origine le Nord de l'Iran, l'Asie Mineure et les îles de Chypre, de Crète et de Rhodes. C'est une essence ligneuse phylogénétiquement très ancienne. Elle a vécu déjà pendant le Pliocène, comme le prouvent des découvertes faites en Bulgarie et en Pologne.

Le rhytidome des Cyprès, gris-brun, mince est peu craquelé. Leurs rameaux se différencient des autres cupressacées par leur forme : à la coupe, ils apparaissent quadrangulaires. Les feuilles sont allongées, obtuses, déprimées et imbriquées, de couleur vert foncé. Les cônes sont aussi grands que des noix du Noyer commun ; de forme ovoïdo-sphérique, ils pendent sur les rameaux courts. Ils sont formés par 8 à 14 écailles. Chaque bractée porte plus de deux graines qui sont munies d'une aile étroite et ronde. Sa croissance la plus connue, en colonne étroite, n'est pas une forme unique de croissance des vrais cyprès. C'est l'apparence de la variété *stricta,* tandis que l'habitus de la variété *horizontalis* rappelle plutôt les cèdres. Ils sont cultivés depuis des millénaires mais, dans les zones septentrionales, ils ne supportent pas les rigueurs de l'hiver. On les fait alors pousser dans des serres. Toutefois, ils ont été cultivés à l'air libre à Kew, en Angleterre, et dans l'île de Mainau, sur le lac de Constance.

C'est un arbre haut de 20 à 30 m, à cime soit étroite et pyramidale, soit large et presque paraploïdale.

habitus pyramidal,
le plus connu, du Cyprès

habitus naturel,
moins connu, du Cyprès

Cyprès de Nootka

Cupressacées
Cupressaceae

Chamaecyparis nootkatensis (D.DON) SUDW.

Les principaux traits de différenciation entre les genres *Chamaecyparis* et *Cupressus,* assez proches, résident dans leurs cônes. Les cônes des *Chamaecyparis* sont petits, ils arrivent à la maturité, pour la plupart, déjà la première année et, derrière chaque bractée, il n'y a que deux graines avec des ailes assez larges et fines. Les rameaux aussi diffèrent : chez les *Chamaecyparis,* ils sont, à la coupe, remarquablement aplatis.

Le Cyprès de Nootka possède des petites branches rondes ou faiblement quadrangulaires, toujours organisées sur le même niveau. Leurs feuilles sont d'un vert égal des deux côtés, écailleuses, parfois un peu pâles en dessous. Les branches, montantes, sont étendues ; les petites branches supérieures, pendantes, sont habituellement organisées à la verticale, si bien que, de loin, elles peuvent donner l'impression de larges franges. Les feuilles écailleuses adhèrent d'une manière très étroite, elles ne s'écartent que sur les ramules supérieurs. Leur crête est soit comme une quille, soit ovale. Les chatons mâles sont jaunes, les cônes sphériques, longs d'environ 1 cm, rouge-brun, poudrés. Ils arrivent à maturité au printemps de l'année suivante. Ils sont formés par 4 à 6 écailles avec des excroissances droites et pointues. Le bois du Cyprès de Nootka présente des propriétés exceptionnelles. Il est très durable, jaune et odorant.

Le Cyprès de Nootka vit sur le littoral Ouest du Grand Nord américain. Il croît abondamment autour de la baie de Nootka, sur les îles du Nord et sur le littoral de l'Alaska, en Colombie britannique et près des bords de l'Oregon. Plus loin à l'intérieur des terres, il croît aussi dans le massif des Cascades, au 44° degré de latitude Nord, habituellement sur les sols humides, sablonneux et sur les terres alluviales. Il n'est venu en Europe que dans les années 1850–1854, en Angleterre. Il est cultivé assez souvent dans les parcs. C'est un arbre haut d'environ 40 m, à cime pyramidale étroite, qui a des petites branches pendantes, disposées à la verticale. Cette essence ligneuse est économiquement importante pour l'Alaska.

Cupressacées
Cupressaceae

Cyprès de Lawson

Chamaecyparis lawsoniana (A. MURR.) PARL.

Le Cyprès de Lawson compte parmi les cyprès qui ont la face inférieure des feuilles marquée par une texture bleuâtre. Les feuilles situées sur les bords des ramules sont plus grandes, carénées, l'ensemble est bien adhérent avec les pointes écartées. Les taches blanches, pas toujours apparentes, suivent les rebords des feuilles latérales. Les branches de ce cyprès sont écartées, mais relativement courtes. Les petites branches supérieures sont distribuées à l'horizontale, de manière superficielle. Ce trait de différenciation assez caractéristique le distingue des cyprès semblables, comme le Cyprès de Nootka dont les branches présentent une distribution plus verticale. Le Cyprès de Lawson diffère également par ses chatons mâles qui sont rouges. Les jeunes chatons femelles sont d'un vert métallique. Les cônes sont sphériques, grands de 8 écailles, avec des excroissances pointues retournées vers l'arrière. Les graines presque sphériques sont ailées. Son bois est léger, durable et odoriférant. Il contient une huile qui était utilisée jadis comme substance médicale diurétique. Elle agit même par simple inhalation pendant les travaux de façonnage de ce bois ! Le Cyprès de Lawson est originaire de l'Ouest de l'Amérique du Nord, d'une petite région près du Pacifique, située au Sud-Ouest de l'Oregon et au Nord-Ouest de la Californie. Il est très répandu dans les vallées de montagnes qui sont encore accessibles à l'air humide de l'océan. Il fut introduit en Europe en 1854 dans les jardins de culture de Lawson à Edimbourg. C'est une essence ligneuse assez variable, aussi bien dans sa croissance que dans la forme de son feuillage. Jusqu'à présent, on a décrit plus de 200 de ses formes horticoles.

Cet arbre pyramidal et étroit, haut de 40 à 60 m, est une essence ligneuse ornementale remarquable, qui résiste aux basses températures, utilisable également pour les cultures forestières dans les pays à climat océanique.

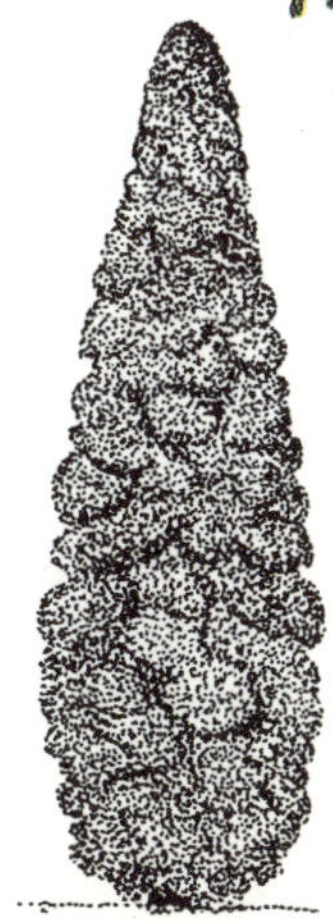
habitus du solitaire des parcs

habitus des peuplements naturels

Cyprès Hinoki

Cupressacées
Cupressaceae

Chamaecyparis obtusa (Sieb. et Zucc.) Endl.

feuillage agrégé du cultivar ' Nana Gracilis '

dessin typique de la face inférieure du rameau

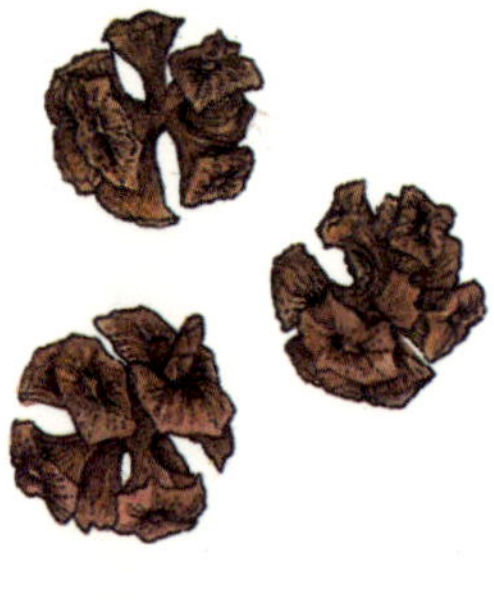

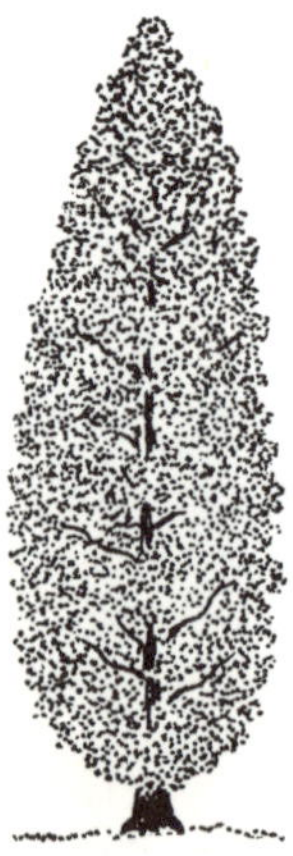

La plupart des Européens ne connaissent cette espèce que dans sa forme horticole 'Nana Gracilis' (voir le détail en couleurs). Dans la nature, il croît comme un arbre robuste, surtout dans le massif montagneux de Kisso au Japon. Il y pousse au fond des vallées, sur les substrats volcaniques désagrégés et sur les terres siliceuses. Il compte parmi les 5 essences ligneuses les plus importantes du point de vue économique au Japon. Son bois servait à la construction de lieux de culte et des palais de la noblesse. Ses formes naines sont très appréciées en Europe mais surtout au Japon, parce qu'il fait partie des essences ligneuses souvent utilisées pour la formation des bonsaï. Il est parvenu en Europe en 1861, en Angleterre en même temps qu'en Hollande. La face inférieure de ses feuilles porte des marques blanches bien apparentes en forme de X. Ses feuilles d'une forme manifestement obtuse, vert foncé sur le dessus, adhèrent bien sur les ramules. Ses branches sont souvent disposées en forme d'éventail. Mais les feuilles situées sur les petites branches principales de croissance sont plus longues, plus pointues, parfois même courbées en forme de serpe. Les cônes poussent individuellement sur de courts pétioles. Ils sont sphériques, ne dépassent pas, à la maturité, la longueur de 1 cm. Brun orangé, ils sont formés de 8 à 12 bractées, aplatis au sommet, ils portent une courte pointe. Les graines ont une aile étroite.

A Formose, croît une variété très haute, *formosana,* qui n'est que rarement cultivée en Europe (à Bayfordbury, en Angleterre, depuis 1910). Jusqu'à présent, on a formé une soixantaine de formes horticoles surtout au Japon, tandis qu'en Occident 15 de ces formes seulement se maintiennent dont 13 naines. C'est un arbre largement pyramidal, haut d'environ 40 m. Au Japon, cette essence ligneuse revêt une importance économique considérable.

Cupressacées
Cupressaceae

Cyprès à pois

Chamaecyparis pisifera (SIEB. et ZUCC.) ENDL.

Le nom même de cette espèce évoque un trait de différenciation très caractéristique : ses petits cônes, longs d'environ 6 mm, rappellent des petits pois. Ce genre, dans sa forme naturelle, se distingue très facilement des autres espèces parce que ses feuilles sont presque identiques sur les faces et sur les bords des petites branches. Elles adhèrent librement et sont les plus pointues de toutes. La texture de la face inférieure est aussi la plus apparente ; ce sont des taches triangulaires blanches et non seulement des tracés en forme de X. Les feuilles broyées dégagent une odeur de résine. Le rhytidome des troncs plus âgés, rouge-brun, reste lisse, mais il s'écaille en fibres et en bandes très étroites. Les cônes sont formés par 10 à 12 bractées, un peu enfoncées, avec un petit mamelon.

Le Cyprès à pois est une essence ligneuse des montagnes japonaises où il croît entre 400 et 1700 m d'altitude sur les latitudes Nord situées entre les 30° et 34° parallèles. C'est une plante très hydrophile qui vit dans la nature sur les terres alluvionnaires au fond des vallées. Il a un beau bois rouge-jaune, moins prisé cependant que celui du Cyprès Hinoki. Il était jadis utilisé aussi bien pour la construction navale que pour la construction hydraulique et qu'en menuiserie. Il a trouvé également sa place dans les cultures des bonsaï.

Il est arrivé en Europe avec le Cyprès Hinoki. C'est une essence ligneuse très changeante. On l'utilise à des fins ornementales dans les jardins. On dénombre déjà, uniquement en Europe, une soixantaine de cultivars, parfois de forme assez bizarre, parfois avec des systèmes de feuilles différents (voir les groupes de cultivars 'Filifera' et 'Plumosa').

C'est un arbre largement pyramidal avec des branches espacées qui atteint, dans la nature, des hauteurs de 25 à 50 m.

ramule du cultivar 'Filifera'

ramule du cultivar 'Plumosa'

Genévrier commun

Juniperus communis L.

Cupressacées
Cupressaceae

Les Genévriers sont des essences ligneuses à feuilles aculéiformes qui diffèrent des autres conifères surtout par leurs pseudo-fruits : les écailles des inflorescences femelles sont charnues, semi-pulpeuses et rappellent des globules. Elles ont une dénomination spéciale : les galbules (*galbulus*). Ses parois se sont formées par une croissance jointe des écailles qui enveloppent directement les graines. Les Genévriers se divisent en une soixantaine d'espèces qui vivent dans l'hémisphère Nord où ils dépassent même le cercle polaire, en Amérique Centrale et au Nyassaland en Afrique.

Le Genévrier commun appartient à la section des oxycèdres (*Oxycedrus*). L'ensemble de ses membres a des feuilles aculéiformes, formées en triples verticilles. Elles ont toutes la face supérieure marquée par les bandes blanches des trachéides. Ces bandes forment chez le Genévrier commun une texture unic plus large que les rebords verts de l'aiguille. Les branches de ce genre de plante sont pour la plupart redressées et les aiguilles piquantes. Les fleurs sont dioïques. Les pseudo-fruits verts pelliculaires sont sphériques, longs de 5 à 9 mm. Ils arrivent à maturité dès la deuxième ou la troisième année. Ils sont alors bleu-gris cendré et enferment trois graines triangulaires et obtuses. Ils contiennent des essences naturelles, des résines, des acides, des sucres et des acides organiques. L'essence naturelle ainsi que le bois ont des effets diurétiques, on les utilise pour désinfecter les voies urinaires..

Le Genévrier commun vit sur l'ensemble de la zone tempérée de l'hémisphère Nord, au sud jusqu'en Afrique du Nord, au sud-est jusqu'à l'ouest de l'Himalaya. Il forme plusieurs races géographiques qui sont parfois considérées comme des espèces indépendantes. La première trace qui concerne sa culture, date de l'année 1560. C'est un arbre élancé à troncs multiples, qui atteint jusqu'à 12 m de haut, mais qui vit le plus souvent dans sa forme arbustive. C'est une essence ligneuse pionnière très importante dans la formation des reliefs naturels, assez plastique du point de vue écologique.

Cupressacées
Cupressaceae

Genévrier de Chine

Juniperus chinensis L.

Juniperus chinensis est un genre de la section des *Sabina* qui présente une double forme de feuillage. Il possède à la fois des feuilles aculéiformes qui poussent par trois tout au long des petites branches et des feuilles à écailles. Les feuilles aculéiformes poussent, en général, sur les ramules plus jeunes, les feuilles à écailles sur les petites branches plus âgées. Les feuilles aculéiformes sont rigides et piquantes longues de 8 à 16 mm. Les feuilles à écailles ont un sommet obtus et elles adhèrent sur les petites branches à la coupe ovale. C'est une essence ligneuse en général dioïque, ou monoïque par exception. Ses fruits ont des formes très changeantes. Ils sont poudreux, de couleur bleu-blanc. Ils arrivent à maturité pendant la deuxième année et contiennent 2 ou 3 graines.

Juniperus chinensis est originaire d'une zone qui couvre les provinces chinoises de Cu-peï, Shen-si, Sseu-tch'ouan, de Mongolie, de Mandchourie, la Corée et le Japon. C'est une essence ligneuse cultivée déjà depuis des siècles, surtout dans ses formes arbustives et naines. Ch. Linné a décrit cette espèce selon l'exemplaire qui vivait déjà avant 1767 dans son jardin à Uppsala. Le jardin de Kew, en Angleterre, possède le premier exemplaire depuis 1804. Aujourd'hui, on distingue au moins une soixantaine de ses formes horticoles, dont par exemple 'Pfitzeriana' compte parmi les espèces les plus cultivées dans nos jardins.

L'horticulteur américain Van Melle étudia minutieusement *J. chinensis* ainsi que ses différentes formes horticoles. Il est arrivé à la conclusion qu'une partie de ceux-ci sont des hybrides résultant de croisements avec le *J. sabina*. Ils dégagent une odeur typique de sabinène. Ces hybrides ont reçu alors le nom de Genévriers intermédiaires (*J.* × *media*), parmi lesquels on classe 'Pfitzeriana'.

Juniperus chinensis se présente soit comme un arbre élancé, mince et pyramidal, soit comme un arbuste assez large. C'est une essence ligneuse ornementale, qui peut être aussi très appropriée, dans quelques-uns de ces cultivars, pour les régions où l'atmosphère est polluée.

ramule fructifère

silhouette de *J.* × *media* ' Pfitzeriana '

silhouette de *J. chinensis*

Genévrier de Virginie

Juniperus virginiana L.

Cupressacées
Cupressaceae

On a décelé très tôt, après la découverte de l'Amérique, que le bois de l'espèce *Eastern red cedar* rouge saumâtre avait très grande valeur. En effet, bien qu'il soit fragile, il est très durable. On l'a utilisé pour la fabrication des crayons classiques, en cosmétique, en ébénisterie et en revêtement mural. Une partie de son bois était utilisée également pour la distillation d'une huile dite « huile de cèdre », parce qu'on l'appelle d'une manière populaire et impropre « Cèdre de Virginie ». Ainsi, ces peuplements, jadis très étendus dans l'Est de l'Amérique du Nord entre la baie d'Hudson et la Floride, jusqu'au Nouveau-Mexique, et aux montagnes Rocheuses, se sont dangereusement réduits. Mais, dans l'immédiat, cette espèce n'est pas encore en danger d'extinction, car elle croîît actuellement dans presque tous les jardins de la zone tempérée de la planète, non seulement dans sa forme d'origine mais aussi dans les nombreuses formes horticoles dont on compte une soixantaine environ. Ce genévrier aurait probablement été introduit en Europe avant 1664. Plus tard, on l'expérimenta aussi comme culture forestière de remplacement sur les terres des ducs de Lichtenstein, en Moravie du Sud.

Ce genévrier possède deux types d'aiguilles : des aiguilles aculéiformes qui poussent sur les ramules en général par deux, et des feuilles à écailles acérées. Les petites branches cylindriques sont remarquablement étroites, d'une épaisseur de 1 mm à peine. Quelques formes horticoles de cette espèce ont une propriété très caractéristique : pendant la période qui marque la fin de l'hiver et le début du printemps, ses petites branches terminales prennent une couleur rougeâtre. Ses fruits sont petits et menus, longs d'environ 5 mm. De forme ovoïdo-sphérique, bleus et poudreux, ils arrivent à maturité la première année et ne renferment qu'une ou deux graines. C'est un arbre haut d'une trentaine de mètres, à cime pyramidale étroite, parfois désagrégée. Ses formes horticoles ne sont souvent qu'arbustives. Cette essence ligneuse revêt une importance économique dans l'Est des États-Unis.

Cupressacées
Cupressaceae

Juniperus horizontalis MOENCH.

Cet arbrisseau a soit de courtes branches latérales qui montent en oblique, soit un ensemble de branches disposées plus ou moins près du sol. On l'a trouvé en Amérique du Nord où il se répand de la Nouvelle-Écosse jusqu'à la province d'Alberta, et, au Sud, jusqu'au New Jersey, au Minnesota et au Montana. Il pousse sur des sols sablonneux ou rocheux soit sur les bords de grands lacs ou de fleuves. Ses feuilles en général squatéiformes se terminent en pointe ou en arête. Pendant la saison de croissance, elles sont bleu-vert ou d'un gris-bleu métallique, tandis que pendant l'hiver et juste avant le printemps, elles deviennent soit de couleur bronze, soit rougeâtres aux extrémités. Mais sur les arbrisseaux poussent également des feuilles aculéiformes qui descendent plus souvent par deux que par trois le long des branches. Ses fruits, longs de 6 à 9 mm, se situent sur les ramules pendants. Ils arrivent à maturité au cours de la deuxième année et contiennent de 2 à 3 graines. Ce genévrier représente une essence ligneuse assez changeante. On dénombre, aujourd'hui déjà, une vingtaine de ses formes horticoles. Il fut introduit en Angleterre aux environs de 1830. C'est un genre que l'on cultive assez souvent. Il est utilisé comme plante de couverture, surtout pour les remblais, les pentes des jardins et autres endroits similaires. Les Genévriers se multiplient en général très bien d'une manière végétative, par les coupes de pousses de préférence en juillet et en août. Dans les cultures modernes bien équipées, on peut le couper toute l'année pour obtenir des pousses. Chez *J. horizontalis,* on voit parfois les vieilles branches s'enraciner. Elles peuvent ainsi être très facilement séparées de l'ensemble d'origine. Cet arbrisseau avec des branches qui se redressent ne dépasse toutefois qu'exceptionnellement la hauteur de 1 m.

pousses jeunes, en hiver rouge-violet

Sabine

Juniperus sabina L.

Cupressacées
Cupressaceae

La Sabine est une plante qui était souvent cultivée dans les jardins des monastères. On en trouve des preuves indiscutables déjà avant 1580. Son utilisation comme plante médicinale pose de nombreux problèmes, parce qu'elle compte parmi les plantes abortives abondamment utilisées. Elle provoqua le sabinisme, intoxication grave, accompagnée d'hémorragies des voies digestives et de lésions rénales. L'essence naturelle du genévrier contient un agent réactif, le sabinole. Il suffit de 6 gouttes seulement pour provoquer la mort. Les extrémités des jeunes ramules séchées servaient également comme drogue ; on les ajoutait aussi dans l'absinthe.

La Sabine est très répandue dans les massifs montagneux d'Europe, des Pyrénées, en passant par l'Europe centrale et méridionale jusqu'en Crimée, au Caucase et, par l'Oural, au Sud de la Sibérie et en Mongolie. En Europe centrale, on le considère comme un « survivant » de la période interglaciaire Riss Würm.

C'est un arbrisseau bas qui forme de larges populations de corps multiples. Il a des branches ascendantes avec de petites branches supérieures denses, couvertes de feuilles squamiformes adhérentes, en contre-plan, longues de 5 à 6 mm. Les feuilles aculéiformes n'apparaissent que sur quelques petites branches. Elles sont alors en triple verticille. Après le broyage, les ramules sentent le sabinole d'une manière assez typique. La sabine est en général dioïque, moins souvent monoïque. Ses fruits globuleux, longs de 5 à 7 mm, couverts d'une cire, se placent sur les petites branches pendantes. Ils arrivent à maturité pendant le printemps de l'année suivante et renferment de 1 à 4 graines. La sabine est souvent utilisée dans les jardins. Il existe déjà une vingtaine de cultivars environ dont le plus connu est sûrement le 'Tamariscifolia', arbrisseau assez bas, de 80 à 100 cm, avec des branches qui se redressent en courbes. Attention, il est vénéneux !

Magnoliacées
Magnoliaceae

Magnolia de Soulange

Magnolia × soulangeana SOUL.

Bien que la plupart des Magnolias, qui forment environ 35 espèces, soient originaires d'une part d'Amérique centrale et d'Amérique du Nord, d'autre part de l'Est de l'Asie et de l'Himalaya, ces plantes restent très étroitement liées avec la France. Leur nom même rend hommage à Pierre Magnol, directeur du Jardin des Plantes de la ville de Montpellier, qui y vécut de 1638 à 1715. Le plus connu des Magnolias, le Magnolia de Soulange, est un hybride créé à Fromont, dans le jardin de M. Soulange-Bodin, par le croisement de *M. denudata* et de *M. liliiflora*.

Le Magnolia de Soulange est un arbuste à feuillage caduc. Ses feuilles, longues de 10 à 15 cm sont ovales, presque elliptiques, duveteuses en dessous. Mais la plus grande qualité ornementale de cet arbuste réside dans ses fleurs dressées droites en forme de tulipes, qui poussent bien plus tôt que les feuilles. Elles sont bisexuées, à rayonnement régulier, avec des périanthes remarquables. Composées habituellement de neuf pétales, elles poussent d'une manière hélicoïdale, mais les pétales sont tellement serrés qu'ils apparaissent comme organisés en trois cercles. La face inférieure des pétales extérieurs est blanche, mais en général marquée par une mince bande de couleur violette. Les pétales intérieurs sont en général violets à la base et leur bande centrale est aussi plus large. A l'intérieur de la fleur, de nombreuses étamines sont disposées de manière hélicoïdale, de même que les pistils situés au sommet de la fleur, qui sont également très nombreux. Le fruit se présente comme une vésicule ; l'ensemble de ces vésicules compose le fruit final en forme de cône.

Les Magnolias sont des essences ligneuses à multiplication très difficile. Les graines, après leur période de repos germent très lentement. Les cultivars de *Magnolia × soulangeana* ne se multiplient que par croisement ou, dans les jardins horticoles modernes, à partir des pousses coupées.

Il forme soit un petit arbre, soit un arbuste à tiges multiples, dont la taille atteint 3 à 9 m. Cette essence ligneuse craint les gelées tardives.

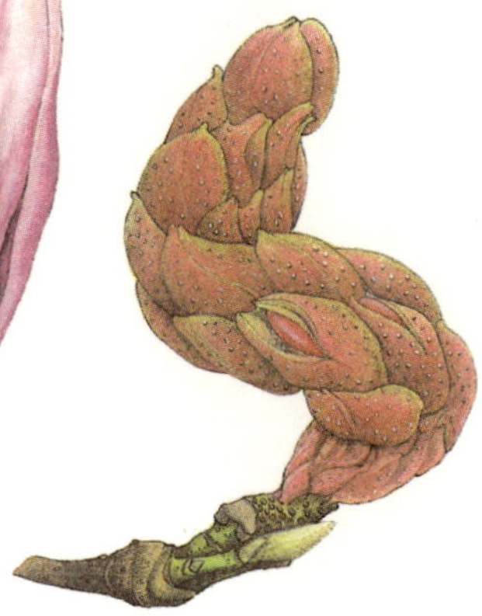

fruit en forme de cône

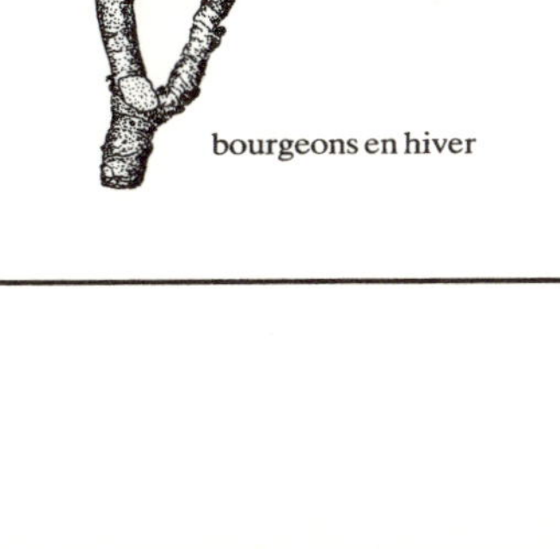

bourgeons en hiver

Magnolia de Bullbay

Magnolia grandiflora L.

Magnoliacées
Magnoliaceae

détail de la fleur de *M. kobus*

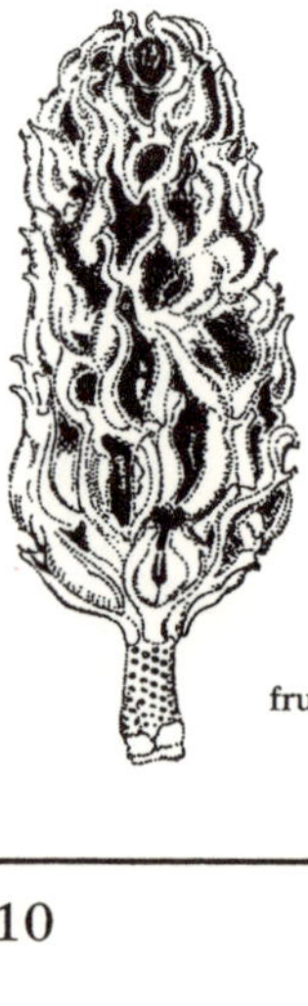

fruit de *M. grandiflora*

Les Magnolias sont des arbres et arbustes semper virens ou à feuillage caduc. Les feuilles simples poussent en alternance, les fleurs sont individuelles. Elles se forment sur les dernières articulations des tiges. Les fleurs de tous les Magnolias sont bissexuées et bien apparentes. Les Magnolias sont spontanés dans deux régions distinctes ; ils ont donc deux centres d'évolution. Les plus anciens et plus originaux viennent d'Asie, et les plus jeunes d'Amérique. Le Magnolia d'Amérique à grandes fleurs, *M. grandiflora,* présente en plus une caractéristique intéressante. C'est un arbre à feuilles semi-décidues. Ses jeunes branches sont brunes et duveteuses. Ses feuilles elliptiques et pointues, longues de 12 à 20 cm, ont la face supérieure brillante, membraneuse vert foncé, la face inférieure est parfois brune, couleur cannelle. Les feuilles persistent jusqu'à la deuxième année. Les fleurs, peut-être les plus grandes de tous les magnolias, sont d'un blanc laiteux, très odorantes et elles atteignent, en pleine floraison, jusqu'à 20 cm de diamètre. *Magnolia grandiflora* fleurit de mai à septembre. Ses cônes bruns peuvent atteindre jusqu'à 10 cm. Ce genre était très répandu à l'origine, dans le sud-est des États-Unis, en Caroline du Nord, au Texas et en Floride. On le cultive depuis 1734, mais il ne tolère pas les rigueurs de l'hiver européen. On le cultive donc le plus souvent en serre. Toutefois, il tolère l'hiver des îles britanniques, mais il n'y croît que très lentement. Il pousse très bien sur la Côte d'Azur.

Par contre, le genre *M. kobus,* originaire du Japon et de Corée, s'habitue très bien aux rigueurs de l'hiver en Europe. Sa floraison est précoce. Il fleurit avant l'apparition des feuilles dès la deuxième moitié du mois d'avril. On distingue nettement son calice et sa corolle. Il est cultivé depuis 1865. *M. grandiflora* forme des arbres semi-décidus qui peuvent atteindre une trentaine de mètres de hauteur ; *M. kobus* à feuillage décidu peut atteindre jusqu'à 25 m.

Magnoliacées
Magnoliaceae

Tulipier commun

Liriodendron tulipifera L.

La zone d'origine du tulipier s'étend sur les terres situées aujourd'hui entre le Massachusetts, le Wisconsin, la Floride et le Missouri. Les peuplements les plus typiques se situaient dans le massif d'Allegheny. Les tulipiers ont pris assez tôt le chemin de l'Europe. Ils comptent parmi les premières essences ligneuses introduites du Nouveau Monde. Leur introduction en Europe date de l'année 1663. L'un des premiers arbres fut cultivé à Fulham en Angleterre.

Les tulipiers sont des essences ligneuses assez anciennes. On connaît des fossiles d'Amérique du Nord et de l'île Sakhaline qui datent des formations du Crétacé. Pendant le Paléogène, ils poussaient aussi en Europe. Aujourd'hui, ne subsistent que deux genres, le Tulipier commun, d'Amérique du Nord (*L. tulipifera*), tandis que la seule autre espèce, le Tulipier chinois (*L. chinense*), ne pousse qu'en Chine. Le Tulipier possède des feuilles alternes, décidues, en forme de selle, qui forment deux lobes de chaque côté. Les fleurs terminales, en forme de cloche, ont trois pétales intérieurs et six pétales corollaires. Les étamines sont nombreuses, de même que les carpelles disposés en forme de toit. Le fruit final qui en résulte rappelle, par sa forme, les cônes des Conifères. Le bois de tulipier a une très grande valeur. C'est un bois de coeur qui prend en vieillissant une couleur foncée. On le désigne comme « peuplier ». Le bois des arbres jeunes est blanc (*White Poplar*), celui des arbres plus âgés est jaune (*Yellow Poplar*), et enfin celui des très vieux spécimens est « bleu » (*Blue Poplar*). En ébénisterie, le bois de placage dit « des îles Canaries » (*Canary Wood, Kanarien Holz*) était très recherché. Ce bois est aussi le bois du tulipier, on l'obtient à partir des parties basses du tronc.

Le tulipier est un arbre à cime conoïde qui peut même atteindre des hauteurs de 60 m. C'est une essence ligneuse d'une valeur exceptionnelle aussi bien pour les jardins que pour les grands parcs, la plus appropriée pour les terres alluvionnaires des littoraux.

couleur de la feuille en automne

Laurier sauce

Lauracées
Lauraceae

Laurus nobilis L.

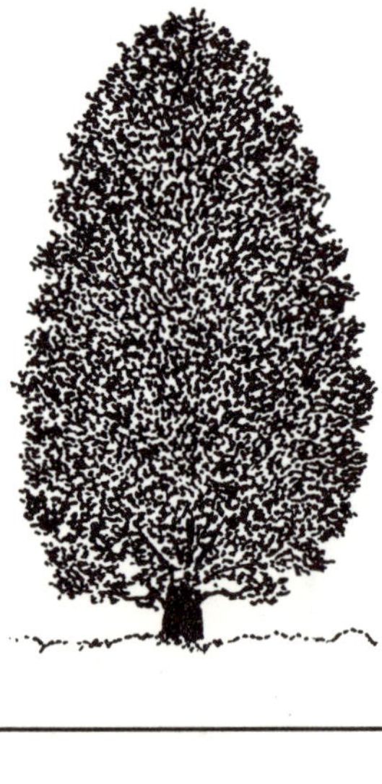

Dans les conditions climatiques de l'Europe centrale ou occidentale, il est presque impossible de rencontrer un Laurier sauce en liberté. On les trouve plutôt dans les halls d'hôtel, dans les serres ou, plus prosaïquement, dans les cuisines. Pourtant, les Lauracées comptent parmi les plantes fort anciennes. Le genre *Laurus* ne fut contraint à se cantonner dans la zone chaude méditerranéenne qu'à l'époque glaciaire, et, même là, il est considéré comme un reliquat du Tertiaire. Cependant, le Laurier sauce accompagne l'homme déjà depuis le début de son ère, et depuis ces temps-là, il fait l'objet d'une culture intentionnelle, non seulement pour son apparence extérieure et pour ses vertus médicinales, mais surtout pour ses qualités culinaires. Ses fruits et ses feuilles contiennent environ 3% d'essences naturelles et 30% de matières grasses. En le pressant, on obtenait un mélange susceptible de provoquer des congestions.

Dans l'Antiquité, le Laurier sauce était une essence ligneuse vénérée, consacrée à Apollon ; ses prêtres portaient des couronnes de laurier. La pythie de Delphes rendait les oracles en mâchonnant du laurier. Plus tard, le laurier fut considéré comme un remède universel contre la peste et comme le plus efficace des fungicides. Les branches et des couronnes de laurier étaient destinées aux poètes et aux vainqueurs. Les étudiants de l'Antiquité étaient décorés de branches de laurier portant des fruits – *bacca laurea coronati,* Ainsi est né le baccalauréat. Afin d'avoir toujours assez de laurier pour toutes ces occasions, on le cultivait en monoculture, ces plantations s'appelaient des *laureta* (d'où le nom de lorette) ; l'une d'elles se trouvait également sur la montagne romaine d'Aventinum.

Le Laurier sauce est un arbuste semper virens. Ses fleurs vert-blanc à quatre pétales forment des ombelles serrées. Ses fruits vert foncé, puis noirs, sont en forme de globules, longs parfois de 2 cm.

Le Laurier sauce forme soit des arbustes assez robustes soit des arbres qui peuvent atteindre la hauteur de 10 m. C'est une essence ligneuse d'une grande valeur historique.

Renonculacées
Ranunculaceae

Clematis vitalba L.

Les vignes blanches sont des essences ligneuses doublement belles, d'abord au moment de la floraison et, pour la deuxième fois, quand les graines arrivent à maturité. Ses akènes ont des appendices plumeux qui leur servent à la dissémination. Les akènes forment de grands ensembles brillants et argentés ce qui donne l'impression d'une deuxième floraison. La vigne blanche forme souvent des lianes ligneuses rampantes, parfois, mais moins souvent, grimpantes, avec des feuilles disposées en contre-plan.

C. vitalba représente l'essence ligneuse la plus répandue parmi les clématites. Ses ramules sont d'abord duveteux, plus tard nus ; ses feuilles sont composées-pennées, formées de trois à cinq folioles longs et pointus. Ses fleurs placées soit à la racine des feuilles, soit au sommet des rameaux, forment de grandes inflorescences. Les fleurs fleurissent de juin à septembre, on trouve alors sur la même plante les akènes arrivant à maturité et des fleurs tardives, à peine écloses. Les fleurs à longs pétioles sont odorantes, mais elles ne sont formées que d'un calice ouvert en forme de couronne, tandis que de vrais pétales manquent. *C. vitalba* est très répandue surtout dans les régions chaudes de l'Europe centrale et méridionale et sur le littoral de l'Atlantique, ainsi qu'en Afrique du Nord. Elle atteint même le Caucase. On la cultive depuis des siècles, par endroits elle est redevenue sauvage. Les pétioles de ses feuilles s'enroulent autour de tout support : ainsi, parvient-elle à grimper parfois jusqu'à la cime des arbres. En Suisse, près de la ville de Davos, *C. vitalba* avait formé un petit peuplement d'environ 500 m^2, très dense, avec de grands épicéas allant jusqu'aux cimes, qui est devenu un parc naturel protégé. Il en va de même de la ville de Sonderheim, en Rhénanie.

Clematis vitalba est une liane ligneuse, haute de 3 à 10 m, avec une tige dont l'écorce s'écaille en fibres.

fruit

Clématite tangutica

Renonculacées
Ranunculaceae

Clematis tangutica (MAX.) KORSH.

Les clématites sont des plantes ayant une aire de diffusion considérable. Bien que de 230 à 400 espèces vivent en grande partie dans la zone tempérée de l'hémisphère Nord, quelques-unes vivent aussi en Tasmanie, en Nouvelle-Zélande et en Amérique du Sud. La Mongolie et la Chine du Nord-Ouest abritent l'une des plus belles clématites, la clématite à petites fleurs, *C. tangutica.* Cette clématite n'est arrivée en Europe qu'en 1890, mais elle est devenue très rapidement la plus prisée de son espèce, qui forme des fleurs jaunes. Elle a des feuilles pennées, parfois même bipennées, avec des folioles à bords dentés. Ses fleurs, grandes de 5 à 8 cm, en forme de clochettes poussent individuellement sur des pétioles remarquablement longs. Ce sont surtout les pétales qui attirent l'oeil : d'un jaune doré éclatant, ils sont effilés et se terminent en pointe. Les pétales de la couronne manquent. Cette clématite fleurit la première fois en juin et souvent une deuxième fois à la fin du mois d'août et en septembre. C'est une liane ligneuse très résistante dont les fruits font des touffes argentées lorsqu'ils arrivent à maturité. Dans les cultures, elle se multiplie à partir des graines.

Aux environs de 1860, l'établissement Jackman à Woking, en Angleterre, est parvenu à former quelques jeunes hybrides résultant d'un croisement expérimental entre les clématites *C. lanuginosa* et *C.* × *hendersonii* hort. Ce cultivar qui a reçu le nom de *C.* × *jackmanii* est à l'origine d'un grand nombre de clématites à grandes fleurs, bien que l'on ait pu assister à la formation, en parallèle, de nombreux cultivars et hybrides produisant des fleurs encore plus grandes avec des couleurs beaucoup plus attrayantes. Les fleurs des vieux spécimens du genre *C.* × *jackmanii,* à 4 ou 6 pétales ou plus, sont en général d'un bleu-violet. Elles commencent à fleurir dès le mois de juillet et durent parfois jusqu'au mois d'octobre.

Cette liane ligneuse à tiges multiples, longues de 3 m et plus, convient pour tous les jardins.

détail de *C.* × *jackmanii* en fleurs

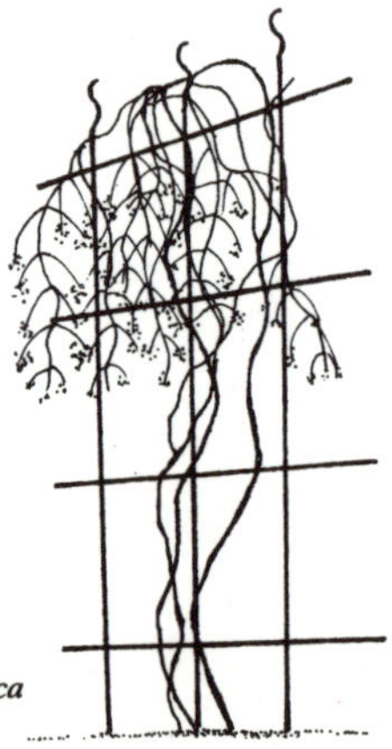

silhouette de *C. tangutica*

Berbéridacées
Berberidaceae

Épine-vinette

Berberis vulgaris L.

Tandis que l'ensemble de la famille des Berbéridacées compte parmi des espèces très anciennes du point de vue phylogénétique, ayant ses origines au Crétacé, nous ne trouvons les premiers fossiles du genre *Berberis* proprement dit que dans les couches qui datent du Néogène assez tardif.

Le genre *Berberis* est très diversifié. Plusieurs centaines d'espèces de ce genre vivent en Asie, en Amérique du Nord et du Sud, en Afrique et en Europe. L'Épine-vinette constitue le représentant européen le plus répandu. C'est l'essence ligneuse décidue la plus commune des pentes et des plaines ensoleillées et elle forme des peuplements arbustifs très caractéristiques. Chez cet arbuste épineux, les épines tripartites très caractéristiques sont à l'origine des feuilles transformées en épines. De leur base poussent alors de très courts rameaux axillaires, les brachyblastes, avec des feuilles vertes, réunies en faisceaux, qui assurent la photosynthèse.

L'Épine-vinette est une plante dont l'usage médical a une longue tradition. Elle contient toute une série d'alcaloïdes, surtout la berbérine, l'oxyacantin et la berbamine, surtout dans son écorce. Une administration de petits morceaux de cette écorce, en petites quantités, provoque des réactions laxatives, polyurétiques et biliaires, mais, en grande quantité, elle peut provoquer une paralysie des centres respiratoires et moteurs. Naturellement, on ne peut l'utiliser que sur avis médical. On la cultivait également pour ses fruits, globules rouges ovales, qui contiennent une petite quantité de vitamine C et d'acides organiques. Mais même l'utilisation de ces fruits exige une certaine attention, bien qu'on soit arrivé à sélectionner quelques clones à grands fruits qui servent même à la préparation des confitures. Le rhytidome de l'Épine-vinette est aussi utilisé dans la tannerie qui l'emploie comme colorant jaune.

L'Épine-vinette forme des arbustes épars à cime irrégulière, qui peuvent atteindre une hauteur de 2,5 m. C'est une essence ligneuse des lisières de forêts et des terrains ouverts.

ramule en hiver

Berberis thunbergii DC.

Berbéridacées
Berberidaceae

Dans nos jardins, on cultive très souvent *Berberis thunbergii,* originaire de l'Est de l'Asie. Le premier Européen qui ait mentionné son existence était un médecin suédois, Thunberg, qui l'avait remarquée en 1794 au Japon. Pourtant, cette espèce ne fut pas introduite en Europe avant 1864.

Les jeunes rameaux de cette espèce sont pelés, les fleurs sont groupées en faisceaux de 2 à 4, pendant sur des pétioles élancés. Elle fleurit en mai et en juin. Ses fleurs sont, comme chez l'ensemble des berbéris, hermaphrodites régulières, allant par trois. Chaque fleur possède 6 pétales corollaires et 6 pétales de tégument qui ont, sur leur face supérieure, près de la base, deux cycles internes nectarifères. Les faisceaux de feuilles poussent en alternance sur les brachyblastes. Les feuilles sont épineuses, à pointe relevée, vert clair, souvent rougeâtres. Les colorants rouge et violet apparaissent très nettement sur les feuilles du cultivar 'Atropurpurea' (illustration principale). La couleur des feuilles contraste alors singulièrement avec la couleur jaune des fleurs. Il est intéressant de noter que la prédisposition des feuilles à devenir rouge foncé est génétiquement héréditaire : on la voit chez les graines des individus à feuilles rouge foncé.

Les Épines-vinettes décidues sont des essences ligneuses très ornementales. Mais elles ont toutefois une propriété assez désagréable : outre le fait qu'elles contiennent les alcaloïdes des Épines-vinettes, elles hébergent la rouille du blé (*Puccinia graminis*). Il faut donc éviter de les planter près des champs de blé.

Berberis thunbergii forme un arbuste à cime compacte et fermée atteignant parfois 2,5 m de hauteur. C'est une essence ligneuse de valeur pour les jardins, surtout dans la forme de son cultivar à feuilles rouges.

Berbéridacées
Berberidaceae

Berberis julianae C. K. Schneider

On compte parmi les Épines-vinettes plus de 20 espèces semper virens ou semi-décidues. L'espèce chinoise *Berberis julianae* semble être le plus prisée dans les parcs et jardins occidentaux. C'est une essence ligneuse très ornementale à feuilles alternes, tannées et remarquablement dentées. Leur face supérieure est d'un vert foncé brillant, la face inférieure étant beaucoup plus claire. Elles sont ovales et lancéolées. Tant que l'arbuste n'est pas touché par de fortes gelées, les feuilles persistent au-delà d'une période végétative. Les feuilles plus anciennes se différencient par leur couleur des feuilles jeunes. Les jeunes ramules, gris-brun jaunâtre, sont faiblement quadrangulaires. Le bois de cette espèce est aussi d'une couleur jaune très prononcée, beaucoup plus que chez les autres Épines-vinettes : c'est pourquoi l'on appelle parfois *B. julianae* l'Épine-vinette à bois jaune. Elle fut découverte par l'expédition de Wilson en Chine centrale et introduite en Europe en 1900 seulement. Elle est devenue très vite populaire parce qu'elle vraiment très persistante. Cet arbuste est aussi remarquable, outre la texture intéressante de ses feuilles, pendant la période de la maturité de ses fruits gris-bleu et pelliculaires. En culture, elle se reproduit bien à partir de ses graines.

Les épines de ces épines-vinettes sont cependant assez dangereuses. On devrait donc éviter de les planter à proximité des espaces de jeux réservés aux enfants. Certaines personnes supportent aussi assez mal l'odeur de ses fleurs, qui attire, par contre, les insectes qui viennent toucher les étamines qui sont, chez l'ensemble des épines-vinettes, éjectables. Après l'excitation, elles se soulèvent brusquement en se resserrant. De cette manière, le transfert du pollen est assuré par les insectes. L'excitation des étamines peut être provoquée également artificiellement avec une aiguille.

Cette épine-vinette semper virens forme un arbuste à ramification large, qui peut mesurer environ 2 m, bien approprié pour la formation de groupes et de haies.

Mahonia

Mahonia aquifolium (PURSH) NUTT.

Berbéridacées
Berberidaceae

Le Mahonia possède en commun avec le Houx non seulement la forme de ses feuilles et de ses folioles, d'où son nom, mais il accompagne de la même manière l'homme dans sa vie. Ses feuilles ornementales, rigides, tannées et imparipennées font indiscutablement partie intégrante et indissociable des bouquets et des couronnes de fleurs. Tandis que le Houx fait plutôt partie de la décoration florale des fêtes de Noël, les Mahonias ne doivent pas manquer dans la composition des bouquets et des couronnes florales funéraires. A l'origine, le Mahonia est très répandu dans la zone proche du Pacifique de l'Amérique du Nord, Colombie britannique, Oregon, Californie, jusqu'à l'Arizona. Sa culture, pas encore très ancienne, date seulement de 1823. Son nom lui vient d'un jardinier américain célèbre d'origine irlandaise, Bernard M'Mahon (1775–1816).

Les Mahonias sont des essences ligneuses à feuillage persistant, avec des fleurs hermaphrodites et régulières, organisées selon la loi de trois : neuf pétales de tégument par trois dans les trois cercles, six pétales corollaires en deux cercles ; même les étamines forment deux triples cercles. Les fleurs fécondées se transforment en globules pulpeux bleu foncé. Le jus de ces fruits servait en Amérique du Nord, dans la préparation d'un « vin » populaire. On l'utilisait aussi parfois comme adjuvant à la coloration du vin rouge.

Dans la nature, le Mahonia pousse sur les sols humides et perméables, souvent aussi dans les éboulis rocheux et dans les fentes rocheuses bien pourvues en eau. Ses exigences écologiques doivent également être respectées lors de sa culture. Il supporte bien les basses températures et les émissions nuisibles ; il repousse bien après la coupe. Toutefois, comme les berbéris, il peut héberger la rouille de blé.

C'est un arbrisseau assez bas, à feuillage persistant, qui atteint de 0,5 à 1 m, il convient pour les haies basses et pour la garniture des sols.

Aristolochiacées
Aristolochiaceae

Aristoloche

Aristolochia macrophylla LAM.

On a trouvé des fossiles de représentants des Aristolochiacées dans les couches des terrains secondaires en Amérique du Nord. Les Aristoloches ont vraisemblablement des ancêtres communs avec les Magnolias, bien qu'aujourd'hui les plantes de ces deux familles diffèrent sensiblement. Les aristoloches sont des plantes grimpantes aussi bien ligneuses qu'herbacées ou, mieux, des plantes enveloppantes. Leurs feuilles sont alternes, pétiolées, à lames simples entières, cordiformes et cartilagineuses. Leur tissu recèle des sesquiterpènes, des terpènes cycliques et des glucosides, tel le carbonate de la quinine, etc. L'aristoloche herbacée d'Europe est une plante médicinale, dont la fane accélère la guérison des plaies. *Aristolochia macrophylla* pousse en Amérique du Nord. Son aire de diffusion couvre la zone qui s'étale entre les États de Pennsylvanie, de Géorgie, et à l'Ouest jusqu'au Minnesota et au Kansas. Elle fut introduite en Angleterre en 1783. On la cultive en tant que liane décorative qui convient comme plante de couverture des murs, des arcades et des tonnelles. Mais pour cela, il faut lui préparer des structures d'appui parce qu'elle ne possède pas de rhizomes adventifs. Elle ne peut monter qu'en enveloppant sa construction de soutien. Ses grandes feuilles forment un toit compact. Elles provoquent toujours une impression d'exotisme. Elles abritent dans leurs aisselles des fleurs intéressantes du point de vue biologique. En forme de pipe, elles sont hermaphrodites et symétriques. Au moment de la floraison, ces plantes émettent une odeur peu agréable qui attire les insectes. Ceux-ci essaient de pénétrer à l'intérieur de la fleur en forme de siphon. Cette fleur les retient pour un moment prisonniers à l'intérieur et facilite ainsi la pollinisation. L'Aristoloche fleurit en mai. Ses fruits ont la forme de capsules rappelant une poire.

L'*Aristolochia macrophylla* est une liane qui grimpe en tournant et qui peut atteindre de 3 à 10 m de long. C'est une essence ligneuse de couverture, très résistante, convenable pour les substrats plus humides.

détail de la fleur

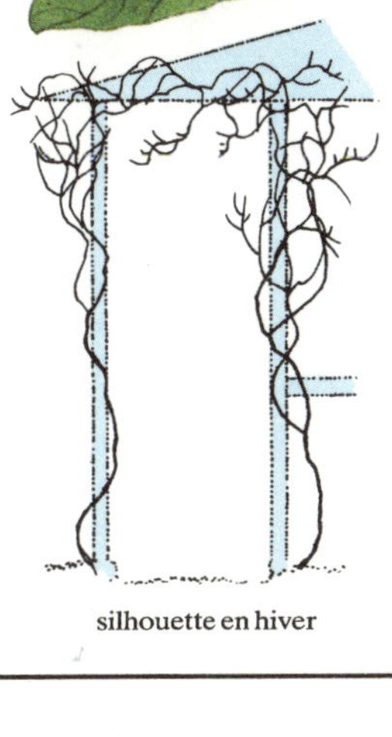

silhouette en hiver

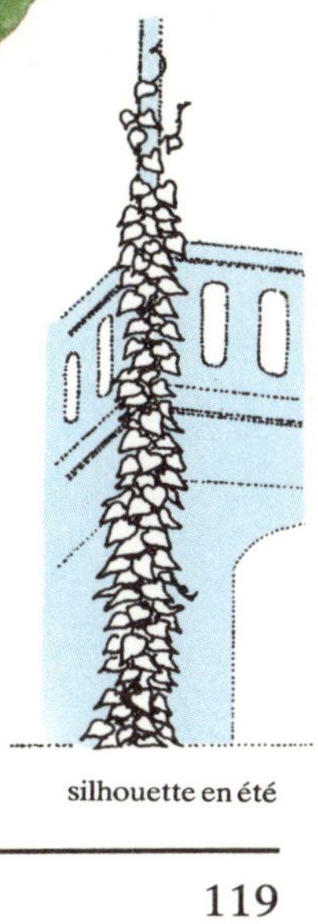

silhouette en été

Cercidiphyllum japonicum Sieb. et Zucc.

Cercidiphyllacées
Cercidiphyllaceae

Il y a des essences ligneuses qui captent notre attention par leur croissance, d'autres par la texture ou la couleur de leurs feuilles, d'autres encore par la beauté et le parfum de leurs fleurs ou même par leurs fruits. Mais il n'y a qu'une essence ligneuse qui soit remarquable par la chute de ses feuilles. Les feuilles tombées sont pendant quelques heures après leur chute très odoriférantes. C'est une odeur inattendue dans la nature : l'odeur délicieuse d'un gâteau frais, sortant juste du four. Cette odeur nous permet de trouver *Cercidiphyllum japonicum* même au fond de la forêt, même caché dans un peuplement très dense.

Cercidiphyllum japonicum est un arbre à feuilles caduques, originaire de l'Est de l'Asie. Il pousse au Japon et, dans sa variété chinoise (*sinense*), en Chine. Le premier arbre fut introduit en Europe en 1865, sa variété chinoise fut découverte en 1910 par l'expédition de Wilson. Les deux produisent des arbres hauts et majestueux. L'expédition de Wilson trouva même un spécimen avec 16 m de circonférence de tronc, ainsi que des individus dont la hauteur dépassait 40 m.

Ses feuilles, arrondies, cordiformes, pointues, à longs pétioles, rappellent les feuilles de l'arbre de Judas (de la famille des *Cercis,* d'où son nom). Ses feuilles sont opposées ou presque opposées, au sommet des ramules presque alternes. Les jeunes feuilles sont brun-bronze, puis vert clair pour devenir, avant la chute, jaune doré. Les fleurs sont unisexuées, les chatons mâles presque sessiles, avec de minces filaments et des anthères singulières, roses et hachurées. Les fleurs femelles ont de longs styles. Elles fleurissent avant l'apparition des feuilles, en même temps que les érables. Les fruits sont des vésicules à plusieurs graines.

C. japonicum forme, dans ses aires d'origine, des arbres hauts et majestueux (40 m) ; en culture, il ne dépasse pas encore une vingtaine de mètres. C'est une essence ligneuse ravissante, plantée en général en solitaire.

Hamamélidacées
Hamamelidaceae

Hamamélis de Chine

Hamamelis mollis OLIV.

Les ancêtres du genre *Hamamelis* vivaient, il y a environ une soixantaine de millions d'années, sur les territoires de la France d'aujourd'hui et en Amérique du Nord. Le premier Hamamélis récent fut introduit en culture il y a 250 ans. C'était l'Hamamélis américain, *H. virginiana.* L'Hamamélis de l'Est de l'Asie, *H. mollis,* appelé improprement aussi Noisetier de sorcière, est cultivé depuis 1879. Les Hamamélis sont très prisés dans les jardins et dans les parcs non seulement pour leur apparence mais aussi à cause de l'époque de leur floraison qui est assez inhabituelle. *Hamamelis virginiana* fleurit en automne, avant la tombée des feuilles et *Hamamelis mollis* à la fin de l'hiver, en février et en mars.

Hamamelis mollis est un arbuste décidu à feuilles simples et alternes, cordiformes à la base, à pétioles courts. Quelques arbrisseaux jaunissent en automne, les autres deviennent brun-rouge. Les ramules, les bourgeons et les feuilles sont très velus, presque feutrés. Les fleurs régulières vont par quatre. De couleur jaune doré, elles sont hermaphrodites et possèdent de minces pétales corollaires, longs de 2 à 3 cm. *Hamamelis mollis* est très répandu dans l'Est de l'Asie et dans les provinces chinoises de Hupeh et Kiang'si. Il pousse entre 1300 et 2100 m d'altitude. Au XXe siècle, on a croisé *H. mollis* avec *H. japonica.* L'hybride ainsi créé (*H. × intermedia*) compte parmi les espèces les plus cultivées d'hamamélis dont on élève aujourd'hui une trentaine de cultivars.

H. virginiana était une plante médicinale des Indiens. Il fait partie, jusqu'à nos jours, des plantes utiles pour la médecine. La substance qu'il recèle, le *folium hamamelidis,* contient 10% de tanin d'hamamélitane, qui a des effets antiseptiques et astringents. *H. virginiana* forme soit des arbustes bien ramifiés, soit des arbres bas, d'une hauteur de 4 à 10 m. C'est une essence ligneuse d'ornement.

détail de la ramule en fleurs
de *H. virginiana*

Fothergilla gardenii MURRAY

Hamamélidacées
Hamamelidaceae

Les essences ligneuses du genre *Fothergilla* sont des arbustes à feuillage caduc. Ses feuilles alternes rappellent un peu par leur forme les feuilles des aulnes. Charles Linné lui donna ce nom en hommage à John Fothergilles, médecin anglais du XVIIIe siècle qui avait importé en Europe beaucoup de plantes exotiques. Les représentants fossiles de ce genre sont connus comme venant des formations du Crétacé même en Europe. L'aire de diffusion naturelle de ses quatre espèces récentes se limite seulement au Sud-Est de l'Amérique du Nord, à la Virginie, la Caroline et la Géorgie.

Bien que les fleurs des Fothergillas soient sans corolle, elles sont très ornementales. Un grand nombre d'étamines possède des filaments blanchâtres terminés par des anthères jaunes. Les fleurs forment des inflorescences terminales très denses qui rappellent les osiers. Les fruits sont discrets, en forme de capsules feutrées.

Fothergilla gardenii est cultivé dans les jardins depuis 1765. *F. major* est une espèce très proche, bien que considérée seulement comme une variante. Les différences entre ces deux arbustes sont minimes, tant dans la grandeur des feuilles que dans leur croissance. Ils poussent bien sur les emplacements ensoleillés, sur des terreaux humides et acides. On peut les multiplier en coupant des pousses au mois de juin. Arbuste compact, *F. gardenii* est parfois sinueux.

F. gardenii monte jusqu'à 1 m, tandis que l'espèce *F. major* peut atteindre 3 m. Ce sont des arbustes de collection.

Hamamélidacées
Hamamelidaceae

Copalme d'Amérique

Liquidambar styraciflua L.

Le genre *Liquidambar* comprend quatre espèces qui vivent en Amérique du Nord, en Amérique centrale, en Asie Mineure, en Extrême-Orient, en Chine et à Formose. Ce sont des arbres à feuillage caduc, dont les feuilles ressemblent aux feuilles d'érables. Mais, à la différence des feuilles d'érables articulées et disposées en contre-plan, les feuilles des copalmes, qui possèdent de 3 à 7 lobes, sont alternes. L'écorce du Copalme d'Amérique, seule espèce qui vit encore dans les zones un peu plus froides, est profondément sillonnée et elle a parfois des liteaux de liège. Ses feuilles lobées et articulées, longues de 10 à 18 cm sont larges et pelées. Leurs lobes sont très pointus et les pétioles longs de 6 à 10 cm. Les fleurs forment des inflorescences en forme de chou. Elles fleurissent en mai et n'ont ni périanthe ni calice et couronne. Les fruits de couleur brune ont la forme de capsules.

Le Copalme d'Amérique est cultivé depuis 1681, après son introduction des États-Unis. En automne, il est vraiment splendide, quand ses feuilles se teintent de pourpre violacé et de jaune. Malheureusement, il craint beaucoup les rigueurs de l'hiver en Europe centrale, surtout ses jeunes arbres, qui gèlent. L'autre espèce, le Copalme d'Orient (*L. orientalis*) originaire d'Asie Mineure et du Proche-Orient, est encore plus fragile. *Liquidambar orientalis* répand, après l'entaille, un baume très odorant, le styrax, qui contient jusqu'à 50% d'alcool de résine, de l'acide cinnamylique, de l'alcool cinnamique, de la vanilline et encore beaucoup d'autres substances. On l'utilisait comme médicament. Son odeur était souvent comparée à celle de l'encens. *Liquidambar* signifie, en espagnol, ambre liquide. Les feuilles broyées de *L. styraciflua* dégagent un parfum suave de résines odoriférantes.

Les Copalmes qui atteignaient, à l'origine, 45 m de haut, poussent en Europe jusqu'à 25 m. Cette essence ligneuse ornementale mais fragile résiste mal aux basses températures.

fruit se desséchant

Platane d'Occident

Platanus occidentalis L.

Platanacées
Platanaceae

Bien que la taille de ces arbres et la forme de leurs feuilles portent un observateur non averti à chercher la parenté des Platanacées avec les érables, les platanes, ces arbres majestueux, ont plutôt des ancêtres communs avec des essences ligneuses de la famille des Hamamélidacées. On les classe en général en tant qu'ordre indépendant, avec une seule famille ayant un seul genre. On recense environ 6 ou 7 espèces de platanes qui vivent sur la côte Est de l'Amérique du Nord, jusqu'au Mexique, puis au Sud-Est de l'Europe, des Balkans jusqu'en Asie centrale et en Inde. On connaît des espèces fossiles des Platanacées qui viennent du Crétacé. A cette époque, ils vivaient même dans les zones qui sont devenues aujourd'hui arctiques. Plus tard, pendant le Tertiaire, les Platanacées ont couvert presque l'ensemble de l'hémisphère Nord.

Le plus connu parmi les platanes nord-américains est le Platane d'Occident (*P. occidentalis*). A l'origine, il était répandu sur la côte Est de l'État du Maine, jusqu'en Floride, et, vers l'Ouest, jusqu'au Texas. Les peuplements les plus grands se situaient sur le littoral du Mississippi où ils atteignaient même des hauteurs de 60 m. Cette espèce est cultivée depuis 1640. Cependant, le Platane d'Occident n'est cultivé, pour la plupart, qu'aux États-Unis. La majorité des platanes cultivés en Europe est considérée soit comme des descendants, soit comme appartenant même à l'hybride nommé *Platanus* × *hybrida.*

Le Platane d'Occident a des feuilles qui ressemblent aux feuilles d'érable, qui ont de 3 à 5 lobes mais découpés d'une manière peu profonde. Ses fleurs sont mâles et femelles. Les arbres sont monoïques, les inflorescences denses et sphériques pendent sur de longs pétioles. Les fleurs vont par 3 à 8. Les fruits sphériques se composent d'une grande quantité de noisettes à une seule graine. Son écorce se détache par petites plaques. Les Platanes sont des arbres majestueux, qui peuvent atteindre de 40 à 50 m de haut, avec une cime large. C'est un arbre d'une haute valeur pour les grands parcs.

Platanacées
Platanaceae

Platane à feuilles d'érable

Platanus × *acerifolia* (AIT.) WILLD.

Ce platane est le plus répandu en Europe. On ne connaît pas exactement la date de sa création, mais il est vraisemblable qu'il a été créé avant 1700 par le croisement entre le Platane d'Occident et le Platane d'Orient (*Platanus orientalis*), connu aussi à tort comme le sycomore. Originaire du Sud-Est européen et de l'Asie Mineure, en dehors de sa zone d'origine, où il est également abondamment cultivé, il n'est que peu représenté dans les parcs européens. Ses caractéristiques principales sont d'abord son écorce qui se détache par grandes plaques, ses feuilles qui sont profondément lobées, et surtout son fruit sphérique : en général, ses fruits pendent par 3 ou 4 sur le même pétiole.

Le Platane à feuilles d'érable porte les caractéristiques de ses deux parents. Les fruits sont groupés par deux, remarquablement hérissés par leurs poils qui dépassent. Les lobes de ses feuilles se situent, par leur forme, entre les lobes du Platane d'Occident et du Platane d'Orient, son rhytidome se détache en plaques médianes. Toutefois, toutes les caractéristiques sont très variables.

Les Platanes ont un bois très dur, très persistant. Leur rhytidome se détache en plaques, mettant à nu une écorce souvent encore vivante, de couleur gris-vert clair, ce qui provoque une marqueterie bien typique des arbres. Les Platanes font souvent partie des parcs et ils bordent des allées non seulement à cause de leur croissance majestueuse mais aussi à cause de la texture de leur cime. Mais cette culture entraîne aussi un risque non négligeable : les poils des jeunes feuilles et des fruits se répandent et peuvent provoquer, chez certaines personnes, des phénomènes allergiques profonds, des conjonctivites et des inflammations des centres respiratoires. On doit éviter de planter les platanes à proximité des terrains de jeux des enfants.

Au cours des dernières années les recherches botaniques ont prouvé que le seul nom correct pour le Platane à feuilles d'érable soit *Platanus hispanica* Mill. ex Münch. Il semblerait qu'il s'agisse d'une espèce d'origine, descendant du platane *Platanus aceroides* (Goepp.) Heer.

détail de l'écorce

Orme diffus

Ulmacées
Ulmaceae

Ulmus laevis PALL.

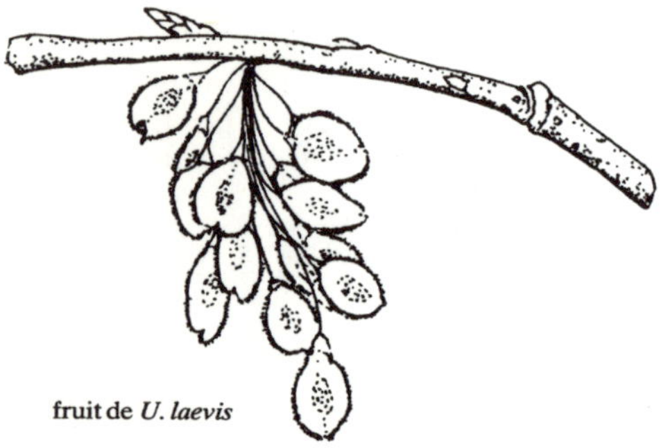

fruit de *U. laevis*

L'Orme diffus représente une essence ligneuse européenne typique dans les forêts humides et peuplements mêlés au bord des rivières. Il est aussi, depuis des siècles, un arbre de culture, très prisé dans les grands parcs et jardins non seulement à cause de sa cime large mais aussi pour la couleur de son feuillage qui devient en automne d'un jaune doré remarquable. Ses feuilles décidues sont alternes, à lames singulièrement asymétriques. Les fleurs se forment avant la pousse des feuilles en faisceaux. Elles ont de longs pétioles, et elles sont pendantes et hermaphrodites. Le périanthe est campanulé avec 6 à 8 pétales non différenciés et avec 6 à 8 étamines. Les fruits sont des akènes entourés par des gaines membraneuses poilues.

Cette espèce est très répandue dans le centre et au Sud de l'Europe et dans les régions proches de l'Asie. L'orme le plus proche de cette espèce est l'Orme d'Amérique (*U. americana*), originaire de la zone nord-américaine située entre Terre-Neuve et la Floride, allant vers l'ouest jusqu'aux montagnes Rocheuses. Les deux ormes présentent beaucoup de similitudes du point de vue morphologique. Mais les feuilles de l'Orme diffus sont plus larges dans la partie haute de leur lame. Elles sont, au moins pendant leur jeunesse, très duveteuses. Les bourgeons sont longs et pointus. Les feuilles de l'Orme d'Amérique sont plus larges dans leur partie médiane et, dessous, elles sont le plus souvent presque pelées. L'Orme d'Amérique est cultivé depuis 1752.

L'Orme diffus résiste assez bien à la graphiose. Il se multiplie mieux de manière générative, bien que ses graines perdent, à la maturité, la faculté de germer pendant quelques jours.

Ce sont de grands arbres : l'espèce européenne peut atteindre une hauteur de 30 m et l'espèce américaine un peu plus de 40 m, à cime très large, avec des groupements singuliers de jeunes pousses à la base du tronc.

Ulmacées
Ulmaceae

Orme lisse

Ulmus minor MILL. emend. RICHENS

L'Orme lisse était autrefois une essence ligneuse de la plus haute importance. Il fournissait à l'ébénisterie un bois de placage de grande valeur grâce à sa texture caractéristique. L'Orme lisse est très répandu dans les dépôts alluviaux où on le trouve en peuplements mixtes avec le Chêne, l'Aulne et le Peuplier noir. Les Ormes coexistèrent pendant des millénaires avec des hôtes indésirables, des coléoptères du genre des Scolytidés, et ils se protégeaient toujours contre les invasions des champignons parasites qui propageaient la maladie hollandaise de l'Orme (*Ceratocystis ulmi*) que les coléoptères transmettaient aux tissus conducteurs des ormes. Mais les dix premières années du XXe siècle ont vu déferler la première grande vague de maladie des Ormes, la graphiose, provoquée par ces champignons. On ne réussit à l'enrayer que partiellement, et la deuxième vague qui survint entre les années 60 et 80 provoqua des catastrophes. En 1975, quelques pays ont été amenés à constater le dépérissement de 98% de l'ensemble de leurs Ormes lisses. La graphiose sévit d'abord dans les plaines puis, plus tard, elle atteignit même des peuplements montagneux. Elle frappait non seulement l'Orme lisse, mais aussi d'autres espèces d'ormes. Les pronostics demeurent pessimistes bien que, dans certains pays, on ait employé des moyens considérables pour en venir à bout. En Grande-Bretagne, on a tenté de protéger les arbres par des injections de fongicides, sans grand succès.

L'Orme lisse est une essence ligneuse décidue à feuilles alternes, asymétriques et nues. Les ramules sont également dénudés. Les samares sont des fruits aux ailes membraneuses qui mûrissent en mai. En Angleterre, *U. procera* constitue l'espèce la plus répandue. Ses akènes sont également placés dans la bordure membraneuse près du sommet, mais la face supérieure de ses ramules duveteux est le plus souvent rugueuse.

Les Ormes sont des arbres hauts. L'Orme lisse atteint 30 m de haut, *Ulmus procera* de 40 à 50 m. Ce sont d'importantes essences ligneuses d'Europe, aujourd'hui sur le déclin.

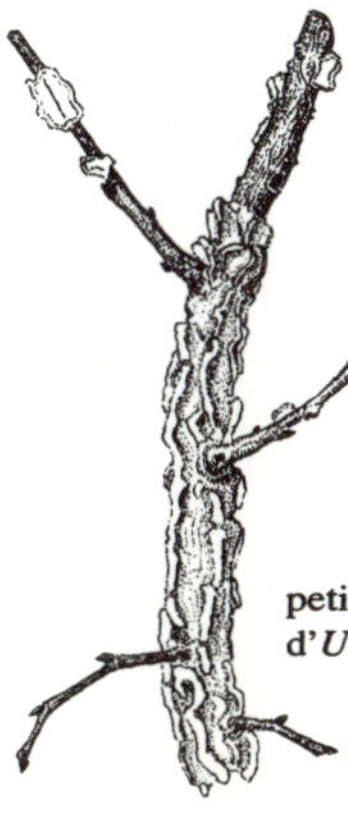

petite branche d'*U. minor* en hiver

silhouette de *U. minor*

silhouette de *U. procera*

Orme à larges feuilles

Ulmacées
Ulmaceae

Ulmus glabra Huds.

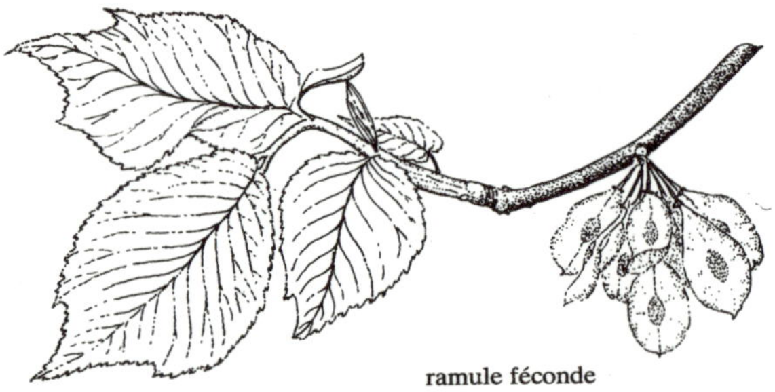

ramule féconde

L'Orme à larges feuilles représente la deuxième espèce européenne d'ormes atteints par la graphiose, bien qu'il arrive encore, par endroits, à lui résister. Sa résistance est favorisée par le fait qu'il s'agit d'une essence ligneuse d'altitude qui croît par exemple dans le massif montagneux des Carpates à une hauteur de plus de 1000 m. Il était à l'origine, très répandu dans la majeure partie de l'Europe du Nord et du centre, y compris en Grande-Bretagne, surtout dans les terres accidentées et rocheuses, dans les forêts mixtes, mais en général d'une manière éparse seulement. L'altitude élevée, ainsi que ses peuplements épars, constituèrent, dans la première phase de l'épidémie, autant de facteurs naturels de protection. Les caractéristiques typiques de cette espèce se retrouvent dans ses différentes dénominations : *glabra* désigne son écorce bien lisse, le synonyme *scabra* désigne ses feuilles rugueuses et *montana* les emplacements montagneux où il vivait.

L'Orme de montagne possède un tronc fort, qui rétrécit un peu en hauteur. Ses ramules brun-rouge sont couverts de poils et ses jeunes branches sont dépourvues de liège. Ses feuilles caduques et alternes sont minces et molles, arrondies à la base et asymétriques. Longues de 9 à 15 cm, elles portent un grand nombre de paires de canaux latéraux (jusqu'à 20). Dentelées sur leur pourtour, elles ont souvent trois lobes près du sommet. Ses fleurs réunies en inflorescence sont sessiles, elles s'ouvrent avant les feuilles, au début du mois d'avril. Elles sont hermaphrodites et ont de 4 à 6 pétales de périanthe et de 5 à 6 étamines. Les samares arrivent à maturité très tôt en juin. L'akène se trouve le plus souvent au milieu d'une aile membraneuse ou placé à une distance environ du double de la grandeur de la graine par rapport à la bordure frontale de l'aile et germe tout de suite.

Cet arbre à cime haute atteint parfois 40 m de haut. C'est une essence ligneuse forestière européenne très importante, surtout pour l'utilisation de son bois.

Ulmacées
Ulmaceae

Micocoulier

Celtis occidentalis L.

La dénomination antique des arbres à fruits sucrés a servi de point de départ pour déterminer le nom scientifique du genre *Celtis*. Pourtant, seuls les fruits de l'autre micocoulier (*Celtis australis*) sont partiellement sucrés, ce qui n'est pas le cas des autres espèces.

Le Micocoulier est une essence ligneuse à feuilles caduques dans les zones tempérées, ou à feuilles persistantes dans les zones tropicales. Elles ont une structure veineuse bien caractéristique : de la base de la feuille, près de l'emplacement du pétiole, partent les trois veines principales. L'écorce du Micocoulier est excentriquement écailleuse et profondément sillonneuse. Les ramules sont peu poilus, tachetés de blanc. Les feuilles alternes, longues de 6 à 12 cm, sont faiblement cordiformes à la base, fortement dentelées. Le bord reste entier et uni seulement près du sommet. Leur face supérieure est dénudée, la face inférieure reste duveteuse seulement sur les veines. Les fleurs à pétioles longs vont par six et sont bisexuées ; parfois on observe des fleurs mâles séparées. Il fleurit à la fin du mois de mai. Les fruits sont des drupes sphériques, longs environ de 1 cm ; à la maturité, ils deviennent brun orangé.

Le Micocoulier est originaire d'Amérique du Nord d'une zone située entre les provinces du Québec et du Manitoba ; au Sud, il pousse jusqu'en Alabama, au Kansas et en Caroline du Nord. On le cultive depuis 1636. Il pousse mieux que *Celtis australis* qui est un arbre très prisé dans plusieurs pays européens en tant qu'arbre d'alignement. *Celtis australis* a un tronc lisse, semblable au tronc du Hêtre. Ses ramules sont couverts de poils, ses feuilles rigides et ses fruits sont d'un violet-noir et foncé. Le bois de Micocoulier est épais et lourd, souple, flexible et résistant. Il est utilisé pour la fabrication des instruments de musique à vent et des cannes, ainsi que des rames et des cannes à pêche.

Cet arbre peut mesurer 20 m de haut en Europe et 40 aux États-Unis. C'est un excellent arbre d'alignement dans les zones chaudes.

Zelkova carpinifolia (Pall.) K. Koch

Ulmacées
Ulmaceae

Zelkova carpinifolia est une essence ligneuse typique du Caucase et de l'Iran. Elle est introduite en culture européenne depuis 1760. C'est à cette époque qu'on a planté le premier *Zelkova* dans le célèbre jardin botanique anglais de Kew. W. J. Bean en parle encore au cours des vingt premières années du XXe siècle, soit cent soixante ans plus tard, comme d'un arbre vivant. La classification de *Zelkova carpinifolia* n'était pas très facile. Lamarck (1785) supposait qu'il s'agissait d'un chêne, Pallas (1788), le considérait comme étant du genre *Frangula* ; Aiton (1796) le classa parmi les ormes. Le genre *Zelkova* est peu nombreux, il compte de 4 à 5 espèces habitant aussi bien à l'Est qu'à l'Ouest de l'Asie. Pendant le Tertiaire, les *Zelkova* vivaient même en Europe centrale. Un « survivant » de cette époque, *Zelkova cretica,* subsiste encore en Crète, mais rarement.

Le *Zelkova carpinifolia* n'est pas seulement l'arbre le plus planté dans les jardins. Il fut également cultivé comme essence ligneuse forestière. Il s'est même acclimaté si bien dans les zones les plus chaudes de l'Europe qu'il arrive à s'y renouveler d'une manière naturelle. Ses feuilles caduques, alternes, crénelées, longues de 2 à 9 cm, ont de 6 à 8 paires de veines. Leur face supérieure est dénudée, leur face inférieure duveteuse sur les veines. Les fleurs sont insignifiantes, elles se forment en même temps que les feuilles, en général, et créent des inflorescences. Parfois, elles restent aussi seules. Elles se situent à l'intérieur des aisselles des feuilles supérieures. Les fruits aptères forment de petites noisettes à pétiole, d'environ 5 mm. Le bois de *Zelkova* ressemble au bois des ormes. Il a des fibres fines et on l'utilise en ébénisterie.

C'est un arbre de collection, à cime mince et ovale, qui peut atteindre une hauteur de 25 m.

Moracées
Moraceae

Figuier

Ficus carica L.

Le Figuier est le seul représentant « européen » du genre *Ficus* qui comprend plus de 650 espèces vivant, pour la plupart, sous les tropiques ou dans les zones subtropicales. Quelques-unes sont de véritables curiosités de la nature, telles les véritables plantes-étrangleurs, les arbres à racines aériennes rampantes qui deviennent des troncs secondaires ou les arbres qui donnent de la gomme, du bois, du latex, etc. Le Figuier ne fait pas exception. Le monde entier connaît bien cette essence ligneuse fruitière. Ses fameuses figues naissent d'une protubérance du pétiole, par son approfondissement en forme de coupelle et enfin, par sa croissance autour de la fleur originale. Mais c'est seulement l'union des fleurs individuelles qui donne d'abord naissance à une inflorescence et par la suite, à la formation d'un réceptacle charnu et creux qui rétrécit en forme de poire, gardant une ouverture à l'endroit le plus étroit. Cette cavité renferme les akènes menus qui sont ses véritables fruits. Ce type de formation des sycones est unique dans l'ensemble des végétaux. D'ailleurs, unique reste aussi la symbiose du Figuier avec un hyménoptère parasite, le blastophage (*Blastophaga grossorum*). Bien qu'Aristote ait déjà pressenti que l'existence des figuiers était liée à un insecte, c'est seulement la biologie moderne des XIXe et XXe siècles qui a mieux éclairé ce processus. Le Figuier possède des fleurs composées et différenciées qui sont adaptées au cycle de vie du blastophage. La vie commune des blastophages et des figuiers nous montre l'exemple d'une adaptation réciproque très étroite entre deux espèces qui s'assurent l'une à l'autre l'existence. Mais, l'homme a réussi à produire des figuiers qui donnent des figues, sans avoir recours aux blastophages. Ces fruits sont cependant stériles, sans graines.

Le Figuier est peut-être originaire de la Méditerranée et du Sud-Ouest de l'Asie. Il accompagne l'homme dans son histoire depuis le début de la civilisation.

Ce petit arbre décidu qui peut atteindre jusqu'à 10 m de hauteur, est une essence ligneuse fructifère très importante tant du point de vue historique que biologique.

forme arbustive de *F. carica*

Mûrier blanc

Morus alba L.

Moracées
Moraceae

Les Mûriers sont des essences ligneuses de la zone tempérée de l'hémisphère Nord. Leurs fruits ont joué un grand rôle dans l'histoire des habitants originaires des massifs montagneux d'Asie centrale, surtout des anciens Tadjiks. Ils servaient de nourriture hautement calorique, surtout en tant qu'édulcorant. Les fruits frais du Mûrier blanc ont un goût peu savoureux. Mais, contenant 22% de sucres, ils peuvent être facilement séchés et ainsi conservés d'une manière naturelle. Séchés, on peut en faire une sorte de farine à ajouter dans les pâtes. Les soroses du Mûrier noir (*M. nigra*), d'un rouge foncé presque violet, ont par contre une saveur excellente. On ne les utilisait pas seulement comme nourriture immédiate, mais aussi dans la préparation des sirops et du vin de fruits.

Le Mûrier blanc est originaire de Chine et des zones avoisinantes de l'Asie, où sa culture, servant de support pour le ver à soie, a une tradition millénaire. En Europe, surtout dans le Sud, sa culture est également très ancienne. Les plus fameux de réputation étaient les jardins de mûriers en Dalmatie. Le Mûrier noir est peut-être originaire des terrains accidentés d'Asie centrale. Il n'est venu en Europe qu'assez tardivement, vraisemblablement au milieu du XVIe siècle.

Les mûriers ont des feuilles caduques, alternes, qui sont parfois profondément lobées. Les fleurs forment de courts chatons dans les aisselles des feuilles. Les quatre pétales du périanthe des fleurs femelles deviennent pulpeux en mûrissant et ils forment de faux fruits pulpeux, les soroses. Le bois des mûriers est parfois comparé au bois des ormes. Il est dur et durable.

Les mûriers forment des arbres pas très hauts, de 10 à 15 m. C'est une essence ligneuse de culture ancienne, convenable pour les zones plus chaudes.

ramule féconde de *M. nigra*

Moracées
Moraceae

Oranger des osages, Bois d'arc

Maclura pomifera (RAF.) SCHNEID.

Le Bois d'arc est l'unique espèce du genre *Maclura.* Il était très répandu sur une zone limitée de l'Amérique du Nord, couvrant le Texas, l'Arkansas et l'Oklahoma. Découvert en 1817, il fut classé scientifiquement et introduit un an plus tard en culture. Depuis cette date, on le cultive non seulement comme essence ligneuse d'ornement exotique dans les zones plus chaudes, mais également comme arbre utile qui fournit un bois de valeur, assez ferme, brillant et soyeux, classé parmi les bois jaunes. Le bois jaune n'est, bien sûr, qu'une dénomination commerciale beaucoup plus large, comme le terme « bois de fer ».

Le rhytidome de *Maclura pomifera,* brun-orange foncé, est assez sillonneux. Les petites branches latérales sont couvertes d'épines. Les feuilles ovoïdes, presque lancéolées, sont longues de 5 à 12 cm, cordiformes à la base et brillantes sur leur face supérieure. C'est une essence ligneuse dioïque. Les arbres femelles qui fleurissent en mai et en juin, présentent une inflorescence singulière qui, de loin, a l'air de boules velues se changeant au cours de l'été en fruits vert-jaune qui ressemblent à une orange, grande de 10 à 14 cm. Dans leur aire d'origine, les fruits prennent vraiment la couleur des oranges ; en culture, surtout dans les zones plus froides, ils n'arrivent même pas à maturité. Malheureusement, ils ne sont pas comestibles. Les *Maclura* furent utilisés très tôt aux États-Unis, et plus tard, aussi en Europe centrale, pour la formation des haies. Cependant, les jeunes plantes craignent le gel, tandis que les spécimens plus âgés repoussent bien même après une gelée assez rigoureuse.

Ces arbres à cime sphérique assez basse, atteignent des hauteurs de 20 m. C'est une essence ligneuse exotique qui présente une valeur de collection.

Hêtre commun

Fagus sylvatica L.

Fagacées
Fagaceae

feuilles de
F. grandifolia

Le Hêtre commun est une essence ligneuse décidue qui a des feuilles simples et alternes. L'écorce de cet arbre est assez caractéristique : son grand tronc lisse de couleur gris-argent est très rarement craquelé. Une dizaine d'espèces de hêtres est naturellement très répandue dans la zone tempérée de l'hémisphère Nord. On dénombre aussi une vingtaine de fossiles qui vivaient, pour la plupart, pendant le Tertiaire.

Le Hêtre commun est une essence ligneuse dominante dans les forêts décidues, situées en légère altitude dans l'Europe centrale. Nous pouvons trouver encore aujourd'hui, dans de nombreux pays, des restes des grandes « forêts vierges », presque intactes, où domine justement le Hêtre commun. Les peuplements qui ont le plus de valeur se trouvent dans le massif des Carpates. En Europe, le Hêtre commun croît jusqu'au 60° degré de latitude Nord. Dans les pays du Sud, il est plus lié à l'altitude. Dans l'Est de l'Europe, il est souvent remplacé par des espèces apparentées, comme le Hêtre d'Orient. Le Hêtre est une essence ligneuse monoïque. Les chatons mâles ont 5 à 6 pétales de périanthe et 8 à 12 étamines groupées en faisceaux pendants. Les fleurs femelles tripartites poussent par deux au sommet des pousses annuelles dans une cosse quadrilobée qui s'ouvre à maturité. Elles contiennent un akène triangulaire. Les feuilles du Hêtre commun sont vertes et brillantes, pourvues de 5 à 9 paires de veines. Elles sont entières ou dentelées, les jeunes feuilles sont soyeuses et velues. Plus tard, les poils ne subsistent qu'au bord et ils sont plus longs et plus clairsemés.

En Amérique du Nord, du Nouveau-Brunswick et de l'Ontario jusqu'en Floride et au Texas, croît le Hêtre américain (*Fagus grandifolia*). Ses feuilles vert foncé, qui atteignent 12 cm de long, sont dentelées et elles possèdent de 9 à 12 paires de veines. Il forme des arbres majestueux, hauts de 30 et 40 m, à cime large. Les troncs peuvent atteindre une circonférence de 10 m. C'est une essence ligneuse très importante du point de vue économique.

Châtaigner

Castanea sativa MILL.

Dans la zone tempérée de l'hémisphère Nord, vivent aujourd'hui entre 10 et 14 espèces de Châtaigniers. Ces essences ligneuses sont parfois vieilles de plusieurs siècles. Les feuilles ornementales, oblongues et profondément dentelées, atteignent de 12 à 20 cm de long. Les fleurs mâles et femelles apparaissent en juin, portées sur de longs chatons verticaux. Les fruits sont de grosses noix brunes et coriaces, enveloppées par deux ou par trois dans une bogue verte, enveloppe recouverte de piquants qui éclate, à l'automne, en deux ou quatre lobes.

Les châtaignes comestibles contiennent jusqu'à 35% d'amidon, des albumines, des dextrines, de la saccharose, de l'huile et d'autres matières nutritives. La richesse de ses fruits fait cultiver le châtaignier depuis des millénaires. On peut en trouver des preuves en Italie du Nord, dans des fortifications circulaires datant de l'époque du bronze, mises au jour par des fouilles ; en Espagne on les connaît depuis le Néolithique. Le site d'origine du Châtaignier semble être tout le bassin méditerranéen, les pays du Proche-Orient jusqu'en Iran. Dans ces civilisation, on désignait les châtaignes comme des « noix d'Hêraklion », des « glands de Sardaigne » ou encore des « noix de cataignier ». Beaucoup de langues nationales désignent le Châtaignier par un nom qui rappelle sa dénomination latine – *Castanea.* Au cours des millénaires, on a sélectionné des espèces à grands fruits, les Marronniers. A partir de ces fruits, on entreprit jadis, à Lyon, de préparer les premiers nougats : châtaignes, miel et caramel. Le Châtaignier est une essence ligneuse qui aime les climats chauds, mais ses cultures ont depuis longtemps franchi leur frontière nord, la Drave, affluent du Danube. En Europe centrale, les châtaigneraies les plus anciennes datent de 1679, quelques spécimens de vieux arbres y vivent encore jusqu'à nos jours. Les Châtaigniers sont des arbres majestueux à cime large, hauts d'une trentaine de mètres, avec des troncs forts pouvant atteindre jusqu'à 10 m de circonférence. C'est une essence ligneuse économiquement importante.

capsule épineuse avec un chaton desséché qui y est accroché

Chêne commun

Fagacées
Fagaceae

Quercus robur L.

petite branche portant des fruits de *Q. petraea*

Le Chêne commun domine, avec le Chêne rouvre (*Q. petraea*), les forêts décidues de la zone tempérée. Leurs aires d'origine coïncident dans la plus grande partie de cette zone. Mais le Chêne commun représente plutôt l'arbre des plaines, il monte rarement plus haut que 1000 m d'altitude, tandis que le Chêne rouvre couvre des terrains accidentés et plus hauts. A ce couple, s'ajoute ensuite le Chêne pubescent (*Q. pubescens*) qui vit dans les zones plus chaudes de l'Europe méridionale, de la Méditerranée et de l'Asie Mineure. L'ensemble de ces trois espèces forme un élément important des forêts européennes décidues et mixtes. Leurs traits distinctifs habituels sont des ramules duveteux chez le Chêne pubescent et dénudés chez les deux autres qui se différencient surtout par l'insertion des glands. Le Chêne commun a des glands pétiolés, le Chêne rouvre des glands sessiles. Les feuilles du premier ont des pétioles courts et les feuilles du second, de forme plus ou moins ovale, ont des pétioles longs. Les deux espèces se croisent d'une manière spontanée. Dernièrement, on a remarqué que plusieurs chênes apparentés ont pénétré dans les chêneraies d'Europe centrale surtout à partir du Sud-Est de l'Europe, des espèces comme *Q. dalechampii* et *Q. polycarpa.*

Les Chênes européens ne constituent pas seulement un ornement typique de nos paysages et une dominante de nos forêts, mais ils représentent aussi des essences ligneuses d'une haute valeur économique. Leur bois bien connu trouve des utilisations multiples. De plus, l'écorce du Chêne commun et du Chêne rouvre offre une substance importante pour l'industrie pharmaceutique. Elle recèle presque 20% de matières tannantes, de l'amidon, des colorants rouges, etc. On l'utilise surtout en dermatologie lors des maladies chroniques, dans l'art vétérinaire, ainsi que pour le tannage des peaux.

Les chênes sont des arbres majestueux, d'une grande longévité, hauts de 30 à 40 m. Irrégulièrement ramifiés, ils forment l'un des éléments rustiques du paysage.

Fagacées
Fagaceae

Chêne des marais

Quercus palustris MUENCHH.

Jusqu'en 1770, ce chêne ne vivait que près des rivières et sur les terres marécageuses, mais hors des marais, dans le Massachusetts et le Delaware et, à l'Ouest, jusqu'au Wisconsin et en Arkansas. Ainsi, ses origines se situent-elles dans la moitié Est des États-Unis actuels. C'est un arbre élancé et pyramidal. La texture de son feuillage et surtout ses couleurs automnales ont provoqué assez tôt son introduction dans les cultures, non seulement dans les jardins botaniques et les parcs d'agrément, mais parfois, formant des alignements dans les rues des villes. Il compte, surtout s'il est assuré de ne pas manquer d'eau, parmi les essences ligneuses à croissance rapide, surtout chez les arbres jeunes. Un trait le caractérise particulièrement, et le fait peu apprécier des jardiniers : les branches des étages inférieurs de la cime se dessèchent et tombent.

Le Chêne des marais peut parfois être pris pour un genre très proche, le Chêne écarlate (*Q. coccinea*). Les feuilles de ces deux espèces se ressemblent beaucoup. Longues de 8 à 12 cm, elles sont profondément découpées et lobées. Leurs glands sont profondément enfoncés dans leur cupule. Des différences minimes apparaissent seulement si l'on compare les deux espèces alors qu'elles sont placées très près l'une de l'autre. Le Chêne écarlate est également originaire de l'Est des États-Unis et il est cultivé depuis 1691. C'est un arbre assez imposant avec le feuillage le plus joliment teinté des Chênes d'Amérique.

Il forme des arbres hauts d'environ 25 m, exceptionnellement il peut atteindre jusqu'à 40 m.

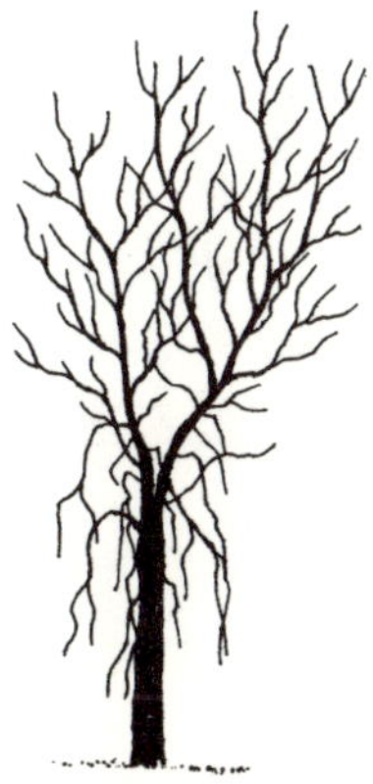

Chêne blanc

Quercus alba L.

Fagacées
Fagaceae

Le Chêne blanc, ou *White Oak américain,* est une essence ligneuse importante non seulement du point de vue économique, mais aussi du point de vue de la formation des jardins. On l'apprécie à cause de son port majestueux et d'une grande variété dans la forme de ses feuilles, ce qui influe finalement sur son aspect extérieur. Ses feuilles sont peu ou plus profondément lobées, parfois larges ou encore singulièrement minces. D'un vert brillant, elles prennent en automne de riches couleurs rouges teintées de pourpre presque violet. Et même quand la face supérieure des feuilles devient brune, leur face inférieure garde encore longtemps une teinte brun violacé, ce qui donne à l'arbre, surtout dans le vent, des nuances magnifiques. Ses fleurs mâles forment des chatons bas assez typiques. Les fleurs femelles sont plus ou moins sessiles et très discrètes. Le Chêne blanc fait partie des chênes dits annuels dont les fleurs femelles et les glands se forment sur les pousses annuelles. Le gland pointu est logé dans une cupule plate qu'il dépasse de 3 ou 4 fois. Il est soit sessile, soit à pétiole très court et fleurit en mai et en juin.

Le Chêne blanc peuple les forêts naturelles des États du Maine et du Minnesota jusqu'en Floride et au Texas. Il fut introduit en Europe dans les années 1724–1728. Toutefois, l'acclimatation du Chêne blanc ne fut pas aussi réussie que dans le cas d'autres chênes d'origine américaine.

Cet arbre, haut de 30 m environ, a une valeur de collection.

Fagacées
Fagaceae

Quercus imbricaria MICHX.

Le genre *Quercus* forme un groupe assez nombreux d'essences ligneuses ayant beaucoup de qualités en commun et pourtant très variées. On estime le nombre d'espèce récentes à environ 600. Le nombre d'espèces fossiles est également élevé. En général, ce sont des arbres assez imposants dont les fleurs fleurissent au moment où se forment les feuilles. Les chatons mâles sont pendants, ils ont habituellement de 4 à 8 pétales de périanthe, 6 le plus souvent, et de 4 à 12 étamines, le plus souvent 6 également. Ils poussent à partir des bourgeons situés sur les pousses de l'année précédente. Les fleurs femelles, triplées et individuelles sont placées dans une cupule. Les fruits sont des glands typiques ; les akènes sont logés dans une cupule.

Un autre trait typique des chênes, à part les glands, sont leurs feuilles simples qui servent de symbole ou d'emblème à de nombreux États. Quelques chênes possèdent même des feuilles persistantes. *Q. imbricaria* est un exemple de l'espèce de chêne dont les feuilles échappent à la forme habituelle. Elles sont longues, lancéolées, larges de 2 à 5 cm, longues de 7 à 15 cm, brillantes et rigides. En automne, elles prennent une teinte rouge foncé. Cette espèce est spontanée dans le centre des États-Unis, en Pennsylvanie et en Géorgie et vers l'Ouest jusqu'au Nebraska et en Arkansas. Il fut introduit en Europe en 1786, mais il était déjà cultivé en Amérique depuis 1724. Cette essence ligneuse de valeur fait plutôt l'objet de collections. Jeune, l'arbre est d'abord pyramidal, puis à cime irrégulière et bifurquée. Il peut atteindre de 20 à 30 m de haut.

Chêne rouge d'Amérique

Quercus rubra L.

Fagacées
Fagaceae

Le Chêne rouge d'Amérique a, depuis longtemps, dépassé les limites de sa zone d'origine qui se trouve dans l'Est des États-Unis, de la Nouvelle-Écosse, jusqu'en Floride et du Minnesota jusqu'au Texas. Il fut introduit en Europe déjà au début du XVIIIe siècle (peut-être en 1724) et, après les premières cultures dans les jardins botaniques et dans les grands parcs privés, on le planta dans les forêts d'Europe. Plantés en grand nombre comme essence ligneuse forestière depuis la première moitié du XXe siècle, pour leurs excellentes qualités de croissance, pour la qualité de leur bois, et pour leur port esthétique, les Chênes rouges d'Amérique s'acclimatèrent très vite. Leur degré d'acclimatation en Europe est si élevé que même les peuplements plantés d'une manière artificielle se multiplient d'eux-mêmes.

Le nom scientifique de cet arbre, *Quercus rubra,* rend bien compte de la coloration automnale typique de ses feuilles caduques, profondément lobées. C'est surtout cette coloration qui présente un grand attrait pour la culture de ce chêne dans les parcs et les jardins des villes. Il diffère des espèces proches, Chêne des marais (*Q. palustris*), Chêne écarlate (*Q. coccinea*) et Chêne quercitron (*Q. velutina*), surtout par ses feuilles à la surface remarquablement mate. Les autres espèces ont des feuilles brillantes. La forme de sa cupule, large et peu profonde, et de son gland, est également très caractéristique. Ses fleurs sont unisexuées. Les chatons mâles sont pendants et groupés, tandis que les fleurs femelles individuelles sont sessiles ou à pétioles courts. Dans les conditions européennes, il fleurit en général en mai, sur les jeunes arbres âgés de vingt-cinq à trente ans. Cet arbre majestueux, atteint habituellement 25 m, exceptionnellement 50 m. C'est une essence ligneuse hautement esthétique, aussi bien forestière que d'ornement.

Fagacées
Fagaceae

Chêne chevelu

Quercus cerris L.

Le Chêne chevelu est un exemple parfait de chêne du Sud de l'Europe à feuilles caduques dont l'aire de diffusion d'origine va jusqu'en Asie Mineure et qui a trouvé, dans les conditions favorables, sa place dans la culture de jardins situés bien plus au Nord. On le cultive depuis 1735. Son habitus, la texture de sa cime et son feuillage vert rigide et brillant font honneur à chaque parc. Dans les régions plus chaudes, même situées au Nord des Alpes, il peut encore devenir une essence ligneuse forestière. Mais son bois est un peu sous-estimé par rapport au bois des autres chênes, peut-être à juste titre. Il est dur, mais peu dense, trop perforé, peu souple et peu résistant, sauf peut-être, s'il se trouve en permanence sous l'eau. On l'a utilisé occasionnellement pour la fabrication des traverses de voies ferrées.

Le houppier de ce chêne est d'une faible densité, il est élancé. L'écorce est écailleuse en longueur, ses anneaux de croissance annuelle sont feutrés, d'apparence angulaire. Ses bourgeons entourés de verticilles hachurés sont assez typiques. Pendant l'hiver, on a l'impression que les ramules ne se terminent pas par les bourgeons mais par des brosses courtes. Ses feuilles longues et ovales sont irrégulièrement et peu profondément lobées, à base souvent cunéiforme. Elles sont brillantes et vert foncé. Les chatons mâles atteignent parfois 8 cm de long et les fleurs femelles forment des pelotes. Un autre trait caractéristique réside dans les cupules écailleuses de ses glands. Ces écailles de protection lancéiformes sont larges et duveteuses.

Le Chêne chevelu représente une sorte de trait d'union entre les chênes décidus et les chênes semper virens. Deux de ses hybrides le confirment : *Q.* × *kewensis* est persistant et *Q.* × *hispanica* est semi-décidu.

Le Chêne chevelu est un arbre élancé, qui atteint jusqu'à 35 m de haut. C'est un élément rustique du Sud-Est de l'Europe et un arbre de valeur pour les grands parcs et jardins.

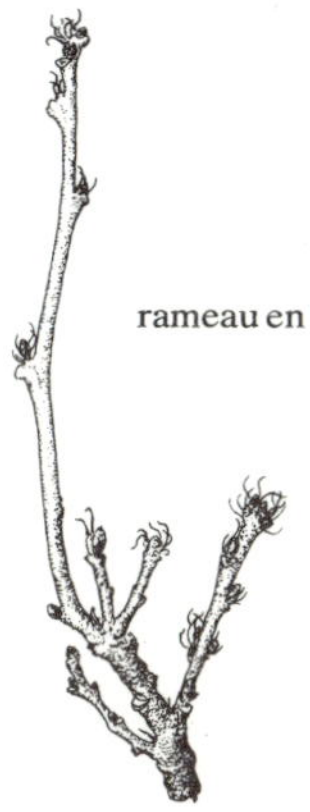

rameau en hiver

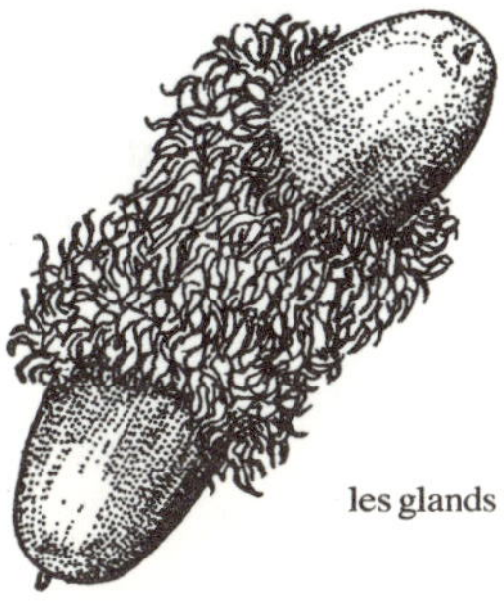

les glands

Bouleau blanc

Bétulacées
Betulaceae

Betula pendula ROTH.

rameau de
B. pubescens

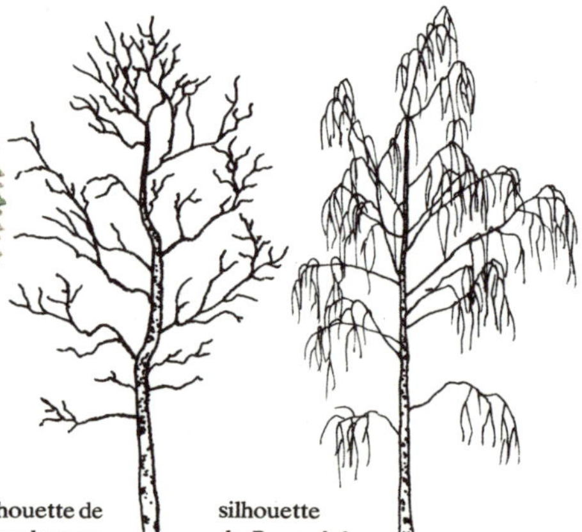

silhouette de
B. pubescens

silhouette
de *B. pendula*

Le genre *Betula* compte environ 120 espèces vivantes et une quarantaine de fossiles. Depuis le Paléocène, les Bétulacées sont très répandues dans l'ensemble de l'hémisphère Nord, surtout en Asie. Les bouleaux actuels continuent à vivre exclusivement dans cet hémisphère. Le Bouleau blanc est peut-être l'arbre le plus adaptable et, du point de vue écologique, le plus plastique. Il croît dans l'ensemble de l'Europe, en Sibérie jusqu'au massif de l'Altaï. Il s'accroche même dans des conditions presque impossibles. On le cultive aussi depuis très longtemps, c'est l'essence ligneuse qui a le plus de grâce. Le Bouleau fait partie de nombreux peuplements naturels et il forme des monocultures assez étendues. Il a des bourgeons ciliaires, des feuilles très changeantes avec de longs pétioles, et des jeunes feuilles ainsi que des ramules velus. Les chatons mâles mesurent de 30 à 60 mm, les chatons femelles en fleurs 20 mm seulement. Ceux-ci se renforcent par la suite et deviennent retombants. Les fruits sont des akènes à aile membraneuse.

Le bois de bouleau est flexible et raide mais peu porteur. Le bois de placage obtenu à partir des parties basses des troncs de bouleaux ayant vécu en des endroits exposés (sur les roches, au bord des peuplements), est le plus recherché. Par la carbonisation de son bois et de son écorce, on obtient le goudron de bouleau pour l'imprégnation des peaux et pour l'imperméabilisation des chaussures. La suie de bouleau servait également pour la préparation de l'encre noire d'imprimerie. Le goudron de bouleau (*pix betulae*) est aussi une matière importante en pharmacologie. Les jeunes feuilles ont un effet diurétique. Sur les prairies tourbeuses et à l'étage montagneux (entre 1000 et 1500 m), nous trouvons une espèce proche, le Bouleau pubescent (*B. pubescens*) avec des feuilles et des ramules légèrement feutrés et velus.

Les Bouleaux peuvent atteindre des hauteurs de 20 m. C'est une essence ligneuse éminemment esthétique et rustique.

Betula humilis SCHRANK

Les hommes s'imaginent le bouleau en général comme un arbre élancé avec une écorce blanche. Le bouleau nain va à l'opposé de cette représentation. C'est un arbuste. Son habitus prend la forme d'un chaudron. Ses branches dressées, ainsi que ses ramules, sont pourvus de longs poils ; ses feuilles décidues et ovoïdes sont fortement dentelées. Les jeunes feuilles ont des poils épars. Les chatons mâles sont formés de verticilles qui portent, dans leurs aisselles, les fleurs mâles : allant par trois, elles ont chacune deux pétales de périanthe et de 2 à 3 étamines séparées. Les fleurs femelles forment également des inflorescences par 2 ou 3. Leur verticille de soutien se confond avec les verticilles dans une écaille à 3 lobes qui devient, à la maturité, un akène membraneux et léger comme du papier. Étroit, il sert d'appareil de dissémination des graines. Les chatons femelles, courts et cylindriques, se forment en mai et en juin.

B. humilis est une essence ligneuse d'origine euro-sibérienne qui croît jusqu'au Nord de l'Asie et jusqu'aux monts Altaï. Il pousse surtout sur les sols tourbeux faisant partie intégrante des peuplements de taillis décidus. En Amérique du Nord, nous trouvons une espèce semblable et arbustive, *B. pumila*. L'espèce probablement la plus petite est *B. nana* qui approche des régions polaires, dans le Nord de l'Asie, en Europe, au Groenland, au Labrador, à Terre-Neuve et en Alaska. *B. nana* atteint à peine 0,5 m et il croît sur les sols tourbeux de montagne et sur les prairies nordiques.

B. humilis forme des arbustes hauts de 2 à 3 m. Il a une valeur de collection. L'ensemble de bouleaux nains de montagne mérite une protection accrue.

Bouleau à canots

Bétulacées
Betulaceae

Betula papyrifera MARSH.

La plupart des bouleaux sont connus pour leur écorce blanche, mais c'est l'écorce du Bouleau à canots qui est la plus caractéristique. Bien qu'elle garde, sur les jeunes pousses, sa couleur brune et noire, partout ailleurs elle est blanche, décorée de lenticules transversales. Elle est formée de couches très minces qui s'exfolient comme du papier. Sa couleur blanche s'explique par la présence de cristaux de bétuline dans les couches supérieures de son écorce. Son bois contient aussi des résines combustibles, ce qui explique la combustion facile du bois vert de bouleau.

Le Bouleau à canots est une espèce nord-américaine dont l'aire de diffusion s'étend du Nord du Labrador et de la Colombie britannique jusqu'en Pennsylvanie, au Michigan, au Nebraska et au sud du Montana. On le cultive depuis 1750. Il est très résistant, parce que ses origines lui ont appris à endurer les rigueurs du climat. Les Indiens utilisaient son écorce à des fins multiples, pour couvrir leurs habitations, pour fabriquer des récipients pour conserver des liquides. On l'utilisait aussi pour le placage des canoës, d'où son nom.

Les jeunes branches du Bouleau à canots sont en général duveteuses et peu veinées. Les feuilles sont ovoïdes, à base cordiforme ou obtuse, longues de 4 à 10 cm. Les chatons femelles se transforment en cônes cylindriques, longs jusqu'à 5 cm. De même que le Bouleau blanc, cette espèce est très adaptable. Elle tolère aussi bien les sols secs qu'humides ou arides. Le Bouleau à canots se multiplie par semis effectués très tôt au printemps, en mars et en avril. Quelques horticulteurs sèment les graines du bouleau déjà « sur la neige ». On l'utilise également comme support de boutures pour les Bouleaux à grandes feuilles.

C'est un arbre assez grand, haut de 30, parfois 40 m. Il représente une essence ligneuse qui a son importance pour la composition des grands parcs.

Bétulacées
Betulaceae

Betula maximowicziana REG.

Les Bouleaux sont des essences ligneuses à pollinisation aérienne qui ont des feuilles simples, alternes et décidues. Elles sont monoïques, les fleurs sont unisexuées. Les fleurs mâles se réduisent à deux pétales corollaires et à deux étamines. Mais ces dernières sont fendues en deux anthères. Les fleurs femelles sont totalement dépourvues de périanthe, elles ont deux styles et un ovaire faussement double qui ne renferme, à la maturité, qu'une seule graine. Les cônes élancés des inflorescences femelles renferment, derrière le verticille de protection, trois fleurs nues. Mais seule celle du milieu possède des verticilles qui s'unissent avec le verticille de soutien en une écaille à trois lobes. En hiver, à la maturité des graines, les cônes se désarticulent et les akènes ailés avec leurs écailles de protection se disséminent dans la nature.

Les cônes de cette espèce sont cylindriques et retombants, longs de 8 à 14 cm. Les ailes des akènes sont beaucoup plus larges que les graines. Les feuilles grandes de 8 à 14 cm rappellent un peu les feuilles des Tilleuls. Elles possèdent de 10 à 12 paires de veines. Cette espèce est originaire du Japon et elle fut introduite en Europe dans les années 1888–1893.

Le Bouleau jaune (*Betula alleghaniensis*) compte parmi les bouleaux dont les feuilles possèdent le plus grand nombre de veines (11 paires). Originaire des régions situées entre Terre-Neuve, le Minnesota, la Géorgie et le Tennessee, il est entré dans les cultures depuis 1800. Il fournit un excellent bois dit bois jaune. L'écorce de ce bouleau est jaune-brun et ses feuilles dégagent une odeur aromatique après le broyage. Ces bouleaux sont des arbres dont la hauteur peut atteindre 30 m. Ce sont des essences ligneuses de valeur pour la composition des jardins.

chatons de *B. alleghaniensis*

Aulne vert

Alnus viridis (CHAIX in WILL.) DC.

Bétulacées
Betulaceae

L'Aulne vert forme, dans quelques massifs montagneux d'Europe comme les Carpates et les Alpes, des peuplements homogènes et sinueux qui rappellent les peuplements de pins alpestres. Parfois même, ils les remplacent en certains endroits, comme dans les Carpates. Ailleurs, surtout en moindre altitude, ils ont probablement été plantés intentionnellement, bien que certains chercheurs considèrent la possibilité d'une propagation naturelle à partir des massifs montagneux. Les peuplements situés dans la forêt de Bohême et ailleurs ont des caractéristiques semblables.

L'Aulne vert est une essence ligneuse arbustive qui ressemble au bouleau. La première classification scientifique le rangeait d'ailleurs parmi ces derniers. Bien que De Candolle ait reconnu en 1805 qu'il s'agissait d'un aulne, on envisagea encore une cinquantaine d'années plus tard de le détacher encore des aulnes car il différait beaucoup des autres espèces. Ainsi, en 1852, on a créé un genre indépendant dit *Duschekia* Opiz que la botanique actuelle tente de rendre à nouveau usuel. Les premiers Aulnes verts de culture datent des années 1820. L'Aulne vert d'Europe a des feuilles largement ovoïdes, presque elliptiques, décidues. Leur face inférieure est, en général, plus pâle que la face supérieure et elle est duveteuse sur les veines. Les chatons mâles individuels ou par paire sont sessiles ; les fleurs femelles vont par trois ou par cinq. Elles passent l'hiver entourées d'écailles, contrairement à l'ensemble des autres aulnes véritables et elles poussent en même temps que les feuilles. Il doit son qualificatif vert à ses jeunes ramules vert-jaune. En Amérique du Nord, vit un aulne très proche qui était souvent classé avec lui dans le même taxon. Il a des feuilles cordiformes à la base et il est souvent détaché du genre indépendant *Alnus crispa.*

L'Aulne vert est un arbuste à croissance sinueuse, rarement dressé, qui peut atteindre 2 m de hauteur. C'est une essence ligneuse de montagne très importante.

Bétulacées
Betulaceae

Aulne commun

Alnus glutinosa (L.) GAERTN.

L'Aulne commun dit aussi Aulne glutineux n'est pas considéré comme une essence ligneuse de grande valeur. Son bois est très fragile, il rompt souvent et se détériore très vite. Toutefois, placé définitivement dans l'eau, il devient noir, plus dur et presque indestructible, comme le chêne. Mais l'Aulne commun est utile d'une autre manière. Ses feuilles et son écorce contiennent des matières tannantes (presque 9% dans l'écorce) et des anthraquinones. Elles ont des effets astringents et la médecine populaire l'appliquait aussi contre les fièvres et les refroidissements. Les feuilles broyées se sont révélées un excellent remède pour soulager les gerçures chez les mères qui allaitaient.

L'Aulne commun prend une importance considérable dans la nature européenne. Il forme, dans des conditions écologiques bien déterminées, dans les endroits où la nappe phréatique atteint un niveau fluctuant ou élevé, des peuplements typiques, les aulnaies. Les Aulnes qui poussent à ces endroits prennent une forme singulière en créant des racines additives qui ressemblent aux racines adventives de certaines espèces d'essences ligneuses des tropiques.

L'Aulne commun a des feuilles alternes, décidues, à sommet obtus presque échancré. Les jeunes feuilles sont glutineuses, d'où son nom usuel. Les chatons mâles ont des écailles de soutien rougeâtres, les fleurs femelles, d'une composition caractéristique, se lignifient à la maturité du fruit et persistent sur l'arbre.

L'Aulne de montagne ou l'Aulne blanc (*Alnus incana*), le deuxième en Europe par son importance, est une essence ligneuse qui vit plutôt au bord des cours d'eaux de montagne, mais il tolère aussi des sols plus secs. Il diffère du premier surtout par ses feuilles plus pointues et par ses cônes oblongs et ovoïdes.

Les Aulnes sont des arbres hauts de 20 à 25 m, à cime ovoïde. Ils représentent d'importantes essences ligneuses des sols humides. L'Aulne blanc peut aussi être utilisé pour le reboisement des décharges.

ramule de *A. glutinosa* en hiver

Noisetier, Coudrier

Corylus avellana L.

Corylacées
Corylaceae

Le Noisetier ou Coudrier représente une essence ligneuse qui accompagne l'homme depuis très longtemps. Le Noisetier n'est pas recherché uniquement pour ses fameuses noisettes, pour lesquelles on a formé plusieurs cultivars, mais aussi pour son bois facile à tailler, flexible et résistant : on l'a utilisé en vannerie, en tonnellerie, ainsi que pour la fabrication de cannes et de traverses. On l'utilisait même pour la fabrication de la laine de bois, bien que ce bois ne soit pas très persistant et qu'il ne soit utilisable qu'en milieu sec.

Le Noisetier est spontané dans l'ensemble de l'Europe, au Nord il va jusqu'au 63° degré de latitude et, à l'Est, jusqu'à l'Arménie. A l'époque postglaciaire, le Noisetier représentait l'essence ligneuse dominante dans les taillis des forêts d'épicéas. Par endroits, les peuplements de noisetiers ont même empêché le renouvellement de la forêt d'épicéas pour former à la place des peuplements homogènes : on en trouve des preuves dans les traces de pollen conservé dans les couches de tourbe. Les Noisetiers comptent parmi les essences ligneuses à floraison très précoce (février, mars). Les chatons mâles sont simples, longs parfois de 6 cm. Derrière chaque verticille de soutien, il n'y a qu'une seule fleur sans périanthe avec des étamines. Les fleurs femelles ont un périanthe rétréci et elles sont serrées dans les bourgeons d'où ne dépassent que les stigmates rouges. Les feuilles décidues et alternes ont des poils courts et sont, très souvent, asymétriques. Les Noisetiers aiment les sols argileux et sablonneux, mais ils sont assez plastiques du point de vue écologique. Ils peuvent vivre aussi bien en plein soleil qu'à l'ombre. Dans les cultures, on les multiplie par marcottage ou bouturage.

Le Noisetier forme des arbustes à plusieurs tiges, parfois des petits arbres. Il peut atteindre des hauteurs de 5 et 7 m. C'est une essence ligneuse aussi bien rustique qu'économiquement importante.

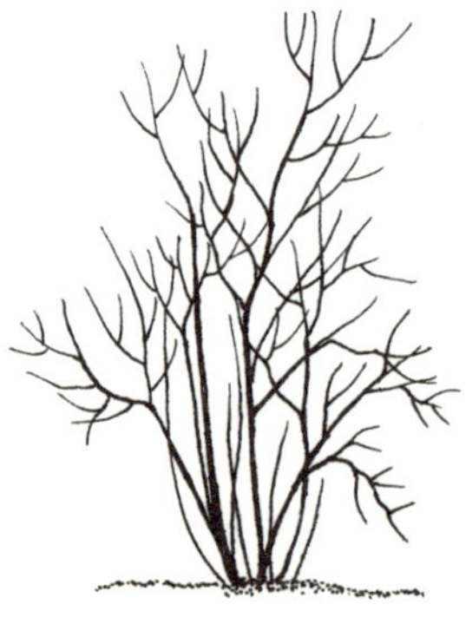

Corylacées
Corylaceae

Noisetier de Byzance

Corylus colurna L.

L'origine du Noisetier de Byzance est une grande partie de l'Asie Mineure d'où son aire de distribution s'étend encore plus loin vers l'Est. Mais, il est aussi très répandu dans le Sud-Est de l'Europe, surtout dans les massifs montagneux des Balkans. Il supporte aussi merveilleusement bien les étés chauds que les hivers rigoureux. Dans les parcs et les jardins d'Europe, il est cultivé depuis la fin du XVIe siècle, en Amérique il arriva un peu plus tard. Le Noisetier de Byzance était parfois utilisé aussi comme arbre d'alignement grâce à son port majestueux, bien dressé, quelquefois presque pyramidal. Mais il est aussi devenu la source d'un bois de qualité, régulièrement rougeâtre. A la fin du XIXe siècle et au début du XXe siècle, on l'utilisait pour le placage de meubles de qualité. Ses branches servaient non seulement à la fabrication des cannes mais aussi des longs tuyaux de pipes.

Le Noisetier de Byzance diffère du Noisetier commun surtout par sa croissance droite – il forme même une cime – puis par son écorce grise et liégeuse. Ses feuilles grandes, largement ovoïdes, peuvent atteindre 12 cm de long, lisses dessus et duveteuses sur les veines en dessous. Il diffère aussi par ses chatons remarquablement longs. Ses fruits, les noisettes, sont entourés d'une enveloppe foliacée, profondément segmentée et dépassant de beaucoup la noisette. Les coquilles sont très dures, difficiles à écraser. Le semis de plusieurs espèces groupées assure une production fruitière plus importante.

Le Noisetier de Byzance est une essence ligneuse peu exigeante. En culture, elle ne se multiplie, en général, que par semis. On l'utilise aussi comme arbre porteur des boutures de cultivars de noisetiers communs plus productifs.

Cet arbre pyramidal, haut de 25 m, représente une essence ligneuse convenable pour les parcs et les allées.

Charme commun, Charmille

Carpinus betulus L.

Corylacées
Corylaceae

Le Charme commun représente l'une des essences ligneuses qui dominent les forêts feuillues et mixtes d'Europe centrale. Son aire de diffusion naturelle va de l'Europe centrale à l'Est jusqu'à l'Asie Mineure et l'Iran. Ce genre compte environ 25 espèces qui vivent dans la zone tempérée de l'hémisphère boréal : en Amérique, ce genre est représenté par le Charme d'Amérique (*C. caroliniana* Walt.). La plupart des autres charmes sont originaires d'Asie.

C'est une essence ligneuse à feuillage caduc. Son écorce est marquée d'une manière typique par des bandes plus foncées sur un fond gris clair. Ses feuilles simples et alternes, régulièrement dentelées se froissent d'une manière singulière juste après avoir poussé. En automne, elles se teintent de jaune chaud. Le Charme commun fleurit en avril. Les inflorescences se forment sur les pousses de l'année précédente. Les fleurs mâles, nues et sans périanthe, ont un nombre différent d'étamines et elles forment une inflorescence retombante. Les fleurs femelles forment des inflorescences assez éparses et tombantes également. Leurs vrillières se prolongent pour former des involucres qui portent les noisettes à l'intérieur. A cette époque, le Charme commun semble être aussi bien décoré qu'un arbre de Noël. La noisette possède une aile trilobée qui lui sert pour la dissémination.

Le Charme commun est cultivé depuis des siècles comme essence ligneuse forestière. Il tolère aussi bien la taille, ce qui a amené son utilisation dans la formation de haies vives dans les parcs et les jardins. Le bois de Charme commun, gris-blanc propre et mat, sans noyau foncé, était utilisé, pour la fabrication des manches d'outils. Il est impropre pour les travaux de menuiserie. Cet arbre de hauteur moyenne peut atteindre jusqu'à 20 m avec une cime large et des branches qui poussent du tronc à angle aigu. C'est une importante essence ligneuse.

Corylacées
Corylaceae

Charme-houblon européen

Ostrya carpinifolia SCOP.

Le Charme-houblon est une essence ligneuse à bois dur, de même que le bois de son cousin américain, *O. virginiana.* Le bois de Charme-houblon servait jadis pour la fabrication des roues dentées, comme le bois d'acacia. Mais le bois du Charme-houblon est rougeâtre ce qui le différencie de celui du Charme blanc auquel il ressemble beaucoup par ailleurs. Le Charme-houblon est originaire de l'Europe méridionale et de la Méditerranée, il croît même jusqu'au Liban. Son nom scientifique dérive de la vieille dénomination grecque qui désignait les arbres à bois très dur. On le cultive depuis 1724.

C'est un arbre à feuillage décidu. Ses feuilles alternes sont ovoïdes et doublement dentelées, avec un grand nombre de veines (de 11 à 15 paires). Les fleurs mâles forment des chatons étroits et entrecoupés qui fleurissent en général en avril et en mai, en même temps que la formation des feuilles. Les inflorescences femelles sont plus courtes, dressées ; elles portent des fleurs par paire, placées dans les aisselles des verticilles décidus. Après la pollinisation, se forment des noisettes nervurées, enfermées dans des formations qui ressemblent à des strobiles pendants d'où le nom de Charme-houblon. Les Charmes-houblons sont des essences ligneuses moins exigeantes quant au sol et à l'environnement que les Charmes. Ce sont des arbres hauts jusqu'à 20 m, à cime large, avec des branches longues et bien ramifiées; ils conviennent à tous les parcs.

Noyer commun

Juglans regia L.

Juglandacées
Juglandaceae

Le Noyer commun n'est pas seulement une plante de culture très ancienne. Ses origines phylogénétiques sont également très anciennes. Des espèces fossilisées vivaient même pendant le Crétacé et le Tertiaire sur le territoire actuel de l'Europe du Nord et ils ne furent évincés que par les grands froids de l'ère Glaciaire. Les débuts de la culture du Noyer se situent quelque part dans la région du Caucase d'où elle est venue d'abord dans la zone méditerranéenne, puis vers le Nord des Alpes. Déterminer aujourd'hui dans la nature les noyers autochtones est presque chose impossible, bien qu'il puisse très vraisemblablement en pousser en Grèce, en Asie Mineure, en Iran et en Afghanistan et même, selon certains spécialistes, sur les bords de la Tisza en Hongrie.

Le Noyer commun est le seul parmi les noyers dont les feuilles entières sont imparipennées. Les fleurs mâles, avec trois pétales et de nombreuses étamines, forment des chatons typiques. Les noix se forment à partir des fleurs femelles qui vont par paire et sont sessiles. La noix est entourée par son réceptacle pulpeux vert et amer ; sa coque dure est divisée en deux parties séparables. Le corps de la noix est la graine qui forme deux matrices, épaisses, lobées et huileuses. L'utilité de cet arbre et de ses fruits est assez connue. On connaît la valeur de son bois, mais on peut utiliser même ses feuilles qui contiennent du *folium juglandis* entrant dans la composition de certains médicaments. Cette substance provoque des réactions astringentes. On l'utilise pour les maladies gastriques et en dermatologie. Le Noyer était dans l'Antiquité le symbole de la fécondité. Son nom même nous vient de la Grèce antique, il dérive de la forme des noix, comparée à la glande de Jupiter (*glans Jovis – Ju-glans*).

Le Noyer est un arbre haut de 10 à 30 m, avec une cime soit continue, soit fourchue. C'est une essence ligneuse d'une haute valeur historique.

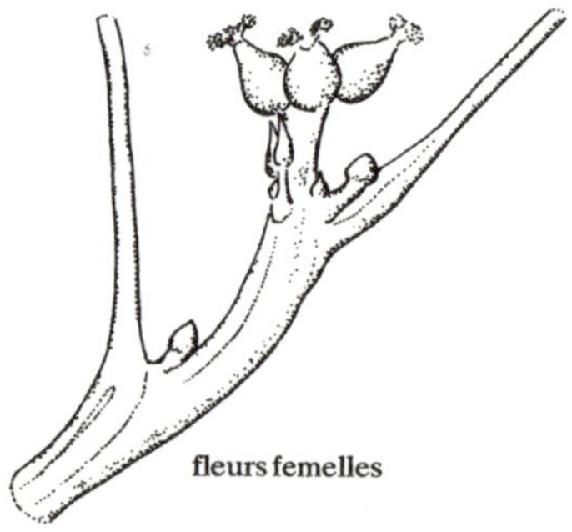

fleurs femelles

un rameau en hiver avec des débuts de chatons mâles

Juglandacées
Juglandaceae

Noyer gris

Juglans cinerea L.

Le Noyer gris contrebalance l'utilité du Noyer commun par sa haute valeur esthétique. C'est une excellente essence ligneuse très appropriée par son apparence pour les grands alignements dans les grands parcs et les allées. Elle peut aussi former des groupes de grands arbres dans les grands parcs. Ses feuilles imparipennées, formées de 11 à 13 pétales dentelés, sont finement duveteuses sur la face supérieure, velues et veineuses sur l'envers. Ses fruits qui ont une surface extérieure glutineuse et duveteuse poussent, en général, en grappes. La noix est oblongue et ovoïde, elle a quatre nervures bien apparentes et quatre autres moins prononcées, avec une structure pleine de petites arêtes entre elles. Elle a une coquille très dure : ses deux « moitiés » ne se séparent pas. C'est une merveilleuse matière première pour la fabrication de bijoux populaires, de colliers et bracelets sculptés à partir de la coupe transversale de ses coquilles.

Le Noyer gris est très répandu dans l'Est des États-Unis, du Nouveau-Brunswick jusqu'en Géorgie et, à l'Ouest, jusqu'au Dakota et à l'Arkansas. Il est cultivé déjà depuis 1633. L'autre espèce de noyer d'Amérique, le Noyer noir (*J. nigra*) est entré en culture quelque cinquante ans plus tard. Originaire lui aussi de l'Est des États-Unis (du Massachusetts à la Floride et à l'Ouest, jusqu'au Minnesota et au Texas), il porte des fruits dénudés, largement ovoïdes, plus larges que longs, à nervure irrégulière. C'est un excellent arbre d'alignement, magnifique dans les parcs. Son bois est d'une grande valeur.

Le Noyer gris ne dépasse pas la hauteur de 30 m tandis que le Noyer noir peut atteindre 50 m.

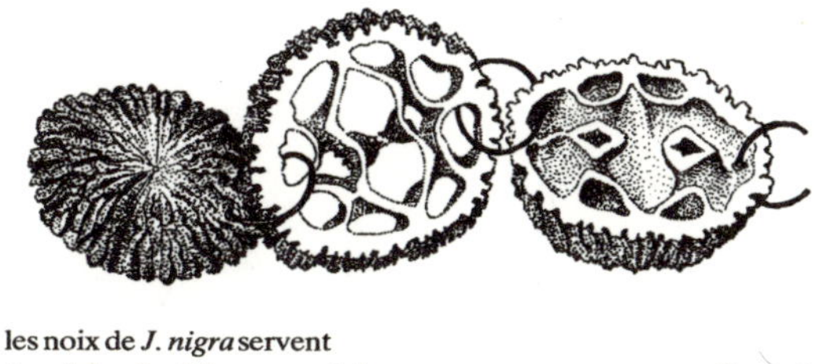

les noix de *J. nigra* servent
à sculpter des bijoux populaires

silhouette de *J. cinerea*

Noyer du Caucase

Juglandacées
Juglandaceae

Pterocarya fraxinifolia (POIRET) SPACH.

Les représentants du genre *Pterocarya* ont, semble-t-il, leur âge d'or déjà derrière eux. Pendant le Tertiaire, ils étaient très répandus dans l'ensemble de l'hémisphère boréal, aujourd'hui il n'en subsiste que 8 espèces dont 6 vivent en Chine, une au Japon et une dans l'Ouest de l'Asie. Le Noyer du Caucase donne le bois de placage le plus précieux pour l'ébénisterie. Ce bois de placage a une texture fine et dynamique qui permet de construire les formes les plus belles. Les premières graines de *Pterocarya,* arrivées en Europe vers 1782, provenaient de la Perse. Ces premières introductions sont sûrement à l'origine des beaux arbres dont parle W. J. Bean au début du siècle, qui se trouvent à Claremont, dans le Surrey, en Angleterre et à Vienne, en Autriche.

Le Noyer du Caucase est un arbre décidu, ses feuilles alternes, imparipennées, longues parfois jusqu'à 45 cm, sont formées d'une vingtaine de petites feuilles lancéolées oblongues et ovoïdes. Ses fleurs sont monoïques. Elles fleurissent en mai en créant des chatons prolongés et entrecoupés. Les arbres produisent un bel effet non seulement par leur feuillage mais aussi par leurs grappes de curieuses noix ailées. En culture, on les multiplie le plus souvent par semis de leurs graines stratifiées et, plus exceptionnellement, par bouturage ou marcottage sur de jeunes sujets, en hiver.

Cette essence ligneuse atteignant 30 m de haut, convient pour les cultures dans les sols généreux, près de l'eau.

Juglandacées
Juglandaceae

Noyer blanc d'Amérique

Carya ovata (MILL.) K. KOCH.

Les essences ligneuses de la famille des Juglandacées se caractérisent en général par la bonne qualité de leur bois. Et le Noyer blanc d'Amérique est peut-être le meilleur et le plus connu. On le cultive autant pour la saveur de ses fruits que pour son bois flexible et résistant avec lequel on fabriquait des skis, des traîneaux, des manches d'outils. Il ne fut détrôné par les matières nouvelles qu'au cours de la deuxième moitié du XXe siècle. Le Noyer blanc d'Amérique est cultivé déjà depuis 1629, aussi pour ses noix sucrées et d'un goût excellent.

C'est un arbre à feuilles alternes, imparipennées, composées en général de 5 à 7 petites feuilles dentelées. Ses ramules et ses pétioles sont presque dénudés ou peu duveteux. L'écorce gris clair est rugueuse. Les fleurs monoïques s'ouvrent au moment où poussent les feuilles, ou même un peu avant. Les fleurs mâles forment des chatons et les inflorescences femelles forment des épis peu fournis en fleurs. Les fruits sont plus ou moins ronds, longs de 3 à 6 cm, de couleur beige clair. Ils ont des parois très minces. La surface des noix est lisse, le péricarpe s'ouvre à la maturité par quatre valves.

Le genre *Carya* compte, en outre, environ 18 autres espèces qui vivent, pour la plupart, en Amérique du Nord, une seule étant originaire de la Chine et une de l'Indochine. *C. ovata* a une aire de diffusion qui comprend les régions nord-américaines situées entre la province du Québec jusqu'au Minnesota et allant au Sud jusqu'en Floride et au Texas. En culture, il se multiplie le plus souvent par semis. Les graines ne commencent parfois à germer qu'après 2 ou 3 ans.

Les caryers sont des arbres hauts de 40 m. C'est une essence ligneuse qui peut avoir une importance économique. En Europe elle a valeur de collection.

fruit de *C. ovata*

Actinidia kolomikta (MAXIM. et RUPR.) MAXIM.

Actinidiacées
Actinidiaceae

rameau fleuri de *A. arguta*

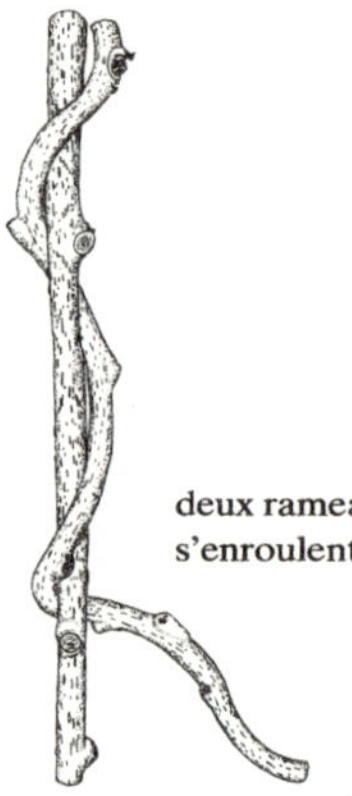

deux rameaux de *A. kolomikta* qui s'enroulent ensemble

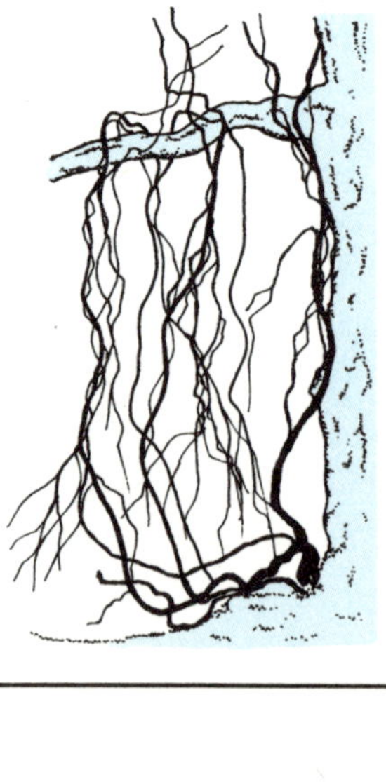

rameau de *A. kolomikta* portant ses fruits

Pour les peuples de l'Asie du Sud-Est, les fruits de *Actinidia* représentent la même chose que les fruits de l'Églantier ou du Cassissier pour les Européens, c'est-à-dire une excellente source de vitamine C. Ses fruits globuleux, riches en sucre, contiennent 13 fois plus d'acide ascorbique que les citrons. En plus, il s'agit d'essences ligneuses résistant au gel, qui remplissent à merveille la fonction de couverture végétale des endroits peu agréables à regarder. Les *Actinidia* sont des lianes très ramifiées, grimpantes. Elles sont très décoratives non seulement par le système de leur feuillage, mais aussi, en juin, par leurs fleurs blanches et agréables.

Les feuilles de l'*Actinidia* sont simples, décidues, longuement pétiolées. Ses fleurs sont dioïques ou plurisexuées. Elles peuvent être seules ou former des inflorescences cymaises. Les fleurs mâles ont un grand nombre d'étamines avec des anthères jaunes (*A. kolomikta*) ou rouges (*A. arguta*). Les fleurs femelles se remarquent surtout par leurs stigmates organisés comme les rayons d'une étoile. Ces rayons ont même donné le nom à la famille (*actis* veut dire en grec rayon). Les deux espèces sont entrées dans l'histoire de l'horticulture européenne grâce au fameux horticulteur russe, I. V. Mitchourine, qui avait créé beaucoup de variantes résistant au gel et produisant jusqu'à 50 kg de fruits.

L'espèce *A. kolomikta* est originaire de Mandchourie, de Chine et du Japon. Elle n'est venue dans les cultures européennes qu'en 1855, suivie une vingtaine d'années plus tard par l'espèce *A. arguta*. On peut les multiplier d'une manière végétative par bouturage des jeunes pousses en juin, que l'on place sous châssis ou, en automne, après la tombée des feuilles.

Ce sont des lianes grimpantes, longues au moins de 7 m. *Actinidia kolomikta* est une essence ligneuse à fruits, convenable aussi en tant que plante de couverture, prospère surtout dans les terres humides, près de l'eau.

Hypéricacées
Hypericaceae

Millepertuis

Hypericum calycinum L.

Le nom de Millepertuis évoque, pour la plupart des Européens, d'abord des plantes jaunes et brillantes qui vivent sur les pentes herbeuses des montagnes. Mais, parmi les Millepertuis, il existe plusieurs espèces ligneuses. Et c'est le cas de *H. calycinum.* A l'origine, c'est une espèce d'Asie Mineure, très répandue dans la zone située entre le Sud-Est de la Bulgarie et l'Anatolie du Nord en Turquie. Ce millepertuis fait partie d'un groupe libre de millepertuis à grandes fleurs, qui vivent pour la plupart dans la zone méditerranéenne, dans les zones subtropicales d'Orient et puis seulement dans les hautes altitudes des Andes sud-américaines.

H. calycinum est un petit semi-arbrisseau avec des drageons. Ses feuilles opposées, sessiles et plus ou moins persistantes sont lancéolées, rigides, pleines, à sommets obtus. Les boutons sur les arbrisseaux, longs environ de 2,5 cm sont déjà remarquables. Ils forment des corymbes à cinq sépales. Ses fleurs jaunes brillantes se forment pendant tout l'été, de juillet à septembre, groupées par deux ou trois. Elles sont très grandes, de 7 à 8 cm. Le pistil a 5 styles avec des stigmates bruns orangés. Les fruits sont des capsules longues environ de 3 cm.

H. calycinum est une plante assez résistante, très ornementale par ses feuilles et par ses fleurs. Avec le temps, elle est capable de former un tapis vivant qui couvre parfaitement le sol. Elle crée très rapidement des rejetons. Dans une situation semi-ombragée, elle peut être combinée avec des conifères.

Le Millepertuis se multiplie aussi bien par semis que par boutures (en juillet et en août) ou encore par séparation des touffes. C'est un semi-arbrisseau haut de 40 à 60 cm, qui drageonne. Cette plante ligneuse, d'une haute valeur esthétique, convient à tous les types de jardins.

Tamaris

Tamaricacées
Tamaricaceae

Tamarix gallica L.

Les Tamaris ont marqué l'histoire de l'humanité vraisemblablement par l'utilisation de la variété *T. manifera,* originaire de la presqu'île du Sinaï et des montagnes de l'Arabie. En effet, l'écorce de ses petites ramules, piquées par un insecte, la cochenille (*Eriococcus mannifer*), produit des gouttes de résine qui se solidifient pendant les nuits froides en gouttes caoutchouteuses. Ces dernières donnent un mucilage sucré, la manne du Sinaï.

Dans les jardins d'Europe, on cultive d'autres espèces de Tamaris. Ils sont très répandus dans le Sud mais, au Nord des Alpes, il y en a déjà moins, parce que les conditions climatiques sont moins favorables. Le Tamaris, d'origine méditerranéenne, est très résistant. Les premières traces prouvant sa culture datent de 1596. Mais il n'est pas certain que la zone méditerranéenne constitue la véritable patrie des tamaris. Quelques botanistes supposent qu'il n'y est que naturalisé et que sa zone d'origine se trouve soit en Afrique du Nord, soit même en Chine. Les Tamaris sont vraisemblablement une espèce assez jeune, caractéristique des formations ouvertes des steppes et des déserts. Les fossiles connus de Tamaris ne datent que du Quaternaire. Le Tamaris possède des branches ligneuses ainsi que des petites branches herbacées, couvertes de petites feuilles squamiformes. C'est une manifestation typique de son adaptation à une extrême sécheresse. Les brachyblastes, ces petites branches herbacées, tombent en automne. Ses fleurs, très menues et roses se dressent en épis au sommet des ramules. Elles sont hermaphrodites et régulières. Elles fleurissent d'abord en mai et souvent aussi une deuxième fois à la fin du mois d'août.

Ce sont des arbrisseaux drageonnants, hauts de 5 à 10 m, fins et très ornementaux. Ils tolèrent les terres salées près des usines et dans les villes.

Symplocacées
Symplocaceae

Symplocos paniculata (THUNB.) MIQ.

Le genre *Symplocos* est l'unique genre de la famille des Symplocacées, très proches des Ebénacées. Bon nombre des 400 espèces du genre Symplocos vivent dans les régions tropicales et subtropicales. Mais jadis, pendant l'Oligocène et le Pliocène, 15 espèces du genre vécurent aussi en Europe. Aujourd'hui, *Symplocos paniculata* s'est très bien adapté. Il est très répandu dans l'Himalaya, en Chine et au Japon. *S. paniculata* fut introduit en Europe en 1875, après avoir été introduit aux États-Unis dans les années 1870.

Il a des feuilles décidues, bien dentelées, oblongues-elliptiques sans stipules, à la face inférieure duveteuse et poilue. Les petites fleurs blanches forment, tant à l'extrémité des brachyblastes que dans les aisselles des feuilles, des inflorescences composées. Ses fleurs sont agréablement odoriférantes. Mais le principal ornement de *Symplocos,* ce sont ses fruits singulièrement colorés. Ce sont des drupes d'un bleu très prononcé. La couleur des fruits est très décorative. Dans l'*Arboretum* d'Arnold aux États-Unis, sa couleur est classée comme bleu outremer brillant. En culture, on le reproduit à partir des semis. Les graines sont collectées avant leur maturation complète. Les *Symplocos* craignent les sols calcaires.

Ces arbrisseaux denses et irréguliers, hauts de 2 à 5 m, sont très ornementaux. Ils ont également une valeur de collection.

Halesia carolina L.

Styracacées
Styracaceae

En Angleterre, à Bekesbourne dans le Kent, vers 1670, on ne se doutait pas, à la naissance de Stephen Hales, que cet homme allait laisser derrière lui une oeuvre si considérable pour son époque, *Vegetable staticks,* ni que, pour perpétuer son souvenir, on donnerait son nom à un joli arbuste, malheureusement très peu cultivé. C'est Linné qui le cite dans son *Systema Naturae* en 1759. Linné a même donné le nom de cette espèce à l'ensemble du genre.

Le genre *Halesia* est très répandu dans le Sud-Ouest des États-Unis (Virginie occidentale, Floride et Sud du Texas. Ce sont des arbustes dressés, décidus avec des feuilles dentelées, grandes jusqu'à 10 cm. Leurs fleurs, remarquables, pendent en clochettes et se forment en faisceaux dans les aisselles sur les pousses des ramules de l'année précédente. Ils fleurissent en avril et en mai et produisent des fruits intéressants, à quatre ailes, longs de 2 à 3,5 cm. *H. carolina* s'appelle aussi parfois *H. tetraptera.* Les drupes renferment de 1 à 3 graines.

C'est une essence ligneuse assez élégante qui croît aussi bien en Europe, mais elle ne tolère pas les températures très variables en hiver. A Průhonice, en Tchécoslovaquie, elle a bien supporté, en 1978–1979, une baisse de température jusqu'à moins 30 °C tandis que les températures trop variables au-dessous et au-dessus du zéro, de l'hiver 1981–1982 l'ont endommagée. Dans les cultures, où il est encore très peu pratiqué, *H. carolina* se multiplie à partir des semis, rarement par des boutures. C'est soit un arbre, soit un arbuste, qui peut atteindre dans la nature des hauteurs de 5 à 10 m, en culture de 3 m seulement. Cette essence ligneuse est très ornementale.

Styracacées
Styracaceae

Pterostyrax hispida SIEB. et ZUCC.

Pendant les premières années qui ont suivi sa découverte en 1839, ainsi qu'après l'introduction de *Pterostyrax* en culture (*P. corymbosa* en 1850 et *P. hispida* en 1875), on a longtemps considéré ces essences ligneuses seulement comme des espèces d'halésias, originaires de l'Est de l'Asie. Pourtant, les différences sont plus que marquées : *Pterostyrax* est originaire du Japon et de la Chine, ses inflorescences forment des panicules pendantes, longues jusqu'à 25 cm.

Pterostyrax forme des arbustes vigoureux ou encore de petits arbres à plusieurs troncs. Leurs feuilles alternes et caduques sont allongées, longues jusqu'à 17 cm et tomenteuses au revers. Leurs inflorescences agréablement odoriférentes se forment à partir des rameaux latéraux. Elles fleurissent en juin. Les pétales de la corolle, blanchâtres, sont presque lâches, unis légèrement seulement vers le bas. Les fruits sont des drupes, à 1 ou 2 noyaux, allongées, ailées en nervures, qui se dessèchent.

Pterostyrax hispida est une essence ligneuse à croissance relativement rapide qui convient pour les endroits plutôt ensoleillés ou semi-ombragés. Bien qu'il soit capable de vivre pendant des années à l'ombre d'autres essences ligneuses près des étendues d'eau, il n'aime pas l'excès d'humidité. De plus, il n'est pas très résistant aux basses températures ; toutefois, après les gelées, il est capable de repousser assez régulièrement. Il se multiplie assez bien à partir de ses graines, qu'on n'est pas obligé de stratifier, seulement, il faut les conserver dans un endroit sec pendant l'hiver. On peut le multiplier aussi en juillet par des boutures vertes. Son qualificatif *hispida* se rapporte à ses inflorescences qui sont glanduleuses et tomenteuses.

Pterostyrax hispida est soit un arbuste dressé, soit un arbuste à plusieurs troncs, qui peut atteindre jusqu'à 15 m de hauteur. Il a une haute valeur esthétique.

un jeune fruit

Saule arborescent

Salix pentandra L.

Salicacées
Salicaceae

Le Saule arborescent a une position spéciale dans le genre *Salix* parce que ses caractéristiques le différencient nettement des autres saules à feuilles étroites. Ses feuilles sont plus larges, très luisantes. Les glandes des pétioles forment, en automne, des bandes de couleur rouge-brun, laquées et luisantes. Les feuilles, surtout celles qui se fanent, sont fortement odoriférantes. L'odeur rappelle celle des amandes amères. L'écorce et le bois coupé dégagent la même odeur qui provient des baumes, résines et essences, plus concentrés dans les bourgeons, comme chez les Peupliers. Nous pouvons encore mentionner le plus grand nombre d'étamines et les grandes écailles de soutien des fleurs. Le Saule arborescent fleurit le dernier parmi les grands saules, en mai et en juin, après le plein développement de ses feuilles. Les chatons mâles sont jaunes, longs environ de 7 cm, les chatons femelles verdâtres et plus courts. Les chatons femelles productifs persistent dans le houppier jusqu'à l'automne, moment où les graines arrivent à maturité. Les graines sont menues, duveteuses, d'une couleur blanc argenté, et les capsules qui s'ouvrent dans les chatons rappellent des petites touffes de coton. Les graines ne se disséminent que pendant l'hiver ou au printemps suivant et ne germent que pendant la nouvelle période végétative. Leur période de germination est la plus longue parmi l'ensemble des saules : il leur faut presque six mois. Son milieu naturel sont les prairies humides et tourbeuses qui vont des plaines jusqu'en altitude, à la limite de la forêt. Actuellement, le Saule arborescent est sur le déclin dans son milieu naturel qui est de plus en plus exploité pour d'autres cultures. C'est une essence ligneuse d'Europe, diffusée jusqu'au Caucase. Ce saule porte de 6 à 12 étamines chez les fleurs mâles, tandis que son hybride qui provient d'un croisement avec le Saule fragile, *Salix* × *tinctoria,* en porte 5.

Cet arbre peut atteindre une hauteur de 15 m ; il est assez rustique. C'est aussi une essence ligneuse dont l'écorce peut être exploitée par l'industrie pharmaceutique.

Salicacées
Salicaceae

Saule fragile

Salix fragilis L.

Le Saule fragile est considéré comme le plus commun des saules européens à feuilles lancéolées et minces. A l'exception des régions arctiques, de la Sicile et des Balkans, on le trouve partout en Europe et en Asie Mineure d'où il continue vers l'Asie Centrale. Mais il est souvent confondu, dans l'ensemble de son aire de diffusion naturelle, avec le Saule blanc (*Salix alba*) et, en Europe occidentale, avec l'hybride du Saule blanc et du Saule fragile, *S.* × *rubens*. Pourtant, ces deux saules ne risquent pas de se rencontrer dans leurs aires de diffusion naturelle respectives. Le Saule fragile est une essence ligneuse plutôt d'altitude, il aime les climats plus froids et vit surtout dans le voisinage des cours d'eau de montagne. Mais il tolère aussi des températures extrêmement basses. On peut le distinguer du Saule blanc surtout par sa plus petite taille (jusqu'à 15 m), par son penchant à former plusieurs troncs et par ses cimes éparses, par ses branches qui se cassent facilement (d'où son nom *fragilis*), s'écartant du tronc en formant un angle aigu ou un angle droit. Il fleurit avant la formation des feuilles, en mars et en avril, et ses fleurs femelles ont deux glandes nectarifères, tandis que le Saule blanc n'en possède qu'une. Le Saule blanc est un arbre haut à tronc unique. Ses feuilles sont poilues et ses branches jaunâtres se dressent à angle aigu. Ses feuilles prennent en automne une teinte grise.

Le Saule fragile, le Saule blanc et le Saule pourpre fournissent une matière médicinale, le *cortex salicis,* qui est utilisée contre les fièvres, les rhumatismes et différentes névralgies, contre les refroidissements et pour provoquer la transpiration.

Le Saule fragile est un arbre à croissance large et arbustive, assez rustique, il accompagne les cours d'eau. Il est important pour l'industrie pharmaceutique.

Saule marsault

Salix caprea L.

Salicacées
Salicaceae

silhouette de *S. caprea*

silhouette de *S. cinerea*

La grande variabilité des caractéristiques chez les saules est proverbiale, de même que leur capacité à se croiser entre eux. C'est surtout valable pour les Saules à feuilles étroites mais aussi pour les autres. Le Saule marsault est choisi comme exemple des saules à feuillage large. Bien qu'il présente moins de variétés, on peut trouver des caractéristiques différentes dans l'ensemble de son aire de distribution naturelle, aussi bien dans la forme de ses feuilles que dans leur coloris et dans la densité de leurs poils. Le Saule nordique, connu pour sa floraison tardive, est souvent séparé dans une espèce distincte *(S. coaetanea)* qui se différencie aussi d'une autre variété semblable, le Saule de Silésie (*S. silesiaca*) par la face inférieure de ses feuilles qui est abondamment poilue, comme ses pistils. Le Saule marsault est répandu presque dans l'ensemble de l'Europe, jusqu'au Nord-Est de l'Asie et au Nord de l'Iran. Il dépasse de très loin la limite supérieure de la forêt : dans les Carpates, il monte jusqu'à 1780 m. Souvent, il occupe aussi des terrains secondaires comme les remblais des routes et les anciennes carrières. Il est très tolérant et supporte aussi bien les sols secs qu'humides. Il fleurit très tôt au printemps, en mars. Ses chatons sont courts et larges et leurs vrilles rigides ne retombent pas. C'est une essence ligneuse très importante pour l'apiculture. Elle représente la première nourriture printanière des abeilles. Bien que l'on puisse très bien multiplier presque tous les saules par des boutures lignifiées, plus la bouture est forte, meilleur est le résultat. Le Saule marsault ne s'enracine presque pas. On ne peut multiplier de cette manière que quelques-uns de ses clones. Dans les plaines, près de lacs, croît abondamment le Saule cendré (*S. cinerea*) qui est une variété nettement acidophile. On le distingue surtout par sa forme d'arbuste et par la présence de liteaux lignifiés sous le rhytidome, qui sont absents chez le Saule marsault.

Il forme soit un arbuste haut, soit un arbre bas, d'une hauteur qui peut atteindre 10 m. C'est une essence ligneuse rustique, très importante en apiculture.

Salicacées
Salicaceae

Salix reticulata L.

Salix reticulata nous montre l'extraordinaire capacité d'adaptation de cette espèce d'essences ligneuses. Il s'est adapté à merveille à la haute montagne. Il a une propagation circumpolaire en Europe, au Nord de l'Asie et en Amérique du Nord. Mais cette aire de diffusion originale a beaucoup de dépassements, en Europe : il est très répandu dans les Alpes et dans les Carpates, aussi bien que dans les massifs montagneux au Nord des Balkans. Sa croissance est partout liée à la présence de sols assez riches et nutritifs, comme par exemple, les sols calcaires ou les mylonites qui lui assurent suffisamment de matières nutritives.

C'est un saule assez régulier dans ses caractéristiques et très différent des autres. A part sa croissance grimpante, ce sont surtout ses feuilles sphériques et profondément réticulées qui lui ont donné son nom, *S. reticulata.* De plus, ses feuilles sont longuement pétiolées, tandis que chez les autres les pétioles sont presque absents. L'emplacement de ses fleurs diffère également. Presque tous les Saules fleurissent à partir des bourgeons latéraux, mais *S. reticulata* a des chatons terminaux. Ses chatons se forment en même temps que ses feuilles, mais ses fleurs ne s'ouvrent qu'après le développement complet des feuilles. Les chatons mâles sont fort rouillés. Ils n'ont que deux étamines. Les chatons femelles sont étroits et délicats. *S. reticulata* fleurit, selon l'altitude, de juin à septembre. Il se multiplie très bien à partir des boutures ligneuses. C'est une essence ligneuse très appréciée dans les alpinums, elle est cultivée déjà depuis 1789.

Cette essence ligneuse naine, haute à peine de 10 cm, a une très grande valeur en sciences naturelles.

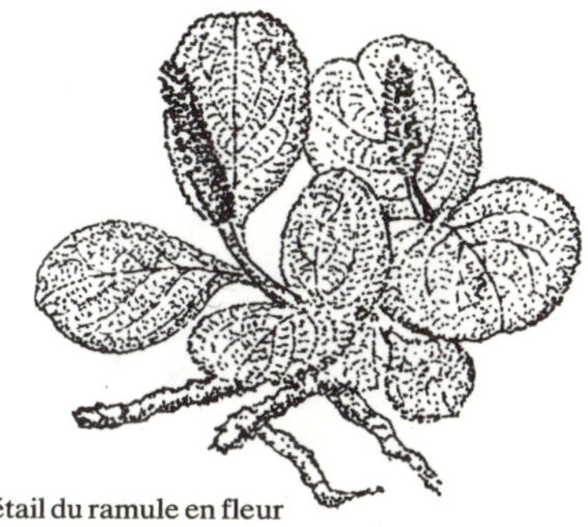

détail du ramule en fleur

Peuplier blanc de Hollande

Populus alba L.

Salicacées
Salicaceae

Les peupliers blancs forment dans le genre *Populus* une section spéciale qui se divise elle-même en deux sous-groupes : les Trembles et les véritables peupliers blancs. Ces derniers ont des feuilles plus grandes, elliptiques et ovales, de trois à cinq lobes, grossièrement dentelées. Lors de la pousse, les jeunes feuilles sont tomenteuses, puis elles se dénudent et, sur les ramules plus longs, leur face inférieure devient feutrée et blanchâtre. Les pétioles sont sphériques à la coupe, non aplatis. Le trait commun de l'ensemble des Peupliers blancs est le tronc bien lisse sans entailles et sans écailles qui reste jusqu'à un âge avancé gris clair (« blanc »).

L'ensemble des Peupliers blancs forme des essences ligneuses dioïques à croissance rapide. Les peupliers forment uniquement, soit des fleurs mâles, soit des fleurs femelles, mais on peut les multiplier en culture assez facilement et les maintenir comme des clones. Les fleurs mâles et femelles ont, à la base, une sorte de coupelle oblique et glanduleuse, et elles forment des inflorescences du type des chatons. Les chatons mâles du peuplier blanc sont assez épais, longs de 3 à 7cm, leurs fleurs ont de 6 à 8 étamines avec des anthères roses. Les chatons femelles sont plus courts, leurs verticilles ont la couleur de la rouille, peu ciliés, ils ont deux styles rouges et deux stigmates jaunes. Ils fleurissent, comme la majorité des peupliers, très tôt au printemps, en mars et en juin.

Aujourd'hui, le Peuplier blanc est régulièrement distribué presque dans l'ensemble de l'Europe, mais sa région d'origine semble être plutôt l'Europe méridionale et la Méditerranée, y compris l'Afrique du Nord. Après son introduction aux États-Unis, dont la date est inconnue, il s'y est naturalisé.

C'est un arbre haut d'environ 30 m, à cime majestueuse, bien large, qui peut atteindre souvent 25 m de diamètre. Il est aussi remarquablement rustique.

Salicacées
Salicaceae

Tremble

Populus tremula L.

Le groupe des Trembles se différencie des autres peupliers « blancs » par leurs feuilles sur de longs pétioles qui bougent sans cesse au moindre souffle de vent. L'aire de sa propagation naturelle en Europe est la plus étendue parmi tous les peupliers indigènes d'Europe. A l'exception de l'extrême Sud de l'Espagne, il croît partout jusqu'à dépasser le 70° degré de latitude Nord, aussi bien dans les plaines que dans les montagnes (dans les Alpes, il monte jusqu'à 2000 m), aussi bien dans les milieux secs qu'humides, sur le littoral et dans la *puszta* hongroise. C'est une essence ligneuse particulièrement résistante, pionnière, qui apparaît, avec les bouleaux et quelques saules, en premier sur les terrains nus, sur les clairières et sur les remblais des voies de communication marquant ainsi le retour progressif de la forêt. Mais c'est une essence ligncuse qui aime la lumière ; dans les peuplements homogènes, elle se retire vers les lisières d'où elle continue son expansion végétative intensive par de nouvelles pousses à partir de ses racines. Elle croît assez rapidement mais, dès l'âge de trente à quarante ans, elle est atteinte par la putréfaction du duramen ce qui la déprécie pour une utilisation pratique. Le Tremble est le dernier des peupliers européens à fleurir à la fin du mois de mars et en avril. Il ne craint pas alors les gelées tardives et produit chaque année assez de graines. Les chatons mâles sont habituellement longs de 10 cm et ils ont des verticilles tomenteux et argentés. Les chatons femelles sont plus courts, les stigmates et les étamines sont rougeâtres.

Le Tremble est un arbre haut de 30 m environ, à cime irrégulière qui forme souvent de larges polycormones. C'est une essence ligneuse pionnière et rustique.

Peuplier noir, Peuplier d'Italie

Populus nigra L.

Salicacées
Salicaceae

Le Peuplier d'Italie appartient avec les autres peupliers noirs à la section *Aigeiros* qui se caractérise par la forme de ses feuilles. Elles sont luisantes, glabres, avec les bords translucides et des pétioles plats. Les Peupliers noirs sont très répandus dans l'ensemble de l'Europe centrale et méridionale, en Afrique du Nord, ils atteignent même l'Asie centrale et vivent aussi en Amérique du Nord. Leur milieu naturel : les prairies et les littoraux situés entre le 30ᵉ et le 50ᵉ degré de latitude Nord mais, en Amérique du Nord, ils descendent encore plus au Sud. Du point de vue écologique, ils sont moins plastiques et leur variabilité n'est pas très considérable. Mais ils se croisent volontiers non seulement entre eux (de manière spontanée même dans les cultures), mais aussi avec d'autres peupliers et leurs hybrides.

Le Peuplier d'Italie est le seul représentant de cette section sur le continent eurasiatique. Il a des feuilles cordiformes, presque rhomboïdes, avec une longue pointe. Les jeunes ramules ont des feuilles plutôt rhomboïdales et les arbres en fleurs des feuilles plutôt cordiformes. Les anneaux de croissance annuelle sont ronds. Dans sa jeunesse, le Peuplier d'Italie croît plutôt lentement, puis plus vite. Il vit normalement jusqu'à cent ans ; mais on le coupe vers quarante ou cinquante ans. Ses bourgeons renferment une matière médicinale (*gemmae populi*) qui renforce la capacité diurétique. Bien que *P. nigra* soit une essence ligneuse éminemment rustique, il est, au XXᵉ siècle, sur le déclin. Dans de nombreux pays, il est remplacé par différents hybrides. Citons parmi les plus anciens, le Peuplier de Lombardie, cultivé pour sa cime pyramidale. Le Peuplier noir, dans sa variété *itàlica,* existe seulement comme le clone mâle et il n'est pas originaire d'Italie mais d'Asie centrale. On le connaît depuis 1750 ; aux États-Unis, il n'est cultivé que depuis 1784.

Le Peuplier noir est un arbre à cime irrégulière et large, haut de 30 à 40 m. Le Peuplier de Lombardie, pyramidal, peut atteindre une hauteur de 30 à 35 m.

silhouette de *P. nigra* à croissance normale

à droite, la feuille rhomboïde d'une branche jeune

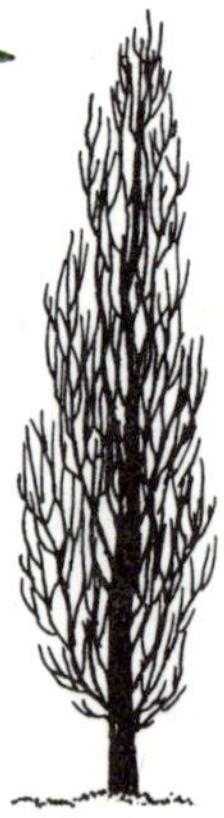

silhouette de *P. nigra* var. *italica*

Salicacées
Salicaceae

Peuplier baumier

Populus balsamifera L.

Le Peuplier baumier est l'unique représentant de l'ensemble de la section des peupliers baumiers américains, appelée *Tacamahaca.* Ce peuplier se caractérise par un fort épanchement de résine dans ses bourgeons. Ce fait est très significatif surtout pendant leur poussée, dans la phase la plus intensive de leur croissance. Pendant cette époque, les Peupliers baumiers ne sont pas seulement fort odoriférants, mais leurs bourgeons sont très glutineux. Ils fournissent une matière médicale importante (*gemmae populi*). Elle est utilisée en usage externe sur les blessures et pour les bains antirhumatismaux. Administrée par voie interne, elle est un diurétique puissant qui désinfecte les voies urinaires. Le baume des peupliers est également utilisé en apiculture (le *propolis,* le mastic apicole).

Les Peupliers baumiers sont très répandus en Amérique du Nord et au Sud de l'Asie, des régions subtropicales jusqu'à la toundra nordique, dans les forêts prairiales aussi bien que dans les régions semi-désertiques, dans les hautes montagnes et même en Sibérie. Le Peuplier baumier était distribué sur une aire naturelle très large, allant du Labrador jusqu'à l'Alaska au Nord où il suivait le tracé de la limite Nord de la forêt, et, au Sud, jusqu'aux États de New York, du Michigan, du Nebraska, du Nevada et de l'Oregon, surtout sur les sols alluvionnaires et sur les littoraux. Il est cultivé depuis 1689, mais c'est seulement au XXe siècle que ces cultures sont devenues importantes. Il croît très rapidement et atteint l'âge de cent ans. Ses branches rondes et ses jeunes ramules dénudés sont ses traits typiques. L'écorce est rugueuse, assez écailleuse sur les vieux spécimens. Ses feuilles ont la face supérieure vert foncé et la face inférieure blanchâtre à bords non transparents.

Le Peuplier baumier est un arbre à croissance rapide, qui peut atteindre 30 m de haut. C'est une essence ligneuse forestière d'avenir et la source d'une drogue pharmaceutique importante.

Rhododendron dauricum L.

Ericacées
Ericaceae

La plupart des gens pensent que les Rhododendrons ne peuvent être que des arbustes hauts et persistants. Mais le genre *Rhododendron* est beaucoup plus riche et varié, il compte également beaucoup de plantes qui ont des caractéristiques différentes. C'est Linné qui a choisi le nom du genre ; il s'agit d'une vieille dénomination grecque, qui désignait à l'origine un oléandre, bien connu déjà dans les écrits de Dioscoride et de Pline. Bien qu'on ait proposé, dans le passé, beaucoup d'autres noms pour ce genre, la dénomination *Rhododendron* a bien résisté et elle englobe aujourd'hui même les espèces jadis séparées et groupées dans un autre genre indépendant, celui des Azalées (*Azaleae*).

L'aire de distribution naturelle du *Rhododendron dauricum* est très vaste. Elle va de la Sibérie à l'Extrême-Orient et à la Mongolie et couvre des altitudes de 300 à 1500 m au-dessus du niveau de la mer. Ses feuilles caduques sont elliptiques, arrondies des deux côtés, longues d'environ 4 cm et fortement tégumenteuses à l'envers. Il représente un bon exemple du groupe des sous-genres des Lépidodendrons (*Lepidotae*), qui ont des feuilles couvertes d'écailles. Ses fleurs du rose au pourpre clair se forment très tôt au printemps, bien avant l'apparition des feuilles (quelquefois déjà au mois de mars) en bouquets de 1 à 3. On peut très bien les faire « avancer », si on les coupe et qu'on les place dans un vase.

R. dauricum fut importé de Sibérie en Angleterre en 1780. On l'avait utilisé directement dans l'horticulture d'ornement, mais aussi en tant que taxon – porteur des boutures pendant la recherche de variations nouvelles. D. Davis avait obtenu, dès 1855, en le croisant avec *R. ciliatum*, un nouveau rhododendron, *R.* × *praecox* qui fut présenté pour la première fois en public en Angleterre, en 1861, dans le cadre de la Société royale d'horticulture.

R. dauricum est un arbuste aéré, haut de 1 à 2 m, assez résistant. Il convient même pour les petits jardins.

Ericacées
Ericaceae

Rhododendron smirnowii TRAUTW.

Ce rhododendron est l'une des 9 espèces du genre qui vivent dans la partie occidentale du continent d'Eurasie. Par rapport au nombre des membres de ce genre, ils ne représentent qu'une partie infime, bien qu'aujourd'hui, les Rhododendrons ne manquent presque plus dans aucun jardin botanique d'Europe. C'est surtout *R. smirnowii* qui a légué sa résistance à bon nombre d'espèces cultivées. A l'origine, il ne vit qu'en de rares endroits, au sud du massif du Caucase. Il se partage ces rudes montagnes entre la Géorgie et la Turquie avec une espèce très proche, *R. ungernii.* Ces endroits sont toujours humides, le niveau annuel des précipitations atteint jusqu'à 2500 mm. Les deux espèces furent découvertes en 1885 et 1886.

Rhododendron smirnowii est un arbuste à feuillage persistant. Son trait le plus typique est le revêtement feutré et épais de ses jeunes pousses et de ses feuilles. La surface des jeunes feuilles est ainsi farineuse et blanchâtre. Les feuilles plus anciennes ont une couleur rouille bien apparente. La face supérieure de ses feuilles est corroyée, vert foncé, et, par endroits, tomenteuse. Les feuilles, longues de 6 à 12 cm, ont des sommets à pointes obtuses. Les inflorescences assez lâches, sont formées de 10 à 12 fleurs. Les corolles de ces fleurs sont rose violacé, en forme d'entonnoir à cinq coins et aux bords ondulés. Ce rhododendron fleurit pendant la deuxième moitié du mois de mai ; d'abord irrégulièrement, puis chez les individus plus âgés, d'une manière très régulière.

Bien que les conditions de sa croissance naturelle soient presque extrêmes, *Rhododendron smirnowii* est très adaptable. Il résiste aux basses températures, ausi bien qu'aux pollutions industrielles et à la sécheresse. Ces qualités l'ont fait souvent choisir pour l'hybridation d'espèces de rhododendrons de culture.

C'est un arbuste à feuilles persistantes, haut de 1,5 à 2 m, il peut même convenir pour les parcs de ville.

Rhododendron × hybridum hort.

Ericacées
Ericaceae

L'histoire de la création des espèces horticoles de rhododendrons est très variée ; les variétés d'aujourd'hui furent en général créées à partir de plusieurs espèces rustiques. Les Rhododendrons sont en général subdivisés selon leur système tomenteux en trois groupes de sous-genres : les Lépidotées (*Lepidotae*), les Velus (*Villosae*) et, enfin, les Floconeux (*Floccaceae*). La plupart des variétés cultivées sont originaires du troisième groupe. Ce sont toujours des espèces persistantes à grandes feuilles et à grandes fleurs.

Les débuts de l'hybridation européenne furent influencés par l'introduction en Angleterre des espèces nord-américaines de Collins et par les expéditions et les collections, françaises, hollandaises et russes, en Amérique et en Asie, tout au long du XVIIIe siècle. L'Angleterre est devenue le centre naturel de ces tentatives, favorisée par ses conditions climatiques très favorables. La culture des Rhododendrons commença avant tout dans le Jardin botanique royal de Kew, pour devenir ensuite, au cours du XIXe siècle une mode dans les jardins de la noblesse. Le premier hybride intentionnellement créé (en 1817) est probablement *Rhododendron × hybridum* qui avait eu pour parents l'espèce semper virens *R. maximum* et *R. viscosum* à feuilles caduques. La deuxième vague est venue après les expéditions fructueuses en Chine, dès la moitié du XIXe siècle, jusqu'aux vingt premières années du XXe siècle. Le mérite historique de la création des variétés réellement résistantes revient à la famille Siedel, originaire de Grüngräbchen. La quarantaine de variétés qu'ils ont créées, dont les couleurs vont du blanc au violet foncé, ont jeté les bases d'une véritable culture de rhododendrons qui vivent aujourd'hui même au sud de la Suède.

Ce sont des arbustes persistants, hauts de 2 à 5 m.

Ericaceés
Ericaceae

Groupe *'Azalea mollis'*

Rhododendron molle (BL.) G. DON

Le groupe de rhododendrons qui se caractérise, en général, par un feuillage caduc, couvert soit de poils individuels, soit de glands, est désigné sous le nom de rhododendrons velus, *Villosae*. Le langage populaire les appelle Azalées : c'est leur dénomination traditionnelle qui date de l'époque où le genre *Rhododendron* était divisé en deux genres, et les espèces à feuilles caduques classées sous le genre *Azalea* (du grec *azalos* : sec, aride, peut-être à cause du fait que les Azalées donnent l'impression d'être sèches pendant toute la partie de l'année où leur feuillage est tombé).

Parmi les Azalées d'extérieur les plus connues, se comptent surtout les espèces de rhododendrons à corolles jaunes, plus rarement blanches qui ont toutes une grande tache soit jaune soit orange. Elles vivent aussi bien à l'Est de l'Asie qu'à l'Est de l'Europe ou en Amérique du Nord. Depuis 1792, on cultive aussi un rhododendron jaune, originaire de l'Est de l'Europe et du Caucase (*R. luteum*) et, depuis 1823, la culture s'est enrichie d'une autre espèce à feuilles caduques et à fleurs jaunes, originaire de Chine, *Rhododendron molle.* Enfin, en 1861, on a importé du Japon une autre espèce rouge saumon. Ainsi, la culture des rhododendrons a pu provoquer une véritable explosion de couleurs par la création d'hybrides qui remportent un grand succès encore aujourd'hui. Mais l'horticulture pratique les nomme souvent très différemment. Le plus souvent, on parle du groupe des hybrides *'Azalea mollis',* bien connus par leur large éventail de couleurs pastel. Ils sont issus de croisements entre *R. molle* et *R. japonicum,* réalisés par F. de Coninck de Gand, en Belgique. La ville de Gand est devenue également un centre de culture qui a donné naissance aux Azalées de Gand, réalisées à partir d'espèces américaines et du Rhododendron jaune déjà cité, qui a les fleurs les plus agréablement parfumées de tous les rhododendrons.

Les Azalées du groupe *'Azalea mollis'* sont des arbustes à feuillage caduc, hauts de 1 à 2 m.

rameau à fruit
de *R. luteum*

rameau fleuri
de *R. luteum*

Enkianthus campanulatus (MIQ.) NICHOLS

Ericacées
Ericaceae

Un simple regard sur *E. campanulatus* qui fleurit, nous apprend qu'il s'agit d'une essence ligneuse liée à la culture d'Extrême-Orient. Il est fin, délicat comme un souffle d'air. On l'avait importé en Angleterre, en 1880, du Japon qui est sa patrie. Son nom de genre est formé par deux racines grecques : *egkyein* : riche, féconde, singulière et *anthos* : fleur. Il est aussi vrai que quelques *Enkianthus* produisent des inflorescences vraiment abondantes ou que l'ensemble de leurs fleurs rappelle les fleurs biologiques. Une dizaine d'espèces vit, en dehors du Japon, au Nord-Est de l'Asie et dans l'Himalaya. Presque toutes ne furent introduites en Europe qu'à la fin du XIXe siècle et au début du XXe, mais *Enkianthus campanulatus* était cultivé dans les jardins japonais depuis longtemps déjà.

Dans l'ensemble, les Enkianthus sont des arbustes moyens, leur feuillage est, en général, caduc et leurs petites branches forment une sorte de verticilles. Leurs feuilles alternes sont groupées au sommet des rameaux, elles possèdent des pétioles et sont dentelées. Leurs limbes, elliptiques ou presque rhombiques, longs de 3 à 7 cm, sont tomenteux sur le dessus, ainsi que sur les veines, sur l'envers. Leurs fleurs ont des couronnes en forme de clochettes à 5 pointes, sans aspérités. La couronne longue, qui peut mesurer jusqu'à 12 mm, est jaune orangé avec des veines rouges. Les fleurs forment des grappes en corymbes pendant sur un pédoncule long d'environ 2 cm. Elles fleurissent en mai, après l'apparition des feuilles. Les fruits sont des capsules à 5 compartiments. Ils se multiplient très bien à partir des graines (en hiver, il faut les placer sous verre, sur de la tourbe mêlée avec du sable), mais aussi par des boutures d'été, au mois d'août, ou encore par la coupe de ses pousses annuelles. Il croît bien dans les sols humides, riches et acides.

Enkianthus campanulatus est un arbuste dressé ou un petit arbre (surtout dans la nature) : en culture il ne pousse qu'à une hauteur de 2 à 5 m. Il est très convenable pour les marais de culture et les sous-bois de conifères.

Tiliacées
Tiliaceae

Tilleul à petites feuilles

Tilia cordata MILL.

Les Tilleuls sont, en général, classés dans l'ordre des *Malvales* qui comptent le plus ancien fossile de plante angiosperme trouvé à ce jour, la *Furcula,* qui date du Trias avancé. Les fossiles des Tilleuls les plus anciens datent du Pliocène avancé, il y a une vingtaine de millions d'années. C'est peut-être grâce à cette ancienneté que les Tilleuls bénéficient d'un grand respect et qu'ils sont parfois devenus des symboles nationaux.

Le Tilleul à petites feuilles est un arbre majestueux avec des feuilles relativement petites à longs pétioles. Elles mesurent de 4 à 7 cm ; cordiformes et oblongues, elles sont très dentelées sur leur circonférence. Leur face supérieure est glabre et vert foncé, la face inférieure est gris-bleu. Elles ont, dans les aisselles, des touffes de poils de couleur rouille. Les inflorescences fourchues sont formées de 3 à 16 fleurs. Le pétiole des inflorescences est accompagné, à la base, par une feuille étroite et membraneuse qui forme par la suite l'appareil de dissémination des petits fruits. Les fleurs vont par cinq, les pétales des téguments sont blanc jaunâtre, et les akènes à parois minces sont sphériques. Le Tilleul à petites feuilles croît dans les forêts décidues, claires, ainsi qu'individuellement, aussi bien dans les plaines qu'en altitude, presque partout en Europe. Il est cultivé déjà depuis des siècles. L'espèce européenne qui s'en rapproche le plus est le Tilleul à grandes feuilles (*T. platyphyllos*) qui croît pratiquement sur les mêmes territoires, mais qui préfère les régions plus chaudes. Il se différencie par ses feuilles plus grandes et plus fines, à face inférieure verte. Ses akènes ont des parois dures. Il fleurit parmi les premiers, déjà en juin, tandis que le Tilleul à petites feuilles le suit, seulement 3 ou 4 semaines plus tard.

Ce sont des arbres majestueux, hauts de 20 à 40 m. Le Tilleul à petites feuilles est une importante essence ligneuse européenne, utilisée en pharmacologie, en apiculture et en sculpture sur bois.

fruit de *T. cordata*

partie d'une branche fleurie de *T. platyphyllos*

rameau de *T. platyphyllos* en hiver

Tilleul commun

Tiliacées
Tiliaceae

Tilia × vulgaris HAYNE

Dans l'hémisphère Nord, vivent une quarantaine de genres de Tilleuls. Ils forment facilement des hybrides entre eux. Ainsi, le nombre des Tilleuls déjà répertoriés est beaucoup plus grand. Aujourd'hui, il est assez difficile de trouver dans les forêts et dans les vallées européennes des Tilleuls à petites feuilles ou des Tilleuls à grandes feuilles, mais on y rencontre beaucoup plus souvent leur hybride, le Tilleul commun (*T.* × *vulgaris*). Ces deux espèces ainsi que d'autres se croisent très facilement, formant alors de grands ensembles d'hybrides assez féconds et très changeants dans leurs caractéristiques. Souvent, leurs feuilles mesurent entre 6 et 10 cm, la face supérieure étant plus foncée, non luisante et la face inférieure d'un vert plus vif ou plus gris. Elles sont largement ovoïdes et grossièrement dentelées. Les fleurs forment des inflorescences fourchues et retombantes par 5 à 10 fleurs et leurs akènes ont un périanthe dur qui renferme de 1 à 3 graines. Les différents hybrides du Tilleul commun fleurissent dès la mi-juin jusqu'à la fin du mois de juillet. Les tilleuls européens et leurs hybrides, comme le Tilleul commun, contiennent dans leurs fleurs des essences naturelles, des matières tannantes, le mucilage et environ 11 glucosides, comme par exemple, le flavone et le tilliroside. La fleur du tilleul compte parmi les moyens les plus prisés de la médecine populaire qui l'utilise depuis des siècles pour guérir les refroidissements. Les agents réactifs sont, dans ce cas, le plus probablement les glucocides. La fleur du tilleul sert aussi la médecine allopathique où elle est le plus souvent prescrite pour les maladies des voies respiratoires.

Les Tilleuls communs sont des arbres majestueux, grands, atteignant jusqu'à 40 m, qui trouvent des utilisations multiples dans la sculpture sur bois aussi bien que dans l'usinage. Cette essence ligneuse est très importante en apiculture.

Tiliacées
Tiliaceae

Tilleul d'Amérique

Tilia americana L.

Le Tilleul d'Amérique ne fut découvert pour le monde scientifique et horticole qu'en 1752. Son aire d'origine où il est très répandu se situe dans le centre et dans l'Est de l'Amérique du Nord où il vit depuis la frontière canadienne jusqu'en Virginie, limité à l'Ouest par une ligne allant du Dakota du Nord par le Kansas jusqu'au Texas. C'est un arbre robuste avec des feuilles très grandes, de 10 à 20 cm, largement ovoïdes et oblongues avec une base cordiforme. Elles sont grossièrement dentelées, mais leur pétiole est relativement court, de 3 à 5 cm. Elles sont vertes, la face inférieure étant plus claire. Les fleurs sont également assez grandes. Elles peuvent atteindre 1,5 cm de diamètre. Elles forment des inflorescences fourchues de 6 à 15 fleurs, munies d'une grande feuille qui les aide à voler. Elles fleurissent en juillet. Les akènes sont sphériques, elliptiques et lisses, à parois fortes. Le Tilleul d'Amérique diffère des autres espèces américaines (*T. michauxii* et *T. heterophylla*) par ses feuilles glabres.

En général, les Tilleuls se multiplient mieux par semis. Les fruits arrivent à maturité déjà à la fin du mois de juillet et en août. Cependant, les arbres isolés ne produisent que des akènes vides. Pour préparer le semis, il faut d'abord humidifier les graines et ensuite les stratifier. On sème au printemps ou encore après une nouvelle stratification seulement, pendant la deuxième année. En général, les Tilleuls vivent bien dans tous les sols nutritifs, pas très arides, ils tolèrent bien des niveaux supérieurs d'eaux souterraines.

Le Tilleul est un grand arbre à cime large, haut de 25 à 40 m. Il est convenable pour les grands parcs, pour l'alignement dans les allées et pour les collections.

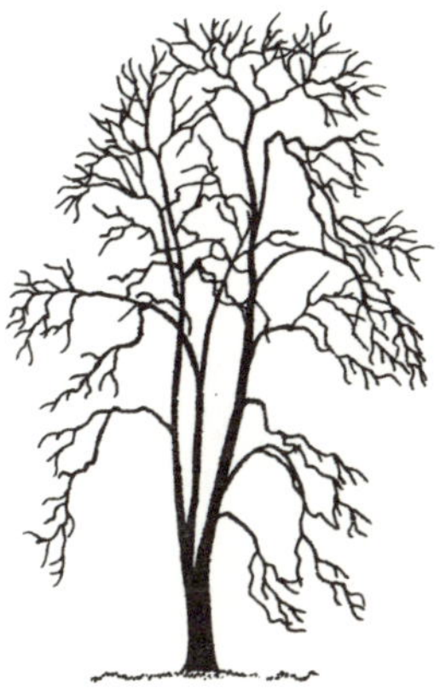

Tilleul argenté

Tiliacées
Tiliaceae

Tilia tomentosa MOENCH.

Le Tilleul argenté ou feutré a des feuilles argentées duveteuses et blanchâtres non seulement sur l'envers, mais aussi sur l'endroit. Les pétioles, les ramules et les jeunes branches sont également fortement tomenteux. Cette forte couche tomenteuse démontre une très bonne adaptation écologique aux conditions d'un climat chaud et sec, qui apparaît chez de nombreuses plantes. Le Tilleul argenté se répand dans les régions du Sud-Est de l'Europe, dans les Balkans, dans le Sud-Ouest de l'Union Soviétique et en Asie Mineure, surtout sur les terrains accidentés et dans les forêts claires de feuillus. Il est cultivé en Europe occidentale depuis 1767. Il ne représentait tout d'abord qu'une essence ligneuse exotique de collection mais, plus tard, surtout pendant la deuxième moitié du XXe siècle, il fit ses preuves comme essence ligneuse particulièrement adaptable dans les villes à l'atmosphère polluée, bien qu'il souffre en hiver du salage des rues.

Le Tilleul argenté est un arbre majestueux, à cime régulièrement développée, avec des feuilles décidues, alternes, dont les pétioles ont une longueur soit égale à la moitié du limbe, soit un peu plus courte. Le Tilleul pleureur (*T. petiolaris*), très proche, possède des pétioles plus longs que la moitié de leur limbe. Ses feuilles sont aussi plus mobiles dans le vent, ce qui produit un grand attrait de leurs reflets changeants. Les inflorescences fourchues du Tilleul argenté, formées de 7 à 10 fleurs, sont pendantes et les akènes ont une surface légèrement membraneuse. Il fleurit plus tard que les espèces européennes semblables, pendant la deuxième moitié du mois de juillet. Il est impropre à une exploitation pharmaceutique. Il se multiplie très bien à partir de ses graines et aussi par des greffes sur des espèces non feutrées de tilleuls européens. Sa cime est beaucoup plus compacte que celle des autres tilleuls, souvent même avec une tendance vers une forme pyramidale.

C'est un arbre majestueux, haut de 15 à 30 m, qui supporte la pollution. Il est très approprié pour les parcs des villes.

Buxacées
Buxaceae

Buis

Buxus sempervirens L.

Les Buis représentent, dans le domaine des plantes, une branche évolutive relativement ancienne. Les premiers exemplaires fossiles connus datent du Pliocène et, en France, plus généralement, des couches interglaciaires du Quaternaire. Aujourd'hui, il y a dans le monde environ 45 genres de Buis qui vivent dans une zone allant des îles Canaries et des Açores à l'île de Madère par la Méditerranée, au Caucase, dans l'Himalaya, jusqu'à l'Est de l'Asie. Ils poussent même en Afrique tropicale et aux Antilles, dans les Caraïbes.

En culture, ils accompagnent l'humanité depuis très longtemps, bien qu'au début ils n'aient pas été cultivés comme plantes ornementales. Ils fournissent le bois européen le plus dur, utilisé non seulement pour la fabrication des instruments de musique (les clarinettes), mais aussi pour la gravure sur bois. Ses feuilles contiennent des alcaloïdes (le buxin), des essences naturelles et des tannins. Il produit de légers effets antipyrétiques. Dans le temps, on l'utilisait aussi comme un substitut de la quinine.

Les Buis sont des arbrisseaux persistants, dressés. Leurs feuilles opposées, ovales, à bord entier, sont rigides, corroyées, luisantes et glabres, longues de 15 à 25 cm. Beaucoup de cultivars se différencient par la couleur et la forme de leurs feuilles, 'Marginata' et 'Aureo-variegata', par exemple. Les petites fleurs se forment en faisceaux d'aisselles qui renferment, au milieu, la fleur mâle entourée de quelques fleurs femelles. Les fleurs mâles sont vert-jaune, longues d'environ 2 cm, les fleurs femelles blanchâtres. Les fruits sont des capsules avec trois excroissances formées par les restes des styles. Il fleurit de mars en avril.

Le Buis est un arbrisseau compact, haut de 1 à 3 m, avec des cultivars plus bas ou plus hauts. Il est très approprié pour les haies de différentes formes.

capsules à maturité avec leurs graines

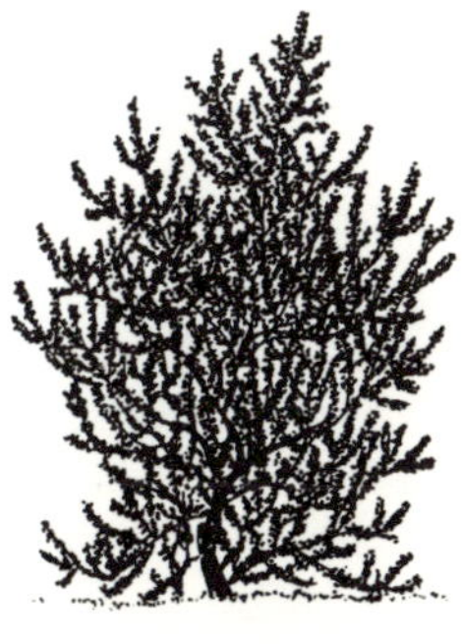

Bois-gentil

Thyméléacées
Thymeleaceae

Daphne mezereum L.

Quelques dizaines de Daphnés font partie de la flore de l'Ancien Monde. L'aire de distribution du Bois-gentil va de l'Europe arctique par l'ensemble du continent jusqu'au Caucase et à l'Ouest de la Sibérie. En certains endroits, il est très menacé. Dans quelques pays, il est même protégé par la loi, même s'il semble que sa toxicité naturelle doive suffire pour le protéger. Malheureusement, il fait les frais du changement de son milieu naturel. Ses fruits contiennent une substance toxique. Les intoxications se produisent par inattention des enfants qui goûtent ces drupes d'une couleur attrayante. Chez certaines personnes sensibles, le simple fait de toucher les fruits peut provoquer la formation d'ampoules sur la peau. L'absorption de ces fruits provoque une désagréable sensation de brûlures dans la bouche, suivie de fortes douleurs d'estomac, de nausées violentes, et de diarrhées. Un secours médical immédiat est indispensable et les séquelles de cette intoxication persistent encore longtemps après la guérison.

Le Bois-gentil est une essence ligneuse décidue des forêts feuillues et des prairies subalpines. Il préfère les sols calcaires. Il est attrayant surtout par ses fleurs aromatiques et odorantes qui s'ouvrent parfois déjà en février. C'est surtout pour elles qu'on le cultive. La première mention écrite de sa culture date de 1561, mais on peut être sûr qu'il était cultivé dans les jardins des couvents européens bien plus tôt, même sa variété à fleurs blanches. Ses drupes juteuses rouge orangé arrivent à maturité au milieu de l'été. On peut les utiliser, après stratification, pour le multiplier.

Le Bois-gentil est un arbrisseau qui dépasse rarement la hauteur de 1 m. Son utilisation dans les jardins publics reste problématique à cause de sa toxicité.

Rosacées
Rosaceae

Rosier jaune

Rosa foetida HERRM.

Le Rosier jaune, avec ses fleurs jaunes, est devenu le symbole du Proche-Orient. Sa culture dans ces régions est aussi vieille que les civilisations y sont anciennes. Les dates de son introduction en Europe occidentale, peut-être dans les années 1590–1600, ne peuvent pas être prises en considération pour déterminer depuis quand il accompagne l'homme. Depuis longtemps, on cultive non seulement les simples roses jaunes, mais aussi deux variétés distinctes, une 'Persian Yellow', qui est une rose jaune composée, et la variété 'Austrian Cooper Brier', qui ont la face intérieure de la fleur rouge brique ou rouge satin foncé, et seulement l'extérieur jaune. Parfois, on constate sur les branches des formations qui peuvent avoir, par exemple, deux pétales entièrement roses et deux autres entièrement jaunes et le reste est partagé exactement moitié-moitié. *R. foetida* a donné naissance à de nombreux cultivars de roses jaunes de jardin. C'est un horticulteur français, Pernet-Duchet, qui introduisit sur le marché, à partir de 1900, le cultivar 'Soleil d'Or', l'unique cultivar fécond de rose jaune, créé par le croisement du Rosier jaune et du cultivar Ant. Ducher. L'ensemble du groupe de rosiers ainsi créé s'appelle en hommage à l'horticulteur, « Pernetianas ».

Le Rosier jaune est un arbrisseau drageonnant aéré, avec des branches dressées qui se recourbent (peut-être une ancienne liane), avec des pointes courbées ou crochues. Ses feuilles sont imparipennées. Il fleurit en juin, et ses fleurs ont vraiment une odeur peu agréable. Les pleines fleurs de la variété 'Persian Yellow' sont stériles. Par temps humide, elles ne peuvent pas s'ouvrir et « dépérissent » au stade des boutons.

R. foetida, arbuste d'environ 2 m, est un vieux rosier historique, d'une très grande valeur ornementale.

Rosa foetida 'Persian Yellow'

Rosa foetida 'Bicolor'

Rosa pimpinellifolia L.

Rosacées
Rosaceae

Rosa pimpinellifolia est une espèce très variable, aussi bien dans sa distribution que dans ses conditions de vie naturelle. Dans la partie atlantique de l'Europe, surtout sur les îles (Islande, Grande-Bretagne), c'est une plante de littoral qui vit presque aux abords immédiats de la mer, dans les endroits où l'air est très humide. Par contre, en Europe centrale et orientale, *R. pimpinellifolia* représente un élément qui aime l'air chaud et sec, qui croît dans les peuplements mêlés des taillis sur les terres sèches et dans les formations des steppes avec des géraniums et d'autres plantes semblables. Ces deux lignées écologiques se différencient, semble-t-il, aussi par la couleur de leur fleur, « la rose écossaise », à savoir la population du littoral est plutôt rose, et sa variété continentale plutôt blanche.

R. pimpinellifolia est un arbuste abondamment drageonnant, très épineux, surtout à la base des drageons et des branches, ce qui lui a valu son autre nom – *R. spinosissima* – très épineux ! Ses feuilles décidues sont alternes et imparipennées, bien arrondies. Ses fleurs individuelles sont à 5 pétales. Il fleurit tôt, dès le début du mois de mai. Son grand nombre d'étamines donne à ses fleurs l'impression d'une couleur plutôt jaune crème que blanche. Ses akènes arrivant à maturité ont une couleur surprenante rouge violacé. Le calice de ses fleurs en inflorescence est toujours plein. Ainsi, les calices « couronnent »-ils en permanence le sommet de l'arbuste.

On le cultive, semble-t-il, depuis 1610, peut-être même plus tôt. Dernièrement, c'est surtout la plantation horticole Kordes qui l'utilise. Elle a produit plusieurs cultivars de roses de jardin, par exemple 'Frühlingsduft', etc.

R. pimpinellifolia est un arbuste drageonnant, haut de 1 m environ, qui forme des polycormones et qui est assez expansif. On peut l'utiliser pour l'ornement des pentes des voies de communication et pour la formation de haies basses.

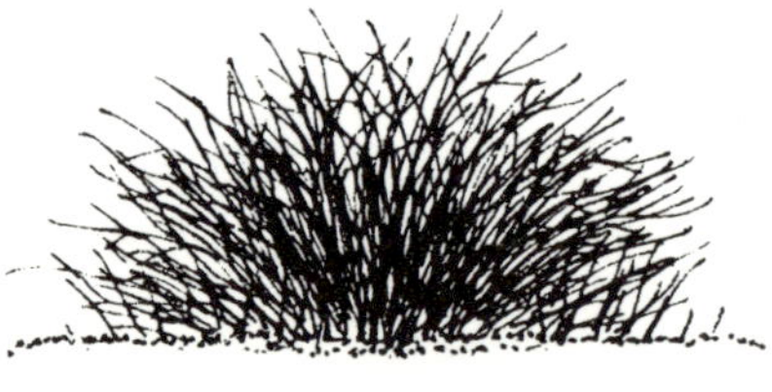

Rosacées
Rosaceae

Rosa roxburghii Tratt.

Fait rare, ce rosier n'est pas décrit dans son milieu naturel mais selon sa culture, dans le Jardin botanique de la ville de Calcutta, où il fut introduit probablement de Chine à une date indéterminée. Sa description date de 1820. Il s'agissait d'un exemplaire à floraison pleine. C'est seulement presque un siècle plus tard, en 1904, que la première expédition organisée par Veitch en trouva un exemplaire en liberté sur le mont Omei, en Chine et, quatre ans plus tard, en 1908, une autre expédition, organisée par Wilson, en trouvait deux dans l'Ouest de la province chinoise de Sseu-tch'ouan. On l'introduisit en Occident aux environs de 1908.

R. roxburghii est d'un aspect extérieur peu typique pour les rosiers. C'est un véritable arbuste, sans même le semblant de caractère d'une liane. Ses branches ont des formes sinueuses, et ses tiges et ses vieilles branches possèdent une écorce qui s'écaille de la même manière que le rhytidome des platanes. La partie qui s'écaille est brunâtre et elle s'enroule en formes tubulaires. Ses feuilles décidues et alternes sont imparipennées, composées d'un grand nombre de petites feuilles. C'est également la raison d'un synonyme qu'on lui a donné : *R. microphylla,* le Rosier à petites feuilles. En Europe, il fleurit à la fin du mois de juin. Ses fleurs sont normales à 5 pétales, mais ses faux-fruits constituent, dans le monde des rosiers, une véritable curiosité. S'ils n'étaient pas entourés de restes du calice, ces faux-fruits épineux feraient penser aux fruits verts des Marronniers d'Inde. Ses fruits sont de menus akènes, longs de 3 à 5 mm.

R. roxburghii compte parmi les rosiers rarement cultivés, sauf dans quelques régions chaudes de certains pays, comme le Sud des États-Unis. Il supporte très bien les hivers européens.

Ce sont des arbres compacts, épineux, qui peuvent atteindre une hauteur de 2,5 m. Ils ont une valeur de collection.

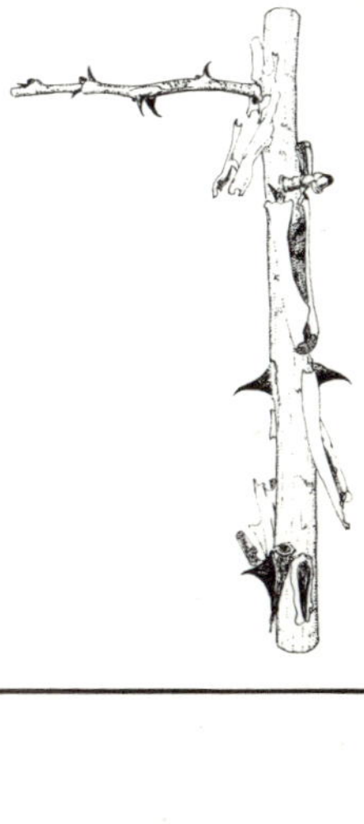

rameau avec écorce qui s'étiole

Rosa multiflora THUNB.

Rosacées
Rosaceae

ramule fleurie
de *R. arvensis*

ramule fleurie
de *R. multiflora*

Rosa multiflora joue un rôle prépondérant dans l'histoire des rosiers de culture. *Multiflora* signifie qu'il porte beaucoup de fleurs. Ce nom d'espèce désigne aujourd'hui un grand groupe de rosiers de jardin.

R. multiflora a été décrit par Thunberg dans sa variété japonaise déjà en 1784, mais l'introduction de ce genre « en propre » en Europe ne date que de 1868–1875. Pendant très longtemps, l'Europe ne connaissait que des formes à fleurs pleines, parce qu'il s'agissait de plantes qui font au Japon, en Corée et en Chine, l'objet d'une culture attentive depuis des siècles. *R. multiflora* démontre bien le caractère des rosiers proches des lianes. Il forme des drageons stolons qui peuvent atteindre dans l'année une longueur de 4 m, où les pointes crochues permettent à la plante de s'accrocher à son support (l'arbre, le rocher). Son trait dominant : les stipules pennées. Ce trait persiste chez beaucoup de rosiers de jardin depuis plusieurs générations. Ses feuilles sont composées. Les styles de la fleur s'unissent fermement en une tige assez haute qui dépasse des étamines et qui est surtout apparente sur les églants qui arrivent à maturité. *R. setigera* est le seul genre très proche de ce rosier : il vit en Amérique. En Europe, sur le littoral atlantique et en Europe centrale jusqu'aux Balkans, on trouve *R. arvensis,* qui fait partie des forêts ensoleillées et, en Méditerranée, *R. sempervirens.*

R. multiflora est une liane avec de longs drageons (4 à 5 m) ; sans support, ils forment des arbrisseaux dont la cime rappelle une fontaine, avec leurs branches recourbées vers le sol. Sous cette forme, ils peuvent atteindre de 2 à 3 m de hauteur.

Rosacées
Rosaceae

Rosa sericea Lindl.

Les Rosacées sont, en général, des plantes avec des fleurs régulières à 5 pétales, bien qu'il existe de nombreuses exceptions. L'une d'elles est précisément *R. sericea* dont les fleurs à 4 pétales rappellent la croix de Malte. Les pétales vont par quatre non seulement dans le périanthe, mais aussi dans le calice. On l'a découvert en 1822 dans l'Himalaya. Ses feuilles sont composées de plusieurs petites feuilles, ses fleurs sont blanches et ses églants, qui ont une base pétiolée et épaisse, sont rouges.

Sur les versants chinois du massif himalayen et surtout dans les provinces de Sseu-tch'ouan et de Hu-peh, vivent quelques rosiers semblables avec des fleurs de 4 pétales, qui furent classés par certains botanistes comme appartenant à la même espèce (*R. sericea*). Le plus connu est *R. omeiensis* dont les feuilles sont composées de plusieurs petites feuilles, qui a reçu son nom d'après la montagne où il fut découvert (mont Omei), en 1886, par le missionnaire Faber. Il ne fut introduit en Europe qu'en 1901, par l'expédition de Wilson. Ses feuilles sont composées d'un grand nombre de petites feuilles (13) et la base de ses églants est longuement pétiolée et épaisse. Sa variété la plus cultivée est *R. omeiensis* var. *pteracantha*. C'est un rosier avec des pointes inhabituelles. Elles sont longues et convergentes, aplaties et feuilletées et, sur les jeunes pousses vertes annuelles, elles sont transparentes, d'une couleur rouge bordeaux. Entre elles se trouvent des verticilles denses et hérissés. Ce rosier croît à environ 3000 m d'altitude et il supporte aisément les hivers européens. Il compte parmi les essences ligneuses horticoles très attrayantes. On l'a encore croisé avec *R. hugonis* et cette descendance est beaucoup plus cultivée en Europe que les espèces d'origine.

R. sericea forme des arbustes atteignant jusqu'à 3 m de hauteur, à cime composée très large. Il a une haute valeur horticole.

une branche de *R. omeiensis* var. *pteracantha* en hiver

petite branche féconde de *R. sericea*

Rosa hugonis HEMSL.

Rosacées
Rosaceae

La couleur jaune n'est pas si habituelle chez les roses. La plus jaune est sûrement *R. foetida*. *R. hugonis* a des fleurs plus claires. Il est originaire de l'Est de l'Asie. Le missionnaire Hugh Scallen, plus connu sous le nom de Père Hugo, l'avait envoyé en 1899, dans le célèbre jardin anglais de Kew, d'une des missions en Chine occidentale. Ce rosier qui l'a captivé par ses fleurs jaunes porte maintenant son nom. Dans son milieu d'origine, à l'Ouest de la province de Sseu-tch'ouan, il croît entre 1300 et 1600 m d'altitude. C'est la seule rose jaune de l'Ouest de la Chine. Cependant, la différenciation des rosiers de l'Est de l'Asie n'est pas très aisée. Les petites feuilles de *R. hugonis* sont simplement dentelées, non glanduleuses et glabres et les épines sur les tiges sont droites, tandis que le rosier originaire du Nord de la Chine, *R. xanthina,* que l'on confond assez souvent en Europe avec *R. hugonis,* possède des jeunes feuilles tomenteuses et ses pousses n'ont pas des verticilles hérissés. La troisième espèce très proche, *R. hemisphaerica,* se différencie des deux autres par ses épines crochues.

R. hugonis est un arbuste très ornemental non seulement pendant sa floraison. Ses fleurs individuelles s'ouvrent au début du mois de mai, presque toutes à la fois sur l'ensemble de l'arbuste, mais aussi après. Ses fruits, les églants, ont une base apparemment prolongée. *R. hugonis* est une plante qui reste belle toute l'année. L'ensemble de sa texture et de ses feuilles décidues et pluricomposées avec des petites feuilles reste toujours intéressant.

R. hugonis est un arbuste haut de 2,5 à 4 m avec des branches droites, dressées. Il est très apprécié en solitaire, dans les grands parcs et les jardins.

Rosacées
Rosaceae

Rosier de France

Rosa gallica L.

Le Rosier de France est un sous-arbrisseau. C'est une essence ligneuse qui n'atteint que 30 à 50 cm de hauteur. Mais, hormis sa petite taille, elle a bien tous les attributs d'une essence ligneuse. Le type même de sa croissance nous fournit un bel exemple de la stratégie de croissance des rosiers. Son aire de propagation naturelle va de la France jusqu'à l'Oural. Le Rosier de France vit dans les endroits chauds et ensoleillés et dans les steppes, en concurrence presque exclusive avec des plantes herbacées, et seulement par exception, avec d'autres essences ligneuses. Par conséquent, ces rosiers se sont adaptés à la concurrence des plantes herbacées. Ainsi, forment-ils des riches polycormones bien ramifiés sous terre, tandis qu'à la surface on ne voit que des drageons à une tige ou très peu ramifiés, âgés de 2 à 3 ans. Les ramifications souterraines n'ont pas un caractère de racines, mais bien de tiges, d'organes de la partie aérienne.

Le Rosier de France, avec ses feuilles caractéristiques, composées par 5 et avec ses grandes fleurs (8 cm !) rouges, ne représente pas seulement une plante médicinale fort ancienne (appelée jadis *Rosa officinalis*), mais aussi une plante de culte qui accompagne l'homme depuis la plus haute antiquité. Le Rosier de France est à l'origine d'un grand nombre de rosiers de culture, entre autres le Rosier de Provins, de Puteaux, de la Reine Bourbon, de la Rose à cent feuilles et de beaucoup d'autres. Le nombre de ses différents cultivars se comptait déjà par centaines pendant la première moitié du XIXe siècle. L'impératrice Joséphine en possédait une collection très importante dans le jardin du château de Malmaison. La présence des gènes de ce rosier est indiscutable dans plusieurs espèces issues de différents croisements. On la constate toujours par l'apparition des longs pétioles rouges et glanduleux des fleurs, ce qui est le cas d'un produit de croisement fort ancien, le Rosier blanc (*Rosa* × *alba*).

Le Rosier de France est un petit arbrisseau d'aspect herbacé, haut de 25 à 100 cm, avec un dense réseau souterrain de pousses. Ce rosier est d'une grande valeur pour l'histoire de ce genre.

R. × *alba*

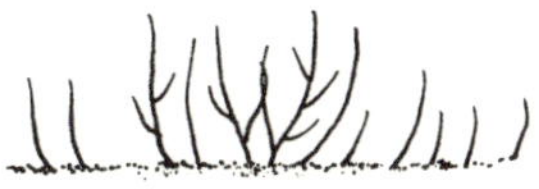

Églantier

Rosacées
Rosaceae

Rosa canina L.

L'un des arbustes les plus communs d'Europe est précisément le Rosier commun, dit aussi le rosier des chiens. Mais ce terme général renferme plusieurs espèces, ce qui n'est pas très surprenant pour un groupe aussi variable. Il s'agit de savoir ce que tel ou tel botaniste comprend par espèce. Le fondateur de la nomenclature binomique et de la systématique moderne d'aujourd'hui, Charles Linné, ne différencia que 10 espèces, tandis que plus d'un siècle plus tard, le botaniste français Gandoger affirmait qu'il existait en Europe presque 5000 espèces de rosiers. Les botanistes éprouvent les plus grandes difficultés surtout avec les rosiers eurasiens, proches de l'Églantier. On cherche à les différencier par la couverture de leurs feuilles (glabres, tomenteuses), par la présence de glandes dans les feuilles et dans les pétioles des fleurs, dans la description des dentures des limbes des feuilles. Parfois, quoique moins souvent, on accorde une valeur à la formation des stèles ou à la couleur des fleurs et à la forme des épines.

La plupart des gens pensent que les rosiers sont de véritables arbustes bien ramifiés dès l'origine. Mais, en vérité, ils ne sont devenus arbustes que d'une manière secondaire, en général, après le déboisement des terrains par l'homme. A l'origine, les rosiers habitaient dans les forêts et, étant des essences ligneuses qui aiment la lumière, ils grimpèrent très haut dans les cimes des arbres. Les églantiers d'alors étaient des lianes grimpantes. Pour s'agripper, ils se servent non seulement de leurs courtes branches, mais surtout de leurs épines crochues. Les églants du Rosier constituent une source de vitamine C à bon marché et très disponible. Pendant très lontemps, le Rosier a aussi constitué le support presque unique pour les cultures des rosiers horticoles d'ornement, à grandes feuilles.

Les Rosiers sont soit des lianes grimpantes qui montent dans les cimes des arbres, soit des arbustes dont la forme rappelle une fontaine, d'une hauteur de 1,5 à 3 m.

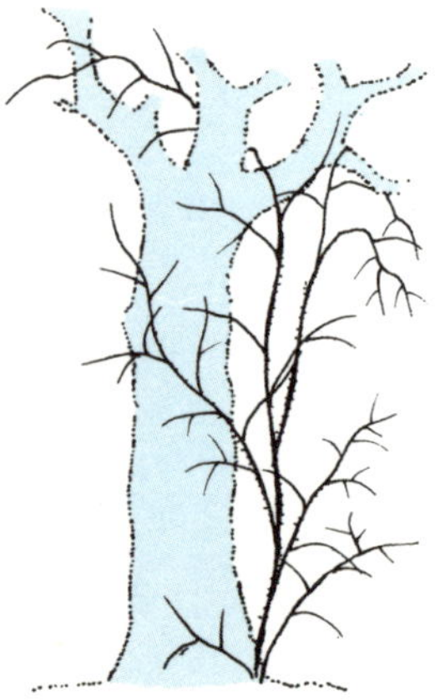

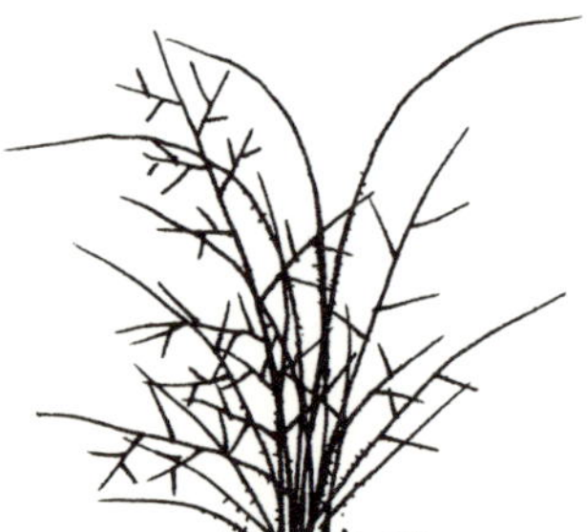

Rosacées
Rosaceae

Rosier rugueux

Rosa rugosa THUNB.

L'homme a souvent transformé, par sa volonté et par ses efforts parfois très longs, différents rosiers sauvages en plantes de culture noble et gracieuse. Dans le cas du Rosier rugueux, il n'était pas nécessaire de se donner cette peine. Le Rosier rugueux est l'un des plus beaux rosiers sauvages. Il est majestueux déjà par sa taille, sain par ses feuilles rigides et fin par l'odeur et par la couleur de ses fleurs. Il est originaire d'Extrême-Orient, très répandu dans le nord de la Chine, sur la presqu'île de Corée, au Japon, aussi bien que sur l'île Sakhaline et au Kamtchatka. Dans des pays de civilisation aussi ancienne que la Corée, le Japon ou la Chine, il était sûrement cultivé déjà longtemps avant l'arrivée des Occidentaux, bien que l'on continue à considérer l'année 1845 comme la date de sa première introduction.

L'ensemble des atouts du Rosier rugueux entre autres, la grandeur de ses églants et sa richesse en vitamine C l'ont, en fin de compte, amené à être exploité en horticulture comme la base de plusieurs croisements aussi bien avec d'autres espèces spontanées qu'avec d'autres cultivars. Les rosiers qui résultent de ces croisements comptent parmi les plus en vogue dans les jardins à l'heure actuelle.

Le Rosier rugueux est un rosier fortement épineux. Ses épines sont singulièrement tomenteuses. Ses feuilles gaufrées sont les plus solides et ses fleurs sont peut-être les plus grandes parmi les roses, mesurant de 8 à 10 cm. Comme tous les rosiers, il présente plusieurs variétés dans la couleur de ses roses. On connaît les arbustes à roses blanches, roses, rouge foncé, simples et pleines. Il commence à fleurir en juin et continue pendant presque tout l'été. Ainsi, nous pouvons observer sur la même branche aussi bien l'églant qui arrive à maturité, que sa rose à peine ouverte.

Le Rosier rugueux est un arbuste haut de 1 à 2 m, peu ramifié, qui forme par ses pousses souterraines des polycormones assez étendus. C'est une bonne essence ligneuse de couverture, utilisable comme un tapis de couverture. C'est aussi une source de vitamine C.

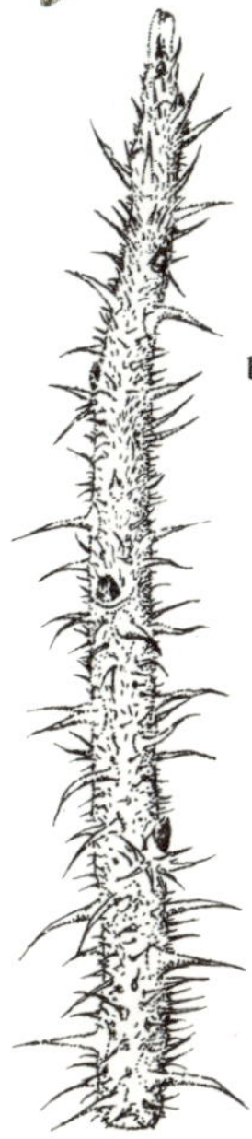

une petite branche en hiver

détail agrandi d'un aiguillon tomenteux

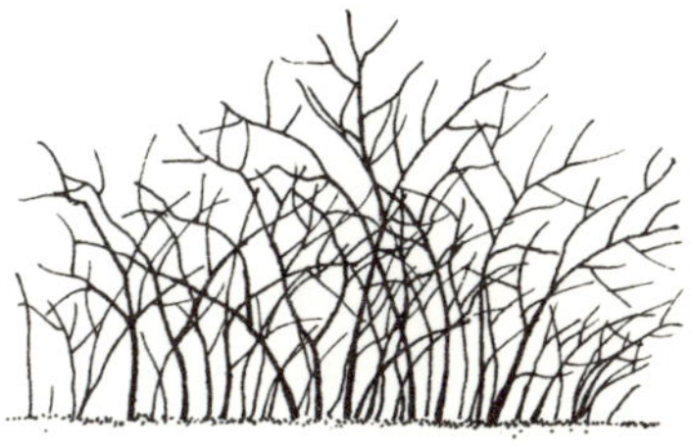

Rosa pendulina L.

Rosacées
Rosaceae

Ce rosier d'Europe vit le plus souvent dans les forêts des massifs montagneux européens, bien qu'il descende aussi plus bas comme élément subalpin, près des cours d'eau. Il est très répandu des Pyrénées jusqu'au Caucase. Il vit souvent sur des éboulis rocheux bien fournis en humus, étant parfaitement adapté au caractère de ces endroits. Chaque année, il forme de nombreuses pousses souterraines qui lui servent non seulement à améliorer et à fixer sa position, mais qui peuvent aussi lui permettre, après quelques années, de se déplacer vers un endroit plus convenable. Aussi, dès qu'une partie d'éboulis avec son polycormone est emportée par le courant d'une petite rivière ou quand elle tombe plus bas sur le versant, il recommence à pousser à l'endroit où il s'est agrippé.

R. pendulina est à peu près dépourvu d'épines, seulement ses jeunes ramules sont très épineux à la base. Quelques populations possèdent aussi bien des ramules aiguillonneux que des ramules porteurs de fleurs. Ses feuilles composées et imparipennées sont formées de plusieurs petites feuilles. Les fleurs de *R. pendulina* sont rouge foncé. Il fleurit en mai, parmi les premiers. Les coins de son tégument non séparés se redressent en quelques jours après la fin de la floraison. Au contact des autres rosiers, il se croise assez facilement et sa descendance ainsi créée reste féconde. *R. pendulina* est cultivé comme plante de jardins depuis des siècles, bien que son expansion puisse parfois devenir gênante.

R. pendulina est un arbuste assez haut, de 1 à 2 m, qui convient comme couverture des versants ombragés.

Rosacées
Rosaceae

Rosa moyesii HEMSLEY et WILSON

Le rosier de l'espèce *R. moyesii* représente, dans la vaste gamme des formes et des couleurs des rosiers sauvages, la lignée des rosiers originaires de l'Est asiatique qui ont comme caractéristiques dominantes les téguments non séparés qui se redressent après la floraison et les aiguillons infrastipulaires placés par paire. *R. moyesii* et les espèces proches, originaires elles aussi de l'Est de l'Asie comme *R. davidii*, *R. setipoda* et *R. multibracteata*, sont à l'origine les mêmes lianes grimpantes que leur cousin européen, l'Églantier (*R. canina*). Comme lui, ils ne sont devenus des arbustes qu'après le déboisement des terrains.

R. moyesii est un arbuste assez haut avec des feuilles décidues, alternes et imparipennées. Ses fleurs en général de couleur rouge foncé, bien saturée, forment des inflorescences nombreuses. Les pétioles des fleurs sont assez fortement glanduleux. Ce rosier fleurit en juin et en juillet. Ses fleurs dégagent après le broyage, une odeur de térébenthine. Ce rosier est le seul de son genre à avoir un trait bien caractéristique : les filets rouges de ses étamines. Ce trait constitue une dominante héréditaire. Ses fruits sont des akènes qui se forment à l'intérieur de l'églant en forme de bouteille, hérissé de fibrilles épineuses. *R. moyesii* fut découvert en 1903 dans l'Ouest de la Chine près du Tibet, par A. E. Pratt. Les premiers exemplaires fleuris de ce rosier commencèrent à se montrer en Europe en 1908. Ils portent le nom du missionnaire J. Moyes qui exerça en Chine occidentale. *R. davidii*, une espèce très proche, se différencie par ses aiguillons très grands sur les tiges et sur les branches. Originaire, lui aussi, de l'Ouest de la Chine (Sseu-tch'ouan), il fut découvert et puis introduit en Europe par l'expédition de Wilson.

Ces rosiers forment des arbustes hauts de 4 à 5 m. A l'ombre, ils se transforment en lianes.

Exochorda racemosa (LINDL.) REHD.

Rosacées
Rosaceae

Jusqu'à présent, on a décrit quatre espèces d'*Exochorda* d'origine : *E. racemosa* de l'Est de la Chine, *E. giraldii* du Nord-Est de la Chine, *E. serratifolia* de Corée et, enfin, *E. korolkowii* du Turkestan. L'aire de diffusion d'origine de ce genre couvre des régions allant de l'Asie Centrale jusqu'à la presqu'île de Corée. Le premier de ces arbustes à être introduit dans les jardins européens était *E. grandiflora* (1849), suivi d'*E. korolkowii* (1878) et d'*E. giraldii* (1897) et enfin, seulement après 1918, par *E. serratifolia*.

L'élément le plus ornemental de ces arbustes réside dans leurs grandes fleurs blanches qui sont également la raison de leur culture. Les pétales de leurs corolles sont larges de 2,5 à 4 cm et elles sont légèrement ondulées. L'ensemble de cette inflorescence ovoïde composée de 6 à 10 fleurs peu odorantes, aussi bien que l'aspect général de l'arbuste feuillu, sont assez gracieux. Il fleurit en mai. Le caractère de ses inflorescences fait qu'on le rattachait jadis au genre *Amelanchier*. Ses fruits sont des capsules assez apparentes qui persistent sur l'arbre jusqu'à l'année suivante.

L'hybride des plus vieux *Exochordas* connus, *E. racemosa* et *E. korolkowii*, est un *Exochorda* à grandes fleurs, *E.* × *macrantha*. Ces arbustes vivent bien partout où on leur assure suffisamment d'espace et de lumière. Ils se multiplient à partir des semis. Les graines arrivent à maturité même en Europe.

Ce sont des arbustes assez aérés et étendus, hauts de 2 à 4 m ; ils peuvent convenir pour une culture en groupe dans les grands jardins et dans les parcs des villes.

Rosacées
Rosaceae

Physocarpus opulifolius (L.) MAXIM.

Les Physocarpus sont des arbustes décidus de l'Amérique du Nord qui en compte au moins 13 espèces. Il n'y a qu'une seule espèce originaire de l'Est de l'Asie, *Physocarpus amurensis*. Aujourd'hui, c'est l'espèce *P. opulifolius* qui est la plus répandue dans le monde. Elle est cultivée depuis 1687, d'abord dans les environs de sa région d'origine, sur les territoires du Tennessee et de Virginie et dans la province du Québec. Puis, plus tard, en Europe : il apparaît en Europe centrale seulement au début du XIXe siècle. La facilité de sa culture, ainsi que sa résistance et surtout sa capacité de se multiplier (aussi bien à partir des boutures d'hiver que des boutures vertes d'été, coupées même sur les jeunes sujets), lui ont donné une place dans la culture forestière, pour la cynégétique. Ses peuplements servent de basse couverture sur les espaces verts pour les faisans.

Physocarpus opulifolius possède des feuilles alternes, longues jusqu'à 7 cm, dentelées et pentalobées. Elles ressemblent beaucoup aux feuilles des Groseilliers ou plutôt des Viornes. Ses fleurs forment en juin des inflorescences denses à plusieurs fleurs. De couleur blanche, crème ou neige, elles rappellent les fleurs des Spirées, ce qui a conduit Ch. Linné à les ranger dans le genre *Spiraea*. Les fruits sont des vésicules dénudées qui dépassent en longueur le calice. Les *Physocarpus* tolèrent bien même l'atmosphère polluée, et vivent non seulement dans tous les sols ou presque, mais également dans plusieurs situations, aussi bien à l'ombre, sous la cime de grands arbres qu'exposés directement au soleil.

Ce sont des arbustes hauts de 1 à 3 m, avec des drageons assez denses. Cette essence ligneuse est très valable pour la couverture des sols peu productifs comme des remblais des voies de communication.

Spiraea media F. W. SCHMIDT

Rosacées
Rosaceae

Spiraea media est très répandue dans les montagnes au Sud-Est de l'Europe et elle pénètre, par le Nord de l'Asie continentale, jusqu'aux régions nordiques (les îles japonaises et Sakhaline), mais elle préfère quand même les endroits ensoleillés, comme les versants rocheux du cercle des Carpates. Sa culture dans les jardins d'Europe date de 1789. C'est une essence ligneuse convenable pour les couvertures végétales des versants secs et rocheux. Par son habitus aéré, elle arrive aussi à adoucir les dimensions très strictes de l'architecture moderne. Elle possède deux sortes de branches, d'une part des branches droites qui ne fleurissent pas et, d'autre part, des branches courbées en arc vers le bas qui fleurissent. Ces branches portent des feuilles elliptiques et rondes assez changeantes, de la feuille hachurée jusqu'à la feuille largement trilobée. Elles sont assez larges à la base, dentelées près du sommet, parfois trilobées et sur les ramules, qui portent des fleurs, quelquefois à pleins bords. Les inflorescences sont très riches (jusqu'à 20 fleurs) sphériques et prolongées sur les pétioles des fleurs longs de 2 cm environ. Les fleurs mêmes sont menues (6 mm de diamètre), avec des étamines qui dépassent. Les fruits qui forment des vésicules sont glabres. Les Spirées de ce groupe peuvent être aisément multipliées par des boutures vertes dès le mois d'avril, ou par séparation des touffes. Elles prospèrent dans tous les sols, même en plein soleil. Cependant, dans les sols très desséchés, elles souffrent d'un jaunissement physiologique.

Ce sont des arbrisseaux hauts de 1 à 1,5 m, semi-dressés, parfois rampants.

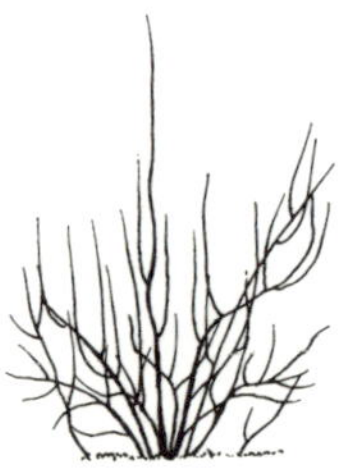

Rosacées
Rosaceae

Spiraea salicifolia L.

Bien que cette Spirée représente un élément qui abonde dans la flore de nombreux pays d'Europe centrale, il semble que cet arbuste qui se reproduit très bien de manière végétative ainsi que générative, soit bien d'origine asiatique. Il croît naturellement dans les zones tempérées et boréales partant du Japon vers l'Ouest. Mais nous ne pouvons considérer comme son dernier habitat naturel que les régions est-européennes. L'expansion plus lointaine est déjà le fait de l'homme. Les premières traces de son introduction datent de 1586. Il se naturalise très facilement et aujourd'hui, il est présent dans l'ensemble de l'Europe y compris sur les îles Britanniques, comme, par exemple, au Nord du pays de Galles. Il s'agit d'une essence ligneuse très tolérante pour les eaux souterraines, bien que d'autres spirées préfèrent les sols secs. On l'utilise comme essence ligneuse de renforcement des bords des étangs et des lacs. Les cours d'eaux arrachent parfois des touffes entières de spirées et les propagent plus loin. Ainsi, les Spirées sont devenues un élément de peuplements des aulnaies et d'autres groupements de bords humides des rivières.

S. salicifolia est un arbuste mou avec des branches minces. Ses feuilles lancéolées, comme les feuilles des Saules, sont dentelées. Ses inflorescences pyramidales et étroites se dressent jusqu'à 15 cm de hauteur. En général, elles sont formées de petites fleurs roses. Il fleurit de juin à août. Ses fruits sont des vésicules. Une espèce très proche, *Spiraea douglasii,* originaire d'Amérique du Nord, est aussi abondamment cultivée dans les jardins. Ses feuilles, plus grossièrement dentelées, sont feutrées sur la face inférieure.

S. salicifolia est un arbuste drageonnant, haut de 1 à 2 m, qui forme des polycormones. C'est une essence ligneuse très appropriée pour la consolidation des terres inondées par des infiltrations souterraines.

Spirée de Van Houtte

Rosacées
Rosaceae

Spiraea × *vanhouttei* (BRIOT) ZABEL

Bien que l'hémisphère boréal abrite plus de 80 espèces de Spirées (en Amérique jusqu'au Mexique, en Eurasie jusqu'à l'Himalaya), la Spirée la plus distribuée est un hybride, espèce très probablement créée par l'intervention de l'homme, la Spirée de Van Houtte (*Spiraea* × *vanhouttei*). Cet hybride fut créé vers le milieu du siècle dernier chez Billiard à Fontenay. Et sa renommée a encore grandi surtout au XXe siècle. Aujourd'hui, il n'existe peut-être plus en Europe une seule ville où on ne la cultive pas.

L'engouement pour cette espèce s'explique peut-être par la grande richesse de sa floraison. Dès la fin du mois de mai et parfois jusqu'à la fin du mois de juin, on ne voit presque plus les feuilles sur cet arbuste : ses branches sont tout à fait submergées par les inflorescences, d'abord plates et puis demi-sphériques, d'une blancheur éclatante. On ne peut vraiment bien déterminer qui de ses deux parents, *S. cantoniensis,* originaire de Chine et du Japon et *S. trilobata,* lui ont légué le plus, bien que la teinte bleuâtre de l'envers de ses feuilles vertes et une plus grande résistance aux basses températures parlent en faveur de *S. trilobata.*

La Spirée de Van Houtte est un arbuste peu exigeant, qui fleurit mieux sur les sites ensoleillés et qui préfère les sols plutôt calcaires. Elle tolère très bien l'atmosphère des villes et se multiplie mieux par boutures vertes au début de l'été.

La Spirée de Van Houtte est un arbuste haut de 1,5 à 2 m, très approprié en groupe, pour les cultures de couverture ainsi que pour la formation de haies basses non taillées.

Rosacées
Rosaceae

Sorbaria sorbifolia (L.) A. Braun

Les *Sorbaria* furent longtemps considérés comme faisant partie du genre *Spiraea.* Mais ils se différencient surtout par leurs feuilles pennées, longues parfois jusqu'à 30 cm, dont les petites feuilles sont entièrement dentelées. Environ sept espèces du genre *Sorbaria* sont originaires d'Asie.

Sorbaria sorbifolia compte parmi les espèces les plus cultivées. Il fut introduit en culture en 1759, à partir de ses régions d'origine en Asie du Nord, qui vont de l'Oural au Japon. C'est un arbuste drageonnant bien dressé. Ses feuilles composées d'un grand nombre de folioles, parfois jusqu'à 23, lancéolées et longues d'environ 10 cm, possèdent toujours au moins 20 paires de vaisseaux. Ses petites fleurs sont organisées en inflorescencences terminales drcssées. Singulièrement grandes, elles peuvent atteindre jusqu'à 25 cm de hauteur. Il fleurit au milieu de l'été, en juillet. Après un certain temps, les Sorbarias forment des polycormones assez étendus, dont l'aspect extérieur est assez impressionnant et très ornemental. Bien que cette espèce soit assez résistante, elle peut être victime des gelées lors des hivers irréguliers. Mais elle reprend assez vite à partir de ses racines. Ce sont de bonnes essences ligneuses de couverture végétale, convenables pour tous les types de sols.

Il se multiplie le mieux par séparation des touffes ou encore par des boutures vertes. Les exemplaires les plus hauts vivent sur les sols profonds, humides et très nutritifs.

Les deux autres espèces, *Sorbaria arborea* qui peut atteindre jusqu'à 5 m de hauteur et *S. grandiflora,* sont moins cultivées dans les parcs et les jardins.

S. sorbifolia est un arbuste d'aspect herbacé qui peut atteindre jusqu'à 2 m de haut.

Cotoneaster horizontalis DECAISNE

Rosacées
Rosaceae

un détail de la branche
de *C. dammeri*

Les Cotoneasters sont des arbustes de forme tapissante. Ils sont actuellement utilisés dans les compositions des parcs et des jardins comme couverture végétale des espaces plus étendus et des versants. On les utilise également pour masquer différents accidents du terrain. Planté dans un groupe très dense, il peut, dès la première année, former un beau tapis vert. Ces essences ligneuses de valeur furent découvertes pour les horticulteurs européens et américains il n'y a pas si longtemps, seulement à la fin du siècle dernier, par des expéditions d'exploration dans l'Est de l'Asie et surtout en Chine. Ainsi, en 1880, est arrivé en Europe *Cotoneaster horizontalis,* originaire de l'Ouest de la Chine.

C'est un arbuste semi-décidu, avec des feuilles qui persistent longtemps en hiver, parfois jusqu'au mois de janvier ou pendant les hivers cléments, jusqu'à la nouvelle saison. Ses branches sont soit disposées en arêtes de poisson, soit elles s'unissent environ 20 cm au-dessus du terrain. Les petites branches latérales régulièrement disposées par deux, portent des feuilles alternes longues d'environ 1 cm, à la face supérieure verte et luisante, ainsi que des fleurs dont les pétales de la couronne sont dressés, de couleur saumâtre. Les fleurs sont soit individuelles, soit réunies en inflorescences peu fournies. Les fruits qui persistent très longtemps sur l'arbuste sont des baies globuleuses qui enferment trois graines. *Cotoneaster adpressus* représente l'espèce la plus proche et il est parfois considéré comme une variété de *Cotoneaster horizontalis,* mais ses tiges et ses branches sont entièrement sessiles sur la terre et ses feuilles sont ondulées. Une autre espèce d'origine chinoise, *Cotoneaster dammeri,* est également très intéressante. Les pétales blancs de sa couronne sont étendus et ses feuilles sont longues de presque 3 cm. Ce dernier est récemment devenu l'espèce préférée comme essence ligneuse de couverture, même pour des espaces très étendus.

Cotoneaster horizontalis est un petit arbrisseau sessile, à port retombant ou rampant, qui peut atteindre 50 cm.

Rosacées
Rosaceae

Cotoneaster integerrimus Medic.

Bien que le monde des Cotoneasters paraisse bien exotique, la plupart étant originaires d'Extrême-Orient, *Cotoneaster integerrimus* est un véritable européen. C'est même l'unique espèce qui soit autochtone aussi sur les îles britanniques. Il est cultivé depuis 1656. C'est un arbuste très convenable pour les versants arides et pour les étendues rocheuses. Comme la plupart des Cotoneasters, il est assidûment visité par les abeilles.

Ce cotoneaster a des branches et des tiges rampantes, ramifiées et dressées. Jeunes, elles sont vert-jaune feutrées, plus tard rouge-brun. Elles portent des feuilles alternes, caduques, longues de 1 à 4 cm. Elles sont rondes elliptiques, lancéolées au sommet et pleines. Sur leur circonférence, ainsi que sur leur face inférieure, elles sont clairement feutrées. Les fleurs poussent en mai et elles forment des inflorescences groupées en corymbes assez peu fournis (de 1 à 4) sur les pétioles feutrés. Les fleurs sont pentagonales, à calice persistant ; les pétales de la couronne sont blanchâtres, presque rose foncé. Elles portent une vingtaine d'étamines. Les fruits sont des baies rondes un peu aplaties et rouges, longues d'environ 7 mm.

Le milieu naturel de *Cotoneaster integerrimus* est un endroit rocheux, bien ensoleillé, surtout sur un sol calcaire. Il croît dans les forêts claires, dans les steppes et dans des peuplements en bordure des champs, des pâturages ou dans les forêts sèches eurosibériennes de conifères.

C'est un arbrisseau aussi bien rampant que dressé, peu dense, haut de 1 à 2 m, utilisable surtout pour l'ornementation des endroits secs et ensoleillés.

Néflier

Rosacées
Rosaceae

Mespilus germanica L.

Bien que le Néflier soit qualifié d'allemand (*germanica*), il n'a reçu ce nom que dans sa deuxième patrie, les jardins des couvents, surtout en Allemagne où il est cultivé depuis le Moyen Age. Il a passé les Alpes bien plus tôt, grâce à la Légion romaine qui l'a importé et cultivé dans ses différents camps militaires et dans ses colonies. Les Romains cultivaient le Néflier depuis environ deux siècles avant notre ère. Ils avaient repris sa culture des Grecs qui le connaissaient déjà depuis le VIIIe siècle avant notre ère. Les Néfliers sont arrivés en Grèce à partir de l'Asie Mineure qui forme la limite de leur aire de distribution naturelle qui va jusqu'en Crimée, au Caucase et au Nord de l'Iran. On n'arrive pas encore à bien identifier la découverte des néfliers sauvages dans les Balkans.

Les Néfliers, surtout les espèces rustiques, sont des essences ligneuses épineuses avec de jeunes branches feutrées. Leurs feuilles longues de 7 à 12 cm, caduques, à courts pétioles, sont alternes, faiblement dentelées ou presque entières. La face supérieure vert mat est peu tomenteuse, tandis que la face inférieure l'est plus. Leurs fleurs, assez grandes, s'ouvrent au début du mois de juin. Elles poussent sur les brachyblastes en général individuellement, parfois par deux ou par trois. La couronne à cinq pétales possède une quarantaine d'étamines. Les fruits assez caractéristiques, longs d'environ 4 cm, ont une forme qui rappelle une poire, entourée d'un calice en train de sécher. Ils sont d'abord durs, ensuite, soit après les premières gelées soit après le blettissement, ils deviennent mous et comestibles. Ils ont un goût agréablement acide. On les utilise plutôt comme matière première pour la fabrication des confitures.

Le Néflier est un petit arbre à croissance arbustive de 5 m de hauteur. C'est une essence ligneuse fruitière de valeur historique.

Rosacées
Rosaceae

Buisson ardent

Pyracantha coccinea ROEMER

Le Buisson ardent est un arbuste aujourd'hui en vogue dans de nombreux jardins. Ses feuilles persistantes, longues d'environ 4 cm sont rigides, à bords dentelés et avec de courts pétioles. Ses branches sont sinueuses et elles portent, comme ses ramules, des épines longues de 2 à 3 cm et très pointues. En juin, les fleurs blanchâtres, possèdant 5 carpelles, apparaissent en inflorescences groupées en corymbes, longues de 4 cm environ, suivies de baies d'environ 6 mm, qui renferment 5 graines.

Le Buisson ardent est cultivé depuis 1629 surtout pour ses fruits dont on faisait de la confiture. Le contraste entre le rouge orangé de ses fruits et la verdure luisante de ses feuilles constitue la principale richesse ornementale de cet arbuste. Les fruits persistent sur l'arbre aussi longtemps qu'ils ne sont pas cueillis par les oiseaux. Et c'est justement grâce à ses couleurs agréables que le Buisson ardent connaît aujourd'hui un regain d'intérêt, parce qu'il représente un complément approprié de l'architecture moderne, très stricte. Il tolère très bien la taille. Ses arbustes sont souvent dirigés sur les murs des immeubles qui acquièrent ainsi, en automne, une apparence très agréable. Malheureusement, le Buisson ardent vient d'être atteint, au cours des années 80, surtout en Europe centrale, d'une grave maladie qui arrive à détruire totalement l'effet recherché par sa culture. De plus, les importants changements de température (comme au cours de l'hiver 1978/79 où la différence avait atteint 30°) provoquent leur gel en série. Ils sont originaires de la chaude zone méditerranéenne (5 espèces viennent d'Asie, en majorité de la Chine).

Le Buisson ardent est un arbuste à feuilles persistantes, haut de 2 à 5 m, très convenable pour les haies et pour former un écran devant les maisons.

Aubépine

Crataegus monogyna JACQ.

Rosacées
Rosaceae

rameau fécond
de *C. laevigata*

Les Aubépines européennes avec leurs feuilles profondément lobées et très changeantes sont difficiles à différencier. Dans presque tous les peuplements, nous pouvons trouver des plantes aux formes différentes. La littérature mentionne le plus souvent deux noms : *C. laevigata* et *C. monogyna.* Cette dernière est un arbuste robuste avec des ramules d'abord feutrés, puis dénudés brun-rouge, qui portent des pointes très piquantes, longues d'environ 1 cm. Les limbes de ses feuilles alternes et décidues sont ovales, plutôt ovoïdes à base cunéiforme, pennés et profondément lobés. Leurs lobes, de 3 à 9, sont irréguliers et très profonds. Elle fleurit en mai. De riches inflorescences en cimes se forment sur les pétioles glabres. Les pétales du périanthe mesurent environ 6 mm, les étamines environ 20, mais il n'y a qu'un pistil, très rarement 2. Ses drupes roses arrivent à maturité en septembre et en octobre. Les Aubépines du groupe *Oxyacantha* font très souvent partie des peuplements mêlés des clairières et des prairies, ainsi que des versants chauds pratiquement sur l'ensemble de l'Europe. Toutes les Aubépines fournissent une drogue médicinale utile (*flos crataegi* et *folium crataegi cum flore*). Les fleurs contiennent des quercétines, des flavones et des traces d'essences naturelles. Les autres matières d'utilisation médicale se trouvent dans les feuilles (acides, stéroles, etc.). On les utilise lors des arythmies cardiaques et aussi pour réduire la tension artérielle, mais toujours sous surveillance médicale. L'Aubépine commune se différencie surtout par le nombre de ses stigmates (2) et par la forme de ses feuilles.

L'Aubépine est un arbuste bien étalé, dense, haut de 2 à 5 m et de 5 à 8 m pour ses cultivars arborescents. C'est une essence ligneuse importante dans les formations ouvertes. Elle est utilisée en tant que matière première dans l'industrie pharmaceutique.

Rosacées
Rosaceae

Épine ergot de coq

Crataegus crus-galli L.

La classification systématique du genre des Aubépines (*Crataegus*) est très difficile parce que ses espèces sont très variables. Cette classification devient quand même un peu plus aisée dans le groupe des aubépines à feuilles non lobées auquel appartient également l'Aubépine américaine, l'Ergot de coq. C'est un arbuste haut qui a des branches et des ramules complètement dénudés. Sur les petites branches se trouvent de longues épines, comparées jadis aux ergots des coqs. Cette comparaison est entrée non seulement dans la dénomination scientifique de l'arbuste, mais aussi dans beaucoup de langues nationales. Ses feuilles décidues et alternes ont des pétioles courts et sont cunéiformes et ovoïdes, mais il ne faut pas oublier que ces feuilles sont, comme chez la plupart des aubépines, très changeantes aussi bien dans le peuplement que sur chaque individu. Les déviations extrêmes ont été décrites et elles se maintiennent dans les cultures soit comme des variantes, soit comme des cultivars : c'est le cas de *C. salicifolia* avec ses feuilles très étroites. Les feuilles de l'Epine Ergot de coq sont très denses. Elles sont très rigides, presque corroyées. Ses inflorescences sont de faible densité, demi-sphériques, formées de beaucoup de fleurs, au moins d'une dizaine. Ses fruits sont des drupes farineuses qui deviennent, à la maturité, rouges et bruns. Ils durent une bonne partie de l'hiver.

L'Épine Ergot de coq est originaire de l'Amérique du Nord. Elle est très répandue dans la zone allant du Québec jusqu'à la Caroline du Nord et au Kansas. Elle est cultivée depuis 1656 ; son introduction en Angleterre date de 1691. Elle a fait ses preuves comme excellente essence ligneuse d'ornement, non seulement par la texture de sa cime mais aussi par le jeu de couleurs que prennent ses feuilles en automne et par ses drupes qui persistent longtemps sur l'arbre.

L'Épine Ergot de coq est un arbuste haut et étendu, parfois même un arbre de 10 m de hauteur. C'est une essence ligneuse très convenable pour la formation de haies.

Sorbier des oiseaux

Rosacées
Rosaceae

Sorbus aucuparia L.

inflorescence de *S. aucuparia*

Détail de la feuille de *S. aucuparia* cv. Dulcis

feuille de *S. domestica*

fruits de *S. domestica*

Le Sorbier des oiseaux est une essence ligneuse typiquement européenne, avec une aire de propagation très étendue, pénétrant même profondément jusqu'en Sibérie. C'est un arbre d'une très grande facilité d'adaptation comme en témoigne sa présence dans les différents systèmes écologiques qui vont des plaines jusqu'aux formations propres à la haute montagne. Il croît aussi bien sur les versants secs, ensoleillés et chauds que sur les terres humides tourbeuses, dans les peuplements homogènes de même que dans les formations plus ouvertes. Il est déjà depuis des siècles un arbre d'alignement, surtout dans les régions montagneuses. Ses cultivars à fruits sucrés ('Dulcis' et 'Moravica') sont cultivés comme des essences ligneuses fruitières. On les a découverts vers 1820, près du village d'Ostruzna (Moravie), en Tchécoslovaquie. Le Sorbier des oiseaux est maintenant naturalisé par endroits en Amérique du Nord.

Le Sorbier des oiseaux est un arbre droit avec des jeunes branches feutrées, puis dénudées. Ses feuilles alternes et imparipennées sont entièrement dentelées. Les sorbiers à fruits sucrés n'ont des feuilles dentelées que dans le tiers supérieur. Ses petites fleurs menues forment des inflorescences groupées en corymbes listelés. A basse altitude, il commence à fleurir au mois de mai, dans les montagnes un peu plus tard. Ses fleurs sont suivies des bouquets de baies rouge orangé. On les récolte en août et en septembre pour les besoins de l'industrie pharmaceutique. Elles contiennent l'acide parasorbique légèrement vénéneux, des glucides, des pectines, des vitamines, le caroténoïde sorbusine et provoquent une réaction légèrement laxative et diurétique.

Une espèce proche, le Cormier (*S. domestica*), est originaire de la Méditerranée et du Sud-Est européen. Ses fruits servent à la fabrication des confitures et du moût.

Le Sorbier des oiseaux, haut de 15 à 20 m, est une essence ligneuse fruitière dans ses cultivars.

Rosacées
Rosaceae

Alisier des bois

Sorbus torminalis (L.) CRANTZ

L'Alisier fait partie des sorbiers à feuilles entières. Ses feuilles également vertes, alternes et décidues sont d'abord plutôt feutrées, puis dénudées à l'exception des vaisseaux. Le limbe de ses feuilles rappelle un peu, par sa forme, les feuilles d'érable – ses contours sont largement ovoïdes, avec 4 à 13 paires de lobes profondément triangulaires, crénelées à angle aigu, pelucheuses lorsqu'elles sont jeunes et glabres par la suite. Ses petites fleurs forment des inflorescences droites à longs pétioles, groupées en corymbes. Il fleurit en mai, soit en même temps que l'arrivée des feuilles, soit très peu de temps après. Ses fruits ovoïdes, longs de 1,5 cm, sont d'abord jaune-rouge puis, à la maturité, bruns et acidulés.

L'Alisier est une essence ligneuse européenne qui aime la chaleur, elle est absente dans les zones nordiques et dans les Alpes. Ailleurs, son aire de propagation va jusqu'en Asie Mineure et en Afrique du Nord. Il croît dans les forêts feuillues, dans les différents peuplements des steppes, surtout sur les sols calcaires. En Europe centrale, on trouve aussi dans les endroits où se mêlent les Alisiers blancs (*S. aria*) et les Alisiers des bois un hybride de ces deux espèces, *S.* × *latifolia,* l'Alisier de Fontainebleau, qui présente des caractéristiques intermédiaires.

L'Alisier des bois est cultivé depuis 1750, mais il semble qu'il fasse partie de la culture depuis bien plus longtemps, non pour ses fruits, mais surtout pour son caractère d'ensemble et peut-être aussi, pour le caractère ornemental et la teinte jaune de ses feuilles en automne.

C'est un arbre à cime qui commence très bas, haut de 20 à 25 m. Il est convenable pour les parcs des zones relativement chaudes.

Alisier blanc

Rosacées
Rosaceae

Sorbus aria (L.) CRANTZ

Les Alisiers blancs forment un groupe à part parmi les sorbiers. Leurs feuilles sont simples, à la face supérieure vert foncé et blanches, farineuses et feutrées sur l'envers. Les bords des calices persistent sur les fruits.

L'Alisier blanc est un arbre européen, à croissance arbustive. Ses jeunes branches sont d'abord blanches et feutrées puis plus tard dénudées. Ses feuilles cunéiformes et ovales sont presque sphériques (9 × 14 cm). Leur face inférieure est très feutrée et blanchâtre. Elles sont doublement dentelées sur l'ensemble de leur circonférence, légèrement lobées et leurs limbes ont plusieurs paires de vaisseaux latéraux. L'Alisier blanc fleurit de mai à juin. Il forme de petites fleurs, organisées en corymbes. Les calices sont feutrés et blanchâtres. Ses fruits globuleux sont rouge orangé, avec une pulpe farineuse. Les espèces les plus proches sont *S. cretica,* aux feuilles largement elliptiques comportant moins de vaisseaux, qui sont légèrement feutrées en dessous, et l'espèce *S. austriaca* dont les feuilles ovoïdo-elliptiques sont lobées seulement jusqu'au premier quart. Leur face inférieure est feutrée et blanchâtre.

L'Alisier blanc est une essence ligneuse européenne qui aime la chaleur. Elle est très répandue surtout dans les milieux secs et chauds, notamment sur les sols calcaires. Comme beaucoup d'autres essences ligneuses à feuilles tomenteuses, elle tolère assez bien l'atmosphère polluée des villes, tant qu'il ne s'agit pas d'emplacements froids. Son système de feuillage est très ornemental, surtout dans le vent qui soulève ses feuilles, faisant apparaître leur face blanchâtre.

L'Alisier blanc est un arbre bas, à croissance arbustive, ou un grand arbuste, haut de 5 à 8 m. Il convient très bien pour les parcs et pour l'aménagement de toutes sortes de terrains.

Rosacées
Rosaceae

Chaenomeles speciosa (SWEET) NAKAI

En 1796, quand on a introduit en Angleterre les premiers cognassiers, l'horticulture européenne obtenait un élément nouveau et très attrayant par ses couleurs, parfaitement résistant aux rigueurs des hivers européens. La classification systématique des Cognassiers n'était pas chose aisée pour les botanistes. D'abord, ils furent classés parmi les Poiriers (*Pyrus japonica,* 1803), puis parmi les Pommiers (*Malus japonica,* 1807), ensuite comme Cydonia (*Cydonia japonica,* 1817). Le nom *japonica* soulignait le pays d'où il venait, bien que le Cognassier ait été au Japon, déjà depuis des siècles, une plante de culture importée de Chine. Ce nom causa aussi des difficultés d'ordre pratique pour les horticulteurs lorsqu'on importa du Japon une espèce apparentée, classée à l'origine comme le Poirier du Japon (*Pyrus japonica*). C'est précisément cette espèce qui porte aujourd'hui le nom de Cognassier du Japon (*Chaenomeles japonica*), tandis que l'espèce introduite en premier lieu porte aujourd'hui le nom scientifique de *C. speciosa.* Le Cognassier de la variété *speciosa* est un arbuste assez haut, abondamment ramifié et épineux. Ses branches sont lisses et ses feuilles fortement dentelées. Ses fleurs, grandes de 3 à 5 cm, roses ou rouge brique, forment des groupes dépourvus de feuilles. Ils surgissent en même temps que les feuilles ou les précèdent de peu. Par contre, l'espèce *C. japonica* est un arbuste bas et drageonnant avec des feuilles largement ovoïdes, grossièrement dentelées, et des ramules rugueux. Ses fleurs sont également rouge brique mais elles n'apparaissent, en général, qu'après les feuilles. Les fruits de ces Cognassiers ressemblent aux coings qui, selon Thunberg, éclatent. Cette caractéristique a donné naissance à leur dénomination scientifique qui provient du grec : *kheinein,* fission et *melea,* pomme.

Chaenomeles est un arbuste étendu, haut de 2 à 2,5 m, d'une grande valeur ornementale pendant la floraison (*Ch. speciosa*) ou un arbrisseau drageonnant, qui peut atteindre jusqu'à 1 m de haut *(Ch. japonica).*

Cognassier

Cydonia oblonga MILL.

Rosacées
Rosaceae

Le Cognassier est originaire de l'Asie Centrale (de l'Iran jusqu'au Turkestan), mais délimiter exactement son aire de diffusion naturelle est aujourd'hui une tâche impossible, parce qu'il s'agit d'une plante de culture fort ancienne. Dans la Méditerranée, aussi bien qu'au Sud de l'Angleterre, elle est déjà cultivée depuis des temps immémoriaux. Son nom de genre date de Cydonea, ville de Crète ou d'Asie Mineure où on les cultivait déjà il y a fort longtemps. Le vrai Cognassier a des feuilles caduques, ovoïdes, longues jusqu'à 10 cm, avec des pétioles feutrés. Leur face inférieure est très tomenteuse. En automne, ses feuilles jaunissent. Ses grandes fleurs (jusqu'à 5 cm) s'ouvrent au mois de mai, parfois en même temps que les feuilles, mais plus souvent après. Elles sont odorantes, l'ovaire est à 5 carpelles. Son fruit, le coing, est jaune, très odorant et il a des formes doubles, en forme de poire (ssp. *pyriformis*) ou de pommes (ssp. *maliformis*). L'hybride entre les genres Cognassier (*Cydonia*) et Poirier (*Pyrus*) s'appelle *Pyronia*. Jadis, on utilisait les fruits du Cognassier pour les mettre entre des piles de linge. Leur odeur agréable et persistante imprégnait le textile et ils agissaient en plus, d'une certaine manière, comme insecticide. De même, dans les pays où les fruits du Cognassier arrivent à maturité, on en fabrique de la marmelade que l'on peut également faire réduire et sécher à l'étuve pour fabriquer la pâte de coings. On a longtemps utilisé ses graines comme médecine. Elles contiennent, en effet, jusqu'à 23% de mucilage. On les utilisait comme remèdes contre la toux, ainsi que pour les maladies d'estomac et des intestins : elles sont légèrement laxatives. Les potions préparées à partir des graines du Cognassier servaient aussi à faire des gargarismes, ou encore mélangées avec de la glycérine, d'adoucissant contre les gerçures.

Le Cognassier est un petit arbre qui mesure jusqu'à 8 m de hauteur, à cime large et étendue. C'est une vieille essence ligneuse fruitière, qui a une importance marginale pour l'industrie pharmaceutique.

Rosacées
Rosaceae

Pommier sauvage

Malus sylvestris (L.) MILL.

Les Pommiers sont considérés comme les arbres fruitiers les plus anciens. C'est bien vrai, au moins en ce qui concerne l'Europe et la région du Caucase, comme en témoignent les restes végétaux trouvés dans les vestiges du Néolithique. On suppose que là, il ne s'agissait pas encore de l'espèce cultivée intentionnellement ni des espèces de Pommiers de l'Asie Centrale, introduites en Europe déjà à cette époque, mais bien d'une essence ligneuse forestière européenne, le Pommier sauvage (*M. sylvestris*). C'est seulement plus tard, au cours du deuxième millénaire avant notre ère, qu'apparaissent en Europe de meilleures formes de pommes, ce qui témoigne d'une sélection intentionnelle et, peut-être même, d'une influence des autres espèces, cette fois-ci introduites à desscin. Aujourd'hui, il est bien difficile de déterminer la part des pommiers naturels dans la création des pommiers de culture. Comme chez beaucoup d'autres plantes cultivées, nous ne connaissons plus la forme « originale » et sauvage de ces plantes, cultivées depuis si longtemps. Le nombre des variétés de Pommiers cultivés aujourd'hui approche le chiffre de 10 000 qui ne s'entretiennent (quelques espèces déjà depuis plusieurs centaines d'années) que de manière végétative, par bouturage.

Ainsi est-il également malaisé de décider si le Pommier sauvage (*M. sylvestris*), trouvé dans les forêts décidues, est encore la plante d'origine ou s'il s'agit d'un arbre créé par la longue cohabitation de cette espèce avec les hommes. Le pommier rustique a des feuilles presque glabres ou peu tomenteuses sur la veine : il en va de même pour les pétioles et les calices des fleurs. Ses petites branches sont en général épineuses. Ses fruits sont grands d'environ 2 cm, exceptionnellement un peu plus. Ils ont un goût rafraîchissant, mais amer.

C'est un arbre moyen, haut de 10 à 15 m, à cime irrégulière. Il représente qu'ancêtre possible des variétés de culture.

Pommier baccifère pourpre

Rosacées
Rosaceae

Malus × purpurea (BARBIER) REHD.

L'homme cultive des Pommiers depuis des siècles pour leurs fruits appétissants et diététiques. C'est seulement beaucoup plus tard, surtout après l'introduction en Europe d'un grand nombre de pommiers sauvages d'Asie (les premiers à la fin du XIXe siècle, de nombreux autres seulement au cours du XXe siècle) qui sont très variables et peuvent être facilement croisés entre eux, que les pommiers d'ornement et les pommiers à fleurs sont devenus des essences ligneuses très appréciées également pour leur valeur esthétique dans les jardins. C'est ainsi qu'a été créé le Pommier baccifère pourpre, *M. × purpurea.* Il a été créé vers 1900 comme hybride à partir du très ancien Pommier bas d'Europe et de l'Ouest de l'Asie, plus précisément par sa variété *M. pumila* 'Niedzwetzkyana' avec le pommier rouge carmin vif, *M. × atrosanguinea.* Ce dernier est lui-même déjà un hybride du Pommier du Japon et du Pommier de Chine. De ses parents, le Pommier baccifère pourpre a mérité non seulement la couleur de ses fleurs, mais aussi la teinte rouge vif de ses petites feuilles et de ses ramules.

Le Pommier baccifère pourpre est un arbre assez bas avec des feuilles caduques, simples et alternes, dentelées sur leur pourtour. Il a des fleurs simples sur de longs pétioles pourpres. Ses fruits sont menus et le calice est, en général, décidu. Comme le Pommier baccifère pourpre est, ainsi que la majorité des espèces hybrides, très changeant, on est arrivé, au cours des quatre-vingts ans depuis lesquels il existe déjà, à choisir plusieurs de ses cultivars qui diffèrent non seulement par la couleur de leurs fleurs mais aussi par le temps de leur floraison. Ils fleurissent le plus souvent en avril et en mai, mais le cultivar 'Aldenhamensis' présente parfois une préfloraison précoce en septembre et en octobre.

C'est un arbre bas, à croissance arbustive. Sa cime sphérique est très largement ramifiée. Cette essence ligneuse très expressive par ses couleurs convient à tous les types de jardins.

Rosacées
Rosaceae

Pyrus pyraster BURGSD.

Le Poirier évoque aux yeux de tout un chacun surtout l'image de ses fruits appétissants et sucrés, ou encore de ses poires séchées. Mais un peu moins nombreux sont ceux qui imaginent un poirier solitaire qui se dresse dans les champs. Cet arbre pittoresque vit, en général, très longtemps. L'histoire des poiriers de culture est aussi ancienne et compliquée que l'histoire des autres arbres fruitiers européens. La botanique systématique avait très longtemps classé les poiriers européens sous l'espèce semi-hybride du Poirier commun (*P. communis*), parce que la création des poiriers de culture est le fait d'au moins cinq espèces rustiques. Parfois, on prend encore aujourd'hui le poirier de culture redevenu naturalisé pour l'espèce la plus commune en Europe, *P. pyraster*.

P. pyraster est un poirier européen commun très répandu dans une zone qui va des Pyrénées jusqu'en Crimée. Il diffère de l'espèce *P. communis* surtout par la forme et la grandeur de ses feuilles. Leurs limbes arrondis mesurent environ de 22 à 30 × 23 à 38 mm, tandis que les limbes des feuilles de l'espèce *P. communis,* qui sont très variables, le plus souvent largement elliptiques, mesurent de 22 à 59 × 38 à 83 mm. La poire, fruit pulpeux de *P. pyraster* est menue, petite, presque ronde, sur son long pétiole, tandis que les poires du Poirier commun, souvent confondues avec les précédentes, gardent bien leur forme de poire sur un pétiole plus court. Un trait caractéristique, très utile pour les différencier est la présence d'aiguillons terminés par une pointe acérée. Ces aiguillons n'apparaissent que chez *P. pyraster,* tandis que le Poirier commun (espèce redevenue sauvage) en est dépourvu.

P. pyraster est un arbre à feuillage caduc, qui atteint parfois 20 m de haut. Par endroits, il croît dans les peuplements de taillis où il prend alors les caractéristiques d'un arbre à croissance arbustive.

Bien que les poiriers de culture aient leur place dans les jardins depuis des millénaires, *P. pyraster* n'a pas encore trouvé la voie des cultures de parcs et de jardins. Il reste rustique.

Poirier d'ornement

Rosacées
Rosaceae

Pyrus salicifolia PALLAS

détail des petites feuilles argentées

La cime argentée de ce poirier peut désorienter l'oeil de nombreux observateurs : s'agit-t-il d'une Aubépine ou d'un Saule « argenté » ? C'est seulement après une observation plus approfondie, mais surtout après l'apparition des fleurs, que les doutes se dissipent : il s'agit bien d'un poirier, bien qu'il s'agisse d'un poirier assez curieux.

Son aire de propagation d'origine se situe sur une partie du littoral de la mer Caspienne, dans le Caucase et en Anatolie et, plus loin, jusqu'au Sud-Est de l'Europe. Dans les parcs et les jardins botaniques, il fait l'objet de cultures depuis 1780.

Le Poirier d'ornement est une essence ligneuse typique de l'Est du Caucase, qui croît surtout dans les régions sèches où le niveau annuel des pluies se situe aux environs de 200 mm. Il fait partie des formations forestières des steppes et des régions semi-arides, ainsi que des peuplements mêlés avec des Genévriers et des Chênes ou, encore, avec des végétations clairement xérophyles comme les *Rhamnus pallasii* et les *Paliurus spina-christi.* Dans le Caucase, il croît de 300 à 1800 m d'altitude, en Anatolie, il monte encore et dépasse 1900 m.

Ses feuilles lancéolées et hachurées, qui mesurent jusqu'à 9 cm, ont dans leur jeunesse une teinte feutrée et argentée. Les inflorescences à petites fleurs sont denses et feutrées. Il fleurit en mai. Ce poirier fut utilisé par le fameux horticulteur soviétique Mitchourine pour ses expériences pomologiques et il reste encore aujourd'hui l'espèce observée et utilisée par plusieurs pomologues européens. Il se multiplie à partir des semis, aussi bien que par division des touffes ou par les procédés classiques de bouturage.

C'est un arbre assez bas (5 à 10 m), à houppier porté très bas ; parfois aussi avec des branches retombantes. C'est une essence ligneuse d'une valeur horticole historique. On peut la recommander comme arbre de contraste, avec ses feuilles argentées, aussi dans les parcs des villes. Elle résiste à la sécheresse.

Rosacées
Rosaceae

Amélanchier du Canada

Amelanchier canadensis (L.) MEDIC.

L'Amélanchier du Canada est originaire des régions du centre et de l'Est de l'Amérique du Nord. Son aire de propagation naturelle va de Terre-Neuve jusqu'au Sud des États-Unis (en Géorgie et en Louisiane). Son aspect extérieur très agréable a très tôt éveillé l'intérêt des horticulteurs américains. Il est cultivé déjà depuis 1623. En Angleterre, il ne fut toutefois introduit qu'en 1746. Parmi les noms populaires qu'on lui a donnés, citons au moins la dénomination anglaise, *juneberry* (globules de juin), qui fait allusion à la maturité précoce de ses fruits.

Les Amélanchiers du Canada sont des essences ligneuses à ramure de faible densité, assez aérées, apparaissant comme soufflées. Ce trait est encore renforcé pendant sa floraison par ses fleurs dont les pétales de périanthes sont longs et étroitement lancéolés. Les fleurs forment des grappes dressées et semi-retombantes qui se situent au sommet des branches. L'Amélanchier du Canada fleurit d'avril à mai, avant le développement de ses feuilles. Ses feuilles sont entières, caduques et alternes, de forme ovoïde ou arrondie, qui restent pendant toute la période végétative d'un vert uni pour se colorer, en automne, de plusieurs couleurs, du jaune clair jusqu'au rouge orangé. Ses fruits sont des baies comestibles de couleur brun-noir.

En Europe centrale et méridionale, nous rencontrons plus souvent un autre amélanchier, *A. ovalis.* Comme la plupart des amélanchiers, il préfère les sites ensoleillés, surtout les versants au sol calcaire. Ses pétales de périanthe ont la face extérieure feutrée, tandis que cellux de l'Amélanchier du Canada sont glabres. Les fruits de *A. ovalis* sont des baies sucrées, noires et bleuâtres.

Les Amélanchiers se multiplient très bien à partir de semis, parfois on fait également porter leurs boutures par des aubépines et par des sorbiers.

L'Amélanchier du Canada est un arbre à croissance arbustive, haut de 10 à 20 m. *A. ovalis* est un arbuste à port dressé, haut de plus de 2 m. Les deux variétés ont une grande valeur horticole, surtout placés devant des conifères plus foncés.

les couleurs d'automne des feuilles de *A. canadensis*

les fruits de *A. ovalis*

les fleurs de *A. ovalis*

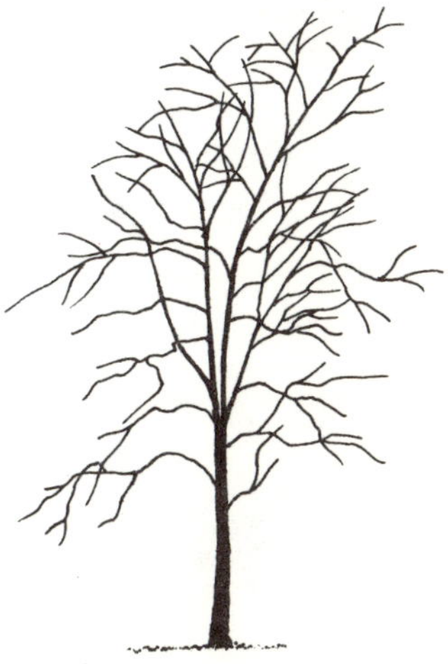

Framboisier et Ronce

Rubus idaeus L. et *Rubus fruticosus* agg.

Rosacées
Rosaceae

Les Framboisiers et les Ronces sont soit des semi-arbrisseaux soit des lianes rampantes à feuillage caduc. Ils sont drageonnants, mais leurs drageons individuels ont une courte durée de vie. En général, ils sont épineux.

Le Framboisier a des drageons dressés, ses feuilles vont par trois, rarement par cinq ; leur endroit est faiblement duveteux, tandis que l'envers est blanc et feutré. Ses fleurs forment des grappes terminales et feutrées ou encore des grappes d'aisselle. Elles sont petites, menues et blanches. Leurs pétales de périanthe sont plus petits que ceux du calice. Ses fleurs sont hermaphrodites. Ses fruits forment de petites drupes qui donnent le fruit final, la framboise. Le Framboisier est une plante ligneuse à diffusion circumpolaire, qui croît dans les forêts et sur les clairières, de la plaine jusqu'en montagne.

Les Ronces ont des drageons doubles : les premiers sont ligneux, qui ne fleurissent pas, souvent retombant en cercle ou rampants, qui peuvent être aussi bien ovales qu'anguleux, glabres ou tomenteux. Les autres drageons courts, qui portent des fleurs, sont en général droits. Ces derniers partent en premier et ils sont un peu herbacés. Les feuilles des Ronces vont par trois ou par cinq et elles sont formées par des petites feuilles de différentes formes et dimensions. L'inflorescence, formée de plusieurs fleurs, peut avoir des couleurs différentes – blanc, rose ou violet – sur les pétioles soit dénudés, soit tomenteux, glanduleux ou aiguillonneux. Les fruits sont des drupes qui forment le fruit final, la mûre. Les Ronces excellent à combiner leurs différentes caractéristiques et leur classement systématique est très difficile. En général, on les désigne sous le nom collectif de l'espèce, *Rubus fruticosus* agg.

Les Framboisiers sont des arbrisseaux drageonnants, qui atteignent 2 m de haut ; les Ronces sont des semi-arbrisseaux courbés en arcs ou des lianes rampantes avec des pousses qui peuvent atteindre une longueur de 2 m ou plus.

silhouette de *R. fruticosus* agg.

silhouette de *R. idaeus*

Rosacées
Rosaceae

Ronce odorante

Rubus odoratus L.

La Ronce odorante représente, avec *R. deliciosus,* l'espèce la plus attrayante et la plus ornementale parmi les ronces. La distribution actuelle des Ronces dépend surtout de l'homme et de son comportement vis-à-vis de la nature, la Ronce odorante, par exemple, fait l'objet d'une culture intentionnelle depuis trois cent cinquante ans déjà. Elle appartient à l'aristocratie parmi les ronces. Elle est originaire d'Amérique du Nord, de la région située entre la Nouvelle-Écosse et les États de Michigan, du Tennessee et de Géorgie. Elle est cultivée depuis 1635 et depuis 1770 en Angleterre.

La Ronce odorante est un arbrisseau drageonnant qui a des pousses plus ou moins dépourvues d'épines et bien redressées. Leur écorce s'étiole. Ses feuilles caduques sont pentalobées et articulées, grandes de 10 à 30 cm, régulièrement tomenteuses et d'un vert uni. Ses fleurs s'ouvrent dès la fin juin et en juillet, en août même en certains endroits. Pourpres, odorantes, grandes de 3 à 5 cm, elles forment des inflorescences composées d'un grand nombre de fleurs. Ses fruits sont composés, rouges et grands d'environ 2 cm.

La Ronce odorante n'est pas très exigeante ni pour l'humidité ni pour la qualité du sol. Elle se multiplie à partir de semis ou mieux, par boutures d'été coupées sur ses pousses latérales. Elle se multiplie aussi très bien par division des touffes en novembre et décembre. Les surfaces où elle est plantée sont très vite envahies parce qu'elle forme des polycormones assez grands. C'est une bonne essence ligneuse de couverture avec une fleur d'une haute valeur esthétique.

Cet arbrisseau drageonnant peut mesurer de 2 à 3 m de hauteur.

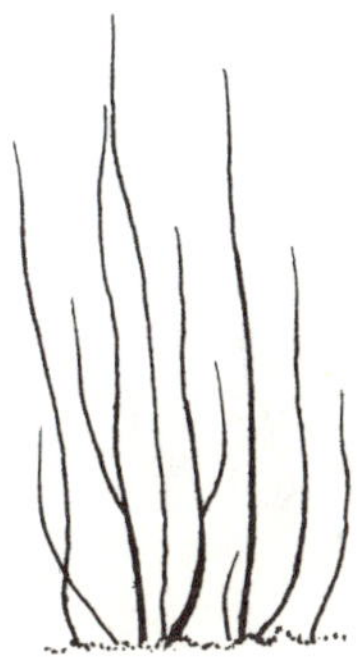

Potentille

Potentilla fruticosa L.

Rosacées
Rosaceae

Aujourd'hui, il est très difficile de définir et de différencier les régions où la Potentille représente l'espèce originale et celles où elle n'est que naturalisée. On la mentionne sur l'ensemble de l'hémisphère boréal : en Amérique du Nord, de l'Alaska et du Labrador jusqu'au New Jersey, en Californie, en Arizona et dans les montagnes du Nouveau-Mexique ; en Eurasie, des Pyrénées par les Alpes italiennes jusqu'au Caucase, en Oural et même dans les Himalayas. A très basse altitude et dans les massifs montagneux moins hauts, elle va de l'Irlande jusqu'au Japon. Étant donné qu'elle est déjà cultivée depuis 1700, il est vraisemblable qu'il est des endroits où elle est arrivée seulement grâce à l'homme.

La Potentille est l'une des rares espèces ligneuses de potentilles (il y a plus de 300 espèces herbacées). C'est un petit arbrisseau à ramification très dense qui a des feuilles pennées, formées de 3 à 7 folioles elliptiques en long, très variables dans leur forme, leur nombre, leur couleur et leur aspect extérieur. Les fleurs, grandes jusqu'à 3 cm, s'ouvrent de mai jusqu'en septembre. Elles peuvent être blanches, blanches teintées de rose, jaune clair ou foncé mais aussi rouges. L'habitus de nombreuses variétés issues de la sélection pour la culture varie aussi ; on peut voir des arbustes largement ramifiés (du type Ochroleuca), des arbustes rampants (du type Mandshurica) ou bien dressés (du type Jackmann). La Potentille est l'une des essences ligneuses de jardin les moins exigeantes. Elle fleurit le mieux en plein soleil dans tous les sols qui permettent à ses racines profondes de s'assurer suffisamment d'eau et de matières nutritives. Pour cela, elle tolère aussi bien la sécheresse. Elle se multiplie par des boutures herbacées au début de l'été.

C'est un arbuste bas, compact et drageonnant, mesurant à peine 1 m de hauteur. Il est très convenable en bordures et pour la formation de haies basses, aussi bien que pour les plantations groupées de couverture végétale.

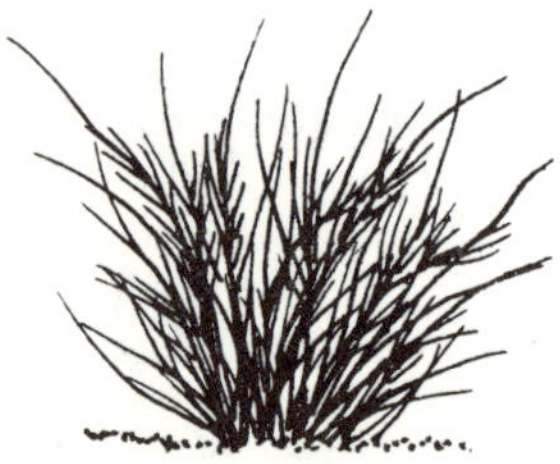

Rosacées
Rosaceae

Corête du Japon

Kerria japonica (L.) DC.

Au temps de Ch. Linné, cet arbuste était considéré comme une espèce de ronce jaune (du genre *Rubus*). Aujourd'hui, nous le classons dans un genre indépendant qui porte le nom de William Kerr, qui travailla au début du XIXe siècle dans le jardin botanique de Kew et qui est à l'origine de l'introduction de beaucoup d'essences ligneuses en provenance de la Chine. *K. japonica* est cultivé déjà depuis plus de cent cinquante ans (il fut introduit de Chine en 1834), mais il était déjà connu bien plus tôt au Japon, ce qui l'avait fait appeler, en Angleterre, Rose du Japon. Bien que cet arbuste soit décidu, il reste ornemental pendant presque toute l'année. Ses branches sont d'un vert vif, avec des pousses annuelles qui donnent l'impression de se moquer de l'hiver. En composition avec d'autres essences ligneuses à branches colorées (par exemple le Cornouiller blanc et différents saules), il est capable de surprendre et d'émailler avec art n'importe quel jardin.

Les feuilles de *Kerria japonica* sont grossièrement dentelées, longuement pointues et elles donnent l'impression, par leur texture de vaisseaux, d'être ridées. Une espèce proche, *Rhodotypos scandens* a des feuilles similaires. Les fleurs individuelles se forment en général en mai, la floraison se répète quelquefois encore en automne. On cultive maintenant, beaucoup plus souvent que l'espèce originale, le cultivar Pleniflora. Ses fruits sont des akènes brun-noir.

Les Corêtes du Japon forment des rejetons en abondance. On les multiplie au mieux par bouture des racines. Une taille fréquente et régulière aide sa croissance et améliore son aspect. Il croît le mieux en plein soleil sur les sols calcaires.

C'est un arbuste haut de 1 à 2 m, à rejetons abondants. Il peut être cultivé isolé, en groupe, en massifs ou pour former des haies moyennes.

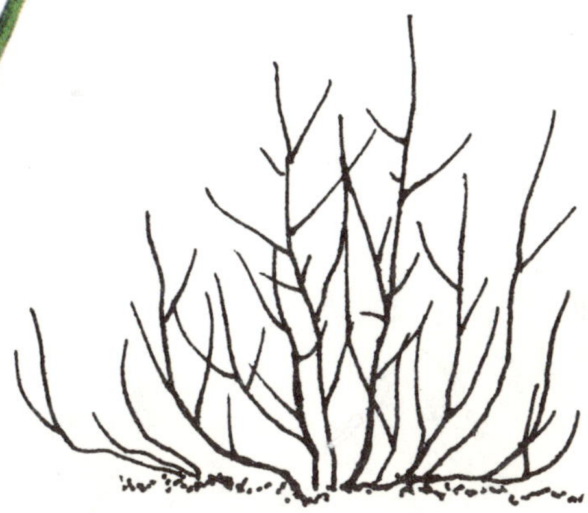

Rhodotypos scandens (THUNB.) MAKINO

Rosacées
Rosaceae

L'un des synonymes du nom scientifique de cette essence ligneuse, *Rhodotypos tetrapetala,* explique sa différence avec les autres espèces de la même famille : ses fleurs sont à 4 pétales, tandis que la plupart des Rosacées s'organisent autour du chiffre 5. Un autre de ses synonymes, *Rh. kerrioides,* attire l'attention sur la ressemblance de ses feuilles avec celles des Corêtes. Enfin, le nom même du genre, *Rhodotypos,* parle d'une ressemblance : le mot grec *rhodon* signifie la rose et le mot *typos* le type ou la ressemblance.

Le genre *Rhodotypos* est monotypique : son espèce unique est originaire du Japon, de la province de Bitchu d'où il fut introduit en Europe en 1866. Bien qu'on le trouve également ailleurs dans l'Est de l'Asie (surtout en Chine), il est vraisemblable qu'il n'est vraiment répandu qu'au Japon d'où il fut intentionnellement exporté. C'est un arbuste très décoratif, très fin, remarquable surtout par la texture de ses feuilles bien apparente, plutôt que par ses fleurs individuelles, grandes de 4 à 6 cm. Blanches, elles fleurissent d'une manière successive de juin à juillet. Cet arbuste diffère non seulement des Corêtes, mais aussi de la plupart des Rosacées, d'abord par ses feuilles qui sont opposées, mais aussi par ses branches qui se ramifient de la même manière. Après la floraison, on remarque avec intérêt ses fruits grands comme des petits pois, assez décoratifs, secs, noirs et lustrés qui persistent sur l'arbuste longtemps pendant l'hiver. *R. scandens* se multiplie par ses graines qui arrivent à maturité même en Europe, ou encore par des boutures d'été.

C'est un arbuste peu exigeant qui s'adapte quasiment à toutes les conditions, aussi bien climatiques qu'en ce qui concerne la qualité du sol ou la lumière. Il ne gèle que pendant les hivers vraiment rigoureux mais, dans toutes les circonstances, il repousse toujours régulièrement.

R. scandens est un arbuste haut de 1,5 à 2,5 m, qui convient pour les plantations groupées.

Rosacées
Rosaceae

Prunellier, Épine noire

Prunus spinosa L.

Les Épines noires sont des essences ligneuses communes presque partout en Europe, des îles britanniques jusqu'à la Sibérie occidentale, dans le Nord-Ouest de l'Asie. Ils forment des arbustes épineux abondamment ramifiés. Ses branches retombantes les plus basses forment parfois des racines au contact de la terre et les branches dressées sont raides et rigides. Les brachyblastes latérales se terminent par une pointe épineuse. Les Épines noires ont des feuilles décidues, alternes qui n'apparaissent sur l'arbre qu'après la floraison. Il fleurit fin mars ou début avril, suivant l'altitude. Les limbes ont une base cunéiforme et sont ovoïdes en long, entièrement dentelés, glabres ou tomenteux en dessous. Les fleurs blanches poussent soit d'une manière individuelle soit en grands faisceaux. Elles portent une vingtaine d'étamines qui sont suivies de fruits bleu-noir, ronds, les prunelles, qui sont des globules à noyaux à la pulpe verdâtre d'un goût amer.

Les fleurs et les feuilles des Prunelliers servent depuis longtemps dans la médecine populaire. Elles provoquent des réactions légèrement laxatives et diurétiques. Les prunelles contiennent des sucres, de la vitamine C, des matières tannantes. Elles servent à fabriquer une liqueur alcoolisée. Bien que le Prunellier représente l'une des essences ligneuses de taillis les plus communes d'Europe, qui n'a pas encore trouvé le chemin des parcs, sauf par dissémination naturelle de ses graines, on a déjà trouvé quelques variétés d'Épines noires (cultivar Plena) assez rarement cultivées, ainsi que des Prunelliers à fleurs roses avec des jeunes feuilles rouges (cv. Purpurea).

Le Prunellier est un arbuste haut de 1 à 3 m, rarement 5, qui forme des peuplements homogènes, très expansifs dans les endroits délaissés par l'exploitation agricole.

Merisier, Cerisier commun

Rosacées
Rosaceae

Prunus avium L.

Le Merisier est un arbre robuste, aussi bien quand il fait partie d'un peuplement forestier homogène qu'en solitaire. Sa tige principale est toujours bien développée ce qui garantit la formation de la cime haute à croissance rapide. Son aire de distribution d'origine est très étendue. Elle va vraisemblablement de la Sibérie occidentale jusqu'au littoral de l'Atlantique et sur les îles britanniques. Au Nord, elle atteint aujourd'hui jusqu'au 61° degré de latitude Nord. Mais, comme dans le cas des autres essences ligneuses fruitières de culture qui accompagnent l'homme depuis déjà des millénaires, nous ne pouvons déterminer avec précision sa véritable aire d'origine. Même les découvertes archéologiques confirment la présence de différents Merisiers en Europe, déjà au Néolithique. Sa distribution aux quatre coins du monde fut assurée par les oiseaux bien avant l'intervention de l'homme.

Les premières traces des cerisiers de culture viennent de l'Asie Mineure de la fin du IVe siècle avant notre ère. Et c'est peut-être depuis cette époque qu'on cultive deux variétés : *juliana,* avec des cerises à pulpe molle et *duracina,* avec des cerises à chair ferme. Mais l'ensemble des cerisiers de culture descend d'une espèce sauvage unique, le Merisier (*Prunus avium*).

Bien que les cerisiers, ainsi que les griottiers, soient des essences ligneuses très proches, quelques traits les différencient : les fleurs des cerisiers qui fleurissent en avril et en mai forment des ombelles qui possèdent, à la base, une ou plusieurs feuilles vertes, tandis que les ombelles des fleurs de griottiers en sont dépourvues. Les feuilles des cerisiers sont tomenteuses en dessous (dans leur jeunesse), tandis que les feuilles des griottiers sont glabres, dénudées.

Le Merisier est un arbre à port pyramidal, haut de 20 à 25 m, qui représente une essence ligneuse fruitière ancienne.

Rosacées
Rosaceae

Prunier

Prunus domestica L.

L'espèce Prunus domestica se subdivise parfois en trois sous-espèces : ssp. *oeconomica* ou la vraie prune, ssp. *insititia* ou la reine-claude et la mirabelle et, enfin, ssp. *italica* considérée comme un hybride des deux premiers. Mais, l'hypothèse la plus vraisemblable suppose que les deux lignées si étroitement proches sont d'origine hybride. Leurs parents communs étaient l'Épine noire ou Prunellier (*Prunus spinosa*) et le Prunier du Caucase (*P. divaricata*). Ce dernier était cultivé sur les versants du Caucase déjà par ses habitants d'origine et sa culture y persiste encore de nos jours. Sur ses versants vivent encore aujourd'hui, de manière spontanée, les hybrides de ces deux espèces « sauvages ». Ainsi, le Caucase nous apparaît-il comme le seul berceau unique possible de l'ensemble des pruniers. De là, ils se sont déplacés d'une part vers l'Asie centrale et d'autre part vers la Méditerranée, où ils sont arrivés aux environs du Ve siècle avant notre ère par la Syrie et par l'Asie Mineure. De là, ils pénétrèrent au centre de l'Europe avec les légions romaines. Plus tard, au Moyen Age et à notre époque, les pruniers de culture arrivent à se différencier encore plus : ils se développent par l'amélioration de l'espèce hybridogène du Prunier, *P. domestica;* les Pruniers du Caucase se croisaient à nouveau avec les Prunelliers.

Les Pruniers américains et ceux de l'Est de l'Asie ont des parents absolument différents : *P. ussuriensis* en Asie, *P. nigra* et *P. americana* en Amérique. Les Pruniers d'Amérique du Nord ont des fleurs en grappes par 3 à 5 et leurs fruits ont des noyaux lisses, tandis que les fleurs des Pruniers de l'Ancien Monde sont individuelles ou vont par 2 et leurs fruits ont des noyaux ridés. Les Pruniers d'Europe ont été atteints à nouveau, au cours des années 70 et 80, par une grande épidémie de Sharka qui a ravagé des centaines de milliers d'arbres.

Le Prunier est un arbre à cime portée bas, haut de 5 à 10 m. C'est une essence ligneuse fruitière historique.

Cerisier acide

Rosacées
Rosaceae

Prunus cerasus L.

Le Cerisier acide est un arbre à feuilles caduques, simples et glabres. Ses fleurs blanches forment des ombelles peu fournies en fleurs et dépourvues de petites feuilles vertes. Il diffère des Cerisiers par l'ensemble de son habitus, dominé par des petites branches terminales, en général minces et retombantes. L'habitus d'origine de l'espèce sauvage n'est pas connu mais, selon une hypothèse, il s'agit d'une ancienne espèce hybridogène qui avait eu pour parents le Merisier et *P. fruticosa*. De même, l'endroit où le Cerisier acide a vu le jour reste inconnu. Mais il se naturalise très souvent et revient ainsi à l'état sauvage. On suppose alors que sa zone d'origine se trouve là où on rencontre le plus grand nombre de ces arbres naturalisés, à savoir la partie sud-européenne de l'Union Soviétique, le Caucase, l'Asie Mineure et le Sud-Est de l'Europe. Une autre hypothèse n'est pas non plus sans intérêt, qui rattache la création de son nom *cerasus* à l'ancienne ville de Céraconte, sur le Pont-Euxin, en Asie Mineure : ses environs étaient riches en Cerisiers et, peut-être, en Cerisiers acides. Dans l'Antiquité, le mot *kerassos* désignait les Carisiers, la culture des Carisiers étant plus ancienne que celle des Cerisiers acides. La propagation de ces derniers par-delà les Alpes fut assurée par les Romains. Les archéologues en ont trouvé des traces dans leurs camps sur le Rhin et sur la Saale. Les premiers Cerisiers et Cerisiers acides sont arrivés aux États-Unis après 1625.

Le Cerisier acide est un arbre avec une cime portée bas, arrondie, avec des branches molles. Il atteint de 5 à 10 m. C'est une essence ligneuse fruitière.

Cerisier à fleurs

Prunus serrulata LINDL.

Le Cerisier à fleurs, *P. serrulata,* est une espèce dont sont issues de très nombreuses variétés. Ce n'est ni un vrai cerisier, ni un griottier. Il en diffère par les bords du calice de ses fleurs dressées, tandis que ceux du cerisier ou du griottier sont tournés vers l'arrière. Les fleurs de *P. serrulata* sont organisées en grappes qui se développent, en général, en même temps que les feuilles ou peu de temps avant, tandis que le Cerisier et le Griottier fleurissent presque toujours avant le développement des feuilles. Le Cerisier à fleurs a des feuilles et des ramules glabres ou peu duveteux. Les feuilles sont largement ovales à longues pointes, doublement dentelées sur leur circonférence ; elles sont minces et luisantes et atteignent de 6 à 16 cm de long. Les fleurs poussent par 3 à 5 et elles sont, chez les cerisiers rustiques de cette espèce, soit blanches soit roses. Ces cultivars portent, en général, des fleurs de couleurs beaucoup plus vives. Elles s'ouvrent d'avril à mai, suivant les cultivars. Elles sont longues de 3 à 4 cm, non odorantes. Les couleurs des fruits, qui sont des drupes, vont du rouge au noir.

Le Cerisier à fleurs est originaire de la Chine, de la Corée et du Japon où il forme, de concert avec les Chrysanthèmes et les Pivoines, les symboles végétaux de cette partie de l'Orient. Ils comptent parmi les plantes de culture très anciennes de ces pays. Mais les arbres de *P. serrulata* avec des fleurs simples sont malgré tout extrêmement rares. Même Lindley a décrit cette espèce selon un arbre à fleurs pleines, blanches. *P. serrulata,* var. *spontanea,* ne fuit introduit en Europe qu'après 1900, un peu plus tard on en a introduit encore deux autres, tandis que les cultivars à fleurs pleines sont cultivés en Europe déjà depuis le XIXe siècle.

Ces Cerisiers sont des arbustes hauts ou de petits arbres qui peuvent atteindre, selon les cultivars, 20 m de hauteur. Ils ne vivent en général que de vingt à vingt-cinq ans.

une branche feuillue du cerisier à fleurs japonais

Abricotier

Prunus armeniaca L.

Rosacées
Rosaceae

Mala armeniaca, la pomme d'Arménie, ancien nom latin des abricots, n'a pas seulement influencé le nom scientifique de l'espèce (*armeniaca*), mais il fait aussi allusion à une vieille hypothèse selon laquelle cette essence ligneuse serait originaire d'Arménie. Pourtant, les Abricotiers étaient déjà bien connus en l'an 2000 avant J. C. en Chine qui doit, d'ailleurs, être considérée comme leur patrie d'origine. Leur aire de propagation naturelle va du Nord de la Chine jusqu'aux massifs montagneux de Tsian-Shan et d'Ala Tau de Dzoungour, mais elle n'est pas d'un seul tenant : la distance entre les peuplements découverts en Asie Centrale et au Nord de la Chine dépasse 4500 km !

Au début de notre ère, les Abricotiers sont arrivés de Chine en passant par l'Asie centrale, l'Iran et l'Asie Mineure, jusqu'à Rome. Les Romains fondèrent les premiers vergers d'abricotiers dans le Sud de l'Europe. Ensuite, la culture des Abricotiers, freinée par les Arabes, ne se développa dans le centre de l'Europe qu'au cours du XVIIe et du XVIIIe siècle et en 1720 seulement en Amérique.

Les variétés de culture des abricotiers n'ont pas pour origine seulement l'Abricotier commun mais, en Extrême-Orient, aussi *P. manshurica.* Dans les massifs montagneux de Tian-Shan, du Pamir et de l'Altaï, les anciennes populations, ancêtres des Tadjiks, utilisèrent leurs fruits comme édulcorant : c'était l'unique source de sucre. La pulpe séchée contient au moins 85 % de sucres. Elle était source de vitamine C, ainsi que de carotène et de provitamine A. Les plus anciennes variétés de ces abricotiers de montagne avaient des fruits persistants qui se desséchaient directement sur les arbres.

L'Abricotier a des feuilles caduques, glabres et pétiolées, avec des limbes simples, ronds et ovoïdes, elles sont dentelées sur les bords. Ses fleurs, légèrement rosées, se développent avant les feuilles. Les fruits sont presque sphériques. Ce sont des drupes légèrement feutrées avec une raie latérale.

L'abricotier, arbre à cime semi-sphérique, pouvant atteindre 10 m de haut est une essence ligneuse fruitière historique.

Rosacées
Rosaceae

Pêcher

Prunus persica (L.) BATSCH.

Trouver aujourd'hui des Pêchers sauvages est chose probablement impossible. Mais leur berceau d'origine est sûrement la Chine. Les horticulteurs chinois connaissent les Pêchers déjà depuis au moins 4000 ans, ils nommèrent leurs fruits « sing ». De là, les Pêchers ont probablement pénétré en Perse (Iran), longtemps considérée comme leur patrie d'origine. L'expédition d'Alexandre le Grand en apporte les premiers témoignages et, un siècle avant notre ère, la Rome antique connaissait déjà les pêches qu'elle nommait *mala persica,* pommes de Perse. Les pêches, considérées d'abord comme des fruits de luxe, ont été très vite cultivées. Grâce aux légions romaines, les Pêchers ont traversé les Alpes pour atteindre la Gaule, d'après les témoignages des découvertes archéologiques qui identifièrent des noyaux dans les fouilles. Selon la tradition, l'empereur Charlemagne compte parmi les grands propagateurs des pêches et les horticulteurs français de l'époque connaissaient déjà quelques variétés de Pêchers de culture. Au cours des Xe et XIe siècle, les Pêchers ont traversé la Manche. Au cours du XVIIe siècle, ils ont réussi à traverser l'Atlantique et d'autres océans. Le Pêcher a trouvé en Californie et au Texas un climat de prédilection et, avec leurs efforts, les horticulteurs américains sont arrivés à la pointe mondiale de la production de pêches.

Les jeunes branches du Pêcher sont, en général, d'un vert vif, la partie plus exposée au soleil est un peu rougeâtre. Ses feuilles décidues sont simples avec de courts pétioles et leurs limbes sont largement lancéolés et fortement dentelés sur la circonférence. Ses fleurs sessiles se développent sur les brachyblastes, soit individuellement soir par deux. Les pétales du périanthe sont rouges, chez certaines variétés plutôt blanchâtres ou roses. Les fruits sont des drupes sphériques, grandes de 5 à 8 cm, à peau veloutée, avec un noyau alvéolé et sillonné.

Les Pêchers sont des arbres bas, à cime palissée, qui peuvent atteindre jusqu'à 8 m de hauteur.

Amandier nain

Prunus tenella BATSCH

Rosacées
Rosaceae

L'Amandier nain compte parmi les essences ligneuses préférées des horticulteurs, surtout au printemps, pendant les mois de mars et avril, quand il fleurit. C'est alors un arbrisseau noué sous les fleurs. A l'origine, il était très répandu dans les terrains ouverts des steppes, sur le littoral du Danube, en Russie centrale et méridionale, d'où il pénétra jusqu'à la Sibérie et derrière le massif du Caucase. Bien que l'Amandier nain soit naturellement thermophile, il croît aussi bien dans les régions plus froides. Il se multiplie aussi bien de manière végétative en formant des polycormones assez étendus à partir de ses noyaux qui germent très bien après la stratification : ses drageons souterrains sont capables de percer même des murs assez épais ou d'élargir une fente rocheuse.

Ses feuilles décidues sont alternes et simples, ses fleurs sont régulières. Il diffère des autres pruniers à fruits pulpeux surtout par ses fruits qui se dessèchent, sont fortement tomenteux et éclatent à maturité. Une quarantaine de ses espèces vit de la zone méditerranéenne jusqu'à la Chine centrale : citons l'Amandier commun (*Prunus communis*) qui accompagne l'homme, en tant qu'essence ligneuse de culture, depuis la plus haute Antiquité. Il est vraisemblablement originaire de l'Est de la Méditerranée (de la Syrie) et de l'Asie centrale mais, dans de bonnes conditions, il vit presque partout. Au cours des millénaires, on est arrivé à former deux lignées : la variété à fruits sucrés (var. *dulcis*) et la variété à fruits amers (var. *amara*). Les amandes amères contiennent jusqu'à 5,3 % d'un glucoside d'amygdaline toxique, 20 % d'albumines et 45 % d'huiles. Les amandes douces, dépourvues d'amygdaline, sont utilisées dans l'alimentation.

L'Amandier nain est un arbrisseau drageonnant, haut à peine de 1 m, convenable pour les emplacements secs ; l'Amandier commun est un arbre haut qui peut atteindre 8 m.

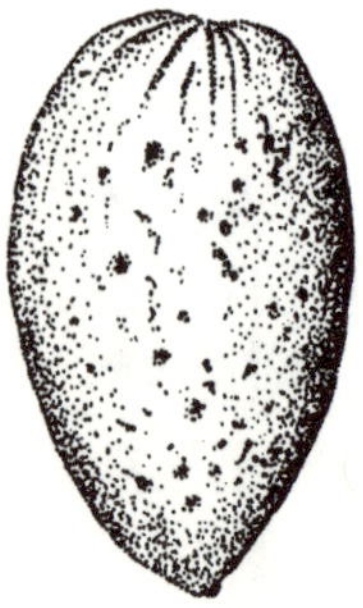

drupe de *P. communis*

silhouette de *P. communis*

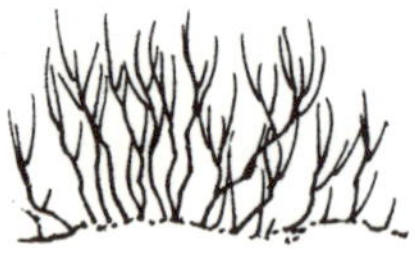

silhouette de *P. tenella*

Rosacées
Rosaceae

Cerisier à grappes

Prunus padus L.

Les Cerisiers à grappes sont des essences ligneuses très proches des Cerisiers, mais elles en diffèrent surtout par le fait que leurs fleurs forment des inflorescences en grappes, tandis que chez les Cerisiers, les fleurs poussent sur les brachyblastes tant individuellement qu'en groupes.

Le Cerisier à grappes est le représentant le plus typique de l'espèce dans le Vieux Monde. Il croît dans les forêts feuillues et humides, dans les taillis qui poussent en galeries de la plaine jusqu'à la montagne. On le trouve des îles britanniques jusqu'à l'Extrême-Orient et, au Nord, il dépasse même le cercle polaire. En culture, il accompagne l'homme depuis des temps immémoriaux. C'est une essence ligneuse très résistante et très peu exigeante, d'une grande valeur esthétique mais sans grande utilité économique. Le Cerisier à grappes a des branches droites et retombantes rouge-brun et luisantes. Ses feuilles décidues sont alternes et simples. Sur leurs pétioles, elles ont 2 à 3 veines, leurs limbes sont mats, ovoïdes et pointus, avec une circonférence légèrement dentelée. Les jeunes feuilles dégagent, après broyage, une odeur qui rappelle celle des amandes amères. Il fleurit en mai. Les grappes de fleurs peuvent atteindre 15 cm de longueur. Elles sont retombantes et odorantes. Ses fruits sont des drupes rouge-noir et amères à noyau ridé. Les calices ne persistent pas sur les fruits.

Dans le Nouveau Monde, en pleine nature, vit une espèce de Cerisier à grappes assez proche, *Prunus serotina*. Son aire de propagation d'origine va de la Nouvelle-Écosse jusqu'à la Floride et, à l'Ouest, jusqu'au Dakota, au Texas et à l'Arizona. On le cultive depuis 1629. Il fleurit un mois plus tard que le Cerisier à grappes d'Europe. Ses feuilles ovoïdes et plus prolongées sont d'un vert luisant et, sur ses fruits noirs et comestibles, persiste clairement le calice. Ses fruits sont utilisés dans la préparation des boissons alcoolisées comme le rhum et le brandy, pour en améliorer le goût.

Le Cerisier à grappes d'Europe est un arbre qui peut atteindre 15 m de hauteur ; le Cerisier à grappes américain tardif peut même atteindre 30 m de hauteur.

inflorescence de *P. serotina*

fruit de *P. serotina*

Laurier-cerise

Rosacées
Rosaceae

Prunus laurocerasus L.

Le Laurier-cerise est une essence ligneuse qui aime les climats chauds. Il est originaire du Sud-Est de l'Europe et de l'Asie Mineure. Ses fruits singulièrement violacés ou même noirs, à partir desquels il se multiplie très bien sont le trait le plus typique de l'espèce. C'est une essence ligneuse très résistante aux températures moyennes ainsi qu'aux exhalations, moins résistante aux brusques changements de température ; mais si elle gèle, elle repousse vite à partir de ses racines.

Le Laurier-Cerise persistant a causé aux botanistes beaucoup de difficultés. Certains le rangent dans le genre *Padus,* d'autres le classent dans un genre indépendant, *Laurocerasus.* Les feuilles de cette essence ligneuse ne sont pas, en effet, sans rappeler les feuilles du Laurier (du genre *Laurus*). Elles représentent sa partie la plus variable. Suivant leurs différentes variations, on a décrit et classé plusieurs variétés et plusieurs espèces. Les feuilles aux bords dentelés caractérisent la variété portugaise (*P. lusitanica*) ; les feuilles pleines mais très étroites sont typiques du genre balkanique (*P. laurocerasus* var. *shipkaensis*), découvert aux environs de 1889, dans le col de la montagne Schipka en Bulgarie où il pousse vers 1600 m d'altitude. Le Laurier-Cerise fait l'objet d'une culture intentionnelle depuis le XVIe siècle (1576). Il était surtout destiné à l'utilisation médicinale. Ses feuilles séchées servent encore, de nos jours, à la fabrication de *l'Aqua laurocerasi* utilisée en tant que substitut de l'eau magnésifère.

C'est soit un arbre assez étendu (multiplié par boutures), soit un arbre bas (s'il se reproduit à partir des graines) allant jusqu'à 6 m de hauteur. C'est une bonne essence ligneuse de couverture, utilisable sous les grands arbres ou près des murs.

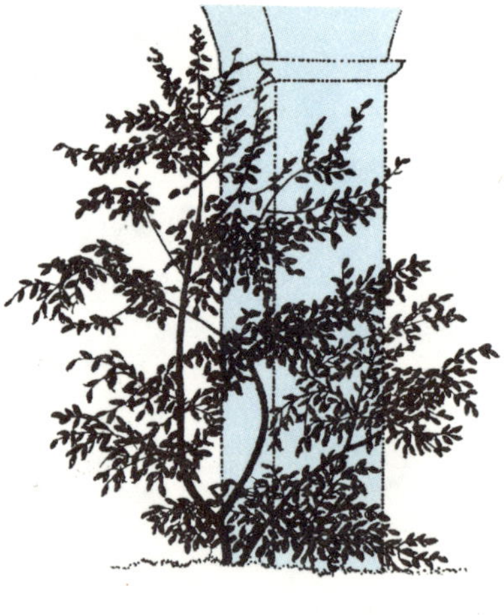

Calycanthacées
Calycanthaceae

Calycanthe odorant, Arbre aux anémones

Calycanthus floridus L.

L'Arbre aux anémones est une essence ligneuse odorante assez singulière. Ses tissus possèdent des cellules qui secrètent des essences naturelles. On peut s'en rendre compte très facilement en prenant les vieilles brachyblastes desséchées entre les doigts. Après le broyage, elles dégagent une odeur agréable qui rappelle très fortement l'odeur des essences d'eucalyptus.

Les fleurs de l'Arbre aux anémones sont également très odorantes et elles méritent aussi notre attention : elles sont bissexuées et toutes leurs parties se présentent en spirales. Leurs périanthes, qui ont la forme et la couleur des calices (ces couleurs ont peut-être été à l'origine de la dénomination scientifique de cet arbre : *kalyx,* le calice et *anthos,* la fleur), forment finalement des réceptacles. Le nombre d'étamines varie de 5 à 30. A l'intérieur des réceptacles se trouvent une vingtaine d'akènes qui forment, après que le réceptacle est devenu pulpeux, un fruit globuleux. Les fleurs de l'Arbre aux anémones se rapprochent, par leur composition et par leur apparence, de celles des magnolias mais elles en diffèrent du point de vue biochimique. De ce point de vue, elles sont proches, au contraire, des Rosacées et des Viciacées. Il semble qu'elles possèdent des ancêtres communs.

L'Arbre aux anémones est une essence ligneuse originaire de l'Est des États-Unis où elle était très répandue entre les États de Virginie et de Floride. Elle est arrivée en Europe après son introduction en Angleterre en 1726. L'Arbre aux anémones se multiplie le plus souvent à partir de semis. C'est une essence ligneuse peu résistante aux basses températures ; pour sa culture, on recommande donc des situations protégées avec des sols nutritifs et perméables.

L'Arbre aux anémones est un arbuste très étendu, à ramification sinueuse, qui peut atteindre de 1,5 à 3 m de haut.

le réceptacle et les graines

Groseillier à maquereau

Grossulariacées
Grossulariaceae

Ribes uva-crispa L.

Le genre *Ribes* est bien fourni avec plus de 150 espèces d'essences ligneuses aussi bien décidues que persistantes. Ses représentants vivent surtout dans la zone tempérée de l'hémisphère Nord mais, dans les Andes, ils descendent même dans l'hémisphère Sud, sur le continent sud-américain. Dans un genre aussi bien représenté, il existe nécessairement beaucoup de plantes de formes bien différentes. Ainsi, on les divise en plusieurs sous-genres. L'un des plus originaux est sûrement le sous-genre *Grossularia,* qui compte aussi le Groseillier à maquereau.

Le Groseillier à maquereau est un arbrisseau bas à ramification étendue, qui forme des touffes. Les feuilles à 3, 4 ou 5 lobes se forment sur les brachyblastes dans les aisselles des aiguillons qui ont plusieurs segments, de 2 à 5. Ses fleurs individuelles se développent en faisceaux dans les aisselles des larges bractées. Il fleurit en avril. Ses fruits sont les globules tomenteux bien connus. L'aire d'origine du Groseillier à maquereau se trouve au Caucase et dans le Nord de l'Ukraine, mais il est bien naturalisé dans la forme rustique presque partout en Europe, même en altitude dans le bassin Méditerranéen. Ses variantes de culture sont très anciennes, on en trouve les traces en France où on parle du « groseillier » déjà au XIIe siècle dans un recueil de psaumes. En Europe centrale, on a commencé à le cultiver au début du XVIe siècle. Les premiers dessins qui le représentent se trouvent dans l'Herbier de L. Fuchs qui date de 1545. Cependant, ce sont les Anglais qui ont le plus participé à leur propagation. La culture du groseillier sous sa forme arbustive dressée sur un seul pied a vu le jour en Bohême d'où elle est repartie comme une curiosité vers l'Allemagne et, de là, vers le reste de l'Europe. Aujourd'hui, on compte facilement 2000 variétés de culture. Ses baies contiennent environ 12 % de sucres ainsi que de l'acide citrique.

Les Groseilliers à maquereau sont des arbrisseaux assez bas, de 0,5 à 1,5 m de hauteur, ramifiés déjà à partir du sol. Ils représentent une essence ligneuse fruitière ancienne.

Grossulariacées
Grossulariaceae

Ribes lacustre (PERS.) POIR.

Quelques Grossulariacées, parmi lesquelles des groseilliers d'origine nord-américaine, qui rappellent les Groseilliers à maquereau, forment un sous-genre indépendant du genre *Ribes,* les Grossularoides.

Ribes lacustre ressemble aux groseilliers européens surtout par son caractère épineux. Ses branches ont, outre de grandes épines, une grande quantité d'aiguillons soyeux qui peuvent rendre tout contact désagréable au toucher. Pourtant, ils sont assez décoratifs, luisants, d'une couleur rouge-brun, surtout sur les jeunes plantes. Ses fleurs, au contraire de celles des espèces européennes, forment des grappes, longues parfois de 5 à 9 cm, composées en général de 12 à 20 fleurs individuelles vert-pourpre. Ses fruits globuleux sont rouge-pourpre et glanduleux. Sa véritable patrie se trouve dans les terres humides et inondées et des marais situés entre Terre-Neuve et l'Alaska et, vers le Sud, jusqu'à la Pennsylvanie, au Michigan, au Colorado et à la Caroline du Nord. Son aire de distribution est donc assez étendue. On l'avait introduit en culture au début du XIXe siècle, en 1812. Quelques espèces très proches comme, par exemple, le groseillier à branches encore plus épineuses *Ribes horridum,* ou *Ribes montigenum,* le premier groseillier originaire du Nord-Est de l'Asie et le second du littoral du Pacifique en Amérique du Nord, sont parfois considérés par certains botanistes comme membres de la même espèce très large.

Les groseilliers se multiplient très bien à partir de leurs graines ou encore par des boutures ligneuses (afin de pouvoir les manipuler, il faut couper les épines auparavant), ou encore par une méthode spéciale qui consiste à couvrir les branches avec du terreau afin de pouvoir les couper et les séparer après l'enracinement.

Ribes lacustre est un arbrisseau bas, largement ramifié, avec une base près du sol, épineux, qui atteint jusqu'à 1 m de haut. Il n'a qu'une valeur de collection. Toutefois, c'est une essence ligneuse utilisable en couverture de sols humides.

Groseillier des Alpes

Ribes alpinum L.

Grossulariacées
Grossulariaceae

Le sous-genre *Berisia* dans le genre des Groseilliers (*Ribes*) englobe des Groseilliers dépourvus d'épines qui ont des fleurs dioïques, développées en grappes dressées. Ce sont surtout les Groseilliers du Vieux Continent, bien que la plupart soit originaire de l'Est de l'Asie.

Le Groseillier des Alpes est un arbrisseau à ramification étendue avec des rameaux sans épines, de couleur brun-noir, qui portent des feuilles caduques, alternes, glabres ou tomenteuses sur leur face inférieure. Elles sont composées de 3 à 5 lobes. Les grappes des fleurs unisexuées sont très fournies chez les fleurs mâles et assez pauvres chez les fleurs femelles (de 2 à 5) qui sont assez discrètes. Les pétales des périanthes sont jaune d'or. Les fruits globuleux et rouges ont peu de goût. Il commence à fleurir en avril, parfois plus tard, souvent après le développement de la plupart de ses feuilles.

On le cultive depuis déjà la fin du XVIe siècle (1588). Dans les compositions horticoles des jardins d'aujourd'hui, on préfère ses spécimens mâles, multipliés d'une manière végétative parce qu'ils sont beaucoup plus ornementaux que les spécimens femelles, surtout pendant la floraison. Mais l'utilisation principale reste toujours, pour le Groseillier des Alpes, sa plantation en couverture de parcs et de versants légèrement ombragés où il forme, si la plantation est serrée, un beau tapis vert. En culture, on trouve aussi ses cultivars, celui de petite taille 'Pumillum', celui à feuilles laciniées 'Laciniatum' et celui à feuilles jaunes 'Aureum'. Ces cultivars se multiplient par des boutures vertes de printemps en mai et en juin, tandis que les autres Groseilliers se multiplient par des boutures ligneuses en septembre.

C'est un arbrisseau de 1 m de hauteur, rarement plus, ramifié dès le sol, qui est utilisé comme essence ligneuse de couverture et aussi pour la formation de haies basses.

Attention ! Le Groseillier des Alpes ne doit pas être confondu avec *R. alpestre* du sous-genre *Grossularia*.

Grossulariacées
Grossulariaceae

Groseillier doré

Ribes aureum PURSH

Le sous-genre *Ribesia* regroupe de vrais Groseilliers : ils ont des fleurs hermaphrodites qui forment, en général, des grappes ; leurs rameaux sont dépourvus d'aiguillons et les pétioles sont segmentés. Mais ils ne sont pas très attrayants par leurs fleurs, à deux exceptions près : le Groseillier sanguin (*R. sanguineum*) et le Groseillier doré.

Le Groseillier doré représente peut-être l'arbuste le plus beau du genre, surtout grâce à ses fleurs, qui sont tout à fait frappantes. Elles ont de courts pétioles et sont fort odorantes. L'odeur de ces fleurs rappelle énorménent, surtout pendant les tièdes soirées de printemps, le parfum épicé des oeillets. Les fleurs sont tubulaires, longues (le tube peut atteindre 12 mm de longueur) et cylindriques. Les pétales du périanthe sont jaunes de même que les bords du calice, tandis que les bords de la couronne peuvent être plus foncés, parfois teintés de rouge. Ils fleurissent en avril. Les fruits globuleux changent de couleur, en arrivant à maturité : du jaune au noir en passant par le rouge. Ils ne restent jaunes que chez le cultivar 'Chrysococcum'.

Le Groseillier doré fut découvert en Amérique du Nord où il est très répandu dans l'Ouest des États-Unis, entre les États de Washington, du Montana, du Nouveau-Mexique et de la Californie. On le cultive depuis le début du XIXe siècle. Très prisé par les horticulteurs, il forme des haies de différentes formes et il constitue aussi un excellent portebouture pour des variétés arbustives de Groseilliers. Il pousse bien dans tous les types de sols, ayant une grande plasticité écologique. Il se multiplie par des boutures ligneuses (en septembre) ou par division des touffes.

C'est un arbuste à port dressé, haut de 2 à 2,5 m, qui forme des drageons souterrains réguliers pouvant arriver à former des polycormones. Cette essence ligneuse trouve une large utilisation aussi bien dans l'horticulture ornementale que dans les cultures fruitières.

Groseillier sanguin

Ribes sanguineum PURSH

Grossulariacées
Grossulariaceae

De même que le Groseillier doré, le Groseillier sanguin compte parmi les groseilliers à floraison très expressive. Le périanthe de ses fleurs, leur calice et leur couronne sont fort bien développés et bien colorés. Ce groseillier fut découvert par l'expédition de L. Menzies vers 1793. Cultivé depuis 1818, il fut introduit en Angleterre grâce à la *Royal Horticultural Society* déjà en 1826. Jusqu'à cette époque, il était spontané sur le littoral ouest de l'Amérique du Nord, de la Colombie britannique jusqu'au centre de la Californie.

Ses feuilles caduques et alternes sont feutrées et tomenteuses sur leur face inférieure, au moins sur les veines. Elles se forment sur les jeunes pousses annuelles qui dégagent, peu de temps après la formation des feuilles, une forte odeur de résine. Mais les fleurs sont encore plus impressionnantes que cette odeur fugitive. Elles sont naturellement rouges, chez quelques cultivars d'une culture plus tardive rouge sang foncé ou blanche. Les fleurs forment des grappes pendantes. Elles fleurissent tôt, dès la mi-avril et en mai. Les fruits, déjà moins apparents, sont noir bleuté.

Ce groseillier vit bien dans tous les jardins, aussi bien au soleil que dans un site semi-ombragé mais, lors des hivers rigoureux, il peut facilement geler aux extrémités des pousses annuelles. Il faut alors pratiquer une taille assez sévère et il reprend assez vite. L'espèce originale se multiplie très bien par semis, les cultivars de couleurs différentes par des boutures ligneuses (en septembre) ou par marcottage.

Le Groseillier sanguin est un arbuste droit, haut de 2 à 4 m, avec un habitus en forme d'entonnoir. Il convient très bien aux formations de groupe.

Grossulariacées
Grossulariaceae

Cassissier

Ribes nigrum L.

Le sous-genre *Ribesia* compte quelques espèces de «cassissiers noirs», le californien (*R. bracteosum*), l'américain (*R. americanum*) et le Cassissier européen.

Le Cassissier est très répandu d'Europe jusqu'en Asie centrale et dans l'Himalaya, dans les forêts humides et dans les taillis aussi bien en plaine qu'en montagne. Aujourd'hui, nous n'arrivons à distinguer les peuplements d'origine des peuplements naturalisés qu'avec de grandes difficultés, parce qu'il s'agit d'une essence ligneuse de culture très ancienne, exploitée aussi bien pour ses fruits que pour ses vertus médicinales. La médecine populaire utilisait surtout les feuilles des cassissiers qui produisaient, en décoction, des effets diurétiques, antidiarrhéiques, antiinflammatoires et qui faisaient transpirer. Ses fruits sont riches en vitamine C, et en acides organiques. On les administre comme sédatif de la toux ou pour faire des gargarismes chauds. A partir de ses fruits, on prépare également le Cassis, liqueur française bien connue.

Les Cassissiers sont dépourvus d'épines. Leurs jeunes ramules sont tomenteux. Ses feuilles qui dégagent, après broyage, une odeur peu agréable, ont de 3 à 5 lobes ; alles sont très dentelées et leur face inférieure est tachetée. Les fleurs se développent en grappes peu fournies et pendantes sur de longs pétioles. Les bords de leur calice se retournent vers l'intérieur de la fleur. Les pétales de la couronne sont hachurés et teintés de rouge. Il fleurit à la fin du mois d'avril et au début du mois de mai. Ses fruits sont des globules noirs. Il se multiplie par semis, ses cultivars par boutures ligneuses.

Il y a environ une centaine d'années, on a introduit sur le marché en Europe occidentale des hybrides de Groseilliers et de Cassissiers. Leurs fruits sont dépourvus d'aiguillons : foncés, ils se développent individuellement et non pas en grappes. En ce moment, ces hybrides reviennent à la mode et ils recommencent à être cultivés sous la marque commerciale « JOSTA ».

Le Cassissier est un arbuste à port dressé, dépourvu d'épines, haut de 1 à 2 m. C'est une essence ligneuse fruitière, importante pour la médecine.

Ribes petraeum WULF

Grossulariacées
Grossulariaceae

Dans les massifs montagneux non seulement en Europe centrale et occidentale, mais aussi dans les Carpates et en Sibérie pousse un groupe très large de Groseilliers désignés sous le nom de l'espèce, *R. petraeum*. C'est une essence ligneuse malgré tout assez rare dans les massifs montagneux européens. C'est un arbuste dépourvu d'aiguillons ; ses jeunes rameaux sont glabres et les branches plus âgées ont une écorce qui s'étoile. Ses feuilles sont rondes presque ovoïdes, longues de 5 à 9 cm. Leur pétiole a une longueur égale à la longueur des limbes. Les feuilles mêmes sont doublement dentelées ; elles ont de 3 à 5 lobes et sont duveteuses sur les bords et sur leur face intérieure. Les fleurs se développent en grappes peu fournies, quelques-unes redressées, les autres pendantes. Les fruits sont des globules rouges et amers.

R. petraeum pousse dans les forêts ombragées de montagne, dans les fentes des rochers et sur les éboulis rocheux jusqu'à l'étage subalpin. Souvent, on le considère comme une sorte de groseillier rouge « renaturalisé ». Les peuplements de *R. petraeum* vivant dans les massifs montagneux européens sont habituellement classés comme des variétés géographiques (par exemple, le Groseillier des Carpates *R. petraeum* var. *carpaticum* ou encore le Groseillier du Caucase, *R. petraeum* var. *caucasicum*).

R. petraeum fait l'objet de culture dans les jardins et les parcs botaniques depuis la fin du VIIIe siècle. Mais, il ne compte pas parmi les essences ligneuses d'une grande valeur esthétique ni parmi les bonnes essences ligneuses de couverture. Toutefois, il fait partie des collections modernes qui témoignent du patrimoine génétique.

R. petraeum est un arbuste aussi bien à port dressé que grimpant suivant sa situation, haut au plus de 1,5 m. C'est une espèce utilisable dans les collections et il peut compléter les paysages.

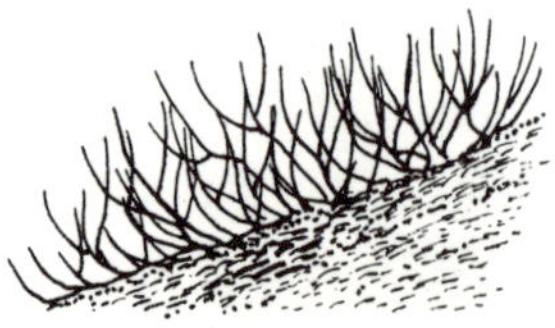

Hydrangéacées
Hydrangeaceae

Hortensia grimpant

Hydrangea anomala D. DON ssp. *petiolaris* SIEB. et ZUCC.

L'Hortensia grimpant est peut-être l'espèce la plus robuste parmi les Hortensias mais, malgré cela, il échappa pendant très longtemps à l'attention des collectionneurs. Il ne fut introduit dans les jardins d'Amérique du Nord qu'après 1865 et en Angleterre en 1878 seulement. C'est une essence ligneuse à feuillage caduc, soit grimpante, soit rampante, originaire de la Chine et du Japon. Ses feuilles longuement pétiolées sont disposées à contre-plan. Ses fleurs assez menues sont, comme chez les autres hortensias, réunies en corymbes. Les fleurs au centre de l'inflorescence sont bissexuées, avec de petits sépales. Sur l'ensemble de la circonférence du corymbe se forment des fleurs plus grandes, longues de 3 cm environ, mais stériles, en général à 4 pétales blanchâtres, fermes comme du papier ct qui subsistent longtemps. Les fruits sont des capsules avec de petites graines.

Le plus intéressant chez les Hortensias grimpants sont leurs racines adventives aériennes très nombreuses qui leur servent à s'agripper soit sur une surface rocheuse soit sur l'écorce d'un arbre de support. L'écorce des tiges et des vieilles branches de cet hortensia s'étiole et s'enroule d'une manière caractéristique.

Il se multiplie aussi bien par semis que par des boutures herbacées d'été, ou encore par marcottage de ses drageons rampants. Cet Hortensia affectionne les sols humides, très nutritifs, semi-ombragés comme ensoleillés qui constituent pour lui le milieu optimal.

Suivant la qualité du sol, ses tiges peuvent atteindre des longueurs qui varient de 5 à 25 m ; c'est une essence ligneuse de couverture très appropriée pour les rochers, les pergolas, les vieux murs, et pour la couverture de surfaces plates.

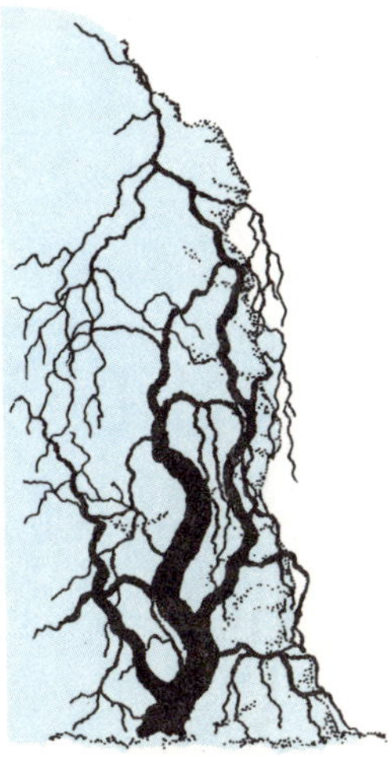

Hortensia de Bretschneider

Hydrangéacées
Hydrangeaceae

Hydrangea heteromalla D. Don

C'est le Dr. Bretschneider qui découvrit, dans les montagnes environnant la ville de Pékin, un hortensia à port très haut qu'on a d'abord dénommé Hortensia de Pékin, pour l'appeler par la suite Hortensia de Bretschneider. On le cultive en Europe depuis son introduction en 1882.

C'est un arbuste assez étendu dont les branches et les ramules ont une écorce rouillée qui s'étiole en feuilles. Ses feuilles, longues d'environ 10 cm sont dentelées ; leur face supérieure est glabre, l'envers étant duveteux ou presque dénudé. Ses inflorescences forment des corymbes presque aplatis, longs d'environ 15 cm. Au milieu des inflorescences, se trouvent des fleurs bissexuées et fécondes ; sur la circonférence se trouvent de grandes fleurs stériles. L'Hortensia de Bretschneider fleurit en juin et en juillet mais les inflorescences y compris les grandes fleurs stériles qui se dessèchent sur l'arbuste, persistent longtemps jusqu'à l'hiver.

Cependant, c'est l'Hortensia commun (*H. macrophylla*) qui est le plus prisé dans les cultures de jardins. Cet arbuste, qui peut atteindre 4 m de hauteur, est originaire du Japon et de la Chine, et Thunberg le considéra tout d'abord comme une viorne. C'est une très vieille plante orientale de culture très aimée en Europe et en Amérique, bien qu'elle n'y soit cultivée le plus souvent qu'en pots. En culture, on fait surtout pousser ces plantes avec toutes leurs fleurs stériles souvent abondamment colorées comme, par exemple le cultivar 'Coerulea'.

Les Hortensias de Bretschneider et les Hortensias communs poussent très bien sur les sols moyennement lourds non calcaires plutôt bien exposés au soleil qu'aux endroits semi-ombragés.

L'Hortensia de Bretschneider est un arbuste haut de 3 à 4 m, utilisable dans les grands parcs et dans les grands jardins.

inflorescence de *H. macrophylla*

Hydrangéacées
Hydrangeaceae

Hydrangea sargentiana REHD.

Au début du XXe siècle, l'Arboretum et l'Université de Harvard, aux États-Unis, organisèrent une grande expédition d'exploration botanique dans l'Ouest de la Chine, sous la direction d'E. H. Wilson. Cette expérience compte parmi les plus réussies dans l'histoire moderne en matière de découvertes botaniques. Grâce à elle, les pays occidentaux se sont enrichis de nombreuses plantes inconnues jusque-là. Parmi elles, *Hydrangea sargentiana* fut trouvé par Wilson dans la province occidentale chinoise de Hu-pei. Il l'envoya en 1907 à l'Université de Harvard aux États-Unis où la plante reçut son nom en hommage au professeur Ch. S. Sargent.

Son aspect très intéressant l'a fait rechercher par plusieurs institutions dendrologiques importantes. Il fleurit ainsi pour la première fois déjà en 1911 dans le fameux jardin de Kew en Angleterre et, encore plus tôt, en 1910, dans le jardin de Průhonice, en Bohême.

H. sargentiana est un arbuste dressé, peu ramifié, avec des tiges dénudées et avec des ramules tomenteux à rugueux. Ses feuilles assez grandes, jusqu'à 25 cm, longuement ovoïdes, sont également très tomenteuses, surtout sur l'envers. Ses fleurs s'organisent en inflorescences assez denses et plates qui ont, au milieu, des fleurs bissexuées, fertiles et violettes et, sur la circonférence, d'autres fleurs plus grandes mais stériles avec des pétales blancs. Il fleurit en plein été, en juillet et en août. Ses fruits sont des capsules à plusieurs poches avec des graines ailées.

C'est un arbre de 2 à 3 m de hauteur qui a une haute valeur esthétique pendant toute l'année, ce qui lui donne l'aspect d'un « tableau vivant ». Il est très approprié en complément de l'architecture moderne et pour fleurir des patios.

détail de l'écorce fendue
sur une vieille branche

Seringa

Philadelphus coronarius L.

Hydrangéacées
Hydrangeaceae

Le Seringa est le représentant le plus commun du genre *Philadelphus,* caractéristique de l'hémisphère boréal. Ses espèces vivent aussi bien en Amérique du Nord qu'en Eurasie (en Europe méridionale, dans le Caucase, dans l' Himalaya et à l'Est de l'Asie). Son aire de distribution est semblable à celle des deutzias, espèces très proches. Il en diffère par ses fleurs à 4 pétales, par un plus grand nombre d'étamines (de 20 à 40), ainsi que par son duvet simple sur les feuilles. (Les deutzias ont des fleurs à 5 pétales, à 10 étamines avec des toments étoilés).

Le Seringa est originaire de l'Europe méridionale et de l'Asie Mineure. Il fait partie des plantes cultivées depuis des siècles (en Angleterre depuis le XVIe siècle au moins). C'est le représentant le plus connu de son genre mais, aujourd'hui, il est supplanté dans la faveur du public par les espèces d'Asie et d'Amérique, ainsi que par ses différents cultivars. L'établissement Lemoine à Nancy est le plus célèbre pour la culture de *Philadelphus* : on y créa l'hybride le plus connu, *Philadelphus* × *lemoinei* hort., issu du Seringa (*P. coronarius*) et du Philadelphus américain (*P. microphyllus*), originaire du Colorado et de l'Arizona.

Le Seringa est un arbuste dressé à croissance rapide (les pousses de 150 cm ne sont pas exceptionnelles) avec des feuilles disposées en contre-plan, plus ou moins glabres, tomenteuses seulement sur les veines et dentelées par intermittence. Ses fleurs forment des inflorescences en grappes aux extrémités des petites branches latérales. Les fleurs, grandes d'environ 3 cm sont très odorantes. Le Seringa fleurit à la fin du mois de mai et en juin (ses espèces exotiques fleurissent jusqu'au mois d'août). Les fruits sont des capsules. Ses variétés de culture portent souvent des fleurs pleines. C'est une essence ligneuse qui aime les sols très calcaires et qui est parfois sujette aux invasions de pucerons.

Cet arbuste dressé, qui peut atteindre jusqu'à 4 m de hauteur, représente une essence ligneuse communément utilisée dans les jardins.

Hydrangéacées
Hydrangeaceae

Deutzia à feuilles crénelées

Deutzia scabra THUNB.

Les Deutzias sont des arbustes à croissance rapide d'une haute valeur esthétique qui restent un peu à l'ombre de la renommée des *Philadelphus* dont ils sont voisins.

Ce sont des arbustes dressés, mais en général moins hauts que les *Philadelphus*. Leurs feuilles sont opposées, ovoïdes ou même lancéolées à bords crénelés et à pétiole court. Au toucher, elles sont âpres. L'écorce des vieilles branches et tiges s'étiole par feuilles. Ce trait est typique, surtout en hiver.

Le Deutzia à feuilles crénelées compte parmi les espèces plus résistantes et le plus souvent cultivées. Ses feuilles sont dentelées en vrille, d'une longueur pouvant atteindre 8 cm, vertes, mates et elles portent des étoiles de poils des deux côtés. Les inflorescences, qui peuvent mesurer jusqu'à 10 cm, sont formées de nombreuses petites fleurs blanchâtres teintées de rose ou de saumon à l'extérieur. Il fleurit au début de l'été, dès la mi-juin jusqu'à la mi-juillet, après les *Philadelphus*. Ses fleurs sont groupées en panicules. Les fruits sont des capsules.

D. scabra est l'une des 50 espèces qui forment ce genre. Découvert en Chine, il fut introduit en Europe en 1822. A part la Chine, il est également très répandu au Japon. Les Deutzias vivent dans des conditions optimales sur des sols plutôt humides, pleinement exposés au soleil. Ils fleurissent mieux quand ils sont régulièrement rajeunis. Ils se multiplient très bien par bouturage.

Ce sont des arbustes à port dressé, hauts environ de 2,5 m. Cette essence ligneuse convient à l'ensemble des jardins.

Févier

Gleditsia triacanthos L.

Césalpiniacées
Cesalpiniaceae

Gleditsia triacanthos est l'une des 12 espèces du genre qui a reçu son nom en hommage à J. G. Gleditsch (1714–1786), directeur du Jardin botanique de la ville de Berlin. Ce genre est très répandu en Amérique du Nord et du Sud, ainsi qu'en Afrique tropicale et à l'Est et au centre de l'Asie. Il vit alors dans des conditions géographiques et écologiques différentes. Le Févier est un arbre robuste dont le trait caractéristique est la présence d'aiguillons prolongés brun-noir, souvent segmentés en trois branches (*triacanthos* : à trois épines). Ses feuilles sont une ou deux fois imparipennées (d'une manière différente sur les petites branches auxiliaires et sur les petites branches de prolongement), avec plus de 20 folioles pointues, longues jusqu'à 3,5 cm. Ses fleurs à pétiole court forment des grappes étroites, longues d'environ 7 cm. Elles ont une couleur jaune-vert, assez discrète. Elles fleurissent en juin et en juillet. Les fruits, les gousses, sont beaucoup plus remarquables que les fleurs. Ils atteignent entre 30 et 40 cm de long, sont légèrement courbés, plats, brun-noir, avec une pulpe douceâtre et des graines aplaties d'une forme qui rappelle les lentilles.

Gleditsia triacanthos était à l'origine très répandu sur le territoire de l'Amérique du Nord, entre la Pennsylvanie, le Nebraska, le Texas et le Missouri. En culture, il est cultivé depuis 1700, parfois dans des peuplements homogènes ou dans des allées. Bien qu'il tolère très bien le climat de l'Europe centrale et de la Grande-Bretagne, ses graines ne sont fertiles que dans les régions vraiment chaudes, comme par exemple, le Sud de la France.

Ce sont des arbres robustes qui peuvent atteindre jusqu'à 45 m de hauteur. Cette essence ligneuse très ornementale convient très bien pour des plantations en groupe dans les grands parcs.

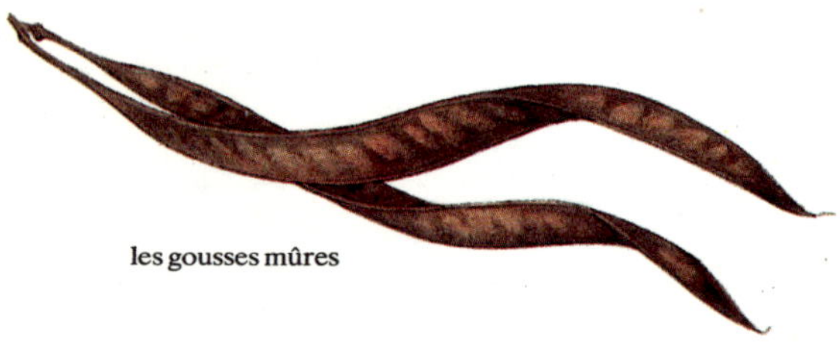

les gousses mûres

Gymnoclade dioïque

Gymnocladus dioicus (L.) K. KOCH

G. dioicus est un arbre remarquable aussi bien en été qu'en hiver. Pendant sa période de végétation, on remarque surtout ses feuilles énormes (jusqu'à 35 cm), doublement pennées, composées de plusieurs paires de petites feuilles pennées ; ses petites feuilles secondaires sont elliptiques, pointues et arrondies à la base. Son feuillage est, en général, caduc. En hiver, ses branches, dépourvues habituellement des petites branches d'ordre supérieur se dressent nues dans l'espace. Cette qualité lui a valu son nom scientifique : du grec *gymnos* : nu et *klados* : branche.

Les fleurs de cet arbre sont dioïques ou plurisexuées, mâles et femelles. Les inflorescences femelles peuvent atteindre 25 cm de longueur, les inflorescences mâles étant plus petites et plus compactes. Les fleurs blanc verdâtre s'ouvrent déjà en avril. Toutefois, en des endroits plus froids, certaines années, cet arbre ne fleurit pas. Ses fruits sont des cosses allongées, longues de 25 cm et larges de 6 cm. Son bois est dur.

Ce genre (*Gymnocladus*) n'a que deux espèces : le Gymnoclade dioïque, originaire d'Amérique du Nord (il croît sur le territoire formé aujourd'hui par les Etats de New York, la Pennsylvanie, le Minnesotta, le Nebraska, l'Oklahoma et le Tennessee). De plus, il est entré dans les cultures en Amérique du Nord depuis 1748. Bien que la portée de sa cime incite même à le planter près des constructions modernes, il ne compte malheureusement pas parmi les essences ligneuses souvent cultivées. Une espèce très proche, le Gymnoclade chinois (*G. chinensis*), ne résiste pas aux basses températures et il est presque absent des cultures.

Les Gymnoclades dioïques sont des arbres vigoureux, à cime étendue, qui peuvent atteindre des hauteurs de 30 m.

Gainier du Canada

Cercis canadensis L.

Césalpiniacées
Cesalpiniaceae

Les espèces du genre *Cercis* sont des essences ligneuses très anciennes, comme en témoignent les fossiles trouvés en France dans les couches de craies de l'oligocène et en Union soviétique, en Amérique du Nord et au Japon, dans le pliocène.

Les Gainiers sont des arbustes et des arbres avec des feuilles simples à bords pleins, aux limbes articulés. Les fleurs forment des faisceaux par 5 à 8. La composition des fleurs ressemble à celle des plantes papilionacées : elles sont régulières et leur corolle à cinq pétales porte trois pétales supérieurs, plus petits. Les fleurs se forment directement sur les branches, parfois même sur le tronc. Ce type de floraison est celle qui caractérise l'Arbre de Judée (*C. siliquastrum*). Les fruits sont des gousses oblongues et ailées, qui peuvent atteindre 8 cm.

Le Gainier du Canada est originaire de l'Amérique du Nord et son aire de propagation se trouve délimitée entre les États de New Jersey et la Floride à l'Est et le Montana et le Nouveau-Mexique à l'Ouest, si bien que son nom ne révèle pas ses origines géographiques. Il est cultivé depuis très longtemps (peut-être depuis 1641) et il compte parmi les plus beaux arbres de l'Amérique du Nord.

L'autre espèce très proche, l'Arbre de Judée (*C. siliquastrum*) est déjà cultivée depuis beaucoup plus longtemps, depuis des siècles. Selon la tradition, c'est sur cet arbre que l'apôtre Judas s'est pendu après avoir trahi le Christ.

Les Gainiers ne comptent pas, en Europe centrale et occidentale, parmi les essences ligneuses souvent cultivées. De toutes ces essences, c'est le Gainier du Canada qui est le plus résistant, les autres craignent beaucoup le gel et demandent des sols plus chauds, ainsi qu'une protection de leurs racines en hiver.

Les Gainiers sont des arbres hauts de 12 à 15 m. Ces essences ligneuses d'une très haute valeur économique sont très rarement cultivées.

Légumineuses
Leguminosae

Sophora

Sophora japonica L.

Les Sophoras sont, en général, des arbres et arbustes à feuillage caduc, bien qu'on trouve parmi les quelque 50 espèces très répandues aussi bien en Asie qu'en Amérique du Nord, quelques espèces persistantes. Ils comptent habituellement parmi les essences ligneuses d'une haute valeur esthétique et assez remarquables. *S. japonica* est justement le plus prisé à cause de se floraison tardive. Cet arbre a reçu son nom de genre d'une manière un peu erronée ; il n'est pas originaire du Japon où il est cependant cultivé depuis très longtemps, mais de la Corée et de la Chine. Il fut introduit d'abord en Amérique, en 1747, puis en Angleterre, en 1753. Les plus vieux spécimens de ces arbres en Europe étaient entretenus encore au début du XXe siècle, d'une part dans le jardin de Kew, en Angleterre, et d'autre part à Schönbrunn en Autriche.

Le Sophora a des feuilles imparipennées, composées de 7 à 17 petites feuilles longues et elliptiques. Ses fleurs menues et blanchâtres forment de grandes inflorescences terminales. Il fleurit tardivement en été, en août et en septembre. Par son habitus, il rappelle un peu les acacias mais sa cime est plus dense.

Après un été chaud, il fleurit tôt, tandis qu'après un été plus froid, il refuse parfois de fleurir. Les fleurs apparaissent pour la première fois sur les arbres lorsqu'ils sont âgés de trente à quarante ans. Les fruits sont des gousses à pétiole, qui peuvent atteindre 8 cm de long.

Les tissus du Sophora contiennent des produits toxiques.

Cette essence ligneuse excellente pour les parcs convient aussi comme arbre d'alignement : jusqu'à présent, elle résiste à l'atmosphère polluée des villes.

Les Sophoras sont des arbres à port très étendu qui peuvent mesurer de 12 à 25 m de hauteur.

Maackia amurensis Rupr.

Légumineuses
Leguminosae

Les *Maackia* restent jusqu'à nos jours l'espèce extrêmement rare dans les jardins et les parcs européens, bien qu'il ne s'agisse pas vraiment d'essences ligneuses très exigeantes du point de vue écologique. Elles poussent dans tous les sols argilo-sablonneux, comme les alluvions des bords des rivières. Cependant, elles croissent assez lentement.

Les *Maackia* sont originaires de l'Est de l'Asie. Comme son nom l'indique, la patrie de la *Maackia amurensis* se trouve sur les berges du fleuve Amour, surtout en Mandchourie. Dans son aire d'origine, c'est un arbre haut, à feuilles caduques, imparipennées, longues d'environ 20 cm. Ses feuilles se composent de plusieurs petites feuilles à court pétiole, qui sont plus ou moins opposées et unies. Ses fleurs blanc verdâtre ne sont pas grandes, mais elles forment parfois des grappes terminales ramifiées en panicules.

Maackia amurensis fleurit le plus souvent en plein été, en juillet. Ses fruits sont des gousses minces et allongées qui éclatent à la maturité. Il se multiplie par semis ; ses graines exigent une préparation préalable. Il faut les mouiller assez longtemps dans l'eau tiède. On peut le multiplier également par des boutures des racines, coupées en hiver et replantées en avril.

Les *Maackia,* qui portent le nom d'un botaniste russe, Richard Maack (1825–1886), font en général partie de la troisième vague d'introductions en provenance de l'Est de l'Asie.

Ses espèces chinoises, coréennes et japonaises ne sont arrivées en Europe que pendant les 20 ou 30 premières années du XXe siècle, mais *Maackia amurensis* fait figure de précurseur. Elle fait partie des nouveautés de la deuxième moitié du XIXe siècle, puisqu'elle fut introduite en Europe en 1864.

Les *Maackia* sont pour l'instant, en Europe, de petits arbres qui atteignent seulement 6 m de hauteur ; les descriptions des espèces chinoises citent des hauteurs de 5 à 23 m. C'est une valeur de collection.

Légumineuses
Leguminosae

Amorpha fruticosa L.

Amorpha fruticosa est un arbuste d'Amérique du Nord, très répandu dans une région délimitée au nord par les États du Connecticut et du Minnesota et, au Sud, par la Louisiane et la Floride. Il fut introduit en Angleterre en 1724 pour être aujourd'hui l'arbuste le plus utilisé pour le reboisement des terres stériles et des remblais, comme en Hongrie et dans le sud de la Slovaquie. Il résiste bien aux émissions nocives, aussi peut-il même être planté près d'aciéries ou de cimenteries. On l'utilise aussi pour former des haies de séparation au milieu des autoroutes. Il a un système des racines très ferme qui lui permet de bien résister même dans les conditions défavorables. Comme beaucoup d'autres légumineuses, il enrichit le sol en azote. Presque tous les Amorphas se multiplient très bien tant à partir de semis que de manière végétative ; presque toutes les boutures ligneuses repoussent une fois remises en terre.

Amorpha fruticosa est un arbuste ornemental, qui ne porte parfois des feuilles que sur les parties supérieures. Ses feuilles caduques sont alternes et imparipennées. Leur texture est assez aérée, mais l'aspect extérieur n'est pas, dans l'ensemble, très séduisant. Par contre, ses fleurs sont très attrayantes : alles forment des épis denses qui fleurissent d'une manière successive. Les fleurs ont des corolles bleu violacé. Elles fleurissent en juin. On peut voir, en pleine floraison, les étamines qui dépassent avec leurs anthères dorées. Les fruits sont des petites gousses, courbées à la base, qui renferment peu de graines. L'Amorpha est une plante ligneuse importante pour l'apiculture. Il offre beaucoup de pollen, mais peu de miel.

C'est un arbuste aéré, haut de 2 à 4 m, convenable pour les plantations de couverture de complément dans les terrains ayant subi des bouleversements. Attention, on le suspecte d'être toxique !

Baguenaudier

Colutea arborescens L.

Légumineuses
Leguminosae

Le Baguenaudier (*C. arborescens*) est une essence ligneuse qui, à part une certaine exigence de chaleur, est une essence très adaptable et surtout très prolifique. Pour cela, on l'utilisait surtout à la fin du XIXe siècle pour le reboisement de positions aussi exposées que les remblais des voies des chemins de fer en Angleterre. Ainsi, le Baguenaudier ne fit que suivre les traces du Robinier qui s'est propagé en Europe grâce à ses cultures qui accompagnaient le tracé des chemins de fer nouvellement créés. En culture, le Baguenaudier est un arbuste très ornemental par ses fruits. On le cultive depuis 1570, mais probablement depuis plus longtemps dans le bassin méditerranéen.

Le Baguenaudier est un arbuste dépourvu d'aiguillons, à feuilles caduques, imparipennées avec leurs petites feuilles entières. Ses fleurs jaunâtres forment des inflorescences dans les aisselles. Les fruits représentent son élément le plus attractif. Ce sont des gousses renflées, de forme utriculaire, palmées, comme parcheminées et qui n'éclatent pas. Desséchées, elles persistent sur l'arbuste très longtemps pendant l'hiver, tant qu'elles ne sont pas brisées et emportées par le vent.

Le Baguenaudier est un arbre vraiment peu exigeant : excepté l'ombre, il tolère presque tout, y compris l'atmosphère enfumée. Pendant les hivers rigoureux, il gèle mais il repart aussi sans difficulté. Jusqu'à présent, on est arrivé à créer quelques espèces de culture qui se multiplient par repiquage ou par bouturage sur l'espèce d'origine qui est par ailleurs un bon porte-bouture même pour les autres espèces du genre des Légumineuses.

C'est un arbuste assez aéré, haut de 1 à 4 m. Cette essence ligneuse de couverture convient pour des sols moins fertiles.

Légumineuses
Leguminosae

Faux-Acacia, Robinier

Robinia pseudoacacia L.

Pendant des années, la ville de Paris s'enorgueillissait d'un bien curieux témoin des temps passés : le Jardin des Plantes abritait un Robinier (Acacia blanc, Acacia boule, Faux acacia) qui datait des premières introductions européennes de son espèce originaire d'Amérique du Nord. Planté entre 1630 et 1638, il vivait encore au début du XXe siècle, bien que les acacias ne comptent pas parmi les essences ligneuses à long cycle de vie.

Aucune autre espèce, parmi les essences ligneuses d'Amérique du Nord, n'avait eu autant de succès dans l'introduction hors de ses frontières naturelles. Originaire du Sud des États-Unis (Virginie, Caroline et Géorgie), il vit également en Pennsylvanie, dans l'Indiana et dans l'Iowa. En Europe, il est même devenu, après les premières introductions à caractère plutôt ornemental, une essence ligneuse d'exploitation forestière. Aujourd'hui, il est représenté presque dans l'ensemble des États d'Europe (en Norvège, il pousse jusqu'au 63e degré de latitude Nord ; ailleurs, il grimpe entre 600 et 700 m d'altitude). En Hongrie, on l'avait beaucoup utilisé pour le reboisement des grandes étendues de la *puszta* et le Robinier est même devenu l'arbre national et le symbole du pays. La culture du Robinier a connu son apogée au début du XXe siècle, et, depuis, l'intérêt manifesté pour cette essence ligneuse ne cesse de s'amenuiser bien que son importance pour la stabilisation des terres humides, ainsi que pour l'apiculture, demeure. C'est un arbre avec des feuilles alternes et imparipennées qui tournent dans la chaleur et sous la pluie, suivant leurs tiges soit vers le haut, soit vers le bas. Ses inflorescences sont très odorantes. L'écorce du Robinier contient la toxalbumine robine qui altère les tissus, paralyse le système nerveux et agglutine les globules rouges.

Le Robinier est un arbre de 25 m de haut, à port bien aéré. L'une de ses variétés, le Robinier rose (*Robinia viscosa*), originaire de l'Alabama (États-Unis), est cultivée depuis 1791.

inflorescence de *R. viscosa*

gousses de *R. pseudoacacia*

silhouette de *R. pseudoacacia*

Glycine de Chine

Légumineuses
Leguminosae

Wisteria sinensis (SIMS.) SWEET

détail de rameaux sarmenteux

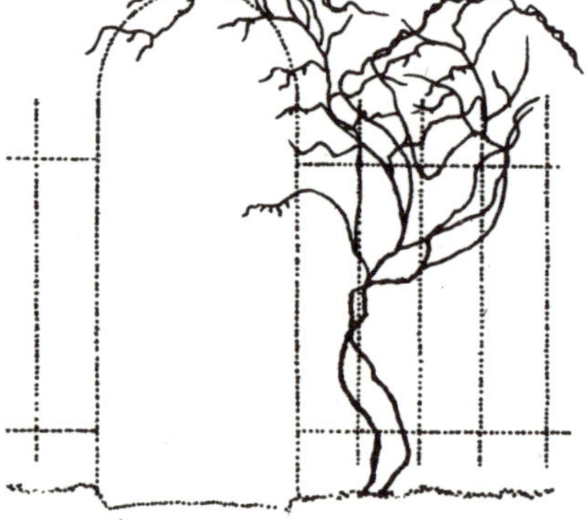

Les glycines comptent parmi les plus belles lianes qu'on puisse cultiver pratiquement partout dans la zone tempérée de l'hémisphère Nord. Ce genre, qui comprend environ 9 espèces, croît surtout dans l'Est de l'Asie, en Chine et au Japon où leur culture est très prisée. Au Japon, les Glycines font l'objet des mêmes soins que la culture du bonsaï et l'arrangement floral. Mais la culture des glycines est également attachée à l'Amérique du Nord. D'une part, c'est la patrie d'une glycine américaine, *W. macrostachya,* mais surtout l'ensemble du genre porte le nom du professeur d'anatomie de l'Université de Pennsylvannie, Caspar Wistar, qui y vécut de 1761 à 1818.

Le principal effet esthétique de la Glycine est son système de feuilles qui couvre, selon les supports, les pergolas, les façades et les murs. Ses feuilles sont caduques, alternes, formées par des folioles qui peuvent aller jusqu'à 13 et sont presque glabres à la maturité. Pendant sa floraison (en avril et en mai, mais d'autres espèces et des cultivars peuvent fleurir jusqu'à septembre), la Glycine est une plante vraiment exceptionnelle. L'espèce originale de la Glycine de Chine a des fleurs bleu-violet qui forment des grappes pendantes, longues de 15 à 40 cm (ce qui lui a valu le surnom d'Acacia bleu). De nos jours, on a déjà sélectionné ou créé plusieurs variantes des cultivars dont les fleurs vont de la couleur blanche jusqu'au rouge violet.

La Glycine de Chine est très répandue en Chine. Elle est cultivée peut-être depuis des millénaires dans les jardins de Shanghaï et dans d'autres centres de la Chine. L'espèce proche, la Glycine du Japon (*W. floribunda*) est aussi abondamment cultivée. Ses feuilles sont également composées. Elles comptent jusqu'à 19 petites feuilles et ses inflorescences commencent à fleurir de la base jusqu'au sommet des grappes.

Les Glycines sont des lianes avec des pousses qui peuvent atteindre 9 m de long et plus, avec des drageons grimpants. Elles forment un élément typique des jardins d'Asie.

Ajonc

Ulex europaeus L.

Ulex europaeus représente une essence ligneuse typique de l'Europe occidentale où il forme des grands peuplements homogènes qu'on peut difficilement traverser parce qu'ils sont très épineux. Mais il compte, comme beaucoup d'autres plantes papilionacées, parmi les essences ligneuses très ornementales. Rien que la texture de l'arbuste est intéressante toute l'année, c'est pendant les mois d'avril et de mai, quand l'ensemble de l'arbuste est couvert de fleurs jaunes qu'il produit le meilleur effet. Mais les fleurs individuelles y apparaissent presque tout au long de l'année. Les Ajoncs sont cultivés depuis très longtemps. Ils ont bien pénétré aussi dans les jardins de l'Europe centrale et de l'Amérique du Nord où ils se sont même naturalisés sur le littoral de l'Atlantique et près de la ville de Vancouver.

Les Ajoncs sont des arbustes drageonnants bien ramifiés avec des branches vert foncé d'où poussent des brachyblastes épineuses, écartées et tomenteuses. Les feuilles de la partie basse vont par trois, celles du haut sont simples et écailleuses ou épineuses. Les fleurs poussent soit individuellement, soit par trois sur les brachyblastes, dans l'aisselle des feuilles ou des épines. Elles sont typiquement papilionacées. Les fruits sont des gousses tomenteuses qui renferment de 2 à 4 graines.

Cette plante contient un alcaloïde vénéneux, la cytisine. Elle pousse bien dans les sols légers et sablonneux avec très peu de calcium ou encore sur les terres de bruyère, mais toujours en plein soleil. En dehors de sa zone d'origine, ses pousses gèlent toujours entièrement, mais elles repoussent très bien. Elle se multiplie à partir des semis, et ses cultivars à partir de boutures.

C'est un arbuste ramifié et épineux, haut de 1 à 2 m, convenable pour les zones chaudes ou pour le littoral océanique. Il forme des haies basses infranchissables.

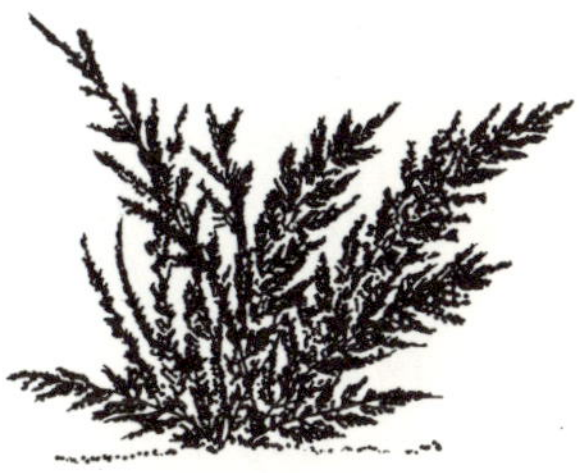

Cytise

Légumineuses
Leguminoseae

Laburnum anagyroides MEDIC.

Le Cytise n'avait vécu à l'origine qu'au Sud de l'Europe d'où il pénétra d'une manière spontanée vers les parties chaudes de l'Europe centrale. La beauté de cet arbuste l'avait fait introduire très tôt, dès la fin du Moyen Age, dans les jardins du Sud de l'Europe où il était introduit peut-être depuis 1560, ainsi qu'au Nord des Alpes et en Angleterre et puis, enfin, aux États-Unis. On l'appelle parfois « la pluie d'or » ou encore « l'acacia doré ».

La beauté du Cytise porte en elle un danger. L'ensemble de la plante est vénéneux par la présence de cytisine. La cytisine est un poison qui provoque des convulsions dans les centres vasomoteurs et respiratoires. Chez les enfants, l'empoisonnement peut être provoqué par l'absorption de 2 graines seulement. On dit que même le lait des vaches qui l'ont brouté peut devenir vénéneux. L'empoisonnement se manifeste très tôt, dans une période qui va de 15 à 60 minutes, accompagnée de violents vomissements, dans la dernière phase, de diarrhées et de convulsions musculaires. La mort peut survenir après une ou quelques heures. Le pronostic médical est toujours très grave.

Les jeunes branches de Cytise sont pendantes, ses feuilles vont par trois et leur face inférieure est tomenteuse ; elles sont sessiles. Ses fleurs qui s'ouvrent à la fin du mois d'avril et en mai, forment des inflorescences en grappes qui peuvent contenir jusqu'à 30 fleurs. Ces grappes longues de 10 à 15 cm sont pendantes ; chez certains cultivars, elles peuvent être encore plus longues. Ses fruits sont des gousses longues d'environ 5 cm, d'abord soyeuses puis noirâtres. Les enfants les prennent parfois pour des cosses de petits pois ! Les gousses persistent parfois sur les arbustes longtemps pendant l'hiver. Les Cytises poussent très bien sur les sols légers et riches en calcium, ils ne tolèrent pas une coupe profonde.

Le Cytise est un arbuste haut, presque un petit arbre, qui mesure jusqu'à 7 m de hauteur avec des jeunes branches pendantes. C'est un excellent élément de jardin qui ne doit pas être planté près des terrains de jeu des enfants.

Légumineuses
Leguminosae

Genêt à balais

Cytisus scoparius (L.) LINK

On n'arrivera peut-être plus à déterminer avec précision la vraie zone d'origine du Genêt à balais parce que nous nous trouvons devant une essence ligneuse cultivée depuis des siècles qui se naturalise partout à la perfection. Elle est probablement originaire du Sud ou même de l'Ouest de l'Europe. Pourtant, ses populations d'aujourd'hui sont assez sensibles aux basses températures, surtout aux températures qui changent brusquement, ce qui a provoqué une hécatombe presque complète lors du changement brusque de température qui s'est produit entre la fin de l'année 1978 et le début de l'année 1979. Cet événement tend à confirmer leur caractère d' essence des zones plutôt chaudes ou, au moins, non soumises aux changements de températures.

Le Genêt à balais est un arbuste à feuillage caduc avec un système des racines très bien développé qui possède des bulbes lobés. Ses branches quadrangulaires sont en général vertes qui peuvent devenir noirâtres en période de sécheresse. Ses feuilles sont alternes, à court pétiole, et composées de trois folioles longues de 1 à 2 cm. Mais les feuilles supérieures sur les pousses sont simples. Les fleurs poussent en juin et en juillet individuellement ou par paire sur les brachyblastes. Ses fruits sont des gousses dont les deux faces s'enroulent après l'ouverture. Le Genêt à balais forme des colonies assez importantes sur les versants et clairières assez secs. Il affectionne les sols sableux. Il est absent dans les Alpes. Il fait partie des peuplements des clairières forestières. On l'a souvent planté dans les faisanderies et son système de racines est, par ailleurs, la cause de sa plantation en bordure de voies ferrées et autres voies de communication. Il contient des alcaloïdes qui peuvent, même en quantités infimes, provoquer des débuts d'intoxication.

C'est un arbuste haut de 0,5 à 1 m, dont le port rappelle par sa ramification la forme d'un balai.

Sumac de Virginie

Rhus typhina L.

Anacardiacées
Anacardiaceae

Le genre Sumac (*Rhus*) compte environ 150 espèces vivant dans les zones subtropicales et tempérées de deux hémisphères. Les feuilles des Sumacs sont, en général, terminales et leurs fruits rouges ne sont pas habituellement toxiques, bien qu'on ne puisse pas totalement exclure certaines allergies, tandis que les représentants d'un autre sous-groupe ont des inflorescences d'aisselle et leurs fruits blanchâtres contiennent des jus toxiques et laiteux.

Le Sumac est une essence ligneuse : ses jeunes branches brunes et tomenteuses portent des feuilles imparipennées qui peuvent mesurer jusqu'à 50 cm, composées de plusieurs folioles (jusqu'à 15). Les petites feuilles sont dentelées et longuement pointues : elles peuvent mesurer jusqu'à 12 cm, avec une face inférieure mollement tomenteuse. Ses floraisons terminales qui forment des touffes bien fournies ont une forme pyramidale déterminée. Le Sumac est une essence ligneuse dioïque. Ses floraisons mâles sont plus aérées, jaune-vert ; les floraisons femelles plus compactes, rouge foncé, persistent sur l'arbre plus longtemps. Il fleurit en juin et en juillet. Il est originaire de l'Amérique du Nord (d'une zone qui s'étend du Québec et de l'Ontario, jusqu'à la Géorgie, l'Indiana et l'Iowa au Sud). Il est cultivé depuis 1629.

Les arbres femelles, surtout, sont très ornementaux, en particulier en automne, quand leur feuillage devient rouge. Les exemplaires des arbres mâles sont parfois cultivés sous le nom horticole de *Rhus viridiflora.*

Les Sumacs sont des arbustes hauts ou de petits arbres de 5 à 10 m de hauteur. Cette essence ligneuse se multiplie d'une manière végétative par des drageons souterrains ; la texture de sa couronne et la couleur de ses feuilles forment autant d'éléments bienvenus dans l'architecture d'un jardin.

Anacardiacées
Anacardiaceae

Arbre à perruque

Cotinus coggygria SCOP.

Les noms populaires anglais comme *Smoke-tree, Burning bush* ou *Wig tree* (l'arbuste qui brûle, qui fume, l'arbre à perruque) caractérisent assez bien l'aspect de cet arbre. C'est une essence ligneuse très répandue dès l'Ouest de la Méditerranée jusqu'à l'Europe centrale ; elle atteint aussi l'Eurasie loin vers l'est jusqu'aux Himalayas. En Europe centrale, on le considère comme un reliquat de la flore interglaciaire. Ses feuilles vert clair (les feuilles de son cultivar 'Purpurea' sont rose-pourpre) sont caduques, pleines et non divisées, larges et ovoïdes, à bords translucides aves des systèmes de veines apparentes. Ses fleurs ont de longs pétioles et forment des panicules plumeuses et terminales. Mais très peu de fleurs se transforment en fruits, la plupart perdent leurs feuilles, mais leur long pétiole, ainsi que ceux des fruits et ceux des petites branches latérales se couvrent de trichomes argentés prenant ainsi la forme d'une perruque ou d'un nuage de fumée. Le cultivar déjà cité captive alors le regard par ses nuages. Après la formation des fruits, l'ensemble des inflorescences se sépare des arbres et sert ainsi d'aile volante pour la dissémination des graines.

Le bois de l'Arbre à perruque est très prisé. Ses feuilles contiennent aussi des matières tannantes.

L'Arbre à perruque croît bien dans tous les sols, il se multiplie par semis et par boutures des racines à l'automne. On peut également le multiplier par des boutures fraîches de juin, mais il faut d'abord laisser sécher son « lait » de résine.

C'est un arbuste dressé, à cime ronde, large jusqu'à 5 m. Cet arbuste est valable pour la composition des jardins. Attention, il peut provoquer des allergies.

C. coggygria ' Purpurea '

Ailante

Simarubacées
Simarubaceae

Ailanthus altissima (MILL.) SWINGLE

Beaucoup des grandes villes polluées d'aujourd'hui devraient être reconnaissantes à Pierre Collins qui fut le premier, en 1751, à introduire en Europe les graines de l'Ailante en provenance de la Chine. C'est, en effet, l'une des rares essences ligneuses capable de se fixer même dans la cour poussiéreuse d'une usine ou de pousser très près des cheminées. Et, pourtant, c'est une essence ligneuse originaire d'une zone où l'atmosphère est très pure, mais elle possède des qualités d'adaptation vraiment exceptionnelles. Son nom dérive de la dénomination vulgaire du genre *Ailanthus moluccana* qui sonnait comme « ailante », l'arbre du ciel, repris comme tel en anglais.

La grande capacité d'adaptation de l'Ailante ne se manifeste pas seulement par sa grande résistance à la pollution, mais aussi par sa force reproductrice qui lui permet une naturalisation très facile. Ainsi, il s'est naturalisé non seulement en Europe, mais également en Amérique où il avait été importé en 1784.

L'Ailante est un arbre majestueux, ses jeunes branches sont tomenteuses et ses feuilles caduques, imparipennées, d'une longueur qui peut atteindre 1 m. Ces feuilles ont un grand nombre de folioles formées de petites feuilles dentelées et glanduleuses. Le contenu de ses glands peut provoquer chez les personnes sensibles des allergies dermiques. Les inflorescences de ces arbres sont aussi assez singulières, réunies en panicules longues jusqu'à 20 cm. Elles sont formées de fleurs plurisexuées, menues, qui dégagent une odeur peu agréable.

L'Ailante fleurit à la fin du mois de juillet. Ses fruits sont des akènes longs et ailés.

Les Ailantes sont des arbres hauts de 15 à 20 m et leur cime a une texture assez lâche.

Rutacées
Rutaceae

Phellodendron amurense RUPR.

Un simple regard sur l'écorce de liège de cet arbre nous renseigne, comme son nom d'ailleurs l'indique, sur la manière dont il a été utilisé. Les mots grecs *phellos* (liège) et *dendron* (arbre) étaient bien choisis pour son cas, comme la dénomination de son espèce *amurense. Phellodendron amurense* est vraiment originaire du littotal du fleuve Amour où il pousse surtout en Mandchourie et dans les régions limitrophes du Nord de la Chine. L'Est de l'Asie est également la patrie des 8 autres espèces du genre *Phellodendron.* Mais c'est surtout *P. amurense* qui est le plus bel exploit du point de vue économique. Son écorce était utilisée pour la fabrication des bouchons.

Phellodendron est un arbre ornemental et majestueux non seulement pour sa cime étendue, mais aussi pour son feuillage. Ses feuilles sont longues, opposées, caduques et imparipennées, légèrement transparentes et tachetées en pointes. Ses fleurs vert-jaune sont insignifiantes et menues, mais elles forment des inflorescences terminales assez nombreuses. Du point de vue fonctionnel, elles sont unisexuées (elles possèdent les étamines et le pistil, mais elles fonctionnent, selon le cas, exclusivement comme étamines ou comme pistil) et les phellodendrons sont dioïques. Leurs fleurs offrent, en juillet, une bonne récolte de pollen pour les abeilles. Leurs fruits sont des petites drupes noires qui persistent longtemps sur l'arbre. Comme beaucoup d'autres Rutacées, les Phellodendrons contiennent aussi des substances spéciales, comme des glucosides (le felemurin et l'amurensin), un alcaloïde (la berbérine) et d'autres. En culture, il se multiplie presque exclusivement à partir de ses graines, par exception aussi par division des touffes. Il croît bien sur les sols humides et plus profonds, mais exige assez de place.

Il s'agit d'un arbre largement étendu, qui peut mesurer jusqu'à 15 m de haut. C'est une essence ligneuse qui convient pour les arrangements paysagés des grands espaces et des parcs.

Orme de Samarie

Ptelea trifoliata L.

Rutacées
Rutaceae

Le destin de l'Orme de Samarie fait penser au destin d'un exilé rapatrié. Jadis, dans la période de l'éocène, il vivait en Europe centrale, en Bohême, mais les grands changements climatiques et géomorphologiques ont causé sa disparition partielle. Il n'avait survécu qu'en Amérique du Nord. Aujourd'hui, il est très répandu dans le Sud du Canada et sur le littoral Est des États-Unis. C'est là qu'il fut découvert au début du XVIIIe siècle ; plus tard, il fut importé en Angleterre et, de là, vers les autres pays européens. *Ptelea trifoliata* s'est vite naturalisé en Europe ; on le plante souvent dans les parcs et les jardins, bien que ses fleurs ne soient pas vraiment attrayantes.

Il fleurit en juin. Ses fleurs dioïques assez menues, ont 4 à 5 pétales blanc-jaune et forment de riches inflorescences en corymbes. Puis, après la floraison, apparaissent, à la place des fleurs femelles fécondées, des fruits qui sont des akènes ronds et plats à larges bords membraneux rappelant les samares des ormes. C'est justement cette ressemblance qui est à l'origine de son nom scientifique : *Ptelea* qui désignait, en grec ancien, les ormes.

Ses feuilles caduques, longuement pétiolées, vont par trois (*trifoliata*) ressemblant aux grandes feuilles des trèfles. En regardant ses feuilles à contre-jour, nous pouvons voir qu'elles sont transparentes par endroits. Ce trait sert aussi de caractéristique pour le distinguer, sinon cet arbre qui n'est pas toxique, pourrait être pris pour un Cytise (*Laburnum anagyroides*) qui, lui, est toxique.

L'Orme de Samarie est un arbre assez étendu ou encore un petit arbre à cime sphérique, qui peut atteindre jusqu'à 8 m de haut.

Staphylacées
Staphyleaceae

Faux-Pistachier, Staphylier

Staphylea pinnata L.

Les Staphyliers sont des arbustes (ou des petits arbres) à feuilles caduques et imparipennées. On les considère comme proches des familles des Célastracées (*Celastraceae*) et Aquifoliacées (*Aquifoliaceae*), bien qu'ils aient par ailleurs une position phylogénétique assez particulière. Il s'agit sûrement de plantes assez jeunes ; on ne connaît leurs fossiles qu'à la fin du miocène et du pliocène.

Le genre *Staphylea* compte entre 12 et 25 espèces qui sont, en général, originaires de la zone tempérée de l'hémisphère Nord. Le Staphylier croît en Europe méridionale et centrale jusqu'à l'Asie Mineure dans les forêts décidues et sèches et dans les peuplements arbustifs des versants, de la plaine jusqu'aux collines. C'est un arbuste assez robuste, à feuilles longuement pétiolées et imparipennées qui comptent de 2 à 3 folioles. Ses feuilles longues et pointues, fortement crénelées, vert clair, deviennent « raides » en automne. Les fleurs se forment en panicules pendantes sur les longs pétioles fuselés. Elles sont bissexuées, régulières et elles ont des corolles blanc jaunâtre. Ses fruits sont des grandes capsules enflées et membraneuses qui enferment quelques graines très dures. Leur forme et leur résistance ont déterminé d'elles-mêmes leur usage : l'homme s'en est servi en bijouterie populaire et pour la fabrication des chapelets. Son bois sert souvent pour la sculpture sur bois. Pourtant le Staphylier n'est rentré dans la culture organisée qu'à la fin du XVIe siècle. Il se multiplie très bien à partir des graines stratifiées qui prennent mieux dans un sol plutôt humide et ensoleillé, bien qu'il tolère l'ombre d'un peuplement homogène.

Le Faux-Pistachier est un arbuste dressé, haut jusqu'à 5 m, qui convient pour tous les types de jardins.

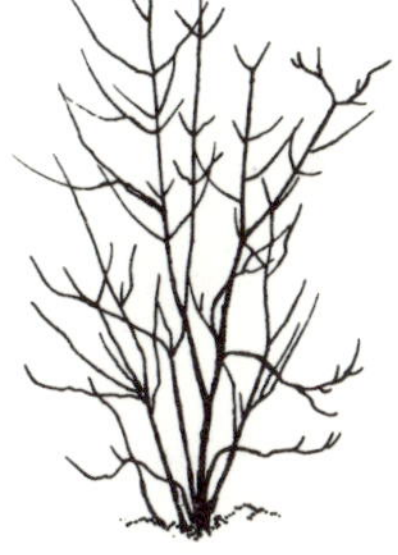

Érable plane

Acer platanoides L.

Acéracées
Aceraceae

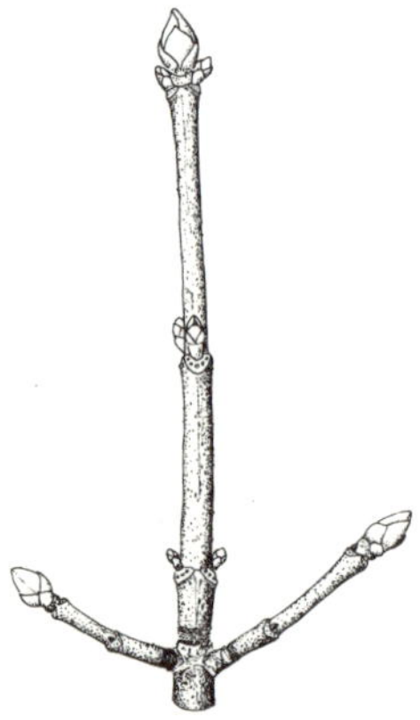

une branche
de *A. platanoides* en hiver

feuille et akènes
de *A. pseudoplatanus*

silhouette de *A. platanoides*

L'Érable plane est très répandu dans les peuplements forestiers surtout dans les forêts continentales européennes mixtes, en particulier sur les remblais. L'Érable plane est un arbre non seulement agréable à voir mais économiquement très important ; son bois sert pour la fabrication des meubles et des instruments de musique, ce qui a très tôt provoqué son introduction en dehors de son continent d'origine, d'abord en Angleterre, puis aux États-Unis.

Ses feuilles caduques et opposées, à pointe acérée, comportent de 3 à 7 lobes crénelés. L'Érable plane rustique a des feuilles d'un vert uni sur les deux faces, qui virent, en automne, à l'orange presque rougeâtre. Les jeunes pousses et les pétioles produisent, après une blessure, un liquide blanc laiteux. Ses inflorescences en corymbe sont formées de plusieurs fleurs et elles se présentent, en général, dressées. Ses fruits, des doubles samares ailées ont des ailes opposées d'une manière presque à l'horizontale.

Dans les forêts de montagne ou dans les forêts formées sur les éboulis (dans les peuplements mélangés d'érables, de tilleuls et de hêtres) vit un autre érable, le Sycomore ou Érable sycomore (*Acer pseudoplatanus*) qui diffère de l'Érable plane par le caractère de son écorce qui s'étiole en écailles comme chez les Platanes, par ses feuilles aux articulations obtuses et, enfin, par ses inflorescences, plus longues et retombantes. Ses samares doubles et ailées forment un angle plus vif que celles de l'Érable plane.

Ces deux principaux érables européens sont des arbres d'une grande adaptabilité écologique qui sont cultivés déjà depuis des siècles aussi bien en dehors de la forêt qu'en dehors de leurs aires d'origine. Grâce à leur grande plasticité, on a pu former, et on continue d'ailleurs à le faire, un grand nombre des cultivars qui diffèrent surtout par la couleur de leurs feuilles.

Ce sont des arbres vigoureux allant jusqu'à 30 m de hauteur qui sont un élément important aussi bien des forêts que des jardins.

Érable champêtre

Acer campestre L.

Bien que la dénomination latine de cet Érable champêtre et sa qualification allemande *Feldahorn* suggèrent qu'il s'agit d'une essence ligneuse plutôt champêtre, le nom anglais retient son utilisation dans les haies *Hedge Maple*. Cependant, l'Érable champêtre est un arbre peu fidèle à son nom : il croît surtout dans les forêts décidues mélangées, aussi bien dans les forêts plus claires où se mêlent les hêtres, les chênes et les charmes que dans les forêts feuillues de plaine jusqu'à l'orée des montagnes. Bien sûr, par endroits, il pousse aussi dans les sites secondaires ouverts, sur les pacages et à la lisière des champs. Son utilisation comme arbre d'alignement pour la formation de haies date déjà de temps très reculés. Il tolère bien la taille ; de ce point de vue, on se rappelle la fameuse haie vive et taillée, formée par les Érables champêtres, dans le jardin du château de Schönbrunn. Dans la nature, l'Érable champêtre vit presque partout en Europe et son aire de distribution s'étend même à l'Ouest de l'Asie.

Il se caractérise par les bandes de liège qui se forment sur quelques jeunes branches, qui ne sont pas sans rappeler ceux de l'Orme champêtre (*Ulmus minor*). Les feuilles de l'Érable champêtre sont caduques, opposées, articulées en 3 à 5 palmes, lobées avec des lobes obtus ou arrondis. Ses fleurs forment par 10 à 20 des corymbes. Leurs périanthe et corolle sont jaune-vert, mais n'atteignent que 3 mm. Ils sont les derniers à fleurir parmi les érables d'Europe, après l'apparition des feuilles en mai. Leurs fruits sont des samares doubles typiques, ailées avec des ailes opposées presque à l'horizontale. Le bois de l'Érable champêtre est le plus dur et le plus résistant de tous les érables. On l'utilisait, par exemple, pour la fabrication des instruments de musique à vent.

C'est un arbre à port étendu, qui peut atteindre 20 m de hauteur mais, le plus souvent, il croît comme un arbuste haut à port dressé.

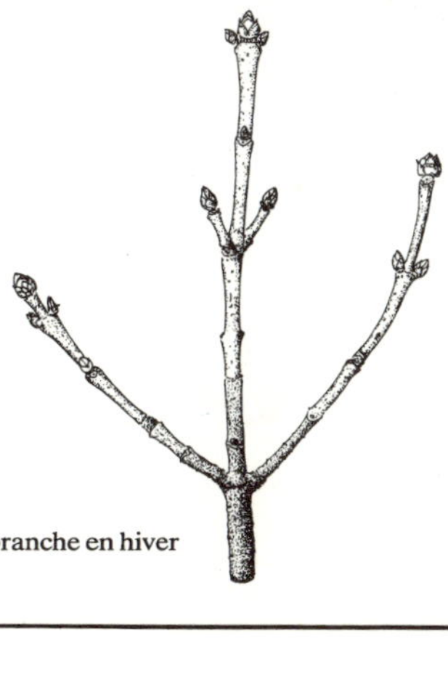

une branche en hiver

Negundo, Érable à feuilles de frêne

Acéracées
Aceraceae

Acer negundo L.

une petite branche fleurie de *A. nikoense*

fruit de *A. negundo*

silhouette de *A. negundo*

Les feuilles du Negundo ne ressemblent pas du tout à celles des autres érables. Bien qu'elles soient aussi caduques et opposées, elles sont imparipennées, vont par 3 à 7, et leurs petites feuilles ovoïdes longuement pointues, longues de 5 à 13 cm, sont irrégulièrement crénelées. De plus, on cultive très souvent des cultivars avec des feuilles de différentes couleurs ce qui rend l'identification plus difficile encore. C'est seulement pendant la période de formation des fruits qu'on peut constater plus facilement qu'il s'agit vraiment d'un érable. Les petites branches jeunes sont aussi assez singulières ; le plus souvent, elles sont jaune-vert, lustrées ou couvertes d'une enveloppe cireuse.

Les inflorescences du Negundo se forment dans les aisselles, les fleurs ont de longs pétioles, les fleurs mâles formant des faisceaux et les fleurs femelles des grappes retombantes. Les fruits sont des doubles samares, typiques des érables, avec des ailes pas trop larges qui forment un angle assez vif.

Le Negundo est originaire de l'Amérique du Nord, de la région située entre l'Ontario, le Texas et la Floride. Ses plus grands peuplements se situent dans la vallée du Mississippi. Cet érable, de même que *A. saccharum,* servait en Amérique à produire du sucre. Il fut introduit en culture en 1688 à Fulham.

Un autre érable encore, l'Érable Niko (*A. nikoense*), de l'Est de l'Asie a des feuilles qui diffèrent de la plupart des autres érables. Ses feuilles composées vont par trois comme chez le trèfle et ses doubles samares sont singulièrement tomenteuses. L'Érable Niko est une essence ligneuse d'une haute valeur esthétique, introduite en culture en 1881.

Le Negundo est un arbre qui peut atteindre 20 m de hauteur, tandis que l'Érable Niko présente une croissance plutôt arbustive, à plusieurs troncs hauts de 7 à 12 m.

Acéracées
Aceraceae

Érable de Tartarie

Acer tataricum L.

Les bois clairs des zones chaudes du Sud-Est de l'Europe et d'Asie Mineure sont la patrie originale de cet érable qui fut introduit en Europe occidentale en 1759 où il trouva vite sa place dépassant les collections des jardins botaniques. Cette essence ligneuse, qui résiste au froid d'une manière surprenante, possède une texture intéressante de la couronne qui change d'aspect plusieurs fois par an. Ses feuilles sont peu lobées, presque simples. C'est seulement à la base des feuilles qu'on peut voir l'esquisse de deux lobes. Elles sont opposées, longues environ de 4 cm, ovoïdes et doublement crénelées, assez grossièrement. Les fleurs fleurissent de mai à juin en panicules pétiolées et retombantes ; elles ont des pétales de corolle blanchâtres. Les inflorescences éclaircissent la silhouette de l'arbre. A partir des fleurs fécondées se développent les doubles samares typiques : elles sont d'abord vertes, puis leurs bords virent au rouge vif. Ainsi, *A. tataricum* change encore d'aspect et de couleur. Enfin, à l'automne, nous pouvons voir ses dernières transformations, ses feuilles virent d'abord au jaune ou rougeâtre avant de tomber.

Depuis 1860, on cultive dans les parcs un érable très proche, l'Érable ginnala. Ses feuilles ont toujours les deux lobes latéraux bien développés près de la base. En automne, elles changent de couleur parmi les premières, déjà vers la mi-septembre. Cet érable est originaire du Nord et du centre de la Chine, de la Mandchourie et du Japon.

Acer tataricum est un arbre bas, en général de croissance arbustive qui forme plusieurs troncs hauts de 7 à 10 m. Il a une grande valeur dans la composition des jardins.

silhouette de *A. tataricum*

une branche féconde de *A. ginnala*

Érable blanc

Acer saccharinum L.

Acéracées
Aceraceae

L'Érable blanc mérite vraiment bien son nom. La face inférieure de ses feuilles, par ailleurs opposées, très étroitement et profondément lobées, est d'un blanc argenté. (Chez les jeunes feuilles, elle est tomenteuse). La face supérieure des feuilles est d'un vert plus foncé. Au moindre coup de vent, les larges cimes des Érables blancs (qui peuvent s'étaler jusqu'à 15 m en largeur) changent, chaque seconde, de couleur. En automne, ils captivent aussi l'attention par leurs couleurs. Leurs feuilles persistent longtemps sur l'arbre, mais après, elles tombent rapidement, parfois en une seule nuit, formant ainsi sous la cime majestueuse un tapis rond de couleur d'or argenté.

Les inflorescences formées de plusieurs fleurs qui poussent à partir des bourgeons latéraux se composent de fleurs vertes sans corolle sur des petits pétioles avec les organes reproducteurs qui dépassent. Elles fleurissent avant l'apparition des feuilles, le plus souvent en avril.

L'Érable blanc est originaire de l'Est de l'Amérique du Nord (du Québec et du Minnesota à la Floride, au Nebraska et à l'Oklahoma). Il est introduit en culture depuis 1725, surtout dans les parcs et dans les grands jardins. Dans quelques pays, on l'a planté aussi comme arbre d'alignement, mais sa cime est trop large pour les allées qui bordent les rues. Il se multiplie à partir des semis. Ses graines arrivent très tôt à maturité, deux à trois mois après la fin de la floraison, et elles germent aussitôt. Parfois, à cause de leur nom, on le confond avec l'Érable à sucre canadien (*A. saccharum*), mais les fleurs de ce dernier sont terminales et elles se forment sur les courtes branches feuillues.

L'Érable blanc est un arbre majestueux, souvent à plusieurs troncs à cime très large, qui peut pousser jusqu'à 40 m de hauteur.

Acéracées
Aceraceae

Érable rouge

Acer rubrum L.

Sans la couleur significative de ses fleurs, l'Érable rouge pourrait être confondu avec l'Érable blanc qui est très semblable. Mais la couleur de ses fleurs rouge vif, qui se forment très tôt au printemps (en mars et en avril), fait de lui non seulement l'un des plus beaux érables, mais une essence ligneuse d'une haute valeur esthétique dans la composition des jardins.

Les feuilles de l'Érable rouge ont de 3 à 5 lobes, mais ils sont moins accusés que chez l'Érable blanc. Elles sont vert foncé, luisantes, gris cendré en dessous et tomenteuses sur les veines. Leur pétiole est souvent rouge.

Il est originaire de l'Amérique du Nord, de la zone qui s'étend entre Terre-Neuve et la Floride et qui atteint, à l'Ouest, le Minnesota, l'Iowa, l'Oklahoma et le Texas. En Europe (en Angleterre), il est cultivé depuis la deuxième moitié du XVIIe siècle. Il a connu très tôt une grande faveur. Dans sa patrie (et, bien sûr, dans ses cultures), il est fameux surtout par le reflet de ses feuilles en automne : on y trouve des feuilles aussi bien jaunes qu'écarlates ou rouge-brun.

Au cours de sa culture, on a distingué quelques exceptions dont on a fait des cultivars, dont 'Pallidiflora' aux fleurs jaunes, qui tend ainsi à démentir la caractéristique « principale » de l'espèce.

On peut multiplier l'Érable rouge à partir de semis, ses cultivars par des boutures ou des greffes de bourgeons ou, mieux, par la méthode dite des bourgeons dormants. Il pousse bien sur les sols humides où il s'accommode même de l'eau souterraine.

C'est un arbre vigoureux, haut jusqu'à 40 m, qui n'a, jusqu'à présent, qu'une valeur de collection pour les jardins.

Marronnier commun, Marronnier d'Inde

Hippocastanacées
Hippocastanaceae

Aesculus hippocastanum L.

une branche en hiver

L'aire d'origine des Marronniers n'est qu'une petite zone qui s'étend au Sud-Est de l'Europe, de la région montagneuse des Balkans, sur le territoire de l'Epire et sur le massif montagneux du Pinde, à l'Est en Thessalie et dans la partie voisine de la Macédoine. Son aire de distribution d'origine englobe aussi le Sud de l'Albanie avec un petit territoire situé en Yougoslavie. Une petite partie, séparée de sa zone d'origine, se trouve encore dans le Nord de la Bulgarie. Partout ailleurs, le Marronnier commun représente une essence ligneuse d'introduction naturalisée. Il fut cultivé au cours de la deuxième moitié du XVIe siècle à Istanbul qui constitua, jusqu'à sa chute, une porte d'entrée pour l'introduction de nombreuses plantes. De là, on envoya, en 1576–1577, des Marronniers communs à Vienne pour Clusio, botaniste connu à l'époque. Peu de temps après, surtout au XVIIe siècle, le Marronnier commun conquit les parcs des chateaux européens, les allées et les restaurants de plein air.

C'est un arbre avec une écorce écailleuse sur le tronc, avec des jeunes petites branches brunes et duveteuses et avec des bourgeons d'hiver très gluants. Ses feuilles articulées s'agencent par 5 à 7 sur un long pétiole (jusqu'à 27 cm). La grandeur moyenne de leurs limbes est de 23 à 35 cm. Les grappes de fleurs sont dressées, les inflorescences comptent jusqu'à 90 fleurs qui fleurissent de bas en haut pendant le mois de mai. Les fleurs régulières sont originales. Les fruits (des capsules épineuses) renferment de 1 à 3 grandes graines, les marrons.

C'est un arbre vigoureux, haut de 15 à 25 m, avec une texture typique des branches de la cime.

Hippocastanacées
Hippocastanaceae

Aesculus parviflora WALTER

Aesculus parviflora représente l'un des extrêmes de l'échelle très large des formes qui se trouvent dans le genre Marronniers. C'est un Marronnier dont les bourgeons d'hiver, n'ayant pas de résine, ne sont plus gluants. La partie rétrécie des pétales de la corolle est plus longue que le calice. Par sa croissance, ce marronnier se range parmi les espèces plutôt arbustives, qui peuvent former de grands groupes par les polycormones, capables de s'étendre dans des conditions favorables.

Ses fleurs plutôt rares fleurissent seulement pendant la deuxième moitié du mois de juillet en panicules dressées qui peuvent atteindre 35 cm de long. Les supports des inflorescences persistent régulièrement sur l'arbre jusqu'à l'année suivante, jusqu'à la période où apparaissent sur l'arbuste les générations nouvelles d'inflorescences, pour tenir au moins jusqu'au mois de juillet. Ses graines, capsules lisses en forme de poires, arrivées à maturité ont, en comparaison avec le Marronnier commun, des parois beaucoup plus minces. Ses feuilles sont articulées en 5 à 7 parties qui peuvent avoir des folioles longues jusqu'à 25 cm. Leurs bords sont régulièrement crénelés.

Son aire de distribution d'origine est une zone étendue entre la Caroline du Sud, l'Alabama et la Floride. Il fut introduit en Europe en 1785 mais, en dehors de sa patrie, il ne produit que rarement des graines, bien qu'il résiste aux basses températures.

Cet arbuste drageonnant, avec des tiges hautes d'environ 4 m, est une bonne essence ligneuse de couverture.

Arbre aux mouchoirs

Davidiacées
Davidiaceae

Davidia involucrata BAILL.

le fruit

La parenté des essences ligneuses classées dans l'ordre des *Cornales* est bien apparente. Pour confirmation, il suffit d'un simple regard jeté à l'Arbre aux mouchoirs en fleurs pour le comparer avec le Cornouiller à fleurs (*Cornus florida*) en fleurs. Les deux essences ligneuses ont des inflorescences serrées d'une couleur insignifiante, tandis que l'attrait optique est provoqué par des bractées de soutien plus grandes et d'une couleur plus expressive. Une particularité de l'Arbre aux mouchoirs est non seulement l'asymétrie des bractées, mais le fait que les boules des inflorescences se composent d'une grande quantité de fleurs mâles et d'une fleur bissexuée unique. Ses fleurs mâles ont 1 à 7 étamines. L'ensemble des inflorescences pend un peu comme les guirlandes d'un arbre de Noël, les plus grandes bractées pouvant atteindre 18 cm. Ses fruits sont des drupes en forme de poires grandes environ de 3 cm et ils renferment de 3 à 5 graines. Ses feuilles caduques et alternes sont grossièrement crénelées.

Le premier Arbre aux mouchoirs fut découvert en Chine près de Mu-pin, dans le Sseu-tch'ouan occidental, en 1869, par P. David, dont le genre porte le nom. Les 37 premières graines furent expédiées en Europe en 1897, mais une seule a germé.

L'Arbre aux mouchoirs a fleuri en Europe pour la première fois en 1906, dans la culture horticole de l'établissement Vilmorin, aux Barres, en France, qui a donné aussi le nom à l'une de ses variantes (*D. involucrata* var. *vilmoriniana*). En Angleterre, les premières graines sont arrivées en 1903 et 1904. Ainsi, aucun des exemplaires qui vivent en dehors de leur zone d'origine n'a encore atteint l'âge de cent ans.

C'est un arbre haut de 15 à 20 m, d'une grande valeur esthétique, une essence ligneuse très rarement cultivée.

Cornacées
Cornaceae

Cornouiller mâle

Cornus mas L.

Avant l'introduction d'autres arbustes à floraison précoce (*Hamamelis mollis* et *Viburnum farreri*), c'était le Cornouiller qui, depuis des millénaires, détenait le privilège, avec le Bois-gentil, les Osiers blancs et les Noisetiers sauvages, d'annoncer l'arrivée du printemps. Mais les Cornouillers étaient les plus remarquables. Il est seul à pouvoir soutenir la comparaison avec l'Hamamélis. Ses fleurs à 4 pétales se forment avant l'apparition des feuilles. Elles ont 4 dents insignifiantes sur leur corolle, 4 pétales corollaires libres et des étamines avec des anthères jaunes : l'ensemble donne une impression jaunâtre. Les fleurs sont organisées en bouquets arrondis. Ses fruits sont des baies ovales, rouges, longues environ de 15 mm (plus grands chez les cultivars à grands fruits). Ils ont un goût aigre-doux, un peu amer et ils contiennent de 8 à 9 % de sucres et de 2 à 3 % d'acides libres, surtout l'acide malique. On les utilise pour la fabrication de confitures, de compotes et de vins de fruit. Dans le temps, leur bois ferme servait à la fabrication de roues de moulins et leur écorce qui contient de 7 à 16 % de matières tannantes servait au tannage des peaux.

Le Cornouiller mâle pousse, le plus souvent, sur les pentes exposées au soleil, dans les taillis, surtout dans les zones chaudes, en compagnie des peuplements de Rosacées. On le voit souvent sur les sols calcaires. C'est une essence ligneuse typique surtout de l'Europe du Sud, limitée au Nord par une ligne qui passe du Sud de la Belgique par le Luxembourg, le centre de l'Allemagne, la Galicie, jusqu'aux régions du sud de l'Union soviétique. Il croît également en Crimée, dans le massif du Caucase et en Asie Mineure. On le cultive aussi au sud de la Suède et, depuis des siècles, également en Angleterre. Mais, l'origine européenne du Cornouiller est parfois mise en doute, étant donné qu'il s'agit d'une essence ligneuse « fruitière » très ancienne dont on avait trouvé des restes déjà dans les vestiges des constructions rondes du néolithique.

Le Cornouiller est un arbuste haut, largement ramifié ou encore un petit arbre de 5 à 8 m de hauteur.

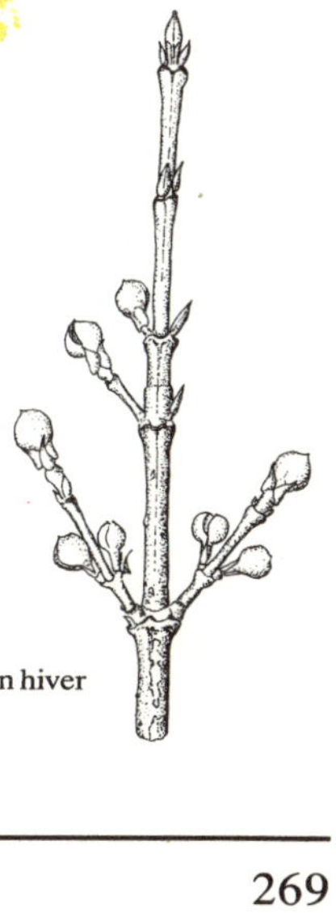

une branche en hiver

Cornouiller à fleurs

Cornacées
Cornaceae

Cornus florida L.

les feuilles en automne

Ce Cornouiller a sûrement reçu son nom scientifique *florida,* ainsi que son nom populaire anglais *Flowering Dogwood,* à cause de ses fleurs dites « biologiques ». Ses fleurs singulières sont probablement aussi à l'origine de sa culture assez précoce, déjà aux environs de 1730. Jusqu'à cette époque, il vivait spontanément à l'Est des États-Unis actuels, sur le territoire qui englobe des États allant du Massachusetts jusqu'à la Floride. Les limites de sa zone d'origine à l'Ouest se trouvent sur une ligne qui relie l'Ontario au Texas, voire au Mexique.

Les fleurs de tous les Cornouillers sont régulières, et elles forment des inflorescences terminales en bouquets arrondis. Les bractées de soutien du Cornouiller à fleurs sont singulièrement agrandies, chacune atteignant presque 5 cm. Elles sont quatre, leur sommet est soit découpé soit, au contraire, pointu, à couronnes colorées – roses, rouges ou blanches. Elles se forment déjà en automne et, tout au long de l'hiver, elles protègent la formation des futures inflorescences. Elles s'ouvrent (fleurissent) au mois de mai. Le Cornouiller à fleurs est un représentant typique des cornouillers à grandes fleurs comme le cornouiller originaire de l'Est de l'Asie, le *C. kousa* et l'espèce nord-américaine, le *C. nuttalii.* L'ensemble de ces cornouillers est assez exigeant quant aux sols. Il leur faut des terres profondes et nutritives. Ils se multiplient, surtout leurs cultivars colorés et retombants, par greffage au mois de mars. Le bois du cornouiller américain est brun clair ou rougeâtre, épais, dur et lourd, difficile à façonner. On l'utilise pour les travaux d'usinage.

Ces cornouillers sont soit de hauts arbustes, soit des arbres bas, de 5 à 8 m. Le cultivar 'Pendula' présente des branches retombantes.

Cornacées
Cornaceae

Cornouiller sanguin

Cornus sanguinea L.

Les plantes de la famille des Cornacées ont des liens phylogénétiques avec les Hydrangéacées et les Caprifoliacées. Mais des différences anatomiques propres autorisent leur singularisation en une branche évolutive indépendante, ce qui avait amené nombre de botanistes à subdiviser le genre *Cornus* en plusieurs petits genres distincts. Les critères décisifs de cette subdivision étaient la formation d'inflorescences, la forme des fruits et les différences biochimiques. Ainsi avait-on séparé le genre *Swida,* et nous pouvons rencontrer dans la littérature *Swida sanguinea* à la place de *Cornus sanguinea* et *Swida alba* à la place de *C. alba.* Ces deux espèces ont toutes les deux des branches d'un rose pourpre (ce qui est le plus visible en hiver et juste avant le printemps). Ils diffèrent surtout par la couleur de leurs fruits. Le Cornouiller sanguin a des fruits bleuâtres et le Cornouiller blanc plutôt blanchâtres. Le premier est un genre collectif dont les membres se distinguent surtout par la séparation des feuilles. C'est une essence ligneuse avec une large amplitude écologique. Elle croît aussi bien en plaine, sur les sols humides, que près des montagnes jusqu'à 900 m. Ce cornouiller est très répandu dans une grande partie de l'Europe, en dehors des régions septentrionales. Il croît du Portugal jusqu'au centre de la Russie. L'autre, le Cornouiller blanc (*C. alba*), est originaire de la Mandchourie, de la Sibérie et de la Corée, et il est cultivé depuis 1741. Le territoire des États-Unis abrite une espèces proche, *C. stolonifera* et son cultivar ' Flaviramea ', avec des branches remarquablement jaunes en hiver, période durant laquelle les plantations collectives de ces cornouillers sont très ornementales.

Il s'agit d'arbustes, hauts jusqu'à 3 m, qui forment dans l'humidité des polycormones assez grands.

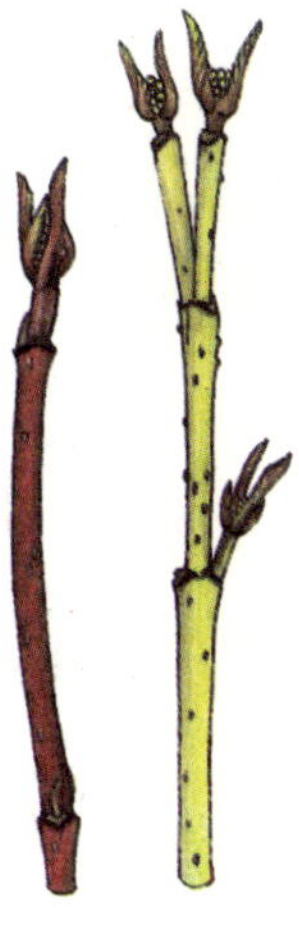

à gauche, la couleur d'hiver de la branche de *C. alba ;* à droite, *C. stolonifera* 'Flaviramea'

une branche féconde de *C. alba*

silhouette de *C. alba*

Lierre des bois

Araliacées
Araliaceae

Hedera helix L.

Le lierre est considéré comme un reliquat de la période tertiaire ; cette hypothèse est confirmée par les fossiles qui montrent que le genre *Hedera* était beaucoup plus répandu à cette époque sur l'hémisphère boréal, comme le prouvent les empreintes qui datent de l'oligocène, trouvées sur le territoire de la France. Il appartient à la famille des Araliacées qui compte surtout des essences ligneuses et herbacées des régions tropicales et subtropicales. Le genre *Hedera* représente l'une des exceptions, parce qu'au moins une quinzaine d'espèces de ce genre vivent plutôt dans les zones tempérées de l'Europe et de l'Asie. De plus, ils vont très loin au nord, en Norvège jusqu'au 60e degré de latitude Nord. Le Lierre croît dans les forêts ombragées de feuillus, mais aussi dans les chênaies qui préfèrent un climat plus chaud.

Les Lierres contiennent de nombreuses substances qui ont amené les gens à utiliser leurs feuilles pour stimuler la circulation du sang et l'activité cardiaque. Elles agissent en tant qu'antiparasitaire et sont des désinfectants très efficaces. Toutefois, il ne faut pas les utiliser sans prescription et sans surveillance médicale, parce que les feuilles fraîches peuvent aussi provoquer des irritations de la peau et des intoxications.

L'Europe est la patrie du Lierre des bois (*Hedera helix*) qui est une liane persistante avec une hétérophyllie très significative. Les feuilles des pousses sans fleurs sont articulées, de 3 à 5 lobes ; sur les pousses à fleurs, elles sont simples, unies et longuement pointues. Le caractère changeant des feuilles du lierre est très utilisé en horticulture, et l'on a réussi à former plusieurs dizaines de cultivars avec des feuilles de différentes formes. Les fleurs sont groupées en inflorescences terminales. Elles fleurissent en septembre. Les fruits sont des globules foncés.

Le Lierre est une liane ligneuse qui monte avec des racines adventives : la longueur des tiges dépend de son support ; elle peut atteindre jusqu'à 30 m.

Araliacées
Araliaceae

Aralia épineux

Aralia spinosa L.

Les Aralias sont des essences ligneuses qui présentent des apparences exotiques dans tous les milieux. La plupart des espèces sont originaires des tropiques, surtout de la région indo-malaisienne, comme beaucoup d'autres plantes de la famille des Araliacées. Elles représentent une branche évolutive plus ancienne, en général ligneuse, des plantes supérieures.

A. spinosa est un « arbuste à port d'arbrisseau » avec de longues tiges (troncs et branches) peu ramifiées et armées d'épines très épaisses qui ne portent, en général, des feuilles caduques, alternes et organisées en disques, que dans leurs parties terminales. Ses feuilles représentent l'élément le plus ornemental des Aralias : elles peuvent atteindre jusqu'à 80 cm de long, sont composées et pennées de 1 à 3 fois. Leurs pétioles peuvent mesurer 25 cm de longueur. Un autre Aralia souvent cultivé, *A. elata,* originaire de l'Est de l'Asie, présente des feuilles composées de petites feuilles sessiles, tandis que les petites feuilles qui composent les feuilles de l'Aralia épineux sont pétiolées.

Les fleurs menues des Aralias se dressent en ombelles qui forment de grandes inflorescences en corymbes demi-sphériques. Ils fleurissent en plein été, dès la fin juillet et en août, et persistent assez longtemps. Ses fruits sont des drupes globuleuses, sphériques et noires, enfermant de 2 à 5 noyaux.

L'Aralia épineux est originaire des États-Unis, sa zone de distribution s'étend entre le Sud de la Pennsylvanie, l'Indiana et l'Est de l'Iowa ; elle atteint même la Floride et l'Est du Texas. Il est cultivé depuis 1688. *A. elata* est, selon l'expérience des horticulteurs européens, plus résistant aux basses températures de l'Europe. On a même créé plusieurs cultivars. Les Aralias tolèrent aussi bien l'exposition au soleil que les endroits semi-ombragés. L'ombre profite surtout aux jeunes plantes.

Les Aralias sont des arbustes drageonnants, hauts de 7 à 15 m. Cette essence ligneuse assez curieuse, se marie bien avec l'architecture moderne. Sinon, elle n'a qu'une valeur de collection.

un détail de la floraison

Houx commun

Aquifoliacées
Aquifoliaceae

Ilex aquifolium L.

feuille du cultivar à feuilles bariolées ' Argenteo-marginata '

Les Houx sont, en général, des arbustes toujours verts de la zone tempérée et de la zone tropicale des deux hémisphères. Jusqu'à présent, on a trouvé dans ce genre presque cosmopolite environ 400 espèces. Parmi toutes ces espèces, le Houx commun est peut-être la plus connue. Le Houx commun est bien connu non seulement parce qu'il résiste aux basses températures, ce qui permet de le cultiver même dans les régions où le climat est plus rude, mais aussi parce qu'il est devenu, dans l'ensemble des pays nordiques, un symbole traditionnel de Noël. Sa zone d'origine s'étend à l'Ouest et à l'Est de l'Europe (dans les pays de climat océanique, il pénètre jusqu'à la limite boréale de la zone tempérée), à l'Afrique du Nord, au massif du Caucase, au Nord de l'Iran et dans certains endroits en Chine. Il pousse, en général, dans les forêts et les taillis feuillus et grimpe assez haut dans les montagnes. Il est vraisemblablement arrivé aux États-Unis avec les premiers colons anglais.

C'est une essence ligneuse très ornementale, surtout à cause de ses feuilles toujours vertes et bordées de dents épineuses. La forme et la couleur de ses feuilles sont très changeantes, la plupart de ses cultivars dérivant justement de ces différences. Les fleurs à 4 pétales s'ouvrent au mois de mai et elles sont agréablement parfumées. Dès septembre, les fruits du Houx commun commencent à prendre une coloration rouge. Ces fruits, des drupes à calice persistant et à 4 noyaux, restent sur les petites branches encore longtemps après le Nouvel An.

Le Houx commun est concurrencé, dans l'hémisphère Sud, par un autre houx, *Ilex paraguariensis,* dont les feuilles servent à préparer le maté, fameux thé du Paraguay.

Le Houx commun est un arbre de 5 à 15 m, exceptionnellement de 25 m, avec une cime pyramidale et étroite.

Celastrus scandens L.

La plupart des 150 espèces du genre Celastrus vivent à l'Est de l'Asie et en Australie. Mais *Celastrus scandens* est originaire de l'Amérique du Nord où il croît du Canada jusqu'au Dakota du Sud et au Nouveau-Mexique.

Cette essence ligneuse est considérée comme l'une des plus belles plantes grimpantes de l'Amérique du Nord. Mais pour qu'elle donne sa pleine mesure ornementale, il faut la cultiver en groupe, afin d'être sûr d'avoir des espèces mâles et femelles. *C. scandens* est une liane avec des feuilles alternes, caduques et dentelées. Ses fleurs, petites et jaune-vert se forment en juin en panicules terminales. Ensuite, apparaissent sur les spécimens femelles les fruits jaunes et luisants. Ce sont des capsules à trois compartiments qui contiennent les graines avec des arilles écarlates.

C. scandens est une essence ligneuse extraordinaire qui pousse d'une manière prolifique surtout sur les sols humides. Dans les peuplements formés au bord de l'eau, il grimpe très haut dans les cimes et forme d'épaisses broussailles. Quand il grimpe sur les conifères, il arrive à les étouffer. Il se multiplie très bien à partir de semis, plus rarement par boutures. Son système des racines est vigoureux et bien développé, il aide à consolider les sols au bord de l'eau Dans les jardins, on peut l'utiliser en tant que couverture de pergolas, de murs ou de constructions diverses.

C. scandens est une liane grimpante qui nécessite des supports, moyennant quoi ses pousses peuvent atteindre 10 m et plus.

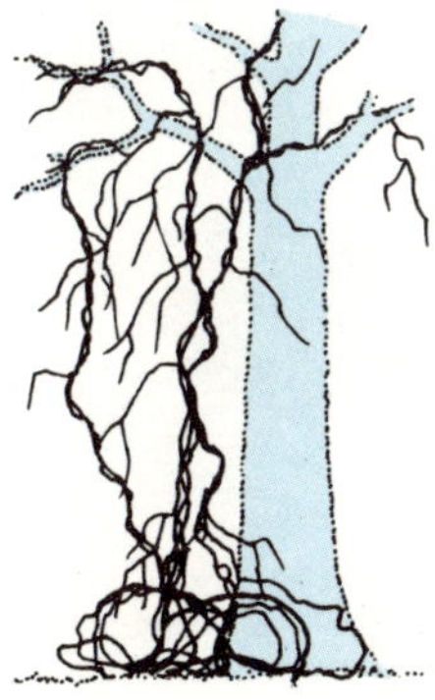

les graines dans leurs arilles (après la tombée des capsules dorées)

Fusain d'Europe

Euonymus europaeus L.

Célastracées
Celastraceae

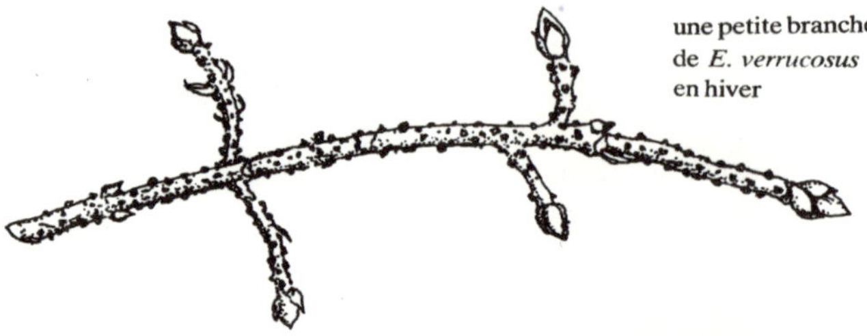

une petite branche de *E. verrucosus* en hiver

une branche fleurie de *E. europaeus*

Les Fusains d'Europe sont des essences ligneuses assez discrètes mais, néanmoins, ils représentent des peuplements très différents du point de vue écologique. Ils peuvent vivre aussi bien dans les sous-bois des forêts feuillues ou mixtes que dans les plaines humides et dans les peuplements héliophiles des steppes. Ils sont assez fréquents dans les terrains déboisés, on peut les trouver à la lisière des chemins et des champs.

Le Fusain d'Europe, appelé aussi Bonnet d'évêque, est un arbuste à branches retombantes, vertes dans leur jeunesse puis brunes, quadrangulaires ou même ailées. Ses feuilles opposées ont des limbes simples ; elles mesurent au maximum 10 cm et sont lancéolées. Ses inflorescences d'aisselle sont formées, en général, de 3 à 9 fleurs blanc verdâtre et bissexuées. Ses fruits sont des capsules carrées assez caractéristiques qui renferment des graines dans leurs arilles orange.

Le bois des fusains est d'une utilité générale. Il est jaune, épais et dur. On l'utilise pour la fabrication des outils, des tuyaux de pipes et pour la sculpture sur bois d'intérieur. Curieusement, le bois du fusain détient presque le monopole, surtout en Europe méridionale et centrale, de la fabrication des cure-dents. On l'utilisait dans le temps aussi pour la fabrication des chevilles de cordonniers et pour les fusains des peintres.

Le Fusain d'Europe pousse presque partout en Europe, de la Grande-Bretagne jusqu'au centre de la partie européenne de l'Union soviétique, jusqu'au Sud de la Scandinavie, jusqu'à l'Asie Mineure et au Sud du littoral de la mer Caspienne. Un autre Fusain d'Europe, *E. verrucosus* se caractérise surtout par l'écorce pleine des verrues brun noirâtre sur ses jeunes branches. C'est une essence ligneuse héliophile qui pousse plutôt à l'Est de l'Europe d'où elle pénètre jusqu'à l'Italie, dans les Balkans et, à l'Est, jusqu'à l'Oural.

Les Fusains d'Europe sont des arbustes, hauts de 2 à 3 m, ou de petits arbres qui peuvent exceptionnellement atteindre 5 m de hauteur.

Célastracées
Celastraceae

Euonymus sachalinensis (F. SCHMIDT) MAXIM.

Les Fusains sont des essences ligneuses assez anciennes. Ainsi ils vivent presque partout sur la terre, bien qu'on connaisse un plus grand nombre d'espèces originaires de l'Est de l'Asie, surtout de Chine ; une espèce est originaire d'Australie mais, par contre, on n'en trouve pas en Amérique du Sud ni dans une grande partie du continent africain. On les divise souvent en deux sous-genres : *Euonymus* et *Kalonymus* qu'on peut distinguer dès le premier coup d'oeil par la longueur de leurs bourgeons. Les bourgeons des premiers sont plus petits, ovoïdes et leurs fruits sont exceptionnellement ailés (voir le Fusain d'Europe), tandis que les bourgeons des seconds sont très grands, prolongés, pointus et leurs fruits sont en général ailés.

E. sachalinensis et *E. latifolius* de l'Europe du Sud sont des représentants typiques du sous-genre *Kalonymus. E. sachalinensis* fut décrit à partir de l'île Sakhaline, mais il pousse aussi au Japon, sur la presqu'île de Corée et au Nord de la Chine. C'est une essence ligneuse vivace, ses feuilles ovoïdes et opposées, longues de 8 à 12 cm, ont de grands pétioles lisses. Ses fleurs vont par 5, comme ses fruits, qui ne sont qu'apparemment ailées, rouge foncé. Il pousse bien même en dehors de sa zone de distribution d'origine. Il s'acclimate très vite et régénère bien. Il a été introduit en Europe en 1892.

E. latifolia croît naturellement au Sud de l'Europe, en Asie Mineure et, depuis 1730, on le cultive également en dehors de cette zone. Il ressemble beaucoup à *E. sachalinensis* qui n'était à l'origine considéré que comme une de ses varientes (*E. latifolius* var. *sachalinensis*).

Ces fusains sont des arbustes vigoureux, hauts de 2 à 4 m, qui conviennent pour la formation de haies libres.

Nerprun

Rhamnus catharticus L.

Rhamnacées
Rhamnaceae

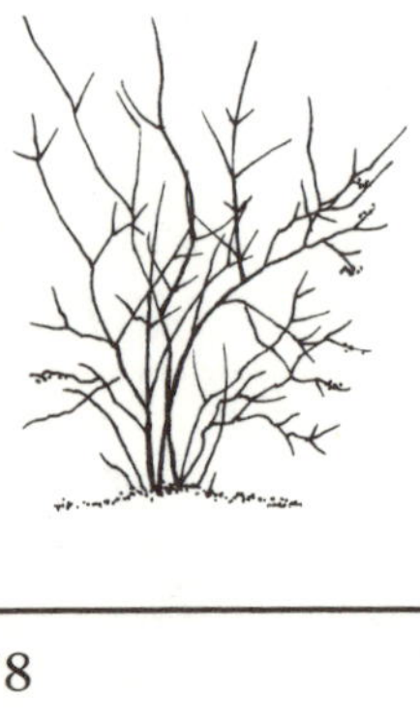

Les vrais Nerpruns du genre *Rhamnus* (qui compte environ 150 espèces originaires pour la plupart de l'Est de l'Asie) ont des bourgeons protégés par des écailles et leurs fleurs sont partiellement dioïques, unisexuées, tétramères. Habituellement, il fleurit en juin. Ses fruits sont des drupes noires à quatre noyaux. Ses feuilles caduques ont de 3 à 4 paires de veines latérales, elles sont plus ou moins opposées, dentées sur la circonférence des limbes. Ses petites branches se terminent parfois par des épines pointues.

La patrie du Nerprun est l'Europe et les pays avoisinants, à l'Ouest et au Nord de l'Asie. Grâce à ses propriétés médicinales, le Nerprun compte parmi les plantes cultivées depuis des temps immémoriaux, les colons l'ont même apporté très tôt sur le territoire de l'Amérique du Nord où il s'est naturalisé. En Europe, il pousse sur les versants rocheux et ensoleillés, dans les sous-bois et sur les plaines, dans les forêts claires, mais aussi dans les taillis bordant les cours d'eau.

La médecine populaire utilise les fleurs et surtout les fruits du Nerprun comme un laxatif léger, moins violent que la Bourdaine. Ses fruits étaient aussi utilisés comme matière colorante par les teinturiers. Le jus de ses fruits produit, après qu'on y a ajouté de l'alun, un colorant vert foncé. Pourtant, quand on mâche ses fruits mûrs, la salive se teinte de bleu jusqu'à brun foncé, tandis qu'en mâchant les drupes de la Bourdaine très voisine, la salive devient vert-brun.

Le Nerprun n'est pas très ornemental ni par son aspect ni par ses détails. Il est presque absent dans la composition des jardins, mais c'est une essence ligneuse assez convenable pour les arrangements des terrains agricoles.

Le Nerprun est un arbuste haut de 3 à 5 m, à cime irrégulière.

Rhamnacées
Rhamnaceae

Bourdaine

Frangula alnus MILL.

Beaucoup de botanistes rattachent la Bourdaine aux autres Rhamnacées, dans le même genre, *Rhamnus.* Pourtant, elle en diffère par plusieurs traits : ses bourgeons sont nus et ses fleurs, régulières et bissexuées, fleurissent à la fin du mois de mai et en juin. Ses fruits sont des drupes noires avec trois noyaux à graines uniques. La plupart des bourdaines est d'origine américaine.

Mais la Bourdaine, appelée parfois aussi Nerprun des teinturiers, est très répandue en Europe, à l'Ouest de l'Asie et en Afrique du Nord. C'est une essence ligneuse des sous-bois qui croît aussi bien dans les peuplements forestiers de feuillus et de conifères qu'à la lisière des bois et des sous-bois bordant des cours d'eau. Elle pousse aussi bien en plaine qu'en montagne. Parfois, elle occupe spontanément les clairières et devient ainsi une essence ligneuse parasitaire des forêts, difficile à éliminer. Ses feuilles sont alternes, à pleins bords, qui possèdent de 6 à 8 paires de veines latérales.

La Bourdaine est une essence ligneuse médicinale très ancienne, utilisée jusqu'à nos jours même par la médecine moderne. On récolte l'écorce de ses jeunes branches et on la fait sécher pour obtenir une substance médicale. Elle contient environ 7 % de dérivés d'anthracène, des flavones, des matières tannantes, des cires, des matières minérales. On y trouve des traces d'au moins 6 matières azotées, etc. Cette matière est un laxatif très puissant, mais il ne faut pas l'utiliser fraîche. Avant utilisation, il faut la stocker au moins une année ou il faut la faire chauffer au moins une heure à 100 °C, sinon elle provoque des vomissements. Plus rarement, on utilise les fruits de la bourdaine qui sont 12 fois plus puissants.

En Amérique du Nord, on obtient les mêmes effets en utilisant une autre bourdaine, *Frangula purshiana.*

La Bourdaine est un arbuste à branchage irrégulier, haut de 3 a 7 m, très important comme élément de la formation du paysage et pour l'industrie pharmaceutique.

Vigne

Vitis vinifera L.

Vitacées
Vitaceae

Le genre *Vitis* compte environ 60 espèces qui vivent sur l'hémisphère boréal, en majorité dans sa zone tempérée. Ce sont des essences ligneuses sarmenteuses à sarments ramifiés qui se forment toujours en face des feuilles alternes, lobées sur de longs pétioles. Les sarments poussent, en général, suivant un certain rythme, et ils manquent régulièrement en face de chaque troisième feuille. Ses fleurs régulières forment des panicules épaisses qui fleurissent pendant les mois de mai et juin. Les calices des fleurs sont pentalobés, les pétales de périanthe sont jaune verdâtre mais, généralement, ils tombent pendant la floraison. Les fruits sont des baies, le raisin.

Il est bien difficile de trouver les origines de cette plante qui accompagne l'homme dans son histoire depuis tellement longtemps. L'une des hypothèses place ses origines dans le massif du Caucase, l'autre cherche son berceau dans la péninsule ibérique, une autre encore en Turkménie. Les empreintes fossiles dans les différentes couches géologiques prouvent que ces plantes ont vécu dans la période tertiaire beaucoup plus au nord qu'aujourd'hui. *Vitis vinifera* ssp. *sylvestris* est généralement considérée comme l'ancêtre des vignes d'ornement, tandis que l'espèce *V. vinifera* est considérée comme ayant engendré les vignes de culture.

Les vignes de culture ont toujours des fleurs bissexuées ; les vignes rustiques, par contre, unisexuées, forment des plantes mâles et femelles.

Les grappes, ou plutôt les baies, des espèces rustiques ont toujours 3 graines, tandis que les baies des espèces cultivées n'en ont que 2, tout au plus. Au cours des millénaires, on a réussi à former déjà de 2000 à 5000 cultivars de vignes de culture.

La Vigne est une liane sarmenteuse avec des sarments et des tiges qui peuvent atteindre des longueurs de plusieurs dizaines de mètres. Mais en culture, on ne la cultive, on général, que dans sa forme courte.

Vitacées
Vitaceae

Vitis coignetiae PLANCH.

De même que la gloire de la vigne de culture est fondée sur ses fruits, la renommée de la vigne d'ornement, *V. coignetiae,* se base sur la grandeur de ses feuilles et sur leur effet de couverture. Cette vigne d'ornement compte parmi les vignes les plus résistantes aux gelées. Elle est d'un port majestueux et, en automne, ses feuilles deviennent écarlates, ce qui lui avait valu la dénomination horticole de ' Crimson Glory Vine '. Cette vigne, qui immortalise le nom de madame Coignet de Lyon, est originaire du Japon et on la cultive depuis 1875.

Ses feuilles sont peu ou pas lobées, ovoïdes, longues de 25 cm. Leur face inférieure est couverte de poils rouille. Elle fleurit en juin. Ses inflorescences ne diffèrent pas trop de celles des autres vignes. Ses fruits, petits, ne sont pas bons à manger. Les botanistes cherchent depuis longtemps déjà l'origine des sarments de la vigne. En se basant sur une note d'Albert Magne qui date du XIIIe siècle, nombre de botanistes supposent qu'il s'agirait d'une inflorescence transformée ! Cette transformation aurait pu se produire lors d'un bouleversement climatique vers un climat plus froid et plus humide où dominaient les forêts. Les Vignes héliophiles ne survécurent qu'en grimpant dans les cimes des arbres. Alors, les inflorescences n'avaient plus aucune possibilité de remplir leur fonction d'origine et, ainsi, leurs rameaux se seraient transformés en sarments.

Dans les milieux humides, à côté de *V. coignetiae,* aussi une espèce nord-américiane trouve sa place : *V. riparia* qui grimpe sur les essences ligneuses au bord des ruisseaux et des petites rivières.

Cette vigne d'ornement est une liane grimpante avec des sarments drageonnants et tortueux qui peuvent atteindre, comme ses tiges, plusieurs mètres.

feuille de *V. riparia*

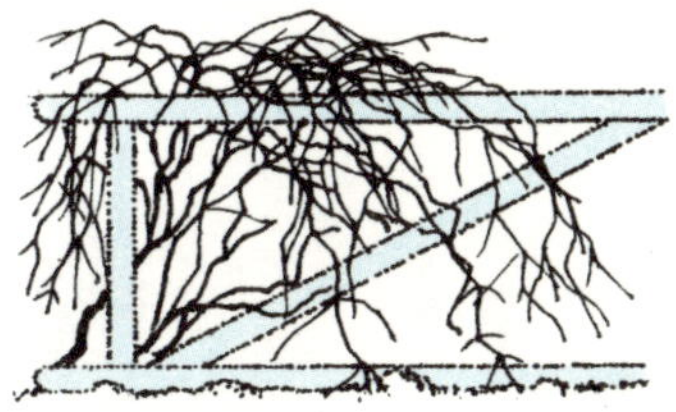

Vigne vierge vraie

Parthenocissus quinquefolia (L.) PLANCH.

Vitacées
Vitaceae

les couleurs d'automne des feuilles de *P. tricuspidata*

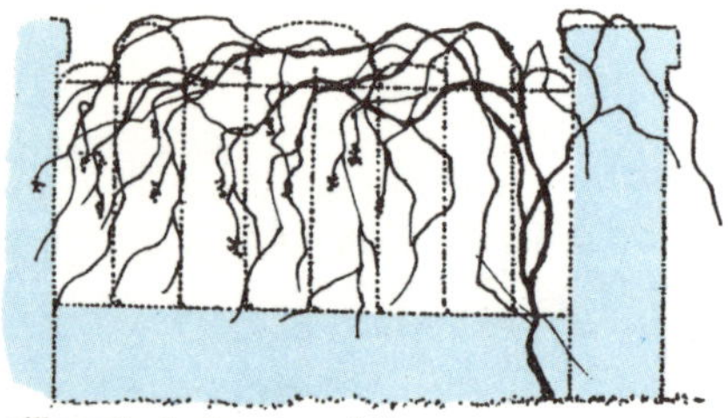

silhouette de *P. quinquefolia*

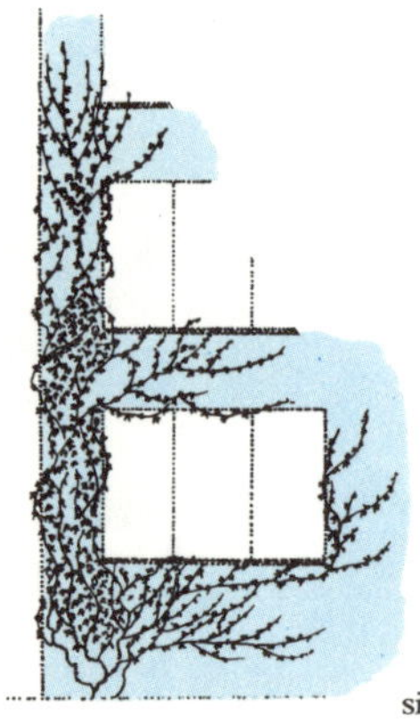

silhouette de *P. tricuspidata*

Le classement des lianes du genre *Parthenocissus* parmi les vignes dépend du point de vue adopté. La logique les range dans la famille des Vitacées à cause de plusieurs points communs, mais la pratique refuse un tel classement. On l'appelle parfois vigne sauvage car elle n'est d'aucune utilité.

Pourtant, La Vigne vierge reste un bon serviteur de l'homme. C'est une essence ligneuse excellente pour agrémenter les haies, les bords de l'eau et les pergolas. Ses feuilles alternes et caduques, formées par de petites feuilles sur de longs pétioles, peuvent atteindre 10 cm de long et deviennent rouge foncé en automne. Ses sarments, avec 5 à 12 ramifications, ne sont vraisemblablement que de petites branches transformées. En l'absence de supports, la Vigne vierge vraie peut être une bonne essence ligneuse de couverture du sol, surtout sur les remblais et sur les haldes. En de tels endroits, elle se naturalise souvent. Elle est originaire de l'Amérique du Nord, plus précisément de la région située entre la Nouvelle-Angleterre, la Floride, l'Ohio et l'Illinois. On la cultive depuis 1622.

Ses fleurs sont régulières, organisées en inflorescences paniculaires qui se forment toujours à l'opposé de la feuille. Ses fruits sont des globules noir bleuté.

En Europe, on utilise depuis 1862 le Lierre japonais (*Parthenocissus tricuspidata*) comme essence ligneuse de couverture de murs, clôtures et façades de maisons. Il a des feuilles pleines qui vont par trois et sont très luisantes. En automne, elles prennent une coloration rouge bien apparente. Ses sarments ont des suçoirs (*haustorium*) fonctionnels qui leur permettent de s'accrocher à leur support.

Il est originaire du Japon et du centre de la Chine.

Ce sont des lianes sarmenteuses grimpantes, dont la longueur varie en fonction de celle du support.

Oléacées
Oleaceae

Lilas commun

Syringa vulgaris L.

Les Lilas sont, en général, des essences ligneuses à feuilles caduques. La plupart de ses 30 espèces vivent en Asie ; quelques-unes habitent le Sud-Est de l'Europe. Parmi elles, le Lilas commun est peut-être l'espèce la plus cultivée dans les parcs et les jardins : en Angleterre, depuis plus de trois siècles et en Europe occidentale, depuis 1563 très probablement. De plus, dans le Sud-Est de l'Europe, il est sûrement cultivé depuis plus longtemps encore du Sud-Est de la Hongrie et de la Roumanie jusqu'en Asie Mineure en passant par la Bulgarie, la Serbie et la Macédoine. En Asie Mineure, il est également mentionné comme un élément naturel de la flore. L'ancienneté de sa culture rend encore plus difficile la détermination de sa vraie zone d'origine. Les espèces de Lilas commun les plus anciennes ne différaient que très peu des espèces rustiques : elles se caractérisaient par l'importance de leur système de racines qui bourgeonnaient, formant ainsi de grands ensembles à partir d'un seul exemplaire ramifié, un polycormone ou un clone. Les Lilas communs ont conquis très tôt la faveur des horticulteurs européens et américains, grâce surtout à leur parfum très agréable. C'est en France qu'on les apprécie le plus.

La couleur violette des lilas compte aujourd'hui parmi les couleurs classiques de ces fleurs, bien qu'on ait déjà obtenu par la culture et par des croisements divers des variétés bleues, rouges et blanches. Les plus récentes sont les variétés à fleurs jaunes. Ces cultivars ont été le plus souvent obtenus par bouturage. Le Lilas commun, ainsi que ses variétés, ses hybrides et ses cultivars, fleurissent dès les 10 premiers jours du mois de mai, suivis par les autres lilas, surtout les espèces asiatiques. Parmi les derniers à fleurir, mentionnons le lilas originaire de l'Extrême-Orient, *Syringa amurensis,* qui n'a pas un parfum très agréable.

Les Lilas sont des arbustes hauts de 4 à 5 m ou des arbres de petite taille.

fleurs de *S. amurensis*

silhouette de *S. amurensis*

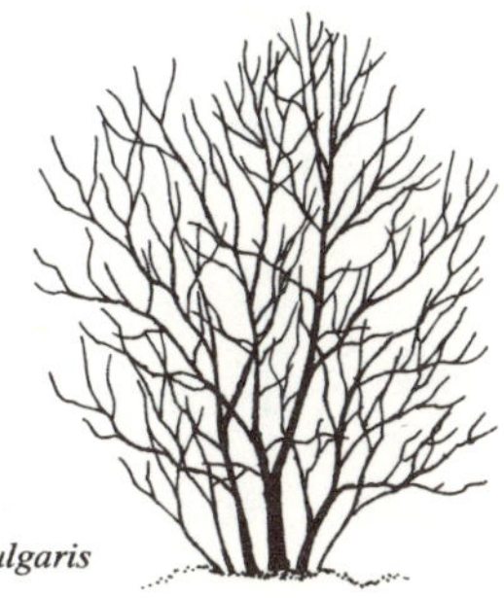

silhouette de *S. vulgaris*

Forsythia

Forsythia suspensa (THUNB.) VAHL

Oléacées
Oleaceae

Aujourd'hui, les Forsythias, originaires du Sud de l'Asie sont, en Europe, les hérauts infaillibles du printemps.

Le Forsythia *F. suspensa* est le premier qui ait été décrit scientifiquement ; sa première description se trouve dans le livre *Flora Japonica,* mais l'auteur, Thunberg, le confondit toutefois avec *Syringa suspensa.* A la suite de cette erreur, il fut classé parmi les Lilas et considéré comme faisant partie de la flore japonaise. Originaire de la Chine, il fut longtemps cultivé au Japon. En Europe, il apparaît pour la première fois aux environs de 1833 (aux Pays-Bas) ; on le trouve également en Angleterre dix-sept ans plus tard. A cette époque, les Anglais découvrirent une autre espèce chinoise, *F. viridissima.* Depuis, les Forsythias comptent parmi les essences ligneuses cultivées dans les parcs et les jardins de nombreuses villes, notamment à Berne et à Göttingen. Ils se multiplient très bien par bouturage ou marcottage. Les deux villes citées sont considérées comme le berceau de l'espèce hybride de deux Forsythias chinoises le plus souvent cultivée : *F.* × *intermedia.*

Le Forsythia est un arbuste à branches longues, drageonnantes et retombantes aux extrémités. Il a des feuilles caduques, alternes, en général trifoliolées ; ses petites branches se révèlent creuses à la coupe. Ses fleurs se forment sur les pousses de l'année précédente, dans l'aisselle des brachyblastes, avant l'apparition des feuilles ; elles sont isolées ou bien disposées par 2 ou par 3. Elles sont bisexuées, régulières, avec un petit calice et une couronne en forme de cloche, profondément divisée. Elles fleurissent en mars et en avril. Le fruit est une capsule. Les petites branches de *F.* × *intermedia* et de *F. viridissima* sont remplies d'une moelle non compacte et compartimentée. Les feuilles du premier sont simples ou trilobées. Le Forsythia ne possède que des feuilles simples et ses branches sont dressées.

Ce sont des arbustes hauts de 2 à 4 m. Il s'agit d'essences ligneuses peu exigeantes, ayant une période de floraison favorable, qui ont une grande capacité de couverture pendant toute la durée du cycle végétatif.

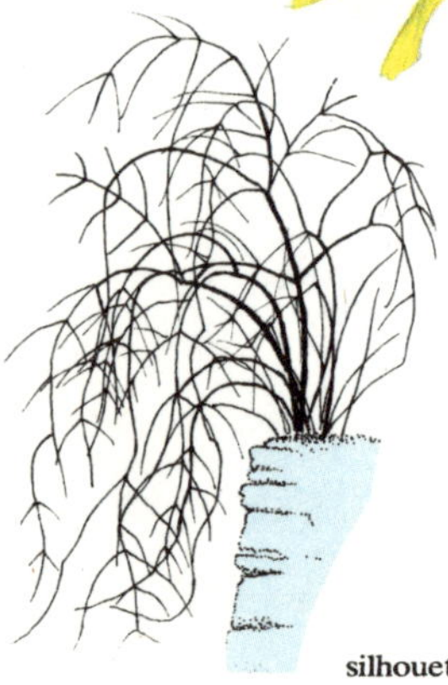

silhouette de *F. suspensa*

silhouette de *F.* × *intermedia*

Oléacées
Oleaceae

Frêne

Fraxinus excelsior L.

Le Frêne commun est une essence ligneuse fondamentale des forêts européennes. Il fait partie des formations qui aiment l'humidité, comme les mélanges de peupliers et d'ormes, il forme aussi des peuplements dans les vallées avec des peupliers, des aulnes et d'autres espèces qui vivent près des cours d'eau. Mais il s'adapte si bien qu'il est capable de monter dans les autres peuplements comme, par exemple, dans les forêts sur des sols rocheux. Sa croissance vigoureuse et la qualité de son bois sont, à l'origine de sa culture en dehors des forêts, souvent même sur les vestiges d'anciennes demeures. Ainsi, les peuplements de Frênes restent-ils les seuls témoins de l'ancienne présence humaine en certains endroits.

Les Frênes sont des essences ligneuses vigoureuses qui bourgeonnent assez tard. Ils ont des petites branches ovales qui portent des bourgeons d'hiver d'un noir velouté. Ses feuilles composées, imparipennées et caduques sont opposées ; elles ont de 4 à 7 folioles en petites feuilles sessiles, fortement dentées sur leur circonférence. Les fleurs sont sans périanthe, soit bissexuées, soit différenciées en mâles et femelles. Les fleurs femelles possèdent parfois un périanthe rabougri. Ils fleurissent en avril ou en mai, en général avant la formation des feuilles. Leurs fruits, les samares ailées, se forment très tôt après la fécondation, mais elles persistent sur l'arbre jusqu'à l'automne.

Leurs feuilles contiennent des sucres et des essences naturelles. On les utilise en infusion comme préparation laxative et diurétique ; elle est prescrite pour les maladies rénales et les rhumatismes. Son écorce était utilisée comme un succédané de la quinine contre les fièvres. Le bois de frêne est remarquable surtout pour sa flexibilité, on l'utilisait pour la fabrication des carrosseries, des carrosses et des premières voitures à moteur, mais aussi pour les skis.

Les Frênes sont des arbres hauts de 30 à 40 m. La cime est large chez les arbres isolés, étroite et haute dans les peuplements groupés. C'est une essence ligneuse importante pour la formation des paysages.

les bourgeons en hiver

les akènes

Frêne à fleurs

Fraxinus ornus L.

Oléacées
Oleaceae

Le Frêne à fleurs ne doit son nom qu'au fait que les fleurs des autres frênes, notamment du Frêne commun, sont considérées comme insignifiantes, tandis que les siennes, bissexuées, possèdent non seulement un calice à 4 sépales (long d'environ 1 mm), mais aussi de 2 à 4 pétales corollaires blancs, hachurés, longs jusqu'à 15 mm. Les grandes inflorescences, formées à partir de plusieurs fleurs, décuplent cet effet et le Frêne à fleurs se présente à la fin du mois de mai comme enveloppé d'un nuage blanc. Ses inflorescences cachent même pendant une courte période ses feuilles pourtant déjà formées. Elles sont composées, caduques et imparipennées, opposées (parfois singulièrement longues, jusqu'à 30 cm) et elles ont moins de folioles que les feuilles du Frêne commun (de 3 à 4). Ses bourgeons gris argenté et duveteux présentent, en hiver, un trait de différenciation caractéristique.

Le Frêne à fleurs est une essence ligneuse du Sud de l'Europe qui pénètre jusqu'à l'Asie Mineure ; en Europe centrale, il ne vit que sur les endroits les plus chauds. Il est cultivé au moins depuis le XVIIIe siècle et on dit qu'il fut introduit aux États Unis en 1700.

Le jus de sa résine, desséchée à l'air libre, forme une manne, sorte de médicament utilisé en pédiatrie pour son goût sucré et ses légères propriétés laxatives. Cette manne est obtenue à partir de coupes superficielles de leur tronc.

On ne doit pas confondre cette manne avec la manne arabique obtenue à partir du Tamaris (*Tamarix mannifera*), ni avec la manne biblique des Hébreux consommée pendant le voyage en Egypte, obtenue peut-être à partir d'un lichen (*Sphaerothallia esculenta*), ni enfin, avec la manne de la population européenne du Moyen Age, obtenue à partir de la plante herbacée aquatique, *Glyceria fluitans*.

Le Frêne à fleurs est un arbre moyen, qui peut mesurer jusqu'à 20 m de hauteur, à cime sphérique qu'on peut utiliser dans les régions chaudes, pour les compositions de jardins.

les bourgeons en hiver

Oléacées
Oleaceae

Frêne rouge

Fraxinus pennsylvanica MARSH.

Bien que l'Europe n'accueille que deux espèces de Frênes qui y vivent spontanément, les autres parties de l'hémisphère Nord sont un peu plus riches. Au Nord du Mexique, vivent entre 15 et 17 espèces de frênes assez proches et semblables. Les plus significatifs sont les frênes dits blancs et rouges.

Le Frêne rouge (*F. pennsylvanica*) croît naturellement sur le territoire qui s'étend de la Nouvelle-Écosse au Manitoba et au Sud jusqu'à la Géorgie, l'Alabama et au Missouri. C'est une espèce assez variable, ses principaux traits de différenciation sont ses petites branches duveteuses. Ses feuilles ont de 7 à 9 petites feuilles à pétioles courts. Elles sont longues, lancéolées et dentées en vrille ou pleines. La face inférieure des feuilles est sans papilles. Les bourgeons terminaux sont pointus et les latéraux ronds : tous sont duveteux et de couleur rouille. Ses fleurs sont dioïques, bien que nous puissions parfois trouver, par exception, aussi des fleurs bissexuées sur le même arbre. Les ailes des akènes convergent jusqu'au milieu du fruit.

Le Frêne blanc (*F. americana*) a des feuilles et des petites branches glabres. Ses feuilles sont papilleuses sur l'envers ; le bourgeon terminal est obtus et les bourgeons latéraux sont trilatéraux et pointus. L'aile de l'akène ne converge pas vers le bas. Le Frêne blanc est originaire du territoire qui va de la Nouvelle-Écosse et du Minnesota jusqu'à la Floride et au Texas. On le cultive depuis 1724 et le Frêne rouge depuis 1783.

Les deux principaux frênes d'Amérique sont des espèces assez proches qui regroupent toute une série de taxons à l'intérieur du genre. On les multiplie exclusivement à partir des graines, mais on multiplie leurs cultivars, comme *F. pennsylvanica* ' Aucubaefolia ' avec des feuilles tachées et multicolores, par bouturage.

Les Frênes rouges sont des arbres élancés qui peuvent mesurer 20 m de haut. Quant aux Frênes blancs, ils peuvent atteindre jusqu'à 40 m de hauteur.

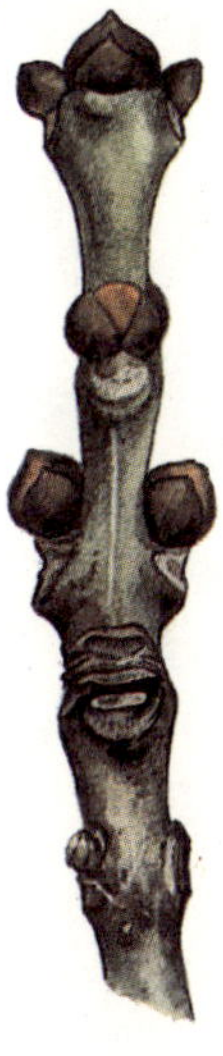

bourgeons de
F. biltmoreana
en hiver

feuille de *F. biltmoreana*

Jasmin d'hiver

Oléacées
Oleaceae

Jasminum nudiflorum Lindl.

Le Jasmin est connu surtout comme une source d'essences naturelles agréablement parfumées qui servent aussi bien en cosmétologie que pour parfumer les thés. On utilise à cet effet surtout les fleurs des Jasmins de l'Est et du Sud de l'Asie (*J. sambac, J. grandiflorum, J. odoratissimum* et enfin *J. officinale* d'Iran). Le genre *Jasminum* est assez riche en espèces : environ 200 d'entre elles vivent dans les zones tropicales et subtropicales du Vieux Monde, en Australie et en Micronésie et dans la zone méditerranéenne. Une espèce vit même au Pérou, en Amérique du Sud.

Les Jasmins qui aiment les climats chauds ont quand même réussi à pénétrer dans les jardins européens et américains situés plus au nord. Le premier fut probablement *J. fruticans,* introduit vers 1750. C'est un arbuste toujours vert ou semi-décidu à feuilles alternes. Plus tard, peut-être au début du XIXe siècle, il fut suivi par d'autres espèces. Bien sûr, on ne peut pas compter dans ce nombre le Jasmin blanc (*J. officinale*), originaire du Proche-Orient, qui est une plante de culture depuis l'Antiquité. Le Jasmin d'hiver est intéressant non seulement par sa relative résistance au froid mais surtout par son époque de floraison (de décembre à mai). Ses fleurs sont jaunes. C'est un arbuste décidu qui drageonne en balai. Ses branches sont vertes et angulaires, ses feuilles à 3 folioles sont disposées en contre-plan. Originaire de la Chine, il est cultivé peut-être depuis 1844. Étant donné sa faible résistance aux froids, on recommande de couvrir au moins ses racines pendant l'hiver (la terre en surface) et de choisir pour le planter des endroits bien protégés près des murs au Sud ou au Sud-Ouest. Toutefois, il reprend bien même après une forte gelée.

C'est une essence ligneuse à branches arquées. Sans support, elle peut devenir rampante, ses drageons pouvant atteindre une longueur de 3 m.

Oléacées
Oleaceae

Troène

Ligustrum vulgare L.

Les Troènes sont des arbustes caducs aussi bien que semper virens ou semi-caducs avec des feuilles à bords unis qui ont un court pétiole. Ses fleurs bissexuées forment des inflorescences qui rappellent par leur forme les petites fleurs des lilas. Les fleurs à 4 pétales sont tubulaires et, après la période de la floraison (juin, juillet), elles sont suivies par la formation de globules noirâtres.

Le Troène est une essence ligneuse qui aime les climats chauds. Il croît le plus souvent sur les sols calcaires et les versants ensoleillés dans les peuplements des chêneraies ou sur les plaines en compagnie des épines-vinettes, pratiquement partout dans les zones européennes plus chaudes, mais aussi en Grande-Bretagne et en Afrique du Nord. La plupart des autres espèces de troènes (environ 50) est originaire de l'Est et du Sud-Est de l'Asie, ainsi que d'Australie.

On avait décelé dans les tissus des troènes la présence du glucoside ligustrin ; aux États-Unis, on avait observé des empoisonnements chez les chevaux qui avaient mangé des troènes en grande quantité. Il n'est donc pas exclu que leurs globules puissent être dangereux, surtout pour les enfants. En revanche, ils sont inoffensifs pour les oiseaux qui sont des agents actifs de dissémination des Troènes dans le paysage. En culture, on multiplie le Troène par semis et par bouturage. Le Troène est peut-être l'essence ligneuse la plus appropriée pour la formation de haies, car on peut le tailler et le former à souhait. C'est peut-être aussi la raison pour laquelle il fut rapporté par les premiers pionniers qui exploraient le Nouveau Monde. Le Troène est aujourd'hui considéré comme naturalisé dans l'Est des États-Unis.

Le Troène est un arbuste qui croît librement, de 2 à 5 m de haut. C'est une essence ligneuse peu exigeante, qui convient pour la formation de haies.

Olivier de Bohême

Eleagnus angustifolia L.

Eléagnacées
Eleagnaceae

L'Olivier de Bohême est une plante de culture très ancienne, cultivée surtout dans le massif du Caucase et en Asie centrale. Bien que ce ne soit pas une essence ligneuse fruitière de premier plan, elle jouait dans le passé un rôle très important : dans le temps où le transport était assuré par les caravanes, ses fruits représentaient une nourriture très importante dans les régions désertiques ou semi-désertiques d'Asie. Ses fruits contiennent environ 10 % d'albumines, des glucoses, des fructoses et des matières minérales. Ses feuilles contiennent de la vitamine C. Pour voyager, on emportait ses fruits séchés (comme les dattes ou les olives) qui supportaient ainsi le transport sans se détériorer. Leur pulpe farineuse servait à la préparation de potages, de bouillies et de gâteaux (pain d'épice). Ces mêmes fruits servaient également à la préparation de médicaments qui réglaient les difficultés de l'appareil digestif. On les utilisait aussi pour la distillation des alcools. Son bois, le seul dans une zone sans forêts, servait à la fabrication d'outils et d'instruments de musique. Ses fleurs sont toujours utilisées en cosmétologie.

L'Olivier de Bohême est un arbre assez bas avec des feuilles alternes vert argenté et avec des petites fleurs qui se forment dans les aisselles des feuilles. Les fleurs à 4 pétales dégagent une odeur intense peu agréable pour certains. Ses fruits sont de fausses drupes. Son aire de distribution naturelle va du Sud de l'Europe jusqu'à la Chine et l'Himalaya. Il est aussi cultivé en Europe occidentale et en Angleterre depuis le XVIe siècle. C'est une essence ligneuse très résistante à la sécheresse et aux basses températures, ainsi qu'aux émissions nuisibles. Elle est aussi assez tolérante à la concentration des sels dans les sols. L'Olivier de Bohême est fécond dès sa prime jeunesse (dès l'âge de quatre à six ans), il vit de soixante à quatre vingts ans, parfois jusqu'à cent ans.

L'Olivier de Bohême peut être soit un arbuste à tronc épais, soit un arbre bas de 7 à 10 m de hauteur. C'est une essence ligneuse fruitière très ancienne qui peut être utilisée aussi dans la composition des jardins, à cause de ses feuilles argentées.

Eléagnacées
Eleagnaceae

Argousier

Hippophaë rhamnoides L.

La valeur de l'Argousier dépasse l'image populaire de cet arbuste. Dans plusieurs pays, surtout ceux de la Baltique, on louait en particulier la capacité extraordinaire de son système des racines qui solidifie bien les sols sablonneux du littoral : dans d'autres pays, on l'utilisait en premier lieu comme élément de valeur dans les compositions des jardins (en Prusse et en Pologne) ; ailleurs, bien que plus rarement, on l'apprécie pour le goût et la valeur pharmaceutique de ses fruits.

L'Argousier est un arbuste buissonnant à feuilles caduques, alternes, vert argenté et hachurées. Ses branches et ses rameaux sont épineux. L'Argousier est une plante dioïque. Ses fleurs se forment sur les pousses de l'année précédente, en grappes courtes. La vrille des inflorescences femelles peut ensuite se transformer en épine ou en ramule raccourci. Les inflorescences mâles tombent. Ses fleurs sans corolles vont par deux. Ses fruits sont des globules luisants de couleur orange ; pour les obtenir, il faut cultiver des plantes mâles et femelles à proximité les unes des autres.

Les fruits contiennent des acides organiques, du glucoside quercitine, de la vitamine C en grande quantité et de la provitamine A : 1 kg de fruits frais contient environ 200 doses quotidiennes nécessaires à un adulte. C'est en septembre que ses globules contiennent le plus de vitamine C.

La composition florale des jardins utilise non seulement son feuillage argenté et son allure générale, mais elle se base aussi sur l'utilisation de ses variétés récentes à grands fruits abondants.

L'Argousier est très répandu en Europe et en Asie, il croît dans le massif de l'Altaï, au Nord et à l'Ouest de la Chine, au Nord-Ouest de l'Himalaya. Il se multiplie par semis et par bouturage.

C'est un arbuste à port dressé, ou bien un petit arbuste qui peut atteindre de 3 à 10 m de hauteur.

Buddleia de David

Buddléiacées
Buddleiaceae

Buddleia davidii FRANCHET

une branche en fleur de
B. alternifolia

Le Buddleia de David ou Arbre aux papillons est peut-être l'espèce la plus populaire de son genre. L'affection qu'on lui porte se retrouve aussi dans nombre de noms populaires qu'on lui donne : Lilas d'été, Lilas de l'Himalaya, et bien d'autres encore. L'association avec des Lilas trouve sa justification non seulement par ses feuilles également opposées, mais surtout par ses panicules fleuries qui ont en général aussi la couleur bleue des Lilas. Les fleurs de l'Arbre aux papillons fleurissent, à la différence des Lilas, en plein été, à la fin du mois de juillet, encore plus souvent en août et en septembre. Pourtant, les Arbres aux papillons n'ont aucune parenté proche avec les Lilas, bien qu'il s'agisse de deux branches d'évolution assez proches.

Dans la nature, l'Arbre aux papillons pousse au centre et à l'Ouest de la Chine, à près de 3000 m d'altitude. Le genre a reçu son nom en hommage au botaniste anglais, le révérend Adam Buddle d'Essex. Une centaine d'espèces de Buddleia vit, en général, dans les régions tropicale et subtropicale de l'Amérique, de l'Asie et en Afrique du Sud.

En dehors de l'Arbre aux papillons qui a des fleurs pourpre lilas et des feuilles alternes, on cultive aussi un autre Buddleia à feuilles alternes (*B. alternifolia*) qui supporte également le climat des latitudes plus septentrionales. Ses fleurs se forment en bouquets arrondis sur les ramules de l'année précédente. Il fleurit comme l'un des buissons les plus beaux, déjà à la mi-juin.

Les Buddleias se multiplient très bien par semis, boutures et marcottes. Après les gelées, ils reprennent très vite à partir de leurs racines.

C'est un arbuste à port dressé, formant des rejetons (*B. davidii*), haut de 2 à 5 m ou encore un arbuste plus bas, à branches arquées (*B. alternifolia*). Ils conviennent pour les plantations groupées dans les parcs et jardins.

Caprifoliacées
Caprifoliaceae

Sureau noir

Sambucus nigra L.

Le Sureau noir est une essence ligneuse entourée d'une grande mythologie. Dans de nombreux pays, il compte parmi les plantes médicinales et de culte très anciennes. Le Sureau noir vivait jadis à côté de presque toutes les habitations et il faisait l'objet de protections et de soins qu'on lui prodiguait d'une génération à l'autre. Il vit depuis si longtemps avec les hommes qu'il est devenu aujourd'hui une plante anthropocentrique, un élément régulier des peuplements ruraux. On peut considérer que son milieu d'origine est la forêt fleurie et la frêneraie humide, ainsi que, d'une manière secondaire, le peuplement des clairières et des lisières. Même aujourd'hui, le Sureau noir continue à proliférer, d'une façon intensive, dans le paysage. On cultive, dans les plantations spécialisées, ses variantes à grands fruits utilisés par les conserveries. Le jus de ses fruits atténue les migraines et les états névralgiques ; on recommande aussi les infusions contre les refroidissements et les maladies des voies respiratoires. La médecine populaire utilise même ses feuilles fraîches en compresses pour les appliquer sur les plaies ouvertes. Le médicament obtenu à partir de ses fleurs est un sudorifique et un diurétique. Chez les gens plus sensibles, les fruits consommés en grande quantité peuvent provoquer des semblants d'intoxication. On suppose qu'ils contiennent également des clones biochimiques de composition différente qui peuvent provoquer une réaction légèrement toxique.

Le Sureau noir est une essence ligneuse auropéenne commune qui fleurit à la mi-juin. Elle pénètre aussi jusqu'en Afrique du Nord et dans l'Ouest de l'Asie. Ses feuilles caduques et alternes sont composées et imparipennées, opposées. Ses inflorescences forment des ombelles plates caractéristiques.

Le Sureau noir est un arbuste à port dressé ou un petit arbre de 7 à 9 m de hauteur, avec des branches penchées en arcs. Dans l'ombre, il grimpe à la manière des lianes jusqu'à la cime des arbres.

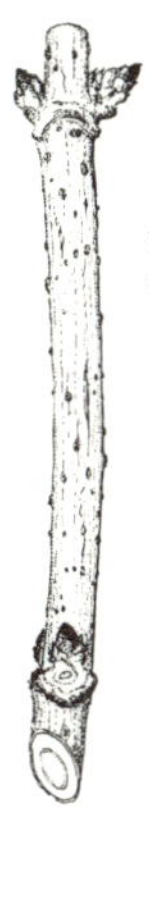

une branche en hiver

Sureau à grappes

Sambucus racemosa L.

Caprifoliacées
Caprifoliaceae

Le Sureau à grappes diffère du Sureau noir non seulement par la couleur de ses fleurs qui sont rouges, mais surtout par la construction de ses inflorescences, qui forment des panicules en forme de cimes composées généralement par trois étages, larges à la base et rétrécissant vers le sommet. Les ramules des inflorescences portent des fleurs régulières, vert-jaune et dioïques qui dégagent une légère odeur de farine. Ses fruits, qui se forment à partir des fleurs fécondées, sont des drupes rouge vif qui renferment de 3 à 6 graines ; ils arrivent à maturité assez tôt, d'habitude avant la mi-juillet. Dans quelques régions, les fruits de ce sureau prennent une couleur rouge vif et on peut les remarquer de loin. C'est la couleur de la moelle qui permet de les différencier, même dans la période de repos végétatif : la moelle du Sureau noir est blanche et celle du Sureau à grappes brun cannelle.

Le Sureau à grappes n'est pas aussi répandu que le Sureau noir. C'est une plante des forêts de montagne et des rochers, un élément assez caractéristique des peuplements des clairières et des peuplements mêlés d'osiers et de sureaux dans les régions subocéaniques de l'Europe et de l'Ouest de l'Asie. On le cultive depuis 1596 ; on recense des cultivars à feuilles finement découpées et à feuilles variables. Ses graines contiennent la glucoside d'amygdale qui peut provoquer des empoisonnements chez les personnes sensibles.

Le Sureau à grappes vient de connaître une vague d'expansion massive même en basse altitude, surtout depuis la fin de la Deuxième Guerre mondiale, car l'introduction en Europe des matières combustibles fossiles (charbon, pétrole) supprima le ramassage du bois mort en forêt; les gens s'en servaient pour se chauffer, nettoyant par là-même les forêts.

C'est un arbuste à ramification irrégulière, à branches arquées, haut de 2 à 3 m.

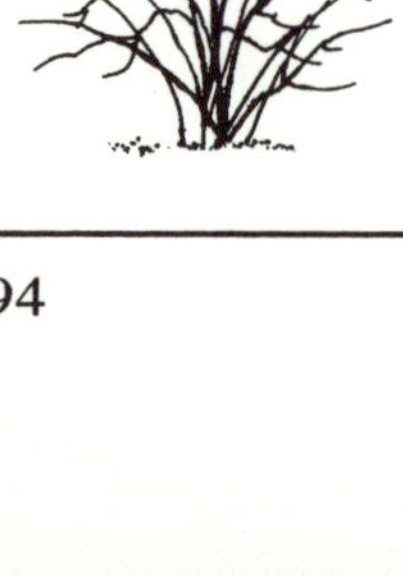

Caprifoliacées
Caprifoliaceae

Boule-de-neige, Viorne obier

Viburnum opulus L.

La Boule-de-neige croît presque partout en Europe, en partie aussi en Afrique du Nord et dans l'Ouest de l'Asie, aussi bien à la lisière des forêts feuillues de hêtres et de charmes que dans les peuplements qui accompagnent les petites rivières et autres cours d'eau.

C'est un arbuste, parfois même un petit arbre, qui a des feuilles opposées, caduques et lobées, ressemblant aux feuilles d'érable. Les lobes des feuilles sont pointus, dentés d'une manière obtuse ; les feuilles sont glabres sur la face supérieure et tomenteuse sur l'envers. Les fleurs forment des inflorescences terminales peu épaisses ; les fleurs en marge sont plus grandes (1,5 à 2 cm), blanches, mais stériles ; elles donnent ainsi à l'ensemble de l'inflorescence le caractère de la fleur biologique (à comparer avec le genre des (*Hydrangea*).

Des fleurs bissexuées situées au milieu des inflorescences forment ensuite des drupes à graine unique, d'abord dures, blanchâtres, avec une face rouge, puis devenant entièrement rouges et molles. La Boule-de-neige se multiplie par marcottage ou bouturage.

A la suite de mutations qui ont eu lieu dans un passé lointain, toutes ses fleurs sont devenues grandes et stériles ; pour qu'elles puissent garder leur place dans l'inflorescence, cette dernière s'est transformée et, à la place de sa forme plate initiale, a pris la forme idéale d'une boule. C'est ainsi qu'on a créé un cultivar très ancien de cette viorne, le ' Roseum ' que l'on appelle aussi Rose de Gueldre (*V. opulus* var. *sterile*) (les Anglais la nomment *Snowball* ; en Allemagne, elle est connue sous le nom de *Schneeball*). Ses inflorescences rappellent vraiment des boules de neige. Ce cultivar se multiplie dans les jardins de manière végétative.

En Amérique du Nord, vit une espèce très semblable, *Viburnum trilobum*.

La Boule-de-neige est un arbuste haut de 4 m ou un petit arbre buissonnant.

Boule-de-neige parfumée

Caprifoliacées
Caprifoliaceae

Viburnum farreri STEARN.

Bien que l'explorateur et collectionneur russe Potanine mentionne déjà l'existence de *V. farreri,* aussi bien rustiques que cultivés dans la province chinoise de Can-tsu, en parlant de leur odeur, déjà en 1885, on pense que l'année de leur introduction véritable date seulement de 1910.

Viburnum farreri compte, avec les Hamamélis et le Jasmin d'hiver, parmi les arbustes qui nous réjouissent par leurs fleurs même au milieu de l'hiver. Les fleurs de *V. farreri* résistent, en effet, aux gelées jusqu'à – 10° et – 12 °C ; quelquefois, elles commencent à fleurir déjà au début du mois de novembre. Toutefois, ses fleurs s'ouvrent en général dans la période qui précède le printemps, en février et en mars, (et elles dégagent pendant les jours plus chauds et plus humides une odeur surprenante), bien avant l'apparition des premières feuilles. Les boutons des fleurs sont roses tandis que les fleurs deviennent après l'ouverture plutôt blanchâtres, organisées en inflorescences qui forment des bouquets retombants longs de 3 à 5 cm. Ses feuilles caduques et opposées sont elliptiques, longues jusqu'à 7 cm et leur base est cunéiforme. Sur leur circonférence, on remarque des dents triangulaires.

Les genres primitifs des viornes comme *V. farreri* se multiplient par semis. Les graines doivent être stratifiées, puis on les sème seulement à partir de la deuxième année après la récolte. Les autres Viornes peuvent être multipliées par marcottage ou bouturage. *V. farreri* croît aussi bien dans les endroits semi-ombragés, sous de grands arbres, qu'aux les emplacements ensoleillés où elle est plus parfumée et où ses inflorescences croissent alors de façon beaucoup plus compacte.

La Boule-de-neige parfumée est un arbuste irrégulier, haut de 3 m, avec des pousses annuelles luisantes.

Mancienne, Viorne

Viburnum lantana L.

Viburnum lantana est un arbrisseau avec boutons d'hiver nus et son feuillage est, en général, caduc. Ses jeunes pousses et ses petites branches sont singulièrement tomenteuses ; ses feuilles sont largement ovoïdes, légèrement cordiformes sur les bases de leurs limbes, fortement dentées sur leur circonférence. Les limbes ont la face supérieure tomenteuse d'une manière étoilée, les feuilles plus anciennes pèlent ; on trouve des pellicules en étoiles également à l'envers des limbes qui apparaissent ainsi comme les jeunes feuilles entièrement feutrées.

Les inflorescences sont terminales, en forme des voûtes, mesurant jusqu'à 10 cm de long. Les pétioles des fleurs sont également feutrés. Elles fleurissent en avril et en mai. Les fruits qui mûrissent successivement changent peu à peu de couleur, allant du vert au noir en passant par le rouge. *V. lantana* tolère bien, grâce à son habitus, les hautes températures. C'est la raison pour laquelle elle pousse, le plus souvent, sur les versants ensoleillés en compagnie d'autres arbustes. Elle croît aussi dans les steppes boisées et dans les hêtraies en Europe et dans l'Ouest de l'Asie.

V. lantana est non seulement une essence ligneuse convenable pour les peuplements des versants ensoleillés, mais elle résiste en partie aussi à l'atmosphère polluée, comme beaucoup d'autres essences ligneuses duveteuses. On l'utilise souvent comme porteur pour la multiplication végétale d'autres viornes rares, *Viburnum carlesii,* ou pour les cultivars.

Viburnum carlesii possède des fleurs qui comptent parmi les plus odorantes de toutes les essences ligneuses. Elle fleurit en mai, en même temps que le Lilas qu'elle surpasse par son parfum. Elle est originaire de Corée. Elle fut introduite aussi au Japon, puis en Europe, pour la première fois en 1902, dans le jardin anglais de Kew. Aujourd'hui, elle compte parmi les Viornes les plus souvent cultivées.

V. lantana est un arbrisseau largement ramifié, haut de 2 à 5 m. *V. carlesii* est un arbrisseau compact, haut seulement de 1 à 2 m.

V. carlesii

fruit de
V. lantana

Viburnum rhytidophyllum Hemsl.

Caprifoliacées
Caprifoliaceae

Les Viornes représentent, après les chèvrefeuilles (du genre *Lonicera*), le genre le plus nombreux de la famille des Caprifoliacées (*Caprifoliaceae*). Plus de 120 espèces qui forment ce genre vivent en Amérique centrale et en Amérique du Sud, en Europe et en Asie. *V. rhytidophyllum* diffère beaucoup des autres viornes. Elle représente bien la grande variété du genre *Viburnum* et sa large échelle des formes. Ses feuilles vert foncé, longues, ovoïdes et lancéolées peuvent atteindre 17 cm de longueur et leur face supérieure est singulièrement ridée. Au revers, elles sont réticulaires et feutrées, en général, jaune-gris. Tant qu'elles ne gèlent pas, elles persistent sur l'arbrisseau pendant plusieurs saisons. Aussi, dans le cas de *V. rhytidophyllum,* semble-t-il plus approprié de parler d'une essence ligneuse semper virens plutôt que caduque. Ses feuilles vert foncé représentent aussi sa qualité la plus ornementale qui apparaît en toute saison. C'est aussi l'argument le plus utilisé pour sa culture, bien que ses inflorescences en corymbes longs de 10 à 20 cm, formées de fleurs longues d'environ 6 mm, de couleur blanc-crème, soient aussi décoratives. Les fleurs se forment déjà en automne et les boutons hibernent sur l'arbuste. Ses fruits sont des drupes un peu aplaties, à graine unique, roses avant leur maturité, puis noirâtres.

Son aire de distribution d'origine se trouve au Nord et à l'Ouest de la Chine d'où elle fut introduite en Europe par l'expédition de Wilson en 1900. Elle fleurit pendant les mois de mai et de juin. Ses fruits assez décoratifs arrivent à maturité en septembre et octobre. En Tchécoslovaquie, on a réussi à créer un hybride attrayant, la Viorne de Prague (*Viburnum* × *pragense*) à feuilles étroites, qui dépasse par ses qualités *V. rhytidophyllum.*

Cet arbrisseau, à port dressé et toujours vert, peut mesurer jusqu'à 3 m de hauteur.

Caprifoliacées
Caprifoliaceae

Symphorine

Symphoricarpus albus (auct. non L.) BLAKE

A l'origine, la Symphorine ne vivait que dans le Sud de l'Amérique du Nord, entre la Nouvelle-Écosse, l'Alberta, la Virginie et le Minnesota. Son arrivée en Europe se situe aux environs de 1879. Dans les cultures européennes, elle fut précédée (depuis 1806 et, en Angleterre, depuis 1817) par sa variété vivant sur le littoral occidental de l'Amérique du Nord, de l'Alaska jusqu'à la Californie : la Symphorine à grappes (*Symphoricarpus albus* var. *laevigatus*). L'introduction des Symphorines ne fut pas saluée seulement par les oiseaux d'Europe (ses fruits blancs et globuleux sont devenus une composante régulière de leur nourriture d'automne), mais surtout par les apiculteurs. Les Symphorines fleurissent très longtemps, de juin à septembre. Leurs petites fleurs rougeâtres forment des grappes terminales. Au contraire des Chèvrefeuilles très proches, elles sont régulières et ont des drupes globuleuses à deux noyaux. Leurs feuilles opposées sont en général ovoïdes, soit à bords unis, soit sur les parties avancées des petites branches singulièrement lobées.

Les Symphorines sont des arbrisseaux d'une vitalité exceptionnelle, abondamment drageonnants, qui forment des polycormones étendus et épais. Elles se naturalisent très facilement et deviennent alors difficiles à éliminer. Elles se multiplient le plus facilement par division des touffes ou par bouturage.

Le genre Symphorine (*Symphoricarpus*) possède, lui aussi, comme d'autres essences ligneuses de la famille des Caprifoliacées (*Caprifoliaceae*), des espèces vivant aussi bien en Amérique du Nord qu'en Asie. Toutefois, l'Asie n'abrite qu'une seule espèce, *S. sinensis* qui n'a été introduite en Europe qu'au début du XXe siècle (en 1907, venant de la Chine).

Weigela

Caprifoliacées
Caprifoliaceae

Weigela florida (BUNGE) DC.

Les Weigelas vivent en Amérique du Nord et dans l'Est de l'Asie. Les espèces nord-américaines sont parfois séparées et groupées en un genre indépendant, les *Diervilla* et celles de l'Est de l'Asie, sous le nom propre du genre, *Weigela.* Elles ont reçu leur nom en hommage au professeur de botanique allemand C. E. von Weigel, de la ville de Greifswald (1748–1831) et d'un chirurgien français, Dierville, qui, le premier, avait introduit en France, en 1700, les arbustes des espèces nord-américaines. Les différences entre ces deux genres sont minimes : la douzaine d'espèces originaires de l'Est de l'Asie (les *Weigela*) forme des fleurs tubulaires, presque régulières, tandis que les *Diervilla* nord-américaines (environ 3) ont des fleurs jaunâtres et symétriques. Leurs fruits sont des capsules.

Weigela florida, originaire du Nord de la Chine et de la Corée, est l'espèce la plus souvent cultivée par les horticulteurs. On la cultive depuis 1845.

Il pousse bien dans toutes les altitudes bien qu'il puisse geler en certains endroits. Il se multiplie mieux par bouturage d'été. Depuis le début de ses cultures, on a déjà créé plusieurs cultivars qui ont des fleurs tubulaires bien apparentes, surtout par leur grandeur et par leurs couleurs qui vont du rosé au rouge. Ses feuilles opposées sont en général glabres, longues de 5 à 10 cm, tomenteuses sur les veines seulement. Elles sont les plus décoratives, surtout sur les jeunes pousses (pousses annuelles). Il fleurit pendant les mois de mai et de juin et souvent refleurit à nouveau en septembre.

Les Weigelas sont des arbustes étendus, à cime plus large que leur base, hauts de 2 à 3 m.

Caprifoliacées
Caprifoliaceae

Chèvrefeuille des buissons

Lonicera xylosteum L.

Lonicera xylosteum est un arbuste à ramification épaisse qui a des feuilles opposées, unies et tomenteuses de manière sessile des deux côtés. Il pousse dans les forêts européennes aussi bien dans les chêneraies et dans les formations boisées des steppes que dans les peuplements boisés des plaines. Ses feuilles se forment par deux dans les aisselles des feuilles, sur des pétioles longs d'environ 2 cm. Il fleurit en mai et en juin. Ses fruits sont des globules rouges et luisants qui rappellent les groseilles.

Le nom du genre *Lonicera* (chèvrefeuille) fut proposé en hommage au médecin et botaniste allemand, Adam Lonitzer, professeur à Mayence (1528–1586) et son qualificatif scientifique, *xylosteum,* rappelle les qualités de son bois qui est assez dur (*xylon* : bois et *osteon* : os).

Ses fruits semblables aux fruits du Groseillier sont à l'origine d'empoisonnements de nombreux enfants. Les empoisonnements se manifestent par des vomissements, des diarrhées, des douleurs stomacales, des troubles de la vision. Le visage devient rouge, le pouls irrégulier et la respiration profonde. Cependant, l'empoisonnement n'est pas mortel si on le soigne. Toutefois, l'utilité des plantations de *L. xylosteum,* surtout à proximité des terrains de jeux est à reconsidérer.

Bien qu'il soit aujourd'hui assez en faveur parce qu'il tolère bien une atmosphère polluée comme les autres espèces étrangères de son genre, on ne connaît pas encore bien ses processus chimiques, si bien qu'un danger potentiel n'est pas exclu.

Dans les forêts feuillues, surtout dans les hêtraies, pousse aussi *L. nigra,* très ornemental, qui produit des fruits violacés ressemblant aux myrtilles.

L. xylosteum forme des arbustes hauts de 1,5 à 3 m, convenables aussi bien pour les formations de haies que pour différents arrangements paysagés.

rameau fécond de *L. nigra*

Lonicera periclymenum L.

Caprifoliacées
Caprifoliaceae

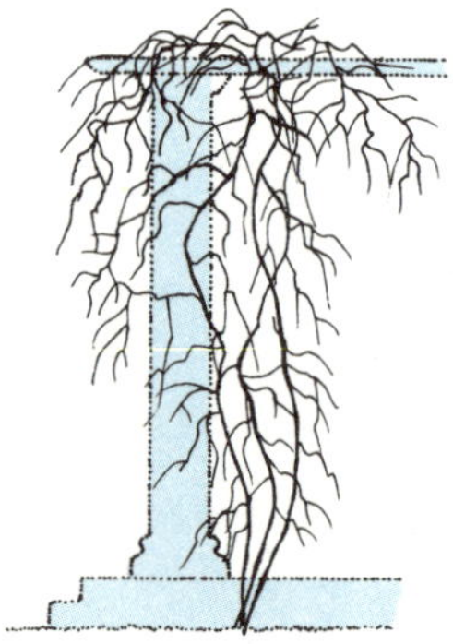

Le groupe des Chèvrefeuilles des bois est considéré comme un sous-genre indépendant (*Periclymenum*). Ce choix se justifie avant tout par sa composition morphologique différente : le plus souvent, il s'agit d'essences ligneuses grimpantes, donc de lianes ou d'arbustes grimpants. La plupart d'entre elles possèdent des feuilles disposées à contre-plan. Elles sont accolées et unies entre elles en formant une sorte de cible feuillue. *L. periclymenum* constitue une exception : ses feuilles sont clairement pétiolées, ovales et séparées. Les fleurs se développent de juin à août en inflorescences en forme de choux très denses. Leur couronne a deux lèvres, longues jusqu'à 5 cm est jaune, teintée de blanc et d'orange. De nombreux cultivars diffèrent seulement par la couleur ou simplement par la teinte de leurs fleurs. Ses fruits globuleux et pulpeux sont d'un carmin foncé.

L. periclymenum est originaire d'Europe occidentale, d'Afrique du Nord, d'Asie Mineure et du Caucase. Dans certains pays, il fait déjà partie des cultures depuis des siècles, parfois, il porte le sobriquet de « rose de Jéricho », le même que son espèces très proche, *L. caprifolium.* C'est une essence ligneuse d'ornement qui croît mieux au soleil que dans les endroits semi-ombragés ; elle tolère bien les basses températures, mais elle est assez sensible à la sécheresse. Quelquefois, elle est victime d'une maladie des feuilles qui se tachent. En culture, elle se multiplie le plus souvent par marcottage, surtout pendant les mois de mai et juin.

De même que *C. xylosteum,* il vaut mieux éviter de les planter près des terrains de jeux parce que leurs fruits peuvent être pris pour des groseilles.

L. periclymenum est une liane, qui peut atteindre 5 m de long, convenable pour les tonnelles et les formations de haies soutenues.

Scrophulariacées
Scrophulariaceae

Paulownia

Paulownia tomentosa (THUNB.) STEUD.

Un Paulownia en fleurs est vraiment une essence ligneuse royale. Dès le premier coup d'oeil, nous constatons sa valeur exceptionnelle. C'est un arbre assez étendu avec des feuilles singulièrement grandes (pouvant atteindre 50 cm) et largement cordiformes, qui sont caduques et disposées en contre-plan. Malgré leur taille, ces feuilles sont fines, légèrement feutrées, comme les boutons d'ailleurs, qui sont prêts sur l'arbre déjà depuis l'année précédente, dans les grandes inflorescences bien dressées, longues de 20 à 30 cm. En général, ils apparaissent avant le développement des feuilles, en avril ou en mai. Cependant, après les hivers rigoureux, les boutons peuvent geler et ne pas former de fleurs. Les Paulownias sont des essences ligneuses très sensibles aux basses températures.

Environ 8 espèces de paulownias vivent dans l'Est de l'Asie. *Paulownia tomentosa* (ou *imperialis*) est originaire de Chine, mais il est cultivé déjà depuis des siècles au Japon. Il avait été introduit en France en 1884 (une autre source mentionne 1894). Aux États-Unis, dans une zone située entre la Géorgie et New York, il s'est même naturalisé.

Dans ce livre, le Paulownia reste le seul représentant des Scrophulariacées (*Scrophulariaceae*), dont les 200 genres comprennent surtout des plantes herbacées. Ce sont des plantes avec des fleurs bissexuées, très symétriques, organisées suivant le nombre de 5. Les sépales du calice et les pétales du périanthe sont unis avec les étamines. Les fruits des Paulownias sont des capsules ovoïdes et pointues ; chaque capsule renferme jusqu'à 1200 graines ailées.

C'est un arbre haut d'environ 15 mètres, à cime très étendue et d'apparence exotique. Cette essence ligneuse est très sensible aux basses températures.

Catalpa commun

Catalpa bignonioides WALT.

Bignoniacées
Bignoniaceae

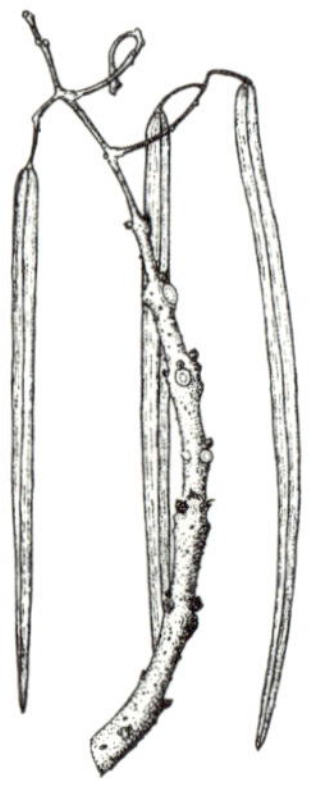

Rameau fécond
de *c. bignonioides*

Les Catalpas sont les fameux arbres d'alignement qui ne peuvent trouver, parmi les essences ligneuses d'introduction, aucune concurrence, si ce n'est les Platanes et, parmi les essences ligneuses d'origine européenne, peut-être les Tilleuls, les Marronniers d'Inde et les Érables blancs. Ce sont des arbres robustes bien dressés, avec des feuilles très grandes et très ornementales. La texture des cimes feuillues et surtout la beauté des arbres en fleurs produisent une forte impression esthétique. Ils ont un aspect intéressant même pendant la maturation de leurs fruits. Les fruits forment des cylindres étroits, forts de 4 à 8 mm, mais les capsules, longues de 20 à 40 cm ne sont pas sans rappeler les longs cigares de Virginie. L'aspect des arbres qui gardent leurs fruits même après la tombée des feuilles en automne, acquiert ainsi pendant l'année un rythme assez dynamique dont les phases s'interpénètrent. Les Catalpas gardent leur beauté à chaque saison. Ce genre comprend environ une dizaine d'espèces qui vivent en Amérique du Nord et dans l'Est de l'Asie. Le Catalpa est très répandu dans la région partagée aujourd'hui entre la Géorgie, la Floride et le Missouri. Bien qu'il n'ait été introduit en culture qu'après 1726, il est aujourd'hui en train de se naturaliser dans les environs de la ville de New York. L'espèce voisine, le Catalpa de Chine (*C. ovata*), cultivé au Japon depuis des siècles, n'est sorti d'Asie que depuis la deuxième moitié du XIXe siècle. Ces deux espèces principales de Catalpas se différencient surtout par la couleur de leurs fleurs : le Catalpa de Chine a des fleurs jaunes, tandis que le Catalpa d'Amérique a des fleurs blanches, parfois rougeâtres. Le premier a des feuilles presque glabres, l'autre assez tomenteuses qui dégagent après broyage une odeur désagréable. Dans les années 1970, la culture a produit un hybride *C.* × *hybrida* qui présente une caractéristique intermédiaire entre ces deux espèces.

Les Catalpas sont des arbres hauts de 15 à 20 mètres, à cime large (*C. ovata*) ou prolongée (*C. bignonioides*).

Bibliographie sommaire

Bean W. J.: *Trees and shrubs hardy in the British Isles,* vol. I, Londres, 1950, 7e édition
Bean W. J.: *Trees and shrubs hardy in the British Isles,* vol. II, Londres, 1951, 7e édition
Berral J. S.: *The Garden,* Londres, 1966
Boerner F.: *Laubgehölze, Rosen und Nadelgehölze,* Nordhausen, 1938
Boukchtynov A.: *Lesa* (Forêts), in: Priroda mira (La nature du monde), Moscou, 1981
Dalimore W. et Jackson A. B.: *A handbook of Coniferae and Ginkgoaceae,* Londres, 1966, 4e édition
Fekete L. et Blattny T.: *Die Verbreitung der forstlich wichtigen Bäume und Sträucher,* Selmecbánya, 1914
Gromort G.: *L'art des jardins,* Paris, 1953
Günter H.: *Schöne Blütengehölze,* Berlin, 1979
Krüssmann G.: *Die Nadelgehölze,* Berlin, Hambourg, 1955
Krüssmann G.: *Die Nadelgehölze,* Berlin, Hambourg, 1972
Krüssman G.: *Handbuch der Laubgehölze,* I–III, Berlin, Hambourg, 1978
Lippold-Hälssig et coll.: *Deutsche Gärten,* Dresde, 1977
Rehder A.: *Manual of the cultivated trees and shrubs, hardy in North America,* New York, 1956, 2e édition
Sargent Ch. S.: *Manual of the trees of North America,* Boston, New York, 1933
Schneider C. K.: *Illustriertes Handbuch der Laubholzkunde* I, Iéna, 1906
Schneider C. K.: *Illustriertes Handbuch der Laubholzkunde* II, Iéna, 1912
Seneta W.: *Drzewa i krzewy iglaste* (Arbres et arbustes à feuilles persistantes), Varsovie, 1981
Silva-Tarouca A. E. et Schneider C. K.: *Unsere Freiland-Nadelhölzer,* Vienne, Leipzig, 1923
Sokolov S. J. et Chichkine B. K.: *Derevia i koustarniki SSSR* (Arbres et arbustes de l'URSS) I–V, Moscou, Leningrad, 1949–1960

Index des noms français

Index des noms latins